国家社科基金
后期资助项目

《清華大學藏戰國竹簡》（壹—玖）所見人物名號研究

Studies on the Names of the Figures in the Tsinghua University Warring States Bamboo Manuscripts (Vol.1-9)

羅小華／著

上海古籍出版社

2020年度國家社會科學基金後期資助項目

（項目批准號：20FZSB057）

國家社科基金後期資助項目
出版説明

　　後期資助項目是國家社科基金設立的一類重要項目,旨在鼓勵廣大社科研究者潛心治學,支持基礎研究多出優秀成果。它是經過嚴格評審,從接近完成的科研成果中遴選立項的。爲擴大後期資助項目的影響,更好地推動學術發展,促進成果轉化,全國哲學社會科學工作辦公室按照"統一設計、統一標識、統一版式、形成系列"的總體要求,組織出版國家社科基金後期資助項目成果。

全國哲學社會科學工作辦公室

序

李均明

姓名是區别人類個體的標識,是人的社會性的重要體現。

姓名有其形成與發展演變的過程,有鮮明的時代、地域、族群、性别特徵。以姓氏爲例,先秦時,既有姓又有氏,姓和氏是分開的。據《左傳》隱公八年記載:"天子建德,因生以賜姓,胙之土而命之氏。"《通志·氏族序》:"男子稱氏,婦人稱姓。氏所以别貴賤,貴者有氏,賤者有名無氏。……姓所以别婚姻,故有同姓、異姓、庶姓之别。"秦漢以後,姓氏無别。同樣,每個人既有名,又有字、號等。人出生後先起名,成年後再起字。《白虎通·姓名》:"聞名即知其字,聞字即知其名。"《儀禮·士冠禮》:"冠而字之,敬其名也。"鄭玄注:"名者,質,所受於父母,冠成人,益文,故敬之也。"賈公彦疏:"名是受於父母,爲質,字者受於賓,爲文。故君父之前稱名,至於他人稱字也。是敬定名也。"《禮記·檀弓上》:"幼名,冠字,五十以伯仲,死謚,周道也。"則名、字之外,尚有排行、謚號的區别。意思是説每個人出生後起名、成年的時候取字、五十稱行次、死後稱謚。名與字意義相通。王引之《春秋名字解詁》云:"蓋名之與字,義相比附,故叔重《説文》屢引古人名字,發明古訓,莫箸於此,觸類而引申之,學者之事也。"謚實質上是對個人死後的評價。《逸周書·謚法》云"維三月既生魄,周公曰、太師望相嗣王發,既賦憲受臚于牧之野,將葬,乃制作謚。謚者,行之迹也,號者,功之表也"。謚大多爲單字。但也有多字謚,如羅小華注意到《殷高宗問於三壽》中,武丁稱彭祖爲"高文成祖"。此中"文成"即雙字謚。書中又列舉清華簡所見"獻惠""悼哲""景平""莊平""翼哀""簡定""簡大""聲桓""悼武"和"宣定"等雙字謚及"幽哀懿""敬哀懿"等三字謚。

生人亦有號,或稱"别號"。《周禮·春官·大祝》:"號,謂尊其名,更爲美稱焉。"先秦之"老聃""鬼谷子"等,或爲中國較早的别號,魏晉以後纔逐漸盛行。羅小華贊同方炫琛關於吴國之君有號而無謚的結論:"吴自吴子乘後,至吴子光止,歷代之君皆有號,然而未見謚者,與中原諸國異。"又認爲清華簡《良臣》所見"殺大夫"亦爲號，並引述《史記·秦本紀》所載百里奚得號之緣由，云："繆公聞百里傒賢，欲重贖之，恐楚人不與，乃使人謂楚曰：'吾媵臣百里傒在焉，請以五羖羊皮贖之。'楚人遂許與之。……固問，語三日，繆公大説，授之國政，號曰五羖大夫。"關於楚君中的"若敖"（《楚居》簡6）、"宵敖"（《楚居》簡7）、"莊敖"（《楚居》簡9），以及"棼冒"（《楚居》簡7），羅小華贊同羅運環"（敖）相當於'王'的國君稱號"的觀點，並進一步懷疑："楚國官職稱'敖'者，是從'酋豪'演變而來，楚君以'地名+敖'爲稱者，或許是爲了與僅具一般'酋豪'意義的'敖'，以及楚國官職之'敖'相區别。"可備一説。

當然，區别個體的標識要素還有很多。如行次、官職、爵稱、親稱、族屬，等等，且許多已成爲姓氏的來源，但作用程度與範圍有所局限。如行次限於家族同輩之間，官職多用於同一系統或機構内部的相互稱謂。姓加職官的稱謂亦多見於漢簡，如《長沙五一廣場東漢簡牘選釋》例152"府胡卒史"指長沙太守府姓胡的卒史，《懸泉漢簡》Ⅰ90DXT0112②：33B+34B"户曹侯掾"指姓侯的户曹掾。這樣的稱謂，只有同系統、同機構的人士纔能確認，猶今同單位的人稱上級之某處長、某科長之類。少數族裔的名字，雖然所見已爲帶有漢人習慣的音譯，但也明顯不同於漢族姓名，且其前多冠以族屬名稱，如《敦煌懸泉漢簡釋粹》240"歸義羌人名籍"：

  歸義壘渠歸種羌男子奴葛
  歸義聊檻良種羌男子芒東
  歸義壘甬種羌男子潘朐
  歸義壘卜芘種羌男子狼顛
  歸義聊藏耶芘種羌男子東憐
  歸義聊卑爲芘種羌男子唐堯
  歸義聊卑爲芘種羌男子騶當
  歸義壘卜芘種羌男子封芒
  歸義檻良種羌男子落虢

以上名籍中，壘渠歸種、聊檻良種、壘甬種、壘卜芘種、聊藏耶芘種、聊卑爲芘種、檻良種皆爲羌人部落名，每簡最後兩個字皆爲人名。

羅小華《〈清華大學藏戰國竹簡〉（壹—玖）所見人物名號研究》一書，主要針對清華大學藏戰國竹簡壹至玖集及安徽大學藏戰國竹簡、上海博物館藏戰國楚竹書、曾侯乙墓竹簡、郭店楚墓竹簡、新蔡楚墓竹簡、望山楚簡、包山楚簡、夕陽坡楚簡，又與之相關的其他出土文獻所見人物名號等要素展開綜合整理與研究。

該書緒論，不僅展示了該領域的最新研究成果，亦提出許多自己的新觀點。在《所獲得的認識》一節集中做了歸納，總結與傳世文獻相符的七點及不相符的六點，對推動該領域研究的深入，有積極意義。如文中提出："西周時期的爵稱僅有'公'與'伯'。東周時期爵稱則只有'公'（45人）、'侯'（10人）、'伯'（2人）等三種，未見'子'和'男'，與金文情況相同。這一現象的存在，能够爲學界了解當時所謂的五等爵制提供幫助。"對研究者有很大的啓發。總體而言，如其總結所云："就目前已經公布的清華簡人物名號而言，絕大部分見於傳世文獻記載，可證傳世文獻之確；有一部分不見於傳世文獻，可補傳世文獻之缺；還有一部分目前無法與傳世文獻的記載進行對應……即便是可與傳世文獻對應的人物名號，也不是完全吻合的，或對於同一人的記載不同（或記名，或記字），或對同一人的姓、氏、名、字等用字不同，或對君王謚號、爵稱的記載有別。"

考證部分，圍繞《漢書·古今人表》，將能詳細解析的部分分爲見於《古今人表》者及未見者兩大類。另闢《待考人物名號》及《神祇》二章，亦做了適當的說明。

見於《古今人表》的部分，完全按照《古今人表》的人名條目及順序編排，凡九章，數量最多。文中匯集了古今人士的主要研究成果，具有重要參考價值。同時作者也有自己的見解，例如關於楚熊盤（艾子），提出"考慮到古文字中'勝'字所從聲符'关'，與'类'的形體十分接近，容易混淆，因此，'勝'字可能原本寫作'朕'，由於當時'类''关'形近易混，從而錯成了'朕'，進而變爲'勝'"的想法。又如太姒（文王妃），作者認爲："大，當爲敬詞。朱駿聲認爲：'凡大人、大夫、太子、太君皆尊詞。'"等等。

未見於《古今人表》的考證部分，作者下的功夫最大，有更多的獨到觀點。例如關於伍子雞，作者贊同蘇建洲關於《繫年》中的"伍之雞"可能就是"椒鳴"的說法，但是不同意他關於"《繫年》作者將'伍鳴'改爲'伍雞'，其後又誤將'伍雞'搞錯世系爲伍奢的兒子"的說法，認爲《繫年》簡文"少師無極讒連尹奢而殺之，其子伍員與伍之雞逃歸吳"句中，"其子"可能只能是"伍員"的限定語，並不包括"伍之雞"。這樣，"伍子雞"就不用理解爲伍奢之子，而是另有其人。後文更指出：對於"伍之雞"的考證，不僅是對單個歷史人物的考察，還是對歷史事件和歷史地理的重新思考。《繫年》簡81："亓（其）子五（伍）員與五（伍）之雞逃歸（歸）吳。"據簡文所載，逃奔吳國的不僅僅是伍子胥一人，還有在"雞父之戰"中起到重要作用的、不見於傳世文獻的"伍之雞"。又認爲:"雞父之戰"的"雞父",更像是因爲"伍之雞"指揮吳軍得勝而以人名爲地方命名。關於"子人成子",小華也提出自己的看法:"'子人'爲字,'成'爲諡,後又加'子',可概括爲'字+諡+子'。"又認爲書寫者也有可能是將"子人"作爲氏看待。如果是這樣,"子人成子"可以概括爲"氏+諡+子"。這在文獻中就比較常見了。"子人"爲字前加"子"。鄭國的子人氏雖在後世爲氏,在當時只能是字。

書中還討論了類聚之稱、同稱異時、同稱異人等特殊議題,並提出他自己的看法。

羅小華在清華大學出土文獻研究與保護中心從事博士後工作期間,我們已有較多的交流。在他入職長沙市文物考古研究所之後,由於共同整理五一廣場東漢簡牘的原因,便有更緊密的業務往來,相互學習。簡牘整理過程中,遇到涉及原件的難題,通常都由所長黃樸華和他親手解決,一絲不苟,認真負責。他關於五一廣場東漢簡牘名物的系列論文,對此批簡牘的整理與研究起著積極的推動作用。作爲年輕學者,熟悉古文字,又能貫通掌握先秦、秦漢乃至魏晉簡牘的整理與研究技巧,可喜可賀。來日方長,望能謙虛謹慎,再接再厲,更上一層樓。

凡　例

　　一、本書主要收録《清華大學藏戰國竹簡》(壹—玖)中出現的人物名號。如果相關人物還見於其他戰國簡册，其出處及考釋意見一并收録。

　　二、本書根據《漢書·古今人表》分爲"上上""上中""上下""中上""中中""中下""下上""下中""下下"等九章，嚴格按照《古今人表》的人名條目及其順序進行編排，並沿用《史記漢書諸表訂補十種·人表考》中的人名編號，注於人名條目之前。另外增加《不見於〈古今人表〉的人物名號》《待考人物名號》和《神衹》等三章，共爲十二章。《不見於〈古今人表〉的人物名號》收録可以確定的、不見於《古今人表》卻見於傳世文獻的人物名號。《待考人物名號》收録三類人物名號：(一) 與傳世文獻記載明顯不一致者；(二) 可以確定不見於傳世文獻者；(三) 無法確定與傳世文獻哪位人物對應者。《神衹》收録五行神和自然神。

　　三、人名條目之下，按照以下順序進行編排：

　　(一)《漢書·古今人表》顏師古注中關於人物身份與名號的解釋。

　　(二) 梁玉繩《人表考》與《漢書人表考補》、梁學昌《庭立紀聞》、蔡雲《漢書人表考校補》(含《續漢書人表考校補》)、翟云升《校正古今人表》、孫國仁《漢書人表略校》等書中的人名異稱、異寫。

　　(三) 王先謙《漢書補注》中所補充的人物名號異寫、異稱，以及關於人物身份與名號的解釋。

　　(四) 方炫琛《左傳人物名號研究》中的異稱、異寫。

　　以上四個部分均於書名之後括注頁碼，不再一一出注。

　　(五) 相關人物名號在各種戰國簡册中的隸定形體。形體一致者予以合并，不一致者單列。並於形體之後的【】中注明出處，相關信息主要包括批次、篇章和首次出現的簡號。

　　戰國簡册中的人物名號，先按簡册的公布時間順序，同一批簡册則按篇目次序，同一篇則按簡序，同一枚竹簡則按異稱、異寫出現的先後順序進行排列。

"夕陽坡楚簡""曾侯乙墓竹簡""包山楚簡""望山楚簡""郭店楚墓竹簡""九店五六號墓楚簡""新蔡楚墓竹簡""上海博物館藏戰國楚竹書""清華大學藏戰國竹簡"等戰國簡册,分別簡稱爲"夕陽坡簡""曾侯乙墓簡""包山簡""望山簡""郭店簡""九店簡""新蔡簡""上博簡""清華簡"。相同批次不同篇章者以頓號隔開,不同批次者以逗號隔開。

（六）以王引之爲代表的諸家學者,對於春秋人物名字的解詁。

（七）方炫琛《左傳人物名號研究》中的相關觀點。

（八）諸位學者對於《清華大學藏戰國竹簡》所見人物名號的考證與解説。

四、本書所收戰國簡册截至2020年6月30日。

目　次

序 …………………………………………………… 李均明　1
凡例 ………………………………………………………………… 1

緒論 ………………………………………………………………… 1
　一、研究目的與意義 …………………………………………… 1
　二、學術史回顧 ………………………………………………… 2
　　（一）傳世文獻中的人物名號 ……………………………… 2
　　（二）出土文獻中的人物名號 ……………………………… 4
　三、清華簡所見人物名號研究綜論 …………………………… 8
　　（一）西周以前人物名號 …………………………………… 8
　　（二）兩周時期人物名號 …………………………………… 10
　　（三）所獲得的認識 ………………………………………… 32

第一章　見於《古今人表》上上的人物名號 …………………… 35
第二章　見於《古今人表》上中的人物名號 …………………… 47
第三章　見於《古今人表》上下的人物名號 …………………… 70
第四章　見於《古今人表》中上的人物名號 …………………… 88
第五章　見於《古今人表》中中的人物名號 …………………… 107
第六章　見於《古今人表》中下的人物名號 …………………… 124
第七章　見於《古今人表》下上的人物名號 …………………… 140
第八章　見於《古今人表》下中的人物名號 …………………… 158
第九章　見於《古今人表》下下的人物名號 …………………… 170

第十章　不見於《古今人表》的人物名號 …………………… 189
第十一章　待考人物名號 …………………………………………… 215
第十二章　神祇 ……………………………………………………… 243

結語 …………………………………………………………………… 249
　一、《楚居》所見人物名號 …………………………………… 250
　二、《繫年》所見人物名號 …………………………………… 252
　三、《良臣》所見人物名號 …………………………………… 253
　四、其他篇章所見人物名號 …………………………………… 256

參考文獻 ……………………………………………………………… 261
後記 …………………………………………………………………… 277

緒　　論

一、研究目的與意義

  2008年7月15日，一批戰國時期的珍貴竹簡入藏清華大學，被學界稱爲"清華簡"。《清華大學藏戰國竹簡》（壹—玖）共公布文獻49篇，記載從傳説時代到戰國中期的歷史人物名號三百多個，涉及齊、魯、晉、楚、秦等十幾個諸侯國，具有數量多、時間長、空間廣等三大特點，超越了此前所有戰國簡册所記人名的總和。而且這些歷史人物名號絶大部分已見於傳世文獻和其他出土文獻。

  劉釗曾指出："目前的姓名學研究存在兩個傾向：一是研究姓氏者多，研究人名者少；二是對古代，尤其是漢以前的人名研究不够。第一個傾向是繼承了古代的傳統。歷史上幾乎歷代都有研究姓氏的專書，卻從無研究人名的著作。第二個傾向是因爲漢以前典籍中的資料太少，難以著手。其實漢以前的古文字資料中有許多人名資料，可以與典籍中的人名進行對比，進行各種角度的研究。而以往人們對此重視不够或缺乏系統的探索。"① 自包山、郭店、新蔡、上博等戰國簡册陸續出現以來，學界在先秦人名領域的研究逐步加强。清華簡的面世，勢必能够起到推動先秦人名研究進程的作用。雖然學界在先秦人名研究方面已經取得不少成績，但是，還没有一部專著就清華簡所見人物名號進行系統的研究和整理。有鑒於此，我們認真學習前輩學者的研究方法，吸收前輩學者的研究成果，立足於以清華簡爲代表的戰國簡册，結合傳世文獻記載，將人物名號作爲專題研究，通過系統整理，力圖對人物名號考證及其相關制度研究方面有新的認識。

  以清華簡爲代表的戰國簡册，在數量、時代和地域上都具有獨特優勢。通過熟悉這些簡册所記載的人物名號，我們發現，無論是具體的人物名號，還是其所對應的相關制度，既存在一些與傳世文獻記載相符的内容，也存在

---

① 　劉釗：《古文字中的人名資料》，《吉林大學學報（哲學社會科學版）》1999年第1期。

一些與傳世文獻記載相異的内容。將清華簡所見人物名號及相關制度，與傳世文獻的記載結合起來，利用"二重證據法"，從人名考證和制度研究兩方面入手，找出二者之間的異同，分析原因並得出相應的結論，乃至對前輩學者所取得的史學認識進行驗證，正是研究清華簡所見人物名號的目的和意義所在。

二、學術史回顧

在甲骨文被發現之前，學者們對於先秦人物名號的研究，主要依靠傳世文獻記載。這些記載並非實録，只能説對於春秋以前的人物名號研究有所幫助。① 自甲骨文被發現之後，出土文獻陸續湧現。這爲先秦人物名號的研究提供了新的契機。通過借鑒前輩學者的經驗和方法，學界對於先秦人物名號的研究也日趨成熟。

（一）傳世文獻中的人物名號

對於古代人物名號的研究，由來已久。《左傳》《國語》《大戴禮記》《禮記》與《世本》等傳世文獻中，就有不少關於姓、氏、名、字的記載，並各有側重。② 而對於姓氏的研究，目前能看到的傳世文獻多屬東漢時期。班固《白虎通·姓名》就姓、氏、名、字的功能進行詳細闡述。③ 王符《潛夫論·志氏姓》不僅對《左傳》所記賜姓命氏制度進行闡述，還將命氏形式分爲九類，並記載了上古帝王與三代君王之後的姓氏源流。④ 應劭《風俗通義·姓氏》對命氏形式的劃分，與《潛夫論·志氏姓》基本相同，並於所録諸氏之下，或溯源，或分類，或列舉該氏人名。⑤ 唐代林寶《元和姓纂》就所録姓氏追宗溯源，指明居所，列舉人物。⑥ 鄭樵《通志·氏族略》將所録諸氏分爲三十二類，後附四聲和複姓。⑦ 宋人鄧名世《古今姓氏書辯證》和清人張澍《姓氏尋源》均是以韻分類，且基本相同，順序有異，二書亦可互相參考。⑧ 明末顧炎

---

① 參陳絜：《商周姓氏制度研究》，商務印書館，2007年，第221頁。
② 參陳絜：《商周姓氏制度研究》，商務印書館，2007年，第3—4頁。
③ 陳立：《白虎通疏證》，中華書局，1994年，第401—420頁。
④ 彭鐸校正：《潛夫論箋校正》，中華書局，1985年，第401—464頁。
⑤ 王利器校注：《風俗通義校注》，中華書局，1981年，第495—559頁。
⑥ 林寶：《元和姓纂》，中華書局，1994年。
⑦ 鄭樵：《通志二十略》，中華書局，1995年，第1—228頁。
⑧ 鄧名世：《古今姓氏書辯證》，江西人民出版社，2006年；張澍：《姓氏尋源》，岳麓書社，1992年。

武《原姓篇》及《日知録》卷二十三、二十四中,有不少關於先秦人物名號的論斷,頗具卓識。① 清人王梓材《世本集覽通論》注意到,先秦人物名號中存在一些特殊現象。② 臺灣學者方炫琛《左傳人物名號研究》對《左傳》中的人物名號作了詳細分析。③

在研究古代人物名號的論著中,有一部分是專門以《春秋》經傳人物名號爲研究對象的。④ 其中,有研究"列國爵姓"者,如清人顧棟高《春秋大事表》中的《春秋列國爵姓及存滅表》和《春秋列國姓氏表》、陳鵬《春秋國都爵姓考》、曾釗《春秋國都爵姓考補》。⑤ 有研究世族世系者,不僅出現得較早,而且還在《春秋》經傳人名研究中占有較大比重,如西晉杜預《春秋釋例·世族譜》、後蜀馮繼先《春秋名號歸一圖》、南宋程公説《春秋分記·世譜》;清代論著衆多,有陳厚耀《春秋世族譜》、常茂徠《增訂春秋世族源流圖考》和顧棟高《春秋大事表·春秋列國卿大夫世系表》等。⑥ 有研究人名異稱者,如清人高士奇《春秋左傳姓名同異考》、程廷祚《春秋識小録·左傳人名辨異》、范照藜《春秋左傳釋人》。⑦ 以上所列論著中,倘涉及女性人名,或摻雜於男性人名之中,如《春秋釋例·世族譜》;或單列"婦人名譜"以後附,如《春秋分記·世譜》。而專門研究女性人名的代表性論著,有常茂徠《春秋女譜》。⑧

此外,清代出現了一大批關於春秋時期人物名字解詁的論著。最具代

---

① 黃汝成集釋:《日知録集釋》,上海古籍出版社,2006年,第1275—1359頁。
② 宋衷注,秦嘉謨等輯:《世本八種·王梓材撰本》,中華書局,2008年,第57—70頁。
③ 方炫琛:《左傳人物名號研究》,臺灣政治大學博士學位論文,1983年;化木蘭文化事業有限公司,2017年。按:本書據後者。
④ 參王志平:《〈左傳〉人名與金文人名比較研究》,中國社會科學院博士學位論文,1997年,第9—10頁。
⑤ 顧棟高:《春秋大事表》,中華書局,1993年,第561—608、1149—1202頁;陳鵬:《春秋國都爵姓考(正補)》,《叢書集成初編》,中華書局,1991年,第1—25頁。
⑥ 杜預:《春秋釋例》,《文淵閣四庫全書》第一四六册,臺灣商務印書館,1986年,第191—262頁;馮繼先:《春秋名號歸一圖》,《文淵閣四庫全書》第一四六册,臺灣商務印書館,1986年,第685—717頁;程公説:《春秋分記》,《文淵閣四庫全書》第一五四册,臺灣商務印書館,1986年,第86—163頁;陳厚耀:《春秋世族譜》,《文淵閣四庫全書》第一七八册,臺灣商務印書館,1986年,第351—391頁;常茂徠增訂:《增訂春秋世族源流圖考》,《續修四庫全書》第一四八册,上海古籍出版社,2002年,第163—247頁;顧棟高:《春秋大事表》,中華書局,1993年,第1203—1378頁。
⑦ 高士奇輯注:《春秋左傳姓名同異考》,《續修四庫全書》第一二一册,上海古籍出版社,2002年,第221—254頁;程廷祚:《春秋識小録》,《文淵閣四庫全書》第一八一册,臺灣商務印書館,1986年,第84—118頁;范照藜:《春秋左傳釋人》,《續修四庫全書》第一二四册,上海古籍出版社,2002年,第491—713頁。
⑧ 常茂徠編輯:《春秋女譜》,《續修四庫全書》第一四八册,上海古籍出版社,2002年,第249—271頁。

表性的是王引之《春秋名字解詁》,立足於名字之間的關係,對春秋人物的名字進行專門探討,並總結出"五體六例"。① 嗣後,有不少學者專就春秋名字關係進行研究。② 梁玉繩《人表考》采用《春秋》經傳人名的研究方法,對《漢書·古今人表》進行考證,匯集了多種文獻中的人名異稱和異文。③ 後來有梁玉繩《漢書人表考補》、梁學昌《庭立紀聞》、蔡雲《漢書人表考校補》、翟云升《校正古今人表》和孫國仁《漢書人表略校》,以及王利器、王貞珉《漢書古今人表疏證》等論著,都是這一專題的補充之作。④

自晚清以來,由於受外來文化的影響,國内學者開始注重姓氏制度的研究,出現了如袁業裕《中國古代氏姓制度研究》、馬雍《中國姓氏制度的沿革》等論著。⑤

(二) 出土文獻中的人物名號

自 1899 年王懿榮發現甲骨文以來,出土文獻研究成爲學術界高度關注的熱點。王國維《殷卜辭中所見先公先王考》《殷卜辭中所見先公先王續考》《殷周制度論》《女字説》《殷人以日爲名之所由來》等,利用"二重證據法",就先秦時期的姓氏名字進行討論,並提出一系列真知灼見,備受學界尊崇。⑥ 受王氏影響,出現了一大批立足於甲骨、金文的先秦姓氏名字研究論著,如:研究"列國爵姓"的有陳槃《春秋大事表列國爵姓及存滅表譔異》《不見於春秋大事表之春秋方國稿》;研究世族世系的有吴其昌《金文世族譜》;研究名字解詁的有郭沫若《彝銘名字解詁》;研究女性人名的有羅福頤《三代金文中的女姓釋例》。⑦ 這些論著均可看作是對出土文獻人物名號研究的繼承。另外,還有研究相關制度的論著,如丁山《甲骨文所見氏族及其

---

① 王引之:《經義述聞》,上海古籍出版社,2016 年,第 1289—1452 頁。
② 參王志平:《〈左傳〉人名與金文人名比較研究》,中國社會科學院博士學位論文,1997 年,第 10 頁。
③ 梁玉繩等:《史記漢書諸表訂補十種》,中華書局,1982 年,第 491—943 頁。
④ 梁玉繩等:《史記漢書諸表訂補十種》,中華書局,1982 年,第 944—1046 頁;王利器、王貞珉:《漢書古今人表疏證》,齊魯書社,1988 年。
⑤ 袁業裕:《中國古代氏姓制度研究》,商務印書館,1936 年;馬雍:《中國姓氏制度的沿革》,《中國文化研究集刊》第二輯,復旦大學出版社,1985 年,第 158—178 頁。
⑥ 王國維:《觀堂集林(外二種)》,河北教育出版社,2001 年,第 259—303、97—98 頁;謝維揚、房鑫亮主編:《王國維全集》第五卷,浙江教育出版社,2010 年,第 49—51 頁。
⑦ 陳槃:《春秋大事表列國爵姓及存滅表譔異》,上海古籍出版社,2009 年;陳槃:《不見於春秋大事表之春秋方國稿》,上海古籍出版社,2009 年;吴其昌:《金文世族譜》,《金文文獻集成》第三九册,綫裝書局,2005 年,第 289—388 頁;郭沫若:《彝銘名字解詁》,《金文叢考》,人民出版社,1954 年,第 108—125 頁;羅福頤:《三代金文中的女姓釋例》,《藝文志(新京)》1940 年第 3 期。

制度》、李學勤《論殷代親族制度》《考古發現與古代姓氏制度》和《先秦人名的幾個問題》、謝維揚《周代家庭形態》、趙伯雄《周代國家形態研究》、朱鳳瀚《商周家族形態研究》、趙艷霞《中國早期姓氏制度研究》、張淑一《先秦姓氏制度考索》、陳絜《商周姓氏制度研究》；專門研究金文人名的有盛冬鈴《西周銅器銘文中的人名及其對斷代的意義》、吳鎮烽《金文人名彙編》和《金文人名研究》。①

　　以簡册爲主的戰國文字材料，是在新中國成立之後纔逐漸占據出土文獻主導地位的。這些材料又爲人物名號研究提供了大量寶貴資料，引起學界的熱烈討論。學者們在該領域取得了一系列成果，很好地解決了一些疑難問題。曾侯乙墓 C 類簡，以及包山、新蔡、望山等卜筮祭禱簡中的先公先王名號，也都是研究先秦人物名號的一手資料。隨著戰國簡册的逐漸公布，湧現出一批系統研究戰國簡册所見先秦姓氏名字的學位論文和著作，如：巫雪如《包山楚簡姓氏研究》、劉傑《戰國文字所見姓氏整理及疏證》、何淑媛《戰國楚簡中的楚國人名研究》、白顯鳳《戰國楚簡人名異寫研究》和《出土楚文獻所見人名研究》、陳美蘭《戰國竹簡東周人名用字現象研究》、王輝《簡帛人物名號彙考》等。②

　　2010—2019 年，《清華大學藏戰國竹簡》（壹—玖）陸續公布，又爲人物名號研究提供了新的契機。《楚居》記載了"自季連開始到楚悼王共 23 位楚公、楚王"。③《繫年》記載了"始於周初"，"最晚"到"楚悼王"之間的歷史人物和相關史事。④《清華二〈繫年〉集解》附録一《〈繫年〉人物表》列出人

---

① 丁山：《甲骨文所見氏族及其制度》，中華書局，1988 年；李學勤：《論殷代親族制度》，《文史哲》1957 年第 11 期；李學勤：《考古發現與古代姓氏制度》，《考古》1987 年第 3 期；李學勤：《先秦人名的幾個問題》，《歷史研究》1991 年第 5 期；謝維揚：《周代家庭形態》，中國社會科學出版社，1990 年；趙伯雄：《周代國家形態研究》，湖南教育出版社，1990 年；朱鳳瀚：《商周家族形態研究》，天津古籍出版社，1990 年；雁俠：《中國早期姓氏制度研究》，天津古籍出版社，1996 年；張淑一：《先秦姓氏制度考索》，福建人民出版社，2008 年；陳絜：《商周姓氏制度研究》，商務印書館，2007 年；盛冬鈴：《西周銅器銘文中的人名及其對斷代的意義》，《文史》第十七輯，中華書局，1983 年；吳鎮烽編：《金文人名彙編》，中華書局，1987 年；吳鎮烽：《金文人名研究》，《周秦文化研究》，陝西人民出版社，1998 年，第 423—442 頁。
② 巫雪如：《包山楚簡姓氏研究》，臺灣大學碩士學位論文，1996 年；劉傑：《戰國文字所見姓氏整理及疏證》，中山大學博士學位論文，2009 年；何淑媛：《戰國楚簡中的楚國人名研究》，臺灣師範大學碩士學位論文，2010 年；白顯鳳：《戰國楚簡人名異寫研究》，吉林大學碩士學位論文，2012 年；白顯鳳：《出土楚文獻所見人名研究》，吉林大學博士學位論文，2017 年；陳美蘭：《戰國竹簡東周人名用字現象研究》，藝文印書館，2014 年；王輝：《簡帛人物名號彙考》，中西書局，2021 年。
③ 李學勤主編：《清華大學藏戰國竹簡（壹）》，中西書局，2010 年，第 180 頁。
④ 李學勤主編：《清華大學藏戰國竹簡（貳）》，中西書局，2011 年，第 135 頁。

名近200條，只有近20條"無法與傳世文獻人物對讀"。①《良臣》主要"記述黄帝以至春秋著名君主的良臣"，凡80餘人。② 從學界研究的情況看，對於戰國簡册所見人物名號的研究可以分爲以下三個方面：

1. 姓氏與世系的研究

該領域的研究，可以看作是傳統姓名學的延續。近些年，層出不窮的戰國簡册，爲傳統姓名學注入了新的血液。巫雪如指出："包山楚簡共記載了約140個姓氏及數量近千的人名，這些姓氏及人名是研究當時姓氏制度及稱謂的重要資料。"③田成方指出："包山簡、葛陵簡中的祭祖簡揭示了昭氏家族的始封、早期世系和族支分化，對研究楚國昭氏宗族極有幫助。"④吴郁芳《包山二號墓墓主昭佗家譜考》和何浩《文坪夜君的身份與昭氏的世系》，都是對昭氏的世系進行梳理。⑤ 劉信芳師《〈包山楚簡〉中的幾支楚公族試析》就包山簡中的"楚國公族姓氏"進行探討。⑥ 田成方《東周時期楚國宗族研究》就楚國公族和外來宗族進行深入探討，得出一些新的見解。⑦ 上文曾提到，有23位楚公見於《楚居》。此外，《安徽大學藏戰國竹簡》"楚史類"竹簡的簡文"從'顓頊生老童'起到楚（獻）惠王'白公起禍'止，記載了楚先祖及熊麗以下至惠王時期各王的終立更替和重大歷史事件"。⑧ 湖北荆州龍會河北岸墓地M324出土一批戰國簡册："簡文中有文王、成王、穆王、莊王、共王、康王、靈王、平王、昭王、惠王、簡王、聲王12位楚王謚號，與《史記·楚世家》所載楚王世系相合。"⑨

2. 人名解詁

《白虎通·姓名》云"聞其名即知其字，聞字即知其名"。⑩ 王引之在《春秋名字解詁》中指出："蓋名之與字，義相比附，故叔重《説文》屢引古人

---

① 蘇建洲、吴雯雯、賴怡璇：《清華二〈繫年〉集解》附録一，萬卷樓圖書股份有限公司（下簡稱"萬卷樓圖書公司"），2013年，第1—11頁；陳美蘭：《戰國竹簡東周人名用字現象研究》，藝文印書館，2014年，第8頁。
② 李學勤主編：《清華大學藏戰國竹簡（叁）》，中西書局，2012年，第156頁。
③ 巫雪如：《包山楚簡姓氏研究》，臺灣大學碩士學位論文，1996年，第10頁。
④ 田成方：《東周時期楚國宗族研究》，武漢大學博士學位論文，2011年；科學出版社，2016年，第2頁。按：本書據後者。
⑤ 吴郁芳：《包山二號墓墓主昭佗家譜考》，《江漢論壇》1992年第11期；何浩：《文坪夜君的身份與昭氏的世系》，《江漢考古》1992年第3期。
⑥ 劉信芳：《〈包山楚簡〉中的幾支楚公族試析》，《江漢論壇》1995年第1期。
⑦ 田成方：《東周時期楚國宗族研究》，科學出版社，2016年。
⑧ 黄德寬：《安徽大學藏戰國竹簡概述》，《文物》2017年第9期。
⑨ 海冰、張君：《荆州龍會河北岸墓地出土戰國楚簡324枚》，《湖北日報》2019年5月7日第8版。
⑩ 陳立：《白虎通疏證》，中華書局，1994年，第411頁。

名字,發明古訓,莫箸於此,觸類而引申之,學者之事也。"①李學勤曾指出:"金文中人名的涵義,有必要深入分析。古人有姓、氏、名、字、爵、謚等,銘文裏出現的人名如何構成,每每不是一望可知的。"②這種現象在戰國簡册中也是顯而易見的。系統梳理人物名與字之間的關係,對於人物名號研究的意義重大。《繫年》簡 81 中有"五之雞"(或作"五雞"),《越公其事》簡 12 作"雞父"。蘇建洲懷疑,"伍之雞"就是"椒鳴":"蓋雞以善鳴著稱,故甲骨文的'鳴'本从'雞'作。"③我們認爲,"雞"與"鳴""二者也可以是一名一字,互爲表裏",有項籍(即"鵲")字羽爲證。④《良臣》簡 5 中,"子犯"之"犯"寫作"軓",子犯編鐘和《子犯子餘》簡 1 寫作"軋",均从"車"。陳美蘭指出,"軓(軋)"是"車輿前面的板子",用以"保護掩蔽車上的人";"偃"讀爲"隱",指"掩蔽"。⑤ 季旭昇認爲這一考察"很精彩":"王引之、胡元玉之説其實並不合理,名偃(隱)字犯,於禮不合……改從楚簡作'軋',則名字均爲蔽護義。"⑥

3. 人名用字

裘錫圭曾指出:"用字方法,指人們記録語言時用哪一個字來表示哪一個詞的習慣。"⑦這一概念已爲學界廣泛接受。陳美蘭認爲:"所謂'用字'現象,直接牽涉的影響成因之一就是書寫者(或稱書手、抄手,未必等同於作者),即使是同一書寫者,其用字習慣也不盡相同。"⑧這種用字現象在傳世文獻和出土文獻中均有反映。傳世文獻中的相關記載,可以參看《人表考》《漢書人表考補》《漢書人表考校補》等論著。⑨ 出土文獻中的内容,目前更受關注,如:"傅説"之"説",《良臣》簡 2 作"鴉",上博簡《競建内之》簡 4 作"鳶"。王輝結合傳世文獻記載指出:"傅説之名'説'本應寫作'鳶',本於其肩部上聳即鳶肩。以'鳶'爲名也符合古人取名象物的習慣……'鴉',从兑从鳥,可見其名確與鳥類相關。或用'説''兑'(《禮記·緇衣》)、'敓'(《清

---

① 王引之:《經義述聞》,上海古籍出版社,2016 年,第 1451 頁。
② 李學勤:《古文字學初階》,中華書局,1985 年,第 85 頁。
③ 蘇建洲、吳雯雯、賴怡璇:《清華二〈繫年〉集解》,萬卷樓圖書公司,2013 年,第 602 頁。
④ 按:參本書第十章"五之雞"條。
⑤ 陳美蘭:《戰國竹簡東周人名用字現象研究》,藝文印書館,2014 年,第 93 頁。
⑥ 季旭昇:《〈戰國竹簡東周人名用字現象研究〉序》,《戰國竹簡東周人名用字現象研究》,藝文印書館,2014 年,第 Ⅱ 頁。
⑦ 裘錫圭:《簡帛古籍的用字方法是校讀傳世先秦秦漢古籍的重要根據》,《兩岸古籍整理學術研討會論文集》,江蘇古籍出版社,1998 年;後收入氏著《裘錫圭學術文化隨筆》,中國青年出版社,1999 年,第 294 頁。按:本書據後者。
⑧ 陳美蘭:《戰國竹簡東周人名用字現象研究》,藝文印書館,2014 年,第 4 頁。
⑨ 梁玉繩等:《史記漢書諸表訂補十種》,中華書局,1982 年,第 465—1046 頁。

華(叁)·説命》)者,均爲'鳶'之假借字;並取義於尖鋭之'鋭',也與簡文'如錐'相合。"①《楚居》簡5中,楚先祖"酓䳡",《史記·楚世家》作"熊勝",《漢書·古今人表》作"熊盤"。清華簡整理者指出:"酓䳡,'䳡'當即'樊'字,《漢書·古今人表》作'熊盤','樊'與'盤'皆脣音元部字。"②

除了姓、氏、名、字之外,戰國簡册記載還爲諡號研究提供了新資料,數量雖小,意義卻大。傳世文獻中的一些君王,出現在簡册中卻用了不同的諡號。有學者認爲是雙字諡和多字諡,如:《繫年》簡91中的"晉臧坪公",馬衛東、蘇建洲、羅小華等均認爲,"莊""平"爲雙字諡。③《繫年》簡105中的"秦異公",清華簡整理者指出:"《史記·秦本紀》亦作'哀公'。"④王輝懷疑"異"讀爲"翼";"翼"見於《逸周書·諡法解》"剛克有伐曰翼,思慮深遠曰翼";秦異公就是秦哀公。⑤ 我們懷疑,"哀""翼"是雙字諡。⑥

三、清華簡所見人物名號研究綜論

從性質上看,清華簡是"大多與歷史有關"的"書籍",因而記載了大量的歷史人物名號;從時代上看,這批簡屬於戰國時期,因而從東周到西周,到商,到夏,到唐虞,甚至到黃帝時代,越往前人物名號數量越少。⑦ 也就是説,清華簡對於歷史人物名號研究的貢獻,主要體現在東周甚至是戰國時期;當然,對於西周人物名號研究的貢獻,也還是有一些的;而從西周再往前,就稍顯薄弱了。

(一) 西周以前人物名號

黃帝時代的人物有"黃帝""女和""騩人"和"保侗"等,均見於《良臣》

---

① 王輝:《傅説之名解詁》,復旦大學出土文獻與古文字研究中心網,2013年6月17日;《傅説之名再考辨》,《文史哲》2016年第4期。按:此據後者。
② 李學勤主編:《清華大學藏戰國竹簡(壹)》,中西書局,2010年,第185頁注32。
③ 馬衛東:《文獻校釋中的周代多字諡省稱問題》,《古代文明》2013年第3期。蘇建洲、吴雯雯、賴怡璇:《清華二〈繫年〉集解》,萬卷樓圖書公司,2013年,第710頁。羅小華:《試論清華簡〈繫年〉中的幾個多字諡》,《簡帛研究二〇一六(秋冬卷)》,廣西師範大學出版社,2017年,第15—19頁。
④ 李學勤主編:《清華大學藏戰國竹簡(貳)》,中西書局,2011年,第185頁注4。
⑤ 王輝:《一粟居讀簡記(六)》,《古文字研究》第三十輯,中華書局,2014年,第362—363頁。
⑥ 羅小華:《試論清華簡〈繫年〉中的幾個多字諡》,《簡帛研究二〇一六(秋冬卷)》,廣西師範大學出版社,2017年,第16頁。
⑦ 參李學勤:《初識清華簡》,《光明日報》2008年12月1日第12版。

簡1。唐虞時代的人物有"堯""舜""禹""伯夷""益""史皇"和"皋陶"等,也都見於《良臣》簡1—2。除"女和""皾人"和"保侗"之外,其他人名雖是耳熟能詳,卻又難以進行探討。夏代雖然只出現了"啟"(《厚父》2)、"孔甲"(《厚父》6)和"桀"(《湯處於湯丘》14)等三人,但是,對於"孔甲"和"桀"(傳世文獻又稱"履癸"),可以結合其他文獻對於商代人物名號進行探討。

　　清華簡中,商代君王有七位,且以有"日名"者居多。李學勤曾指出:"日名有些像謚法,是在死後選定的,和生日死日無關。"①商代"大甲"(《子犯子餘》14)之"甲"、"大戊"(《說命下》8)之"戊"、"盤庚"(《子犯子餘》14)之"庚"、"武丁"(《說命中》1)之"丁"和"后辛"(《管仲》18)之"辛"等,都是天干,均屬"日名"。此外,夏代"孔甲"之"甲"與"履癸"之"癸",也都是"日名"。王國維指出:"夏之季世,若胤甲、若孔甲、若履癸,始以日爲名,而殷人承之矣。""以日爲名,在夏則有孔甲、履癸;商之祖先,自王亥、上甲微以降,無不用日爲名。……商人甲乙之號,蓋專爲祭而設。"②李學勤指出,"日名只用天干,不用地支";"日名起於夏代(三康即三庚、胤甲、孔甲、履癸)"。③

　　至於"日名"之前的"大""盤""武"等,都是"區別字"。李學勤曾指出,"區別字是由於有兩人以上有同樣的親稱和日名而設,又可分爲兩種:一種是以數量性形容字來區別,如大、仲、小、高、毓、後、上、下、外、內及二、三、四等;一種是以近似私名的'廟號'來區別,如盤、雍、文、武等";"祭祀日依日名而定,並不是日名依祭祀日而定";"殷王系有日名是從上甲開始"。④ 這就是說,"日名"目前僅見於夏商兩代君王名號,具有很強的時代性。商王自"上甲"開始使用"日名",應該就是受到了夏文化的影響。

　　"武丁",清華簡或作"殷王"(《說命上》1)、"王"(《說命上》1)、"高宗"(《殷高宗問於三壽》1)。"后辛",清華簡或作"商王"(《繫年》1)、"殷受"(《封許之命》3)和"受"(《鄭文公問太伯》甲13、《子犯子餘》12)。可見,殷商時期,君王既可稱"王",亦可稱"后"。稱"王"則於"王"之前冠以朝代名,稱"后"則於"后"之後綴以"日名"。可茲比較的還有"桀",或作"夏后"(《赤鵠之集湯之屋》6)、"后"(《赤鵠之集湯之屋》7)、"夏王"(《湯處於湯丘》13)。"后"與"王"前均可冠以朝代名。唐嘉弘曾指出"三代統治者的稱

---

① 李學勤:《論殷代親族制度》,《文史哲》1957年第11期。
② 王國維:《觀堂集林(外二種)》,河北教育出版社,2001年,第288頁;謝維揚、房鑫亮主編:《王國維全集》第五卷,浙江教育出版社,2010年,第49—50頁。
③ 李學勤:《論殷代親族制度》,《文史哲》1957年第11期。
④ 李學勤:《論殷代親族制度》,《文史哲》1957年第11期。

號——夏代多稱'后'、商周基本稱'王'"。① 就目前所公布的清華簡材料來看,夏商兩代統治者既可稱"王"又可稱"后";夏代稱"后"較多,而商代稱"王"較多;周代統治者只稱"王"。考慮到清華簡屬於戰國時期,頗疑"桀"作"夏王"可能是周人的追稱。"高宗"爲武丁之廟,清華簡中,廟號僅此一見。

(二) 兩周時期人物名號

兩周人物名號較多,傳世文獻中的相關記載也多,是清華簡人物名號研究的主體。要分析這些人物名號的構成,需要借鑒前輩學者的方法。李學勤先指出:"中國先秦時期人名的結構,與秦漢以下頗多不同。先秦人名有姓、氏,有名、字,有的有爵,在死後還有諡。"後又補充説:"此外,文獻和古文字材料所見的人名,不少還附有職官,或有親稱(親屬稱謂)。這八種成分,如果從廣義理解,可以作爲分析先秦人名的根據。"②實際上,姓、氏、名、字、爵、諡、職官和親稱等"八種成分",主要見於兩周人物名號,可以作爲分析兩周人名的依據。

1. 姓與氏

就本質而言,姓與氏都屬於血緣標識。這一功能先於其社會功能。馬雍曾指出:"姓氏是標志社會結構中一種血緣關係的符號。"③陳絜亦有相似的論述:"在早期社會中,姓氏的本質,自始至終大概都不會有太大的變化,都是血緣組織的標識符號。所以,在任何時候,均具有在血緣上的整合與區分的功能。只是存在顯與不顯的區别。但由於社會的發展與變化,姓氏的功能或許是可以隨世而有所損益。"④

根據歷代學者研究,姓氏制度爲周代所獨有;姓不變而氏可變;"女子稱姓"以"别婚姻","男子稱氏"以"别貴賤"。《史記·五帝本紀》:"弃爲周,姓姬氏。"裴駰集解引鄭玄《駁許慎五經異義》曰:"姓者,所以統繫百世,使不别也。氏者,所以别子孫之所出。"⑤《白虎通義·姓名》:"人所以有姓者何?所以崇恩愛,厚親親,遠禽獸,别婚姻也。……所以有氏者何?所以貴

---

① 唐嘉弘:《略論夏商周帝王的稱號及國家政體》,《歷史研究》1985 年第 4 期。
② 李學勤:《考古發現與古代姓氏制度》,《考古》1987 年第 3 期;《先秦人名的幾個問題》,《歷史研究》1991 年第 5 期。
③ 馬雍:《中國姓氏制度的沿革》,《中國文化研究集刊》第二輯,復旦大學出版社,1985 年,第 158 頁。
④ 陳絜:《商周姓氏制度研究》,商務印書館,2007 年,第 225—226 頁。
⑤ 司馬遷:《史記》,中華書局,1959 年,第 45—46 頁。

功德,賤伎力。"①《通志·氏族略一》:"三代之前,姓氏分而爲二,男子稱氏,婦人稱姓。氏所以别貴賤,貴者有氏,賤者有名無氏。……故姓可呼爲氏,氏不可呼爲姓。姓所以别婚姻,故有同姓、異姓、庶姓之别。"②顧炎武《原姓》認爲,"男子稱氏,女子稱姓,氏一再傳而可變,姓千萬年而不變";"同姓百世而昏姻不通者,周道也,故曰'姓不變'也";"氏焉者,所以爲男别也;姓焉者,所以爲女坊也"。③ 王國維認爲:周人的制度與商代很不相同,其中就有"同姓不婚之制";周代"男女之别"比"前代"更爲嚴格;"男子稱氏,女子稱姓"是周代的"通制";周代的大姜、大任、大姒、邑姜,都是"以姓著",從這時候開始,一直到春秋之末,女子都"稱姓";"同姓不婚"的制度,實際上是從周代開始的;"女子稱姓"也是從周代開始的。④

我們認爲,一直以來所强調的姓的血緣標識功能,是從姓氏產生伊始就被賦予了的,即便到了姓氏完全混同的今天也是如此;而氏的社會功能,其實是隨著社會的發展,從姓與氏所具備的社會功能中抽繹出來的。換句話說,西周初期的姓與氏既具有血緣標識功能又具有社會功能,後來纔慢慢將兩種功能分離開來,血緣標識功能歸於姓,而社會功能歸於氏。然而,根據傳世文獻記載,即便是在春秋時期,姓不僅具有一定血緣標識功能,也具備社會功能。《左傳》僖公二十八年:"齊桓公爲會而封異姓,今君爲會而滅同姓。曹叔振鐸,文之昭也。先君唐叔,武之穆也。且合諸侯而滅兄弟,非禮也。"⑤"同姓"和"異姓"是血緣上的區分,而"封異姓"和"滅同姓"都屬於社會行爲了。這説明,在當時,社會關係在很大程度上已經超越了較遠的血緣關係,同時,仍有一部分人堅持血緣關係應高於社會關係的舊則。

清華簡在時代上偏晚,其所記載的姓氏不僅在數量上遠不及傳世文獻,而且,可以確定的姓氏基本見於傳世文獻,因此,清華簡對於姓氏起源、"賜姓"與"命氏"等問題的研究幫助不大。⑥ 但是,清華簡中的姓氏,對於已知的兩周姓氏制度,仍具有一定程度的印證作用。

(1) 姓

陳美蘭曾對《郭店楚墓竹簡》《上海博物館藏戰國楚竹書》(一——九)、

---

① 陳立:《白虎通疏證》,中華書局,1994年,第401—402頁。
② 鄭樵:《通志二十略》,中華書局,1995年,第1—2頁。
③ 顧炎武:《顧亭林詩文集》,中華書局,1959年,第11—12頁。
④ 王國維:《觀堂集林(外二種)》,河北教育出版社,2001年,第241頁。
⑤ 《十三經注疏》,中華書局,1980年,第1827頁。
⑥ 按:目前已有不少學者利用甲骨文、金文以及傳世文獻,對於姓氏起源、"賜姓"與"命氏"等問題進行深入探討,也取得了不少成果。參陳絜:《商周姓氏制度研究》,商務印書館,2007年。

《清華大學藏戰國竹簡》(壹—肆)等三批竹簡中的"姓"進行統計,指出"竹書人名記'姓'者少,因爲東周人名以'姓'記名者多見於女性人物,而這三批竹書出現的東周女性人物只有少少的五人:齊桓公如夫人宋華子、晉獻公夫人驪姬、息侯夫人息嬀、晉襄公夫人穆嬴、陳國夏姬"。① 仿此,我們對清華簡中的"姓"也作了一下統計,能確定爲"姓"且見於女性人物名號者如下:"姒"姓 2 位,即"太姒"(《程寤》1)與"褒姒"(《繫年》5);"嬀"姓 1 位,即"息嬀"(《繫年》23);"姬"姓 1 位,即"驪姬"(《繫年》31)。

此外,清華簡中還有一處關於"姓"的記載,即"嬴氏"(《子儀》13)。此爲秦穆公之語:"嬴氏多絲緍而不續。"②類似的表達還見於《國語·周語下》"我姬氏出自天黿"。韋昭注:"姬氏,周姓。"③《禮記·大傳》孔穎達疏:"其姓與氏,散亦得通,故《春秋》有姜氏、子氏,姜、子皆姓而云氏是也。"④

由此可見,清華簡中只有"姒""嬀""姬"和"嬴"等四個姓。前三者均在女性稱謂之中,比較常見;後者爲泛稱,具有一定的特殊性。

(2) 氏

清華簡中,氏的數量遠勝於姓,並可根據傳世文獻記載進行類別劃分。《左傳》隱公八年:"公問族於衆仲。衆仲對曰:'天子建德,因生以賜姓,胙之土而命之氏。諸侯以字爲謚,因以爲族。官有世功,則有官族,邑亦如之。'"杜預注:"報之以土而命氏曰陳。……或使即先人之謚稱以爲族。"孔穎達疏:"報之以土,謂封之以國名,以爲之氏。諸侯之氏,則國名是也。……杜意'諸侯以字',言賜先人字爲族也。'爲謚,因以爲族',謂賜族雖以先人之字,或用先人所爲之謚,因將爲族。"⑤我們懷疑,"爲謚"之"爲"可能訓爲"與"。《經傳釋詞》卷二:"家大人曰:爲,猶'與'也。……《孟子·公孫丑篇》曰:'不得不可以爲悦,無財不可以爲悦,得之爲有財,古之人皆用之。'言得之與有財也。"⑥依此,則衆仲這段話裏包含了五種命氏方式,即以國、以字、以謚、以官和以邑。顧炎武指出:"諸侯之子爲公子,公子之子爲公孫,公孫之子以王父字,若謚、若邑、若官爲氏。"⑦或許就是對"諸侯以字爲謚……則有官族,邑亦如之"一句的解釋。

《風俗通·姓氏》將氏的來源分爲九類:"蓋姓有九:或氏於號,或氏於

① 陳美蘭:《戰國竹簡東周人名用字現象研究》,藝文印書館,2014 年,第 259—260 頁。
② 李學勤主編:《清華大學藏戰國竹簡(陸)》,中西書局,2016 年,第 128 頁。
③ 徐元誥:《國語集解》,中華書局,2002 年,第 124 頁。
④ 《十三經注疏》,中華書局,1980 年,第 1507 頁。
⑤ 《十三經注疏》,中華書局,1980 年,第 1733—1734 頁。
⑥ 王引之:《經傳釋詞》,上海古籍出版社,2014 年,第 45—46 頁。
⑦ 顧炎武:《顧亭林詩文集》,中華書局,1959 年,第 11 頁。

諡,或氏於爵,或氏於國,或氏於官,或氏於字,或氏於居,或氏於事,或氏於職。"①《潛夫論·志氏姓》從其説:"或氏號邑諡,或氏於國,或氏於爵,或氏於官,或氏於字,或氏於事,或氏於居,或氏於志。"彭鐸校正指出,"邑"是衍文;"志"在《風俗通》中寫作"職","志"與"職"聲近。②《通志·氏族略》分爲"以國爲氏""以邑爲氏""以鄉爲氏""以亭爲氏""以地爲氏""以姓爲氏""以字爲氏""以名爲氏""以次爲氏""以族爲氏""以官爲氏""以爵爲氏""以凶德爲氏""以吉德爲氏""以技爲氏""以事爲氏""以諡爲氏""以爵系爲氏""以國系爲氏""以族系爲氏""以名字爲氏""以國爵爲氏""以邑系爲氏""以官名爲氏""以邑諡爲氏""以諡氏爲氏""以爵諡爲氏""代北複姓""關西複姓""諸方複姓""代北三字姓""代北四字姓"等三十餘類,又"以氏族不得其所系之本,乃分爲四聲以統之",最後附"諸有複姓而不得其所系之本者"。③當代學者對氏進行類別劃分,基本不出以上範疇。如張淑一將"先秦命氏方式"分爲以國、邑、字、官、名、居地、諡、爵、身份爲氏,以及複氏等十類。④

國、字、諡、官等四類氏,均爲後世學者所承襲。《風俗通·姓氏》和《潛夫論·志氏姓》中都没有邑,而有號、爵、居、事和職。《通志·氏族略》雖然分類過多,但也不乏可取之處。有鑒於此,我們綜合考慮以上各家意見,試圖就清華簡中的氏進行分析。

① 以國爲氏

《風俗通·姓氏》認爲唐、虞、夏、殷均屬於"以號爲氏"。⑤《潛夫論·志氏姓》云"若夫五帝三王之世,所謂號也"。⑥《通志·氏族略》卻將其歸入"以國爲氏"類:"天子諸侯建國,故以國爲氏,虞、夏、商、周、魯、衛、齊、宋之類是也。"⑦唐嘉弘指出:"周武王在牧野之戰的戰前誓師詞中提到'我友邦冢君',周人並自稱'小邦',稱殷人爲'大邦',這個'大邦'也即是共主。"⑧據此,我們認爲,以國爲氏可分爲兩類:周爲"大邦"之氏,魯、衛、齊、宋等諸侯國爲"小邦之氏"。

A. 大邦之氏

周之君與魯、衛、齊、宋等國之君具有明顯不同。在西周時期,只有周王

---

① 王利器校注:《風俗通義校注》,中華書局,1981年,第495—496頁。
② 彭鐸校正:《潛夫論箋校正》,中華書局,1985年,第401—403頁。
③ 鄭樵:《通志二十略》,中華書局,1995年,第3—9頁。
④ 張淑一:《先秦姓氏制度考索》,福建人民出版社,2008年,第62—75頁。
⑤ 王利器校注:《風俗通義校注》,中華書局,1981年,第496頁。
⑥ 彭鐸校正:《潛夫論箋校正》,中華書局,1985年,第401頁。
⑦ 鄭樵:《通志二十略》,中華書局,1995年,第3頁。
⑧ 唐嘉弘:《略論夏商周帝王的稱號及國家政體》,《歷史研究》1985年第4期。

纔能被稱爲"天子"。如上文所引，衆仲曾提到"天子建德"。陳夢家曾指出："天子的觀念，是到了西周纔出現的。"①唐嘉弘曾指出，"天子"只是一個"共主"；"共主"的本質是"'天下萬邦'中最大的一'邦'"。② 在這裏，有兩處"共主"，意義不同但又緊密相連。前一個"共主"是指"天子"。後一個"共主"是指"最大的一'邦'"。我們認爲，"天子"其實就是"最大的一'邦'"的國君。盛冬鈴認爲："周人自稱滅商是受命於天，周王是受天之命統治天下的天之元子，所以王又稱'天子'。"③清華簡中，周穆王被稱爲"天子"（《祭公之顧命》3）。可見，"天子"是當時對周王的專稱。清華簡所載"周文王"（《祭公之顧命》4）、"周武王"（《繫年》1）、"周成王"（《繫年》17）、"周幽王"（《繫年》5）、"周惠王"（《繫年》18）、"周襄王"（《繫年》44），以及"周王"（《繫年》124，即周威烈王）中的"周"，都是指當時"最大的一'邦'"。

需要注意的是，周文王與其他周王之間存在區別。衆所周知，周成爲"共主"是在武王伐紂取得勝利之後。也就是說，文王在世之時，周還只是"小邦"。但是，無論是傳世文獻，還是出土文獻，周文王之"周"指的卻是周"大邦"之氏。這只能屬於追溯。

B. 小邦之氏

我們所說的"小邦之氏"，其實就是《風俗通》和《潛夫論》中的"以國爲氏"。《風俗通·姓氏》云"以國，齊（一作曹）、魯、宋、衛也"。④《潛夫論·志氏姓》云"齊、魯、吳、楚、秦、晉、燕、趙，所謂國也"。⑤ 清華簡中，能夠明確爲"小邦"的有秦、魯、晉、衛、蔡、鄭、吳、魏、韓、虢、散、管、畢、芮、齊、楚、宋、陳、趙、許、越、息、徐、舒、辛、吕、弦、杜、奄、共等諸侯國。

清華簡中的"小邦之氏"，基本上都是各諸侯國的國君。西周時期，小邦之君有"散宜生"（《良臣》3）、"芮伯"（《良臣》3）、"虢叔"（《良臣》3）、"畢公高"（《耆夜》1）、"辛公諫甲"（《耆夜》2）、"管叔"（《金縢》7）、"衛叔封"（《繫年》18）、"芮良夫"（《芮良夫毖》2）、"虢叔"（《良臣》8）、"杜伯"（《良臣》9）、"共伯和"（《繫年》3）等。東周時期，小邦之君增多：晉君19人，冠"晉"者12人；楚君稱"王"者15人，冠"楚"者10人；鄭君10人，冠"鄭"者6人；齊君5人，皆冠"齊"；秦君與宋君各4人，各冠"秦""宋"；蔡君、吳君與

---

① 陳夢家：《殷虛卜辭綜述》，中華書局，1988年，第646頁。
② 唐嘉弘：《略論夏商周帝王的稱號及國家政體》，《歷史研究》1985年第4期。
③ 盛冬鈴：《西周銅器銘文中的人名及其對斷代的意義》，《文史》第十七輯，中華書局，1983年，第34頁。
④ 王利器校注：《風俗通義校注》，中華書局，1981年，第496頁。
⑤ 彭鐸校正：《潛夫論箋校正》，中華書局，1985年，第401頁。

越君各3人,各冠"蔡""吴""越";衛君5人,冠"衛"者僅1人;陳君2人,冠"陳"者1人;息君、許君、徐君各1人,各冠"息""許""徐"。

比較有意思的是,齊國始封之君"呂尚父"(《耆夜》2)與許國始封之君"呂丁"(《封許之命》2)均爲"呂"氏,本屬"以邑爲氏",後被西周分別封於"齊"和"許"。"衛叔封",傳世文獻亦稱"衛康叔",先封於"康",後徙封於"衛"。

此外,清華簡中的"有虞氏"(《虞夏殷周之治》1),傳世文獻亦見。王梓材《世本集覽通論》認爲是"以'有'稱者"。① 趙伯雄認爲:"西周春秋時代的氏是指一種'族'的也即血緣的組織。"② 陳絜認爲:"'有某氏',多是一種血緣性的社會組織。"③"有莘之女"(《湯處於湯丘》1)中的"有莘",即爲"有莘氏",也應該是"一種血緣性的社會組織"。"商奄氏"(《繫年》14)以"商"冠於"奄"之上,可看作"大邦"與"小邦"確實有別的佐證。"井利"(《祭公之顧命》9)之"井",頗疑指鄭地之"井國"。④ 暫附於此。

無論是"大邦之氏"還是"小邦之氏",其成員都不多。張淑一曾指出:"就一國來説,國氏集團的成員並不多,它只包括歷代國君、國君的配偶、女兒以及其未立新氏的兒子、孫(女)子們。"⑤清華簡中,有三位太子、五位王子和三位公子。太子有"大子發"(《程寤》2)、"王大子"(《楚居》14)和"大子共君"(《繫年》31)。大子發就是周武王,屬於大邦太子,後來成爲"天子"。王大子就是後來的楚簡大王。大子共君就是晉獻公之子申生,自縊而死。王子有"王子"(《攝命》25)、"吴王子鱥由"(《繫年》80)、"吴王子晨"(《繫年》84)、"楚王子迆"(《繫年》88)和"王子定"(《繫年》129)。《攝命》中的王子就是伯攝,清華簡整理者推測是"懿王太子夷王燮"。⑥ 吴王子鱥由是吴王壽夢之子。吴王子晨是吴王闔廬之弟。楚王子迆就是《左傳》中的公子罷。王子定,或即"楚聲王之子、楚悼王的兄弟"。⑦ 公子有"公子啟方"(《繫年》20)、"陳公子徵舒"(《繫年》74)和"公子重耳"(《子犯子餘》13)等三位,分別指啟方、夏徵舒和晉文公。僅公子重耳是晉文公,可以確定爲晉獻公之子。啟方是否爲某公之子,尚難確定。夏徵舒爲陳宣公之曾孫,不宜稱"公子"。除了夏徵舒之外,大子發和伯攝的氏都屬於"大邦之氏",其他

---

① 宋衷注,秦嘉謨等輯:《世本八種·王梓材撰本》,中華書局,2008年,第57頁。
② 趙伯雄:《周代國家形態研究》,湖南教育出版社,1990年,第69頁。
③ 陳絜:《商周姓氏制度研究》,商務印書館,2007年,第258頁。
④ 參唐蘭:《西周銅器斷代中的"康宫"問題》,《考古學報》1962年第1期;王貽樑、陳建敏校釋:《穆天子傳匯校集釋》,中華書局,2019年,第34頁。
⑤ 張淑一:《先秦姓氏制度考索》,福建人民出版社,2008年,第63頁。
⑥ 李學勤主編:《清華大學藏戰國竹簡(捌)》,中西書局,2018年,第112頁注1。
⑦ 參劉全志:《清華簡〈繫年〉"王子定"及相關史事》,《文史知識》2013年第6期。

人的氏都屬於"小邦之氏"。

② 以邑爲氏

《通志·氏族略》："卿大夫立邑,故以邑爲氏,崔、盧、鮑、晏、臧、費、柳、楊之類是也。"①這一類氏有周、管、祭、毛、召、臧、欒、范、隨、隰、崔、晏、白、鄭等。"周公叔旦"(《耆夜》2)之"周"、"召公保奭"(《耆夜》1)之"召"、"祭公"(《祭公之顧命》1)之"祭"與"毛班"(《祭公之顧命》9)之"毛"均爲西周之氏。"管夷吾"之"管",出自周穆王之後,疑爲西周之氏。② 其餘皆爲東周之氏。"臧孫許"(《繫年》70)之"臧"爲魯國之邑。"欒盈"(《繫年》93)之"欒"、"范氏"(《繫年》102)與"范獻子"(《趙簡子》1)之"范"、"隨會"(《繫年》66)之"隨"、"白犯"(《良臣》5)之"白",均爲晉國之邑。"隰朋"(《良臣》6—7)之"隰"、"崔杼"(《繫年》95)之"崔"、"晏子"(《繫年》69)之"晏",均爲齊國之邑。"鄭子"(《繫年》69)之"鄭",陳美蘭認爲"不指姬姓之{蔡},可能只是齊國大夫因地封氏",傳世文獻將"鄭"都寫定爲"蔡",是因爲"讀音相通"。③

③ 以居地爲氏

這類氏其實包括了居處和地名兩類。居處類見於《風俗通·姓氏》"以居,城、郭、園、池也"。④《潛夫論·志氏姓》亦云,"東門、西門、南宮、東郭、北郭,所謂居也"。⑤《通志·氏族略》概括爲"以地爲氏(所居附)"："有封土者,以封土命氏,無封土者,以地居命氏。蓋不得受氏之人,或有善惡顯著,族類繁盛,故因其所居之所而呼之,則爲命氏焉。"⑥傅氏、桑丘氏與南郭氏,均屬此類。"傅說"(《説命上》7 背、《良臣》2)之"傅"(指"傅巖"),與"桑丘仲文"(《子産》21)之"桑丘",均爲地名,具有唯一性。"南郭子"(《繫年》69)之"南郭"就不同了,指的是南面的外城,隨機性較大。"穴酓"(《楚居》2),據安大簡記載爲"人在穴中"。⑦ 或可視爲以"穴"爲氏。

④ 以姓爲氏

《通志·氏族略》："姓之爲氏,與地之爲氏,其初一也,皆因所居而命,

---

① 鄭樵：《通志二十略》,中華書局,1995年,第3頁。
② 鄭樵：《通志二十略》,中華書局,1995年,第48頁。
③ 陳美蘭：《〈清華大學藏戰國竹簡(貳)·繫年〉用字現象考察》,《第二十五屆中國文字學國際學術研討會議論文集》,中國文化大學中國文學系,2014年,第402頁;陳美蘭：《戰國竹簡東周人名用字現象研究》,藝文印書館,2014年,第65—66頁。
④ 王利器校注：《風俗通義校注》,中華書局,1981年,第496頁。
⑤ 彭鐸校正：《潛夫論箋校正》,中華書局,1985年,第401頁。
⑥ 鄭樵：《通志二十略》,中華書局,1995年,第3頁。
⑦ 參黃德寬：《安徽大學藏戰國竹簡概述》,《文物》2017年第9期。

得賜者爲姓,不得賜者爲地。"①僅有《良臣》簡 2 中的"伊尹"和"伊陟"屬於此類,係"伊祈氏之後"。②

⑤ 以字爲氏

《潛夫論·志氏姓》:"伯有、孟孫、子服、叔子,所謂字也。"③《通志·氏族略》:"凡諸侯之子稱公子,公子之子稱公孫,公孫之子不可復言公孫,則以王父字爲氏。""亦有不以王父字爲氏,而以父字爲氏者。"④宋國"華孫元"(《繫年》56)之華氏與魯國"孔丘"(《良臣》8)之孔氏,均屬此類。

⑥ 以名爲氏

《通志·氏族略》:"凡諸侯之子稱公子,公子之子稱公孫,公孫之子不可復言公孫,則以王父字爲氏。""無字者則以名。""亦有不以王父名爲氏,而以名父爲氏者。"⑤這一類氏主要有自"麗季"(《楚居》3)開始的歷任楚君,以及齊國的"高之固"(《繫年》66)和"高厚"(《繫年》91)。

⑦ 以諡爲氏

《風俗通·姓氏》:"以諡,戴、武、宣、穆也。"⑥《潛夫論·志氏姓》:"文、武、昭、景、成、宣、戴、桓,所謂諡也。"⑦《通志·氏族略》:"周人以諱事神,諡法所由立。生有爵,死有諡,貴者之事也,氏乃貴稱,故諡亦可以爲氏。"⑧"景之賈"(《繫年》128)與"昭之竢"(《繫年》135)分別爲楚景平王和楚昭王的後裔。

⑧ 以官爲氏

《風俗通·姓氏》:"以官,司馬、司徒、司寇、司空、司城也。"⑨《潛夫論·志氏姓》:"司馬、司徒、中行、下軍,所謂官也。"⑩《通志·氏族略》:"有官者以官。"⑪張淑一認爲"就是以先祖或本人所任的職官爲氏"。⑫"里之克"(《繫年》32)之"里"與"中行氏"(《繫年》102)之"中行",均屬此類。

就數量而言,在上述幾類氏中,"以國爲氏"者最多,"以邑爲氏"者居其

---

① 鄭樵:《通志二十略》,中華書局,1995 年,第 4 頁。
② 鄭樵:《通志二十略》,中華書局,1995 年,第 106 頁。
③ 彭鐸校正:《潛夫論箋校正》,中華書局,1985 年,第 401 頁。
④ 鄭樵:《通志二十略》,中華書局,1995 年,第 4 頁。
⑤ 鄭樵:《通志二十略》,中華書局,1995 年,第 4 頁。按:"名父",當爲"父名"。
⑥ 王利器校注:《風俗通義校注》,中華書局,1981 年,第 496 頁。
⑦ 彭鐸校正:《潛夫論箋校正》,中華書局,1985 年,第 401 頁。
⑧ 鄭樵:《通志二十略》,中華書局,1995 年,第 6—7 頁。
⑨ 王利器校注:《風俗通義校注》,中華書局,1981 年,第 496 頁。
⑩ 彭鐸校正:《潛夫論箋校正》,中華書局,1985 年,第 401 頁。
⑪ 鄭樵:《通志二十略》,中華書局,1995 年,第 6 頁。
⑫ 張淑一:《先秦姓氏制度考索》,福建人民出版社,2008 年,第 69 頁。

次,"以姓爲氏"者最少。雖然清華簡所公布的氏並不多,但是,以國、邑爲氏者居多,仍可視爲胙土命氏的體現。正如《通志·氏族略》所言,"一曰以國爲氏,二曰以邑爲氏";"天子諸侯建國,故以國爲氏";"卿大夫立邑,故以邑爲氏"。① 而在姓氏完全合流之前,人們觀念中的姓與氏畢竟還存在差别,因此,"以姓爲氏"者偏少。

2. 名、字與行次

《禮記·檀弓上》:"幼名,冠字,五十以伯仲,死謚,周道也。"②據此可見,出生三個月起名、成年取字、五十稱行次、死後稱謚等,都屬於周制。清華簡中,兩周的人名較多,尤其以東周人名爲最多,或可就名、字和行次進行驗證。

(1) 名

根據傳世文獻記載,新生兒出生三個月左右,其父會爲其取名。《儀禮·喪服》:"子生三月,則父名之。"③《禮記·内則》:"三月之末,擇日,剪髮爲鬌……父執子之右手,咳而名之。"④《白虎通義·姓名》:"三月名之何?天道一時,物有其變。人生三月,目煦亦能咳笑,與人相更答,故因其始有知而名之。"⑤

《左傳》桓公六年有關於古人起名需遵循的純理論原則:"公問名於申繻。對曰:'名有五:有信、有義、有象、有假、有類。以名生爲信,以德命爲義,以類命爲象,取於物爲假,取於父爲類。不以國,不以官,不以山川,不以隱疾,不以畜牲,不以器幣。周人以諱事神,名,終將諱之。故以國則廢名,以官則廢職,以山川則廢主,以畜牲則廢祀,以器幣則廢禮。晉以僖侯廢司徒,宋以武公廢司空,先君獻、武廢二山,是以大物不可以命。'"⑥王梓材指出"世多犯之",並舉例爲證。⑦ 劉釗指出:"如果用古文字和典籍中的人名資料加以檢驗,'五以'毫無問題,'六不以'則存在著大量的例外。這說明這一原則並不一定反映了當時的真實情況。"⑧清華簡中也有不少不符合"六不以"原則的例證:如以"國"爲名者如"臧孫許"(《繫年》70)、"越令尹宋"(《繫年》111);以"山川"爲名者如"孔丘";以"隱疾"爲名者如"黑腰也"

---

① 鄭樵:《通志二十略》,中華書局,1995年,第3頁。
② 《十三經注疏》,中華書局,1980年,第1286頁。
③ 《十三經注疏》,中華書局,1980年,第1111頁。
④ 《十三經注疏》,中華書局,1980年,第1469頁。
⑤ 陳立:《白虎通疏證》,中華書局,1994年,第406頁。
⑥ 《十三經注疏》,中華書局,1980年,第1751頁。
⑦ 王梓材:《世本集覽通論》,《世本八種·王梓材撰本》,中華書局,2008年,第67頁。
⑧ 劉釗:《古文字中的人名資料》,《吉林大學學報(哲學社會科學版)》1999年第1期。

(《繫年》77)、"陳疾目"(《繫年》137)、"蔑明"(《良臣》10、《子產》22)、"左行蔑"(《繫年》51);以"畜牲"爲名者如"趙狗"(《繫年》112)、"陳塵子牛"(《繫年》122)、"鄭伯駘"(《繫年》124);以"器幣"爲名者如"子軛"與"卑登"(《良臣》10、《子產》22)。目前,清華簡中僅未見以"官"爲名者。可見,"六不以"並不符合當時人的取名習慣。

（2）字

按照周制,男子二十行冠禮時取字,女子十五行笄禮時取字。《禮記·曲禮上》:"男子二十,冠而字……女子許嫁,笄而字。"《內則》:"十有五年而笄。"鄭玄注:"謂應年許嫁者,女子許嫁,笄而字之。"①取字是爲了方便君、父之外的其他人稱呼。《禮記·曲禮上》:"父前子名,君前臣名。"鄭玄注:"對至尊,無大小皆相名。"②《儀禮·士冠禮》:"冠而字之,敬其名也。"鄭玄注:"名者,質,所受於父母,冠成人,益文,故敬之也。"賈公彥疏:"名是受於父母,爲質,字者受於賓,爲文。故君父之前稱名,至於他人稱字也。是敬定名也。"③《白虎通義·姓名》:"人所以有字何?所以冠德明功,敬成人也。"④

一個人的名和字之間存在內在關聯。因此,纔有《白虎通·姓名》所說的"聞其名即知其字,聞字即知其名"。⑤王引之指出:"蓋名之與字,義相比附……爰考義類,定以五體。一曰同訓,予字子我、常字子恒之屬是也;二曰對文,没字子明、偃字子犯之屬是也;三曰連類,括字子容、側字子反之屬是也;四曰指實,丹字子革、啟字子閒之屬是也;五曰辨物,鍼字子車、鱣字子魚之屬是也。"⑥

清華簡中,或記名或記字,並不統一,乍看起來也不容易區分。方炫琛通過梳理傳世文獻和各家之說,對《左傳》人物的名和字作了很好的辨識。⑦據此,可以對清華簡中大部分人的名和字進行判斷,比如:一是"辛公諒甲"。古人名字連稱,一般是"先字後名"。⑧據此,則"甲"是名而"諒"是字。二是"吕上父",名"望",字"上","父"是美稱。三是"录子耿"(《繫年》13),名"耿"字"录","子耿"當理解爲名上冠"子"字。四是"子眉壽"

---

① 《十三經注疏》,中華書局,1980年,第1241、1471頁。
② 《十三經注疏》,中華書局,1980年,第1241頁。
③ 《十三經注疏》,中華書局,1980年,第958頁。
④ 陳立:《白虎通疏證》,中華書局,1994年,第415頁。
⑤ 陳立:《白虎通疏證》,中華書局,1994年,第411頁。
⑥ 王引之:《經義述聞》,上海古籍出版社,2016年,第1451—1452頁。
⑦ 方炫琛:《左傳人物名號研究》,花木蘭文化事業有限公司,2017年。
⑧ 《十三經注疏》,中華書局,1980年,第1850頁。

(《繫年》10—11),名"壽"字"眉"。五是"陳鼪子牛"。名"牛"字"鼪","子牛"當理解爲名上冠"子"字。六是"蔑明",名"蔑"字"明",屬於先名後字。

以上所舉幾位人物的名和字,無論是在清華簡的記載中,還是在傳世文獻的記載中,均具有一定程度的特殊性。而清華簡中大多數人物的名和字,都能與傳世文獻進行對應。如"伊尹",名"尹"(《尹至》1、《尹誥》1),字"摯"(《尹至》5、《尹誥》2),亦見於傳世文獻。當然,也還有一些人物,由於無法與傳世文獻進行對應,從而無法進行名和字的區分,只能闕疑。

(3) 行次

過去,人們常常將行次視爲字的組成部分。實際上,行次與字應該區別開來。方炫琛指出:"古人字與行次並見,不以行次爲字也。"①行次的出現,並不太早。李學勤就曾指出:"甲骨文的人名則比較簡單,商代金文也是如此。特別是兩者都沒有發現有伯、仲、叔、季排行的明顯證據,也沒有找到某父的形式,與古書商代人名有異。這種現象的出現,可能是當時甲骨、金文字少辭簡,又是對神及祖先而言,習慣上不得用字的緣故。"②也就是説,目前還找不到商人用行次、用字的證據。而出土文獻中的商代人名,與古書的記載存在差異,可能是因爲我們現在看到的古書已經受到周文化的深刻影響。雖然未見商人使用行次的證據,但是,在商王的稱謂中卻有"大、仲、小、高、毓、後、上、下、外、內及二、三、四等""數量性形容字",屬於"區別字"的第一種。③ 李曦就曾指出,"殷人可能采用大、中、小或在親稱前不加區別字來作排行稱謂的";"周族是采用伯、仲、叔、季作排行稱謂的民族"。④ 我們對商王稱謂也作了一番考察,發現"中"與"外"只具備一般意義的相對概念,卻不能體現長幼、先後之序。《史記·殷本紀》:"湯崩,太子太丁未立而卒,於是迺立太丁之弟外丙,是爲帝外丙。帝外丙即位三年,崩,立外丙之弟中壬,是爲帝中壬。……帝中丁崩,弟外壬立,是爲帝外壬。"⑤"外丙"與"中壬"、"中丁"與"外壬",正好是兩對兄弟,皆以"中""外"加以區別。"中"與"外"均屬於"區別字"中的"數量性形容字"。但是,"外丙"與"中丁"均爲兄且先立,而"中壬"與"外壬"均爲弟且後立。李曦也曾指出:"殷代社會裏,排行稱謂的宗法意義尚不可明白。如大丁、外丙、中壬三人中按大、中順

---

① 方炫琛:《左傳人物名號研究》,花木蘭文化事業有限公司,2017年,第32頁。
② 李學勤:《先秦人名的幾個問題》,《歷史研究》1991年第5期。
③ 參李學勤:《論殷代親族制度》,《文史哲》1957年第11期。
④ 李曦:《周代伯仲排行稱謂的宗法意義》,《陝西師大學報(哲學社會科學版)》1986年第1期。
⑤ 司馬遷:《史記》,中華書局,1959年,第98、100—101頁。

序繼位(暫不計外丙),然而小甲、雍己、大戊卻按小、大順序繼位(暫不計雍己);而小辛、小乙又相連兩小繼位。如果計入外丙、雍己的話,大、中和小、大之間還可插入一個無排行稱謂之王。除此還存著無排行稱謂的殷王在一世中參差繼位的情況。"①這都說明,目前所見的商王稱謂並無行次概念。

按照《禮記·檀弓上》的記載,"五十以伯仲"是"周道"。李曦認爲,周代的"伯仲排行稱謂"具有"宗法意義"。② 唐嘉弘認爲,從西周到戰國,中原各國的"王位(君位或貴族)繼承制度""並未一貫實行'嫡長子繼承制',也未一貫實行'兄終弟及制'或'父死子繼制'";楚國王位的繼承制度,在一定情況下,更加重視"幼子繼承權"。③《左傳》文公元年:"楚國之舉,恒在少者。"昭公十三年:"有楚國者……芈姓有亂,必季實立,楚之常也。"④唐嘉弘曾就楚國"幼子繼承"制産生的原因作了分析:"楚王多幼子繼承制的原因,可能與家庭婚姻的不重'禮法'有關;同時,更爲重要的似爲楚王諸公子年長後往往分掌國家軍政大權、自立家室,另成體系,而幼子則常留身邊有關。"⑤

根據傳世文獻記載,"楚之先"爲"季連",當與楚國"幼子繼承制"密切相關。《大戴禮記·帝繫》:"陸終氏娶于鬼方氏,鬼方氏之妹,謂之女隤氏,産六子,孕而不粥,三年,啟其左脅,六人出焉。其一曰樊,是爲昆吾;其二曰惠連,是爲參胡;其三曰籛,是爲彭祖;其四曰萊言,是爲云鄶人;其五曰安,是爲曹姓;其六曰季連,是爲芈姓。"⑥《史記·楚世家》:"陸終生子六人,坼剖而産焉。其長一曰昆吾;二曰參胡;三曰彭祖;四曰會人;五曰曹姓;六曰季連,芈姓,楚其後也。"司馬貞索隱:"《系本》云:'六曰季連,是爲芈姓。季連者,楚是。'宋忠曰:'季連,名也。芈姓所出,楚之先。'"⑦從"其六曰季連"和"六曰季連"來看,"季連"爲幼子。從"是爲芈姓"和"楚其後"來看,楚人應是"季連"的直系子孫。這樣一來,楚國"必季實立"的制度,有可能就是承襲"季連"而來的。

然而,清華簡的記載,卻與傳世文獻不同。《楚居》簡1—3:"女曰比隹……季連聞其有聘,從,及之泮,爰生䋣伯、遠仲。……穴酓遲徙於京宗,

---

① 李曦:《周代伯仲排行稱謂的宗法意義》,《陝西師大學報(哲學社會科學版)》1986年第1期。
② 李曦:《周代伯仲排行稱謂的宗法意義》,《陝西師大學報(哲學社會科學版)》1986年第1期。
③ 唐嘉弘:《論楚王的繼承制度》,《中州學刊》1990年第1期。
④ 《十三經注疏》,中華書局,1980年,第1837、2070—2071頁。
⑤ 唐嘉弘:《論楚王的繼承制度》,《中州學刊》1990年第1期。
⑥ 方向東:《大戴禮記匯校集解》,中華書局,2008年,第737頁。
⑦ 司馬遷:《史記》,中華書局,1959年,第1690—1691頁。

爰得妣㛬……乃妻之,生侸叔、麗季。"①簡文記載"緹伯""遠仲""侸叔"與"麗季"等四人,以行次"伯""仲""叔""季"爲稱。這不僅說明了,楚人在當時已經開始使用行次;還顯示"麗季"爲幼子。楚文化使用行次,顯然是受周文化的影響。這與《史記·楚世家》的記載相符:"鬻熊子事文王,蚤卒。"②趙平安師根據清華簡的記載指出:"季連娶盤庚後人妣隹爲妻,生緹伯和遠仲,鬻熊娶妣㛬爲妻,生侸叔、麗季。……緹伯、遠仲、侸叔、麗季是堂兄弟關係。這樣,季連和鬻熊便不是像傳世文獻記載的那樣,而應是兄弟關係。事實可能是,季連雖有兩個兒子,卻並沒有傳位給兒子,而是傳位於弟弟鬻熊。再由鬻熊傳位於小兒子麗季,即傳世文獻中的熊麗。"③如此理解,則楚國"必季實立"的制度,與"季連"無關,而是承襲"麗季"而來。

　　與傳世文獻和清華簡不同,安大簡又提供了一種新的版本。黃德寬指出,"季連"就是"穴熊",是"祝融"的"第六子":"'融乃使人下請季連,求之弗得。見人在穴中,問之不言,以火爇其穴,乃懼,告曰:酓(熊)。'使人告融,'融曰:是穴之熊也。乃遂名之曰穴酓(熊),是爲荆王'。"④如果此說成立,則楚國"必季實立"的制度,就是承襲了"季連"和"麗季"繼位的習慣。⑤

　　此外,上文所引"緹伯""遠仲""侸叔"與"麗季"等四人的稱謂,都屬於"名+行次"。在"麗季"的子孫中,也有以"行次+名"爲稱者。《史記·楚世家》:"熊嚴十年,卒。有子四人,長子伯霜,中子仲雪,次子叔堪,少子季徇。"⑥考慮到"行次+字"一直爲後世所沿用,"行次+字"應源於"行次+名",而"名+行次"的構成方式又當早於"行次+名"。"季連"與"季徇"的構成方式完全一致,更像是受到周文化影響之後,遵循周制的追述之名。這是因爲,人物與稱謂形式在時代上明顯不符。⑦關於這一點,趙思木曾明確指出:"如果'季連'可視爲'排行+字/私名'的稱呼方式,那麼這種稱呼方式就與陸終其他五子之名不同。"⑧既然是追述,那又爲何非得加上行次"季"呢?結合楚國"必季實立"的"幼子繼承"制度來看,所謂的楚先祖"季連",或許是

---

① 李學勤主編:《清華大學藏戰國竹簡(壹)》,中西書局,2010年,第181頁。
② 司馬遷:《史記》,中華書局,1959年,第1691頁。
③ 趙平安:《"三楚先"何以不包括季連》,《邯鄲學院學報》2011年第4期。
④ 黃德寬:《安徽大學藏戰國竹簡概述》,《文物》2017年第9期。
⑤ 按:對於這一段簡文,還可以有另外一種理解:祝融原本派人去請季連,沒有找到,卻在穴中發現了穴熊,於是把穴熊請回來作了"荆王"。也就是說,季連也可能與穴熊不是同一個人。如果這樣理解,那麼"必季實立"制度,仍始於麗季。
⑥ 司馬遷:《史記》,中華書局,1959年,第1693頁。
⑦ 按:人物本身出現時代較早,而"行次+名"的稱謂形式出現時代卻較晚。
⑧ 趙思木:《〈清華大學藏戰國竹簡(壹)〉集釋及專題研究》,華東師範大學博士學位論文,2017年,第380頁。

擁護幼子一派爲達到政治目的而作的追述,但也不排除真有其事。同樣的,古書記載商代人名稱行次或某父,很可能也是周人的追記,而非當時人的記載。

3. 官與爵

清華簡中的職官,數量不多且都見於傳世文獻,所反映的時代和地域特點也都與傳世文獻的記載相符。爵稱則只有"公""侯""伯"等三種,未見"子"和"男"。

（1）官

盛冬鈴曾指出,在西周"銘文中每每官職名和私名連稱,官職名實際上成了一個人稱呼的組成部分"。① 清華簡也是如此。西周官名有"祝",即"祝忻"（《程寤》2）;有"巫",即"巫率"（《程寤》2）;有"宗",即"宗丁"（《程寤》2）;有"作册",即"作册逸"（《耆夜》2）與"作册任"（《攝命》32）;有"師",即"師尚父"（《良臣》3）;有"士",即"士疌"（《攝命》32）;有"史",即"史伯"（《良臣》8）等。東周時期的職官名,以楚國職官最多:"令尹"有"令尹子玉"（《繫年》43）、"令尹子重"（《繫年》85）、"令尹子木"（《繫年》96）、"令尹子文"（《良臣》5）、"令尹子西"（《良臣》5—6）;"少師"有"少師無極"（《繫年》81）;"司馬"有"司馬子反"（《繫年》77）和"司馬子期"（《良臣》6）;"莫敖"有"莫敖易爲"（《繫年》114）;"連尹"有"連尹襄老"（《繫年》76）、"連尹奢"（《繫年》81）;"右尹"有"右尹昭之竢"（《繫年》135）;縣公有"白公"（《楚居》13）、"申公子儀"（《繫年》40）、"申公屈巫"（《繫年》75）、"芸公儀"（《繫年》85）、"魯陽公"（《繫年》129）;以及"中謝"（《楚居》16）等。晉國有"左行",即"左行蔑"（《繫年》51）;有"中行",即"中行林父"（《繫年》63）。宋國有"左師"（《良臣》8）;有"右師",即"右師華孫元"（《繫年》56）;有"司城",即"司城皮"（《繫年》114）。鄭國有"太宰",即"太宰欣"（《繫年》131）。越國有"令尹",即"令尹宋"（《繫年》111）。吳國有"大夫",即"大夫種"（《越公其事》1）。

（2）爵

關於五等爵,在近代受到比較大的衝擊。傅斯年首先提出反對意見:"實則'五等爵'者,本非一事,既未可以言等,更未可以言班爵也。"② 徐中舒認爲"蓋古代封建本無公侯伯子男五等之爵"。③ 郭沫若認爲,"王公侯伯子

---

① 盛冬鈴:《西周銅器銘文中的人名及其對斷代的意義》,《文史》第十七輯,中華書局,1983年,第33頁。
② 傅斯年:《論所謂五等爵》,《歷史語言研究所集刊》第二本第一分册,1930年;中華書局,1987年。按:本書據後者。
③ 徐中舒:《井田制度探原》,《中國文化研究彙刊》第四卷上,1944年;後收入氏著《徐中舒歷史論文選輯》,中華書局,1998年,第724頁。按:本書據後者。

男實古國君之通稱";"五等爵禄實周末儒者託古改制之所爲,蓋因舊有之名稱而賦之以等級也"。① 楊樹達指出:"余徧覽彝器銘文,知銘文國君之名稱不但與《春秋》岐異而已,即在彝銘本身,雖同一國君,彼此互殊者仍至夥。""公侯伯子互稱者固數見不鮮也。"②據此,則公侯伯子男並無等級上的區别,但仍不失爲一種稱謂。另外,郭沫若曾説"五等爵禄實周末儒者託古改制之所爲",考慮到清華簡是戰國簡册,或許,對於學界了解當時的五等爵觀念能夠有所幫助。

清華簡中,西周時期的爵稱僅有"公"與"伯"。"周公叔旦""召公保奭""畢公高""辛公諫甲"與"祭公"等人,均稱"公"。另有"畢桓""井利""毛班"等三人,被"祭公"稱爲"三公"。他們應該就是傳世文獻中的"天子三公"。《公羊傳》隱公五年:"天子三公稱公,王者之後稱公;其餘大國稱侯;小國稱伯、子、男。"③"芮伯""杜伯"與"共伯和"等三人,均稱"伯"。東周時期的"爵稱"比較多,稱"公"者45人:魯君1人、齊君4人、晉君17人、秦君3人、宋君3人、衛君2人、陳君1人、鄭君9人、越君3人、許君1人、徐君1人。稱"侯"者10人:魯君1人、齊君1人、晉君2人、衛君1人、陳君1人、蔡君3人、息君1人。稱"伯"者2人,且皆爲鄭君。將以上三種"爵稱"與傳世文獻結合起來,我們發現:稱"公"亦稱"侯"者,有"魯穆公"稱"魯侯"(《繫年》121)、"齊康公"稱"齊侯"(《繫年》121)、"衛懿公"稱"幽侯"(《繫年》19)、"衛慎公"稱"衛侯"(《繫年》124)、"陳宣公"稱"陳侯"(《繫年》30);稱"公"亦稱"伯"者,有"鄭繻公"稱"鄭伯"(《繫年》124);稱"公"亦稱"男"者,有"許公"(《繫年》100)稱"許男"。

可見,在清華簡中,"公""侯""伯"均有記載,"子"和"男"皆未出現。這倒與西周春秋金文中的情況相近。盛冬鈴指出:"西周銘文中把'男'作爲爵稱來稱呼某一具體的人,還未見確證。"④王世民指出,"《春秋》所見其他稱子之國,除尚無金文資料可供對比者外,而楚、吳、莒、邾、滕等國都與文獻不合";"從現有金文資料看來,諸侯稱男問題還不夠明確"。⑤ 除了"息(侯)""許(公)"和"徐(公)"等三國之外,魯、齊、衛、陳等四國之君皆有稱"公/侯"者,鄭君有稱"公/伯"者,宋君僅稱"公",蔡君僅稱"侯",晉君稱

---

① 郭沫若:《金文叢考》,人民出版社,1954年,第41—42頁。
② 楊樹達:《積微居小學述林》,中國科學院,1954年,第250頁。
③ 《十三經注疏》,中華書局,1980年,第2207頁。
④ 盛冬鈴:《西周銅器銘文中的人名及其對斷代的意義》,《文史》第十七輯,中華書局,1983年,第37頁。
⑤ 王世民:《西周春秋金文中的諸侯爵稱》,《歷史研究》1983年第3期。

"公"之前，僅有"晉文侯"。王世民指出，在西周春秋金文中，宋君稱"公"；魯、衛、蔡、齊、陳等國之君稱"侯"；鄭君稱"伯"；許君稱"男"。① 根據以上分析，不難發現：

一、清華簡中的爵稱也不全是後人按照當時的情況對前人的追稱，也有相當部分是有來源的。

二、以晉君爲代表的大量原本稱"侯""伯""男"的諸侯國國君都稱"公"。這很可能是當時的實際情況。晉君先稱"侯"後稱"公"，並且在稱"公"之後不再稱"侯"。可見，"公"與"侯"之間應該存在等級差異。"公"應高於"侯"。晉君稱"公"在當時已經形成定制。"魯侯""齊侯""衛侯""陳侯""鄭伯""許男"等，均已稱"公"，不僅説明這一現象在當時比較普遍，也説明魯、齊、衛、陳、鄭和許等國，其國君雖然稱"公"，但在當時可能並未形成定制，否則，就會像晉君一樣，只稱"公"而不再稱"侯""伯""男"了。同時，這也説明"公"的等級應該高於"侯""伯""男"。這一現象至少可以反映出，周王室力量逐漸衰弱，諸侯力量逐漸强大起來。

三、將清華簡的記載與以上各國的首封時間和地域結合來看，"侯"與"伯"之間存在怎樣的差别，由於清華簡中稱"伯"的國君太少，目前還難以確定。

清華簡中，越君稱"公/王"，楚、吳兩國之君只稱"王"，也是值得注意的。據傳世文獻記載，楚君本爲子爵，熊通想通過隨國請周王室提高自身等級，周王室不同意，於是稱王。《史記·楚世家》："熊繹當周成王之時，舉文、武勤勞之後嗣，而封熊繹於楚蠻，封以子男之田，姓芈氏，居丹陽。楚子熊繹與魯公伯禽、衛康叔子牟、晉侯燮、齊太公子吕伋俱事成王。……三十五年，楚伐隨。隨曰：'我無罪。'楚曰：'我蠻夷也。今諸侯皆爲叛相侵，或相殺。我有敝甲，欲以觀中國之政，請王室尊吾號。'隨人爲之周，請尊楚，王室不聽，還報楚。三十七年，楚熊通怒曰：'吾先鬻熊，文王之師也，蚤終。成王舉我先公，乃以子男田令居楚，蠻夷皆率服，而王不加位，我自尊耳。'乃自立爲武王，與隨人盟而去。"②據此可見：一、"子"和"男"的等級確實很低，其上另有等級較高的爵稱。二、爵稱等級應由周王室確立。三、"王"似乎也可視爲爵稱。金文中有"楚公家"和"楚公逆"。前者有熊儀、熊渠和熊摯等三種説法。③ 後者就是熊咢。④ 可見，楚君早已稱"公"。楚君自熊通之

---

① 王世民：《西周春秋金文中的諸侯爵稱》，《歷史研究》1983 年第 3 期。
② 司馬遷：《史記》，中華書局，1959 年，第 1691—1692、1695 頁。
③ 參李天虹：《楚國銅器與竹簡文字研究》，湖北教育出版社，2012 年，第 13—14 頁。
④ 孫詒讓：《古籀拾遺》，中華書局，1989 年，第 19—20 頁。

後,稱"王"成爲定制。吳君稱"王",很可能是仿照楚君。《史記·吳太伯世家》:"王壽夢二年,楚之亡大夫申公巫臣怨楚將子反而犇晉,自晉使吳,教吳用兵乘車,令其子爲吳行人,吳於是始通於中國。"①頗疑吳君稱"王"與申公巫臣有關。根據傳世文獻記載,越君稱"王"在吳之後,當是受到吳的影響。《史記·越王句踐世家》:"允常之時,與吳王闔廬戰而相怨伐。允常卒,子句踐立,是爲越王。"②"楚王子波"在《左傳》中寫作"公子罷"。這是因爲《繫年》爲楚人所寫,而《左傳》爲魯人所寫。楚人稱"波"爲"王子",而魯人稱"罷"爲"公子",可以印證王國維的説法:"古諸侯於境内稱王,與稱君、稱公無異。……蓋古時天澤之分未嚴,諸侯在其國自有稱王之俗,即徐楚吳楚之稱王者,亦沿周初舊習,不得盡以僭竊目之。"③在清華簡中,句踐既稱"越王"(《良臣》7、《越公其事》26),又稱"越公"(《繫年》110、《越公其事》10—11)。劉國忠認爲:"因爲越國係爲楚國所滅,所以楚人有意把越國國君改稱爲'越公'。這一詞語本身帶有一定的貶斥意味,並特意與楚王相區別。"④這可能只是稱謂上的不統一,不見得具有"貶斥意味"。

4. 諡、號與親稱

清華簡中的諡,不僅數量較多,還有雙字諡和三字諡,可補傳世文獻之缺。號則全部見於傳世文獻。吳君有名有號,在清華簡中也有所體現。親稱最多的是"祖","考"和"妣"均僅一見,主要還是體現了血緣關係。

(1) 諡

《逸周書·諡法》:"維三月既生魄,周公旦、大師望相嗣王發,既賦憲受臚于牧之野,將葬,乃制作諡。諡者,行之迹也;號者,功之表也;車服者,位之章也。"⑤據此,諡法制度早在西周之初就制定了。關於西周諡法的作用,童書業指出:"讀《左傳》《史記》等書,知西周中葉以來,列國君臣以至周天子諡號,多與其人之德行、事業以至考終與否大略相當。"⑥至於諡號的實際起源,應該會更早一些。

李學勤曾明確指出,"日名"像"諡法","諡"與"日名"的共同點,都是"死後選定"。⑦ 但是,與"日名"相比,李説的第二種"區別字"更接近諡號。盛冬鈴就曾指出"'康丁''武乙''文丁'等,區別字用'康''武''文',可能

---

① 司馬遷:《史記》,中華書局,1959年,第1448頁。
② 司馬遷:《史記》,中華書局,1959年,第1739頁。
③ 王國維:《觀堂集林(外二種)》,河北教育出版社,2001年,第623頁。
④ 劉國忠:《清華簡的文獻特色與墓主身份蠡測》,《光明日報》2021年10月30日第11版。
⑤ 朱右曾:《逸周書集訓校釋》,臺灣商務印書館,1971年,第92頁。
⑥ 童書業:《春秋左傳研究(校訂本)》,中華書局,2006年,第342頁。
⑦ 李學勤:《論殷代親族制度》,《文史哲》1957年第11期。

有頌美之意,屈萬里認爲未成制度的謚法即濫觴於此"。① 李學勤後來亦持此説:"商代已有謚法的萌芽,如成湯的成,武丁的武,康丁的康等等。"②李零也認爲"謚法之原蓋爲追美之辭":"商代已有以美稱加日名的習慣,顯然都是死人之號。其美稱如'文'(文丁或文武丁)、'武'(武丁、武乙)、'成'(成湯)、'康'(康丁)且爲周襲之,就是年代較早的謚稱。"③仿此,"孔甲"之"孔",也可能屬於第二種"區別字"。《老子》二十一章:"孔德之容,惟道是從。"河上公注:"孔,大也。"④彭裕商認爲"謚法的形成可分三個階段":(一)"商文丁以前,爲謚法的先期階段,商人以死後選定的祭日和人爲的區別字來稱呼故去的先王,已具備了謚法的一些特徵";(二)"從文丁到商末帝辛,爲謚法的形成階段,已用文、武、康等美稱來稱呼故去的先王,但仍保留祭日天支,其形式與後代謚法稍異";(三)"周文武以後,周人因襲了晚商先王的美號,但不取其祭日干支,徑稱爲某王某公,其形式已與後代謚法無別";並指出:"周人謚名最初承襲商代,只有文武,往後逐漸增多,進入了謚法的成熟階段。"⑤在《殷高宗問於三壽》簡5—6中,武丁稱彭祖爲"高文成祖"。"文"與"成"應該都是謚號。也就是説,彭祖也是雙字謚。這一稱謂方式也應該屬於後人追述。

　　清華簡中,不僅記載有"文""武""共""定""襄""獻""康""成""穆""頃""昭""平""景""桓""惠""莊""懷""戴""靈""悼""哀""幽""宣""厲"等單字謚,還出現了"獻惠""悼哲""景平""莊平""翼哀""簡定""簡大""聲桓""悼武"和"宣定"等雙字謚,更出現了"幽哀懿""敬哀懿"的三字謚。李零曾對文獻中周、東周、秦、趙、魏、韓、燕、楚等國的雙字謚進行總結,認爲:雙字謚的"年代範圍約與戰國相終始,幾乎各國都有,有些甚至可以一代代排起來(如周和秦、趙稱王以後),可見是一種普遍現象。它使我們考慮,現存文獻所見的單字謚,恐怕還有不少原來也是雙字謚;其省稱之例,或用上字,或用下字,並不固定,也未必局限於文獻所録的某一種"。⑥ 關於一字謚與雙字謚的關係,《白虎通·謚》有言曰:"謚或一言,或兩言何? 文者以一言爲謚,質者以兩言爲謚。"⑦李零認爲此説"實不足信",並提出:"謚者

---

① 盛冬鈴:《西周銅器銘文中的人名及其對斷代的意義》,《文史》第十七輯,中華書局,1983年,第41頁。
② 李學勤:《先秦人名的幾個問題》,《歷史研究》1991年第5期。
③ 李零:《楚景平王與古多字謚》,《傳統文化與現代化》1996年第6期。
④ 高明:《帛書老子校注》,中華書局,1996年,第327頁。
⑤ 彭裕商:《謚法探源》,《中國史研究》1999年第1期。
⑥ 李零:《楚景平王與古多字謚》,《傳統文化與現代化》1996年第6期。
⑦ 陳立:《白虎通疏證》,中華書局,1994年,第70—71頁。

益也,一不足而二,二不足而三,都是後來加上去的。"①至於三字謚,童書業認爲,"周代謚號往往多至二三字,而文獻中常簡稱其主要之一字";"古謚法三字似爲常例"。② 李零則懷疑:"古代的三字謚可能就是由這種'二加一'的方式而構成;而雙字謚則是由三字謚中的'二',或由三字謚中的'二'任擇其一加上後面的'一'而構成。"③李説所謂的"二加一",指的是"在冠以謚稱的王號前別加二字稱美之"和"在使用日名的祖考之號或人名前別加二字稱美之"。前者是周代的謚法,後者是商代謚法的遺留。④ 現在看來,三字謚雖然也不少,但較之單字謚和雙字謚,畢竟更少。因此,童説所謂"古謚法三字似爲常例"還有待證實。李説所謂"二加一"的構謚方式卻值得思考,如秦國"悼武王"或"武烈王",前者當於"武"前加"悼",後者當於"烈"前加"武",雖然二人均可省稱爲"武王",但"悼"與"烈"還是有顯著區別的。以上兩種説法也還另有可取之處。童説指出,單字謚是雙字謚或三字謚的省稱。李説指出了三字謚的兩種産生方式,雙字謚又可以由三字謚省稱而來。

自謚號出現伊始,爲了對一個人的生平進行概括,從單字擴展到雙字,進而擴展到三字。這就是李零所説的"一不足而二,二不足而三"。雙字謚和三字謚被統稱爲多字謚。采用多字謚,雖然能夠更爲全面地概括去世者的生平,但也在稱述上增添了些許麻煩。有時候方便起見,又對多字謚進行簡化。雙字謚任選其一,可以簡稱爲單字謚。三字謚有的簡稱爲兩個字,即雙字謚,簡稱方式如李零所言;有的簡稱爲一個字,即單字謚,簡稱方式卻並非如童書業所説的"簡稱其主要之一字",其選擇應該是隨機的,如其所舉"周貞定王亦稱'定王'或'貞王'"和"燕昭襄王亦稱'昭王'或'襄王'"。⑤

此外,謚號的常用字基本上都見於《逸周書·謚法解》。當然,也有一些謚字,不見於《謚法解》卻見於楚王謚號,如上文所述的"大"和"哲"。這些謚字之所以存在,是被保留於楚王謚號之中,還是楚國自己制定的,也都值得我們認真思考。清華簡中所記載的"晉莊平公"(《繫年》91)、"秦翼公"(《繫年》105)和"衛幽侯"(《繫年》19),"晉簡公"(《繫年》109)、"晉敬公"(《繫年》111)、"平夜悼武君"(《繫年》133)、"陽城宣定君"(《繫年》127)和"郞莊平君"(《繫年》130)等謚號,皆可補史書之缺,彌足珍貴。

---

① 李零:《楚景平王與古多字謚》,《傳統文化與現代化》1996年第6期。
② 童書業:《春秋左傳研究(校訂本)》,中華書局,2006年,第345頁。
③ 李零:《楚景平王與古多字謚》,《傳統文化與現代化》1996年第6期。
④ 李零:《楚景平王與古多字謚》,《傳統文化與現代化》1996年第6期。
⑤ 童書業:《春秋左傳研究(校訂本)》,中華書局,2006年,第345頁。

(2) 號

據方炫琛研究，吳國之君有號而無謚：“吳自吳子乘後，至吳子光止，歷代之君皆有號，然而未見謚者，與中原諸國異。”①“闔廬”（《楚居》12、《繫年》84）爲“吳王光”（《良臣》7）之號。《左傳》昭公二十七年：“闔廬以其子爲卿。”杜預注：“闔廬，光也。”②方炫琛認爲：“經多書名，光爲其名，然則闔廬爲其號。”③清華簡中，吳王夫差被記作“夫差王”（《繫年》110）。根據傳世文獻記載，“吳王子晨”稱“夫槩王”。《左傳》定公四年：“闔廬之弟夫槩王晨請於闔廬。”定公五年：“九月，夫槩王歸，自立也，以與王戰而敗，奔楚，爲堂谿氏。”杜預注：“自立爲吳王，號夫槩。”④李家浩認爲：“這大概是因爲他們没有謚號，故把‘王’綴於名字之後稱呼他們。”⑤我們懷疑，“夫差王”和“夫槩王”應該屬於將“王”綴於號之後的稱謂。如果説“夫差”和“夫槩”都是號，而且“夫槩”有名曰“晨”，那麽，“夫差”也應該有一個名，只不過文獻失載而已。

除了上述幾位吳王之外，能夠確定爲號者就只有“殺大夫”（《良臣》7）了。《史記·秦本紀》詳細記載了百里奚得號之緣由：“繆公聞百里傒賢，欲重贖之，恐楚人不與，乃使人謂楚曰：‘吾媵臣百里傒在焉，請以五羖羊皮贖之。’楚人遂許與之。……固問，語三日，繆公大説，授之國政，號曰五羖大夫。”⑥

此外，楚君中的“若敖”（《楚居》6）、“宵敖”（《楚居》7）、“莊敖”（《楚居》9），以及“棼冒”（《楚居》7），可能如羅運環所言，是“相當於‘王’的國君稱號”。⑦我們懷疑，楚國官職稱“敖”者，是從“酋豪”演變而來，楚君以“地名+敖”爲稱者，或許是爲了與僅具一般“酋豪”意義的“敖”，以及楚國官職之“敖”相區别。

(3) 親稱

清華簡中，彭祖被武丁稱爲“高文成祖”。然而，彭祖並非商人之祖，而是楚人之祖。因此，我們很懷疑，“高文成祖”是楚人按照當時的稱謂習慣所作的追述。“高文成祖”是在“高祖”的基礎上配以雙字謚。“高祖”亦見於

---

① 方炫琛：《左傳人物名號研究》，花木蘭文化事業有限公司，2017年，第43—44頁。
② 《十三經注疏》，中華書局，1980年，第2116頁。
③ 方炫琛：《左傳人物名號研究》，花木蘭文化事業有限公司，2017年，第43頁。
④ 《十三經注疏》，中華書局，1980年，第2136、2139頁。
⑤ 李家浩：《甲骨文北方神名"勹"與戰國文字从"勹"之字》，《文史》2012年第3輯。
⑥ 司馬遷：《史記》，中華書局，1959年，第186頁。
⑦ 羅運環：《楚國謚法研究》，《紀念徐中舒先生誕辰110周年國際學術研討會論文集》，巴蜀書社，2010年，第356頁。

《厚父》簡 8。甲骨卜辭中也有"高祖"之稱。李學勤指出："殷王系中稱高祖者，只有高祖夒（萃 1）、高祖王亥（寧 1.241）兩人。高祖這一稱謂，只見於康丁武乙兩朝，其他時代雖也祭祀夒和王亥，但並不稱之爲高祖。……殷代所稱高祖合於遠祖之義。"①在傳世文獻中，"高祖"有九世祖和五世祖兩種理解。《左傳》昭公十五年："且昔而高祖孫伯黶司晉之典籍，以爲大政，故曰籍氏。"杜預注："孫伯黶，晉正卿，籍談九世祖。"孔穎達疏："九世之祖稱高祖者，言是高遠之祖也。"②《禮記·喪服小記》："繼禰者爲小宗。有五世而遷之宗，其繼高祖者也。"鄭玄注："小宗有四：或繼高祖，或繼曾祖，或繼祖，或繼禰，皆至五世則遷。"③顧炎武曾指出："漢儒以曾祖之父爲高祖。考之於傳，高祖者，遠祖之名爾。"④《厚父》中，王所言厚父之"高祖"，目前還不清楚該對應哪種解釋。

《祭公之顧命》中，周穆王與祭公謀父對話時提到"皇祖周文王"（簡 4）、"烈祖武王"（簡 4）、"祖周公暨祖召公"（簡 5—6），以及"祖祭公"（簡 7）。"皇祖周文王"與"烈祖武王"，均見於今本《逸周書·祭公》。只不過，"皇祖周文王"，今本作"皇祖文王"。劉光勝已經指出，此"周"字當爲"戰國時人"所加。⑤黄懷信等集注引潘振云："皇祖，大德之祖。烈祖，有功之祖。"⑥"祖周公暨祖召公"，今本作"文祖周公暨列祖召公"。黄懷信等集注引潘振云："周公制作多文，故曰'文祖'。召公宣布有功，故曰'烈祖'。"⑦"皇祖"與"烈祖"，亦見於《左傳》哀公二年："衛大子禱曰：'曾孫蒯聵，敢昭告皇祖文王，烈祖康叔，文祖襄公……'"杜預注："周文王。皇，大也。""烈，顯也。"⑧今本《祭公》與《左傳》均作"皇祖文王"，無"周"字。這是因爲，周穆王和衛大子蒯聵都是周文王之後，追述自己的祖先，無需指明爲"周"。與今本"文祖周公""列祖召公"相比，簡文中的"祖周公""祖召公"更顯質樸。"祖"，亦見於甲骨卜辭。李學勤指出，"殷代的'祖'指距舉稱者二世以上的男性親長"；"距舉稱者二至六世以上的男性親長均可稱爲祖，同時舉稱者世次改變，祖這一稱謂可以不變"。⑨鑒於以上兩點，則今本較簡本有所增損。

---

① 李學勤：《論殷代親族制度》，《文史哲》1957 年第 11 期。
② 阮元校刻：《十三經注疏》，中華書局，1980 年，第 2078 頁。
③ 阮元校刻：《十三經注疏》，中華書局，1980 年，第 1495 頁。
④ 黄汝成集釋：《日知錄集釋（全校本）》，上海古籍出版社，2013 年，第 1342 頁。
⑤ 劉光勝：《〈清華大學藏戰國竹簡（壹）〉整理研究》，上海古籍出版社，2016 年，第 95 頁。
⑥ 黄懷信、張懋鎔、田旭東：《逸周書彙校集注》，上海古籍出版社，1995 年，第 989 頁。
⑦ 黄懷信、張懋鎔、田旭東：《逸周書彙校集注》，上海古籍出版社，1995 年，第 990—991 頁。
⑧ 《十三經注疏》，中華書局，1980 年，第 2157 頁。
⑨ 李學勤：《論殷代親族制度》，《文史哲》1957 年第 11 期。

"祖祭公",簡本與今本一致,或許没有經過加工。

《祭公之顧命》簡 8 有"昭主",今本作"昭考",黄懷信等集注引孔晁云:"昭考,昭王,穆王之父也。"①我們懷疑,"昭主"乃"昭考"之訛。"丂""主"二字形體相近。②"考"指亡父。《釋名·釋喪制》:"父死曰考。"③《易·蠱》:"《象》曰'幹父之蠱',意承考也。"孔穎達疏:"對文父没稱'考',若散而言之,生亦稱'考'。"④甲骨卜辭中,亡父亦稱"父"不稱"考"。李學勤指出:"殷代的'父'指距舉稱者一世的男性親長。"⑤生稱"父",亡稱"考",屬於周制。盛冬鈴指出,將"死去的父親"稱爲"考",是從西周時期開始的。⑥

"妣",僅見於"妣隹"(《楚居》3)。商代的"妣",指的是"祖的配偶"。⑦趙平安師指出,"妣的語源是比",其"本義應該是配偶";在古代文獻中,"妣"既可以"指母親",也可以"指祖母或祖母以上的女性祖先";死了的、活著的都可以稱"妣";"妣"+名詞作爲專名作主要有兩種情況,一是"妣"+日名(天干),比如"妣辛、妣癸之類",指的是"逝去的祖母或祖母以上的女性祖先",一是"妣"+一般性名詞,比如"妣隹之類",指的是"活著的女性",一般性名詞的含義要具體分析。⑧我們懷疑,"妣隹"之"妣",可能源於甲骨文中的"妣"("妣"+日名)。根據傳世文獻記載,"鬻熊子"(也就是"穴熊")生活在商周之際。《史記·楚世家》:"鬻熊子事文王,蚤卒。"⑨"穴熊"之妻稱"妣隹",與其所生活的時代基本吻合。"妣"爲親稱,遵循商制。而出現在"穴熊"之前的"季連",其構成方式爲"行次+名",遵循的卻是周制。如果遵循商制,那麽,"季"應改爲"妣"對應的"祖"。這是"季連"之名當爲後世追述的又一證據。

5. 后、王與君

在上文中,我們曾對"后"與"王"作了一些討論。"后"與"王",均可訓爲"君"。《詩·商頌·玄鳥》"商之先后",鄭玄箋:"后,君也。"《大雅·皇

---

① 黄懷信、張懋鎔、田旭東:《逸周書彙校集注》,上海古籍出版社,1995 年,第 993 頁。
② 參何琳儀:《句吴王劍補釋》,《第二屆國際中國古文字學研討會論文集》,香港中文大學中國語言及文學系,1993 年,第 259—260 頁。
③ 劉熙撰,畢沅疏證,王先謙補:《釋名疏證補》,中華書局,2008 年,第 288 頁。
④ 《十三經注疏》,中華書局,1980 年,第 35 頁。
⑤ 李學勤:《論殷代親族制度》,《文史哲》1957 年第 11 期。
⑥ 盛冬鈴:《西周銅器銘文中的人名及其對斷代的意義》,《文史》第十七輯,中華書局,1983 年,第 39 頁。
⑦ 李學勤:《論殷代親族制度》,《文史哲》1957 年第 11 期。
⑧ 趙平安:《清華簡〈楚居〉妣佳、妣隹考》,《中國文化研究》2012 年第 1 期。
⑨ 司馬遷:《史記》,中華書局,1959 年,第 1691 頁。

矣》"王此大邦",鄭玄箋:"王,君也。"①既然"王"和"后"在意義上並無區別,那麼,它們的區別可能是在時代上。

"君"與"后""王"又有區別。《良臣》簡4中有"君奭""君陳"和"君牙",都是周武王之臣,屬於地方諸侯。顧炎武總結爲"古時有人臣而隆其稱曰君者"。② 在後世,"君"不僅指地方諸侯,如泛指的"齊君"(《趙簡子》5—6),確指鄭穆公的"鄭君"(《繫年》47),還用作晉國太子之謚,即"大子共君"(《繫年》31),甚至用作諸侯之臣的封號,如"平夜悼武君""陽城宣定君"和"郎莊平君"。據傳世文獻記載,"君"包括天子、諸侯和卿大夫。《儀禮·喪服》:"君,至尊也。"鄭玄注:"天子、諸侯及卿大夫有地者皆曰君。"③然而,清華簡中稱"君"者只有諸侯和卿大夫,卻未見天子。這説明稱"君"也具有較强的時代性和等級性。

(三) 所獲得的認識

關於清華簡所見人物名號的具體考證,在本書正文部分中有詳細論述。對於人物名號所對應的制度探討,則見於上文。通過比對清華簡與傳世文獻二者所見人物名號及制度,我們獲得了一些不成熟的認識,在此作一個簡單的概括:

1. 與傳世文獻相符

(1) 清華簡中的姓,基本只出現在兩周時期的女性人物名號之中。這與傳世文獻"女子稱姓"的記載相符。

(2) 命氏形式可分爲以國(包括大邦和小邦)、邑、居地、姓、字、名、謚、官等八類,都見於傳世文獻記載。

(3) 夏商時期君王之名,有"區別字+日名"構成者,與傳世文獻和甲骨文的記載相符。

(4) 申繻雖然提出取名的"六不以"原則,但與實際情況不符。清華簡中,除以"官"爲名未見外,其他五種均有例證。

(5) 名和字之間存在聯繫,與《白虎通·姓名》"聞名即知其字,聞字即知其名"的記載相符。

(6) 兩周時期的職官,數量不多且全部見於傳世文獻,所反映的時代性和地域性也都與傳世文獻的記載相符。

---

① 《十三經注疏》,中華書局,1980年,第623、520頁。
② 黃汝成集釋:《日知録集釋》,上海古籍出版社,2006年,第1355頁。
③ 《十三經注疏》,中華書局,1980年,第1100頁。

（7）夏商兩代統治者既可稱"王"又可稱"后"；夏代稱"后"較多，而商代稱"王"較多；周代統治者只稱"王"。"王"和"后"在意義上並無區別，它們的區別可能是在時代上。古人稱"君"具有較强的時代性和等級性。

2. 與傳世文獻相異

（1）清華簡中，有一些人物的名或字，甚至是其構成方式，不見於傳世文獻記載。

（2）《楚居》記有"緹伯""遠中""侸叔"和"麗季"等四人之名，均屬"名+行次"，且不見於傳世文獻。其構成方式當早於"行次+名"，對於學界研究兩周時期行次的發展演變有所幫助。"麗季"的記載，有助於楚國"幼子繼承"制的深入探討。

（3）西周時期的爵稱僅有"公"與"伯"。東周時期爵稱則只有"公"（45人）、"侯"（10人）、"伯"（2人）等三種，未見"子"和"男"，與金文情況相同。這一現象的存在，能夠爲學界了解當時所謂的五等爵制提供幫助。

（4）清華簡中，不僅記有大量單字謚（24個），還可以結合傳世文獻的記載確定有10個雙字謚、2個三字謚。這些雙字謚和三字謚，都不見於傳世文獻記載。此外，楚簡大王之"大"，不見於《逸周書·謚法》；秦翼哀公之"翼"，雖然見於《謚法》，而作爲謚號與先秦人物相聯繫尚屬首例。

（5）將清華簡與傳世文獻結合起來，我們懷疑，吴國國君可能存在名與號並存的現象。簡文中可以確定的號只有"殺大夫"。楚國國君諸"敖"作爲號，當與一般意義的"敖"、楚國職官之"敖"相區别。

（6）《祭公之顧命》記載周文王、武王、周公、召公等人，與今本《祭公》存在差異。分析人名差異，有助於梳理該篇文獻的文本流傳。

（7）據《楚居》記載，楚先祖"穴熊"之妻爲"妣戙"。"妣"的稱謂，不僅與其生活的時代相吻合，而且能夠反映出商文化對楚文化的影響，甚至可視作"季連"爲後人追稱的佐證。

以上"與傳世文獻相符"的七點，以及"與傳世文獻相異"的第（3）點，或見於傳世文獻記載，或已爲前輩學者所指出，清華簡對於相應的史學認識，不僅可以證明其正確性，還爲其提供了新的證據。至於"與傳世文獻相異"的其他六點，都是基於清華簡內容所獲得的結論，如（1）和（4），對傳世文獻記載具有補充作用；（2）（5）（7）則是增加了我們對於楚文化的認識；（6）反映出《祭公之顧命》的地域特徵。據此可見，清華簡所見人物名號及其制度，不僅對於以往所取得的史學認識，有著佐證、補充、修正的作用，還能反映出相關文本的地域特徵。

綜上所述，就目前已經公布的清華簡人物名號而言，絶大部分見於傳世文獻記載,可證傳世文獻之確;有一部分不見於傳世文獻,可補傳世文獻之缺;還有一部分目前無法與傳世文獻的記載進行對應,需要更進一步的思考。即便是可與傳世文獻對應的人物名號,也不是完全吻合的,或對於同一人的記載不同(或記名,或記字),或對同一人的姓、氏、名、字等用字不同,或對君王謚號、爵稱的記載有別。學界正是通過分析探討這些異同,從而對先秦時期(主要是兩周時期)人物名號及其相關制度進行深入研究。

第一章　見於《古今人表》上上的人物名號

1.3　黃帝軒轅氏

《漢書》(867)顏師古注引張晏曰:"以土德王,故號曰黃帝。作軒冕之服,故謂之軒轅。"

《人表考》(497—498):黃帝爲"三皇之三"。其父爲少典。其母爲附寶。姓姬,名荼,亦名軒,字玄律。亦稱軒轅、黃帝氏、帝軒、黃軒、軒黃、軒皇、地皇、黃神、黃靈、有熊氏、歸藏氏、公孫、皇帝、黃精之君、中央之帝。或稱帝鴻氏,但《古今人表》另有帝鴻,當係兩人。

《左傳人物名號研究》(382):黃帝、帝鴻氏、黃帝氏。

黃帝【九店簡 47,上博簡《武王踐阼》1、《舉治王天下》17,清華簡《良臣》1、《治政之道》6】

皇句【上博簡《三德》10】

后帝【上博簡《三德》19】

九店簡整理者:"'黃帝'是傳說中的歷史人物。"①

上博簡整理者:"《大戴禮記·五帝德》孔子曰:'黃帝,少典之子也,曰軒轅。'"②

"皇句",上博簡整理者指出,"句"讀爲"后"。③ 曹峰認爲:"《三德》中的'皇后'也只能與'黃帝'對應。……《三德》中的'后帝'可能也指的是'黃帝'。"④

1.7　帝堯陶唐氏

《人表考》(501—502):帝堯爲"五帝之四"。其姓有伊、伊祁、祁等説

---

① 湖北省文物考古研究所、北京大學中文系編:《九店楚簡》,中華書局,2000 年,第 114 頁注 194。
② 馬承源主編:《上海博物館藏戰國楚竹書(七)》,上海古籍出版社,2008 年,第 151 頁。
③ 馬承源主編:《上海博物館藏戰國楚竹書(五)》,上海古籍出版社,2005 年,第 295 頁。
④ 曹峰:《〈三德〉所見"皇后"爲"黃帝"考》,《齊魯學刊》2008 年第 5 期。

法。其母爲慶都,乃陳鋒氏之女。亦稱陶唐、陶唐氏、唐侯、唐帝、帝唐、伊唐、唐堯、伊堯、后帝、君帝、放勳、神宗、赤帝。陶和唐,有國名、地名兩種說法。

《庭立紀聞》(949):帝堯,亦稱伊唐、唐勛。

《左傳人物名號研究》(361):堯、陶唐氏、陶唐。

兂【郭店簡《窮達以時》3,上博簡《容成氏》6、《鬼神之明 融師有成氏》1、《武王踐阼》1、《舉治王天下》17】

埜【郭店簡《唐虞之道》1】

帝埜【郭店簡《唐虞之道》9】

𡗓【郭店簡《六德》7,上博簡《子羔》5、《曹沫之陳》2,清華簡《良臣》1】

伊𡗓【上博簡《子羔》2】

子兂【上博簡《容成氏》14】

帝兂【清華簡《保訓》7】

方炫琛指出:"春秋以前之國,多以地名爲其國之標幟,此標幟即是氏,亦是國名,堯之陶唐氏,其一也。其稱堯者,《史記·五帝本紀集解》以堯爲謚,《索隱》同,然其時未有謚。《史記》又稱其爲放勳,《會注考證》以堯爲其名,放勳爲其徽號。"①

郭店簡整理者:"兂,《說文》古文'堯'字從二'兂'。"②"堯,簡文上部從'𡗓',與《說文》'堯'字古文同,下部從'土'。"③

上博簡整理者:"'伊堯'之稱爲初見。'伊',帝堯的母姓。《帝王世紀》:'帝堯陶唐氏,祁姓也。母曰慶都……孕十四月而生堯於丹陵,名曰放勳……或從母姓伊氏。'……《史記·五帝本紀》索隱:'堯,謚也。放勳,名。帝嚳之子,姓伊祁氏。案皇甫謐云,堯初生時,其母在三阿之南,寄於伊長孺之家,故從母所居爲姓也。'"④"堯,祁姓,陶唐氏,名放勳。"⑤"《大戴禮記·五帝德》孔子曰:'……帝堯,高辛之子也,曰放勳。'"⑥

上博簡《容成氏》簡14"子堯",整理者:"子,尊稱。"⑦

清華簡整理者:"兂,《說文》'堯'之古文。"⑧

---

① 方炫琛:《左傳人物名號研究》1663,花木蘭文化事業有限公司,2017年,第362頁。
② 荆門市博物館編:《郭店楚墓竹簡》,文物出版社,1998年,第146頁注4。
③ 荆門市博物館編:《郭店楚墓竹簡》,文物出版社,1998年,第158頁注3。
④ 馬承源主編:《上海博物館藏戰國楚竹書(二)》,上海古籍出版社,2002年,第186頁。
⑤ 馬承源主編:《上海博物館藏戰國楚竹書(五)》,上海古籍出版社,2005年,第311頁。
⑥ 馬承源主編:《上海博物館藏戰國楚竹書(七)》,上海古籍出版社,2008年,第151頁。
⑦ 馬承源主編:《上海博物館藏戰國楚竹書(二)》,上海古籍出版社,2002年,第261頁。
⑧ 李學勤主編:《清華大學藏戰國竹簡(壹)》,中西書局,2010年,第146頁注23。

關於古文字中"堯"的形體,何琳儀師指出:"堯,甲骨文作󰀀(後下3226)。从二土,从卩,會意不明。戰國文字从二土,从二人。"①白顯鳳指出:"縱觀楚簡中'󰀀''󰀀''󰀀'三種字形,分別爲在甲骨文字形的基礎上增加一人一土形、增加一人形、省略一土形。"②按:戰國簡册中,"堯"或作"󰀀"(《保訓》7),或从二"先"作"󰀀"(《良臣》1),或从二"先"从"土"作"󰀀"(《唐虞之道》9)。形體"堯",可視爲人名加"土"。

1.8 帝舜有虞氏

《人表考》(502—503):帝舜爲"五帝之五",姓姚。其父爲瞽瞍。其母爲握登。舜,或作俊。亦稱有虞氏、帝舜氏、虞帝、虞舜、大舜、重華、都君、仲華、黃帝。堯、舜,都是名。

《左傳人物名號研究》(374):舜、帝舜、帝舜氏。

帝【九店簡 38 下】

䛗【郭店簡《窮達以時》2、《唐虞之道》1,上博簡《子羔》2、《容成氏》12、《曹沫之陳》2、《君子爲禮》12、《鬼神之明 融師有成氏》1、《武王踐阼》1、《舉治王天下》10,清華簡《保訓》4】

吳【郭店簡《唐虞之道》1】

吳䛗【郭店簡《唐虞之道》9】

㕕【清華簡《良臣》1】

方炫琛指出,或以"舜"爲謚,或以"舜"爲名;或以"重華"爲號。③

"㕕",楚帛書原篆作"󰀀"。饒宗頤指出:"󰀀即㕕字,謂帝㕕也。"並分析説:"󰀀,下半似變从身(金文身作󰀀),身亦人體,與兒同意可通,故可定爲㕕字。"④陳邦懷指出:"'帝㕕',亦即帝嚳。"⑤李零指出:"帝㕕,即《山海經》中的帝俊,也就是舜。"⑥

九店簡整理者指山,"帝"指"帝舜"。⑦

---

① 何琳儀:《戰國古文字典》,中華書局,1998 年,第 299 頁。
② 白顯鳳:《戰國楚簡人名異寫研究》,吉林大學碩士學位論文,2012 年,第 101 頁。
③ 方炫琛:《左傳人物名號研究》1732,花木蘭文化事業有限公司,2017 年,第 374 頁。
④ 饒宗頤:《長沙出土戰國繒書新釋》,香港大學中文系,1958 年,第 12 頁;饒宗頤、曾憲通編著:《楚帛書》,中華書局香港分局,1985 年,第 24 頁;轉引自徐在國編著:《楚帛書詁林》,安徽大學出版社,2010 年,第 394、396 頁。
⑤ 陳邦懷:《戰國楚帛書文字考證》,《古文字研究》第五輯,中華書局,1981 年,第 241—242 頁。
⑥ 李零:《長沙子彈庫戰國楚帛書研究》,中華書局,1985 年,第 72 頁。
⑦ 湖北省文物考古研究所、北京大學中文系編:《九店楚簡》,中華書局,2000 年,第 102 頁注 157。

郭店簡整理者:"舜,簡文與《說文》'舜'字古文、《汗簡》引《古尚書》'舜'字形同。"①劉釗認爲,"夆"可分析爲從"土""烷"聲,是"舜"的古文;"舜"字原本應該從"允"得聲。②

上博簡《子羔》簡2中的"舜",其整理者隷定爲"夆",括注爲"夋、俊、舜"。③ 上博簡整理者:"'夆',即'舜'。字形又見郭店楚簡《窮達以時》第2簡:'舜耕於鬲山,陶拍於河浦。'"④"'夆',即'舜'字,楚簡寫法與《說文》古文,《汗簡》引《尚書》古文構形基本相同。舜,姚姓,有虞氏,名重華……"⑤"'夆',即'舜'字,《說文》古文寫法與之相同。《上海博物館藏戰國楚竹書(五)·鬼神之明》篇,'舜'作'夆'。……《大戴禮記·五帝德》孔子曰:……'帝舜,蟜牛之孫,瞽叟之子也,曰重華。'"⑥

清華簡整理者:"夆,即'舜',楚簡中習見,字從允聲。"⑦

戰國簡册中,"舜"或作"夆"(見於《保訓》《窮達以時》以及上博簡),或作"夋"(見於《唐虞之道》)。季旭昇認爲,《郭店楚墓竹簡》與《上海博物館藏戰國楚竹書(一)》中的"舜"可以分爲兩類:一是A形,寫作"夆"(夆),最爲合理。其上部之"夋"(暫隷)形從"允";"允"形上部從"㠯",下部從"人";"人"形重複就成了"大";"大"形下部又再加飾筆訛作"火"形。其下部從"土"。古文字"人"形下加"土"形者多見。一是B形,寫作"夋"(夋),是A形的訛變。其上部之"厶"形變爲"勹"形。據此,則"舜"字是從"允"字分化而來。這在文獻中也是有證據的。上古帝王之名,往往沒有本字。因此,"舜"可能原本稱作"允"。"允"下加"止"或"夊"形,就變成了"夋"。"夋""允"同字。"夋",加"人"旁就成了"俊";加"土"旁就成了"夆",漢代之後訛作"舜",遂成爲上古帝王虞舜的專用字。⑧ 陳秉新認爲,"夆"當釋爲"埈",讀爲"舜"。⑨ 魏宜輝認爲,"夋"字上部從"疑"之變體,應隷爲"岊";"夆"字上部從"矣"之變體,應隷爲"夆"。⑩ 黃錫全認爲,

---

① 荆門市博物館編:《郭店楚墓竹簡》,文物出版社,1998年,第158頁注3。
② 劉釗:《郭店楚簡校釋》,福建人民出版社,2005年,第170頁。
③ 馬承源主編:《上海博物館藏戰國楚竹書(二)》,上海古籍出版社,2002年,第185頁。
④ 馬承源主編:《上海博物館藏戰國楚竹書(五)》,上海古籍出版社,2005年,第262頁。
⑤ 馬承源主編:《上海博物館藏戰國楚竹書(五)》,上海古籍出版社,2005年,第311頁。
⑥ 馬承源主編:《上海博物館藏戰國楚竹書(七)》,上海古籍出版社,2008年,第151頁。
⑦ 李學勤主編:《清華大學藏戰國竹簡(壹)》,中西書局,2010年,第145頁注13。
⑧ 季旭昇:《讀郭店、上博簡五題:舜、河滸、紳而易、墻有茨、宛丘》,《中國文字》新27期,藝文印書館,2001年,第114頁。
⑨ 陳秉新:《楚系文字釋叢》,《楚文化研究論集》第五集,黃山書社,2003年,第359頁。
⑩ 魏宜輝:《試析楚簡文字中的"疑"與"舜"字》,《新出土文獻與古代文明研究》,上海大學出版社,2004年,第160頁。

"𦎫"形"可能就是'𣶒'字","𡎺"形"或從'以'者,當是疊加之聲符"。① 陳秉新認爲,"灷"就是"古焌字"。② 王輝指出:"'𡎺'當以'允'爲基本聲符,'允''舜'古音同在文部……《上九·舉王》簡 10 作𡎺,'火'訛爲'矢'。"③ 按:形體"𡎺"可分析爲下從"土"、中從"火"、上爲"允"聲,亦可視爲人名加"土"旁。清華簡《良臣》中的"舜",原篆作"𤕠",其形體很可能是從"𡎺"訛變而來的:"𡎺"上部"允"形所從"人"上面加"八",下部所從"土"旁變成了"𠆢"。《說文》古文"𡵻"疑由"𦎫""𤕠"組合演變而成:取"𦎫"字所從上部之"夂"和下部之"⊥"("土"形之省),取"𤕠"字所從中部之"炎"。"夂"中再加飾筆變爲"歹"。"⊥"還原爲"土"形。《汗簡》引《古尚書》形體"𡵻"倒與《說文》古文形體更爲接近,"夂"中無飾筆,其折撇的撇往下拉伸得更長了。《古文四聲韻》引《汗簡》卻作"𡵻",又與《說文》古文形體吻合。

1.9 帝禹夏后氏

《人表考》(503—505):帝禹爲"三王之最先",姒姓。其父爲鯀。其母爲女志,乃有莘氏之女。禹,或作命、墨。亦稱帝禹、夏后氏、大禹、夏禹、伯禹、聖禹、神禹、戎禹、姒戎文禹、文命、白帝、高密。

《左傳人物名號研究》(280):禹。

墨【九店簡 39 下,郭店簡《緇衣》12、《唐虞之道》10、《尊德義》5,上博簡《紂衣》7、《子羔》10、《容成氏》17、《曹沫之陳》65、《君子爲禮》14、《鬼神之明 融師有成氏》1、《舉治王天下》22、《史蒥問於夫子》3】

大墨【郭店簡《成之聞之》33】

禹【清華簡《良臣》1、《厚父》1】

九店簡 39 下中的"𡍮",整理者隸定爲"墨",分析爲"從'土'從'禹'聲",懷疑"用爲夏禹之'禹'";並指出簡 47"黃帝"下一個字殘存"内"旁,可能是"禹"字的"殘文"。④

上博簡整理者:"'墨',從土、禹聲。楚文字常增益'土'字。"⑤ "'墨',即'禹',傳說中夏人始祖,在西周的文獻和金文中已載其事迹。"⑥ "'墨',

---

① 黄錫全:《〈唐虞之道〉疑難字句新探》,《長沙三國吴簡暨百年來簡帛發現與研究國際學術研討會論文集》,中華書局,2005 年,第 215 頁。
② 黄德寬主編:《古文字譜系疏證》,商務印書館,2007 年,第 3717 頁。
③ 王輝:《簡帛人物名號彙考》,中西書局,2021 年,第 37 頁。
④ 湖北省文物考古研究所、北京大學中文系編:《九店楚簡》,中華書局,2000 年,第 102 頁注 157、第 114 頁注 194。
⑤ 馬承源主編:《上海博物館藏戰國楚竹書(一)》,上海古籍出版社,2001 年,第 182 頁。
⑥ 馬承源主編:《上海博物館藏戰國楚竹書(二)》,上海古籍出版社,2002 年,第 195 頁。

即'禹',从土作,字亦見郭店楚簡。"①"'壐',从土,禹聲,即'禹'字繁構。"②"'壐',《古音駢字續編》引《路史》'夏壐'注'夏禹'。"③

按：上博簡、郭店簡中的"禹"多从"土"作"壐",與傳世文獻的記載相吻合。清華簡《良臣》中的"𡉚",纔是"禹"字的本來面貌。

1.10　帝湯殷商氏

《漢書》(884)顏師古注："禹、湯皆字,三王去唐、虞之文,從高古之質,故夏、殷之王皆以名爲號也。"

《人表考》(505—506)：湯爲"三王之二"。子姓,契之後。其父爲主癸。其母爲扶都。名履,亦名天乙。亦稱殷商、商侯履、子履、成商、武湯、武王、烈祖、神后、高后、高祖、后帝、殷湯、商湯、黑帝。

《庭立紀聞》(949)：帝湯,亦稱商履。

《左傳人物名號研究》(327)：商湯、湯。

湯【郭店簡《緇衣》5、《唐虞之道》1、《尊德義》6,上博簡《容成氏》35、《鬼神之明 融師有成氏》1、《競公瘧》6、《舉治王天下》14,清華簡《尹至》1、《尹誥》1、《赤鵠之集湯之屋》1、《湯處於湯丘》1、《湯在啻門》1、《管仲》17、《子犯子餘》11】

康【上博簡《紂衣》3、《曹沫之陳》65,清華簡《良臣》2、《鄭文公問太伯(乙)》12】

易【上博簡《鬼神之明 融師有成氏》8】

㴔【上博簡《史䏡問於夫子》3】

帝【清華簡《尹至》5】

成康【清華簡《保訓》9】

湯句【清華簡《赤鵠之集湯之屋》2】

句【清華簡《赤鵠之集湯之屋》2】

坣湯【清華簡《殷高宗問於三壽》23】

庚【清華簡《鄭文公問太伯(甲)》13】

成湯【清華簡《子犯子餘》11】

方炫琛指出,或以"湯"爲字,或以"湯"爲本號"成湯"之省文；或謂"湯"乃"以地爲號"；或以"履"爲名；"商"指"國號"。④

---

① 馬承源主編：《上海博物館藏戰國楚竹書(五)》,上海古籍出版社,2005年,第263頁。
② 馬承源主編：《上海博物館藏戰國楚竹書(五)》,上海古籍出版社,2005年,第311頁。
③ 馬承源主編：《上海博物館藏戰國楚竹書(九)》,上海古籍出版社,2012年,第275頁。
④ 方炫琛：《左傳人物名號研究》1457,花木蘭文化事業有限公司,2017年,第327頁。

郭店簡整理者：" 湯, 借作 ' 唐 '。吳, 借作 ' 虞 '。《史記·五帝本紀》' 帝堯爲陶唐, 帝舜爲有虞 ' 集解引韋昭曰：' 陶唐皆國名。張晏曰：堯爲唐侯, 國於中山唐縣是也。皇甫謐曰：舜嬪于虞國以爲氏。今河東太陽西上虞城是也。' 簡文的 ' 湯吳之道 ' 即 ' 唐虞之道 ', 亦即堯舜之道。"①

上博簡整理者："湯, 名天（大）乙, 商代開國君主, 滅夏建國。"②"' 易 ', 讀爲 ' 湯 ', ' 湯 ' 从 ' 易 ' 得聲, 可通。湯, 指商湯……"③"' 湯 ', 名履, 又稱成湯、武湯、商湯、天乙、天乙湯、唐、成、大乙、高祖乙等。"④

上博簡整理者："' 康 ' ' 湯 ' 經籍通用。郭店簡及今本均作 ' 湯 '。"⑤ "' 漮 ', 音與 ' 湯 ' 通。' 漮 ', 上古音屬溪母陽部, ' 湯 ' 上古音屬透母陽部, 可通。……' 湯 ', 亦稱 ' 武湯 ' ' 天乙 ' ' 成湯 ' ' 成唐 ', 號 ' 武王 ', 在卜辭中稱作 ' 唐 ' ' 大乙 ' ' 成 ' ' 高祖乙 '。商代創立者, 建都於亳。"⑥王輝指出："商湯之 ' 湯 ' 在目前見到的楚簡中均不用 ' 康 ' 表示,《史䍙》簡 3 在 ' 康 ' 下加水旁, 即《說文》水部之漮。"⑦按："湯" 寫作 "康", 上博簡習見。二字屬於同韻通假。"漮" 是於 "康" 字增 "水" 旁, 頗疑與 "康" 字下部所从或作 "水" 形有關。

清華簡整理者："帝, 指已即位之湯,《天問》稱之爲 ' 后帝 '。"⑧

清華簡整理者："成康, 即 ' 成湯 '。湯或作 ' 唐 ', ' 康 ' 和 ' 唐 ' 同从庚得聲。成湯見於《書·君奭》。"⑨ "康, 讀爲 ' 唐 ', 即湯, 殷墟卜辭亦作 ' 唐 '。"⑩余朝婷指出："' 康 ', 陽部溪母字, ' 唐 ', 陽部定母字, ' 湯 ', 陽部透母字, 可通假。"⑪王輝指出："徑以古書習慣稱法讀爲 ' 湯 ' 即可。"⑫

1.11 文王周氏

《人表考》(506—507)：文王, 名昌, 以 "文" 爲謚, 以地名 "周"（位於岐山之陽）爲號, 乃 "追王爲王"。其父爲王季。其母爲太任。亦稱周侯、岐

---

① 荆門市博物館編：《郭店楚墓竹簡》, 文物出版社, 1998 年, 第 158 頁注 1。
② 馬承源主編：《上海博物館藏戰國楚竹書（五）》, 上海古籍出版社, 2005 年, 第 311 頁。
③ 馬承源主編：《上海博物館藏戰國楚竹書（五）》, 上海古籍出版社, 2005 年, 第 328 頁。
④ 馬承源主編：《上海博物館藏戰國楚竹書（九）》, 上海古籍出版社, 2012 年, 第 209 頁。
⑤ 馬承源主編：《上海博物館藏戰國楚竹書（一）》, 上海古籍出版社, 2001 年, 第 177 頁。
⑥ 馬承源主編：《上海博物館藏戰國楚竹書（九）》, 上海古籍出版社, 2012 年, 第 276 頁。
⑦ 王輝：《簡帛人物名號彙考》, 中西書局, 2021 年, 第 54 頁。
⑧ 李學勤主編：《清華大學藏戰國竹簡（壹）》, 中西書局, 2010 年, 第 131 頁注 28。
⑨ 李學勤主編：《清華大學藏戰國竹簡（壹）》, 中西書局, 2010 年, 第 147 頁注 29。
⑩ 李學勤主編：《清華大學藏戰國竹簡（叁）》, 中西書局, 2012 年, 第 158 頁注 7。
⑪ 余朝婷：《清華簡〈芮良夫毖〉、〈良臣〉、〈祝辭〉、〈赤鵠之集湯之屋〉集釋》, 武漢大學碩士學位論文, 2013 年, 第 52 頁。
⑫ 王輝：《簡帛人物名號彙考》, 中西書局, 2021 年, 第 53 頁。

侯、西伯、伯昌、姬昌、姬伯、岐昌、周文、姬文、文君、文公、寧王、寧祖、文祖、高祖、文考、穆考、烈考、平王。

《庭立紀聞》(950)：文王，亦稱周昌。

《左傳人物名號研究》(250)：周文王、文王、文。

文王【郭店簡《緇衣》2、《五行》29、《成之聞之》39，上博簡《孔子詩論》2、《紂衣》1、《容成氏》46、《舉治王天下》4，清華簡《祭公之顧命》11、《良臣》2、《子犯子餘》14】

周文【郭店簡《窮達以時》5】

文【上博簡《孔子詩論》24，清華簡《祭公之顧命》6】

皇且周文王【清華簡《祭公之顧命》4】

周文王【清華簡《祭公之顧命》10】

玟【清華簡《封許之命》2】

方炫琛指出："王國維遹敦跋謂文王之文爲生號。"①

清華簡整理者："'文王'二字合文，無合文符號，與大盂鼎同。"②王輝認爲，"玟"是"文王專稱"，不是"合文"。③"玟"字金文習見。唐蘭在注釋中指出，"玟"是"爲文王而造的""專用字"。④

劉光勝指出："穆王和祭公談先祖，加'周'字完全是多餘的，簡本可能是爲和'楚文王'相區別，因此'周文王'的'周'字並非原文，而是戰國時人添加的。"⑤按：關於"皇且(祖)"，參《緒論》。

1.12 武王(文王子。)

《人表考》(507)：武王爲"三王之三"。文王子。其母爲太姒。名發。亦稱武、太子發、世子發、西伯發、周王發、武王發、武發、王發、周發、姬發、周武、姬武、正父、聖考、烈考、昭考、寧王、寧考。

《庭立紀聞》(950)：武王，亦稱武發。

《左傳人物名號研究》(263)：武王、武、周武。

武【上博簡《孔子詩論》24，清華簡《祭公之顧命》6】

武王【上博簡《容成氏》49、《武王踐阼》1，⑥清華簡《耆夜》1、《金縢》1、

---

① 方炫琛：《左傳人物名號研究》0998，花木蘭文化事業有限公司，2017 年，第 250 頁。
② 李學勤主編：《清華大學藏戰國竹簡(伍)》，中西書局，2015 年，第 119 頁注 8。
③ 王輝：《簡帛人物名號彙考》，中西書局，2021 年，第 65 頁。
④ 唐蘭：《西周時代最早的一件銅器利簋銘文解釋》，《文物》1977 年第 8 期。
⑤ 劉光勝：《〈清華大學藏戰國竹簡(壹)〉整理研究》，上海古籍出版社，2016 年，第 95 頁。
⑥ 按：整理者指出："按文意補'武'字。"見馬承源主編：《上海博物館藏戰國楚竹書(七)》，上海古籍出版社，2008 年，第 151 頁。

《祭公之顧命》10、《繫年》13、《良臣》4、《管仲》22、《子犯子餘》14】

  屰₌甈【清華簡《程寤》1】

  大子甈【清華簡《程寤》2】

  甈【清華簡《程寤》4】

  甈【清華簡《保訓》2】

  元孫甈【清華簡《金縢》3】

  剌且武王【清華簡《祭公之顧命》4】

  周武王【清華簡《金縢》14 背、《繫年》1、《管仲》21】

  珷【清華簡《封許之命》3】

  方炫琛指出："武爲其生號。"①

  上博簡整理者："'武王'，西周國君，周武王，姬姓，名發，文王之子，嗣爲西伯。……滅商，建立周王朝，都鎬。"②

  清華簡整理者："發，字原作'甈'，相當於《説文》'癹'。"③"元孫發，今本作'元孫某'……《魯世家》作'元孫王發'。"④"'武王'二字合文，仍無合文符號，同於西周利簋(《集成》4131)、大盂鼎。"⑤"珷"字金文習見。唐蘭在注釋中指出："珷字從王武聲，是爲周武王所造的專用字。"⑥

  "甈"，清華簡整理者指出："字原作'甈'，相當於《説文》'癹'。"⑦白顯鳳指出："楚簡中的'發'字多作'甈'形，也有寫作'發'形者……古文字加'止'形常見。"⑧按："甈"加"又"成爲"甈"，再加"止"成爲"甈"。"發"字所從之"殳"，當從所加之"又"而來。

  "小子發"與"大子發"，黃懷信指出："小子發，即太子發，後之武王，發爲其名。"⑨按："小子"亦見於傳世文獻。《書·康誥》："肆汝小子，封在兹東土。"《君奭》："今在予小子旦，若游大川，予往暨汝奭，其濟小子，同未在位，誕無我責。"⑩《經傳考證·尚書下》："小子……古人親愛之詞，率以幼稚稱，周公稱成王曰'小子同未在位'，稱康叔曰'小子封'是也。"⑪

---

① 方炫琛：《左傳人物名號研究》1082，花木蘭文化事業有限公司，2017 年，第 263 頁。
② 馬承源主編：《上海博物館藏戰國楚竹書(七)》，上海古籍出版社，2008 年，第 151 頁。
③ 李學勤主編：《清華大學藏戰國竹簡(壹)》，中西書局，2010 年，第 144 頁注 6。
④ 李學勤主編：《清華大學藏戰國竹簡(壹)》，中西書局，2010 年，第 159 頁注 7。
⑤ 李學勤主編：《清華大學藏戰國竹簡(伍)》，中西書局，2015 年，第 119 頁注 15。
⑥ 唐蘭：《西周時代最早的一件銅器利簋銘文集釋》，《文物》1977 年第 8 期。
⑦ 李學勤主編：《清華大學藏戰國竹簡(壹)》，中西書局，2010 年，第 144 頁注 6。
⑧ 白顯鳳：《戰國楚簡人名異寫研究》，吉林大學碩士學位論文，2012 年，第 34 頁。
⑨ 黃懷信：《清華簡〈程寤〉解讀》，簡帛網，2011 年 3 月 28 日。
⑩ 《十三經注疏》，中華書局，1980 年，第 203、225 頁。
⑪ 朱彬：《經傳考證》，《四庫未收書輯刊》第肆輯第玖冊，北京出版社，2000 年，第 468 頁。

1.13　周公（文王子。）

《人表考》（508）：周公爲文王子，因"周采地爲上公"故稱"周公"。謚文，名旦。亦稱周文公、公旦、姬旦、周旦、叔旦、姬公、至聖。

《庭立紀聞》（950）：周公，亦稱王子旦，字朝明。

《左傳人物名號研究》（249）：周公。

周公【上博簡《成王既邦》1，清華簡《耆夜》4、《金縢》1、《繫年》17、《周公之琴舞》1】

周公旦【上博簡《成王既邦》2，清華簡《良臣》4】

旦【上博簡《成王既邦》3】

周公弔旦【清華簡《耆夜》2】

但【清華簡《金縢》4】

且周公【清華簡《祭公之顧命》5—6】

方炫琛指出，"以周公旦食邑於周，故稱周公"；"文蓋周公旦之生號，與文、武、成、康、召、穆同"。①

上博簡整理者："'周公'，即'周公旦'，姬姓、名旦……亦稱叔旦。《韓詩外傳》：'其惟周公乎！文王之子，武王之弟，成王之叔父……'又稱'周文公'，《國語·周語上》'是故周文公之頌曰'，韋昭注：'文公，周公旦之謚也。'"②

清華簡整理者："周公叔旦即周公旦，叔是排行。《史記·魯周公世家》：'周公旦者，周武王弟也。'集解：'譙周曰：以太王所居周地爲其采邑，故謂周公。'索隱：'周，地名，在岐山之陽，本太王所居，後以爲周公之采邑，故曰周公。即今之扶風雍東北故周城是也。'"③"周公，《古今人表》列在'上上'。"④

1.14　仲尼

《人表考》（509—510）：仲尼之先爲宋孔父嘉，五世別爲孔氏，避禍奔魯。其父爲叔梁紇。其母顔氏，名徵在。因"首類尼丘山，圩頂"，故名丘字尼。孔子之兄爲伯居。其居第二，故稱仲尼。亦稱尼父、襃成宣尼公、文聖尼父、孔子、尼、孔父、孔聖、孔公、宣尼、孔宣、宣聖。

---

① 方炫琛：《左傳人物名號研究》0993，花木蘭文化事業有限公司，2017年，第249頁。
② 馬承源主編：《上海博物館藏戰國楚竹書（八）》，上海古籍出版社，2011年，第172頁。
③ 李學勤主編：《清華大學藏戰國竹簡（壹）》，中西書局，2010年，第151—152頁注5。
④ 李學勤主編：《清華大學藏戰國竹簡（叁）》，中西書局，2012年，第160頁注23。

《左傳人物名號研究》(147)：孔丘、仲尼、孔子、丘、尼父。

孕=【上博簡《孔子詩論》1、《子羔》1、《魯邦大旱》1】

玊子【上博簡《民之父母》1】

玊=【上博簡《民之父母》1】

丘【上博簡《魯邦大旱》3、《季庚子問於孔子》6】

子=【上博簡《中弓》1、《季庚子問於孔子》1】

仲尼【上博簡《中弓》8、《君子爲禮》10】

才=【上博簡《相邦之道》2】

㠯【上博簡《季庚子問於孔子》9、清華簡《邦家之政》12】

孔【上博簡《孔子見季趄子》1】

夫子【上博簡《孔子見季趄子》2、《史蒥問於夫子》6】

子【上博簡《子道餓》1】

字=【上博簡《顏淵問於孔子》1】

孔㠯【清華簡《良臣》8】

子=【清華簡《邦家之政》12】

方炫琛指出，"孔"是以"孔父嘉"之字爲氏；"丘"是名；"仲"是行次；"尼"是字；"子"是"男子之美稱"。①

"孔子"，見於上博簡，其形體或作"㲋子"（《民之父母》1）；其合文或作"㲋"（《民之父母》8）、"㲋"（《民之父母》1），或作"㲋"（《中弓》1），或作"㲋"（《孔子詩論》1），或作"㲋"（《相邦之道》4），或作"㲋"（《顏淵問於孔子》10）。可見，"孔子"合文的書寫形式多樣，相關的說法也比較多，參白顯鳳碩士學位論文。② 兹不贅述。關於以上合文形體，陳美蘭認爲，"㲋"和"㲋"來源一致，都是源自"早期金文孔字的典型寫法"，如"㲋"（虢季子白盤，《集成》10173），並分析說"將表示哺乳的胸部弧綫'('整個寫到子字上頭，而且筆畫也拉直成'一'形，有點隸書'乚'的筆法了"。③ 按：我們懷疑，"㲋"應是"㲋"將"一"從頂部移到了右卜角；"㲋"是"㲋"的寫法發生了改變，"子"的豎筆與"一"的橫筆相連，"一"的豎筆被獨立出來而成，"㲋"和"㲋"，可能都是從"㲋"而來，"一"豎筆向下出頭則成"卜"形，移到右上角則成爲"㲋"；"一"的豎筆向左下出頭並拉長，則近"人"形成爲"㲋"。

上博簡《子道餓》中的"子"，整理者指出是"孔子"。④

---

① 方炫琛：《左傳人物名號研究》0416，花木蘭文化事業有限公司，2017年，第147—148頁。
② 白顯鳳：《戰國楚簡人名異寫研究》，吉林大學碩士學位論文，2012年，第5—8頁。
③ 陳美蘭：《戰國竹簡東周人名用字現象研究》，藝文印書館，2014年，第30頁。
④ 馬承源主編：《上海博物館藏戰國楚竹書（八）》，上海古籍出版社，2011年，第121頁。

上博簡《史䌛問於夫子》中的"夫子"，整理者認爲"當指'孔子'"。①

清華簡整理者："《古今人表》仲尼在'上上'。"②

"丘"，或从"土"作"㐀"（《季庚子問於孔子》9）。白顯鳳認爲："'丘'下加'土'旁應與'丘'之'土'義有關。"③陳美蘭認爲："只是益加義符'土'字而已。"④按：加"土"旁的"㐀"，與《説文》古文形體相吻合。《説文》匕部："㐀，古文从土。"⑤"丘"或作"㐀"（《良臣》8），是在"丘"與"土"之間又加上了飾筆"八"。

"仲尼"之"尼"，或作"㠯"（《中弓》8、《君子爲禮》10）。上博簡整理者："'仲㠯'，即'仲尼'。"⑥《從政（甲）》簡13有字作"㖈"。上博簡整理者認爲，"尼"字右旁"當爲'耳'形之訛"。⑦季旭昇認爲："戰國楚文字只不過是把下部的人形聲化爲'耳'聲罷了。"⑧陳美蘭認爲："楚系文字寫作'㠯'，初起可能是'反人'之形訛變使然，後來則聲化爲'耳'。"⑨按：《從政（甲）》中"聃"字多見，其所从"耳"旁作"耳"形，與"㠯"之下部作"匕"判然有別，暫隸爲"尼"。

關於"丘"與"尼"之間的關係，歷來説法較多。陳美蘭分析説：目前所見的文獻中，孔子之字有"尼""泥""㠯"等異寫，都只是記載其讀音，無法確定本字，並且沒有寫作"㡰"的證據；然而，《説文解字》中有"四方高、中央下爲丘"説法；這是一種"四面高起中間低陷的地貌"，與"環山之間的盆地地形"很相似；這樣導致《史記·孔子世家》記載，孔子是"生而首上圩頂"纔"名曰丘"的；只有根據這一記載，臧琳和段玉裁所謂的，《説文解字》"㡰"是孔子之字本字的説法纔可能成立。⑩

---

① 馬承源主編：《上海博物館藏戰國楚竹書（九）》，上海古籍出版社，2012年，第279頁。
② 李學勤主編：《清華大學藏戰國竹簡（叁）》，中西書局，2012年，第161頁注42。
③ 白顯鳳：《戰國楚簡人名異寫研究》，吉林大學碩士學位論文，2012年，第52頁。
④ 陳美蘭：《戰國竹簡東周人名用字現象研究》，藝文印書館，2014年，第30頁。
⑤ 許慎：《説文解字》，中華書局，1963年，第169頁。
⑥ 馬承源主編：《上海博物館藏戰國楚竹書（五）》，上海古籍出版社，2005年，第260頁。
⑦ 馬承源主編：《上海博物館藏戰國楚竹書（二）》，上海古籍出版社，2002年，第226頁。
⑧ 季旭昇：《説文新證》，福建人民出版社，2010年，第700頁。
⑨ 陳美蘭：《戰國竹簡東周人名用字現象研究》，藝文印書館，2014年，第31頁。
⑩ 陳美蘭：《戰國竹簡東周人名用字現象研究》，藝文印書館，2014年，第33—35頁。

第二章　見於《古今人表》上中的人物名號

2.4　孔甲（不降子。）

《人表考》（815—816）：孔甲，不降之子。亦稱胤甲。
《左傳人物名號研究》（208）：夏孔甲、孔甲、夏后。
先朘王孔甲【清華簡《厚父》6】

清華簡整理者："《左傳》昭公二十九年孔穎達疏引《帝王世紀》云：'少康子帝杼，杼子帝芬，芬子帝芒，芒子帝泄，泄子帝不降，不降弟帝扃，扃子帝廑也。至帝孔甲，孔甲，不降子。'杜預注：'孔甲，少康之後九世君也。其德能順於天。'"①

2.63　女潰（陸終妃，生六子。）

三曰彭祖
《人表考》（531）：彭祖，封于大彭，姓彭，名籛，字鏗，亦稱彭鏗、老彭、商老彭、殷彭。
彭祖【上博簡《彭祖》1】
彭旦【清華簡《殷高宗問於三壽》5】
高文壐旦【清華簡《殷高宗問於三壽》5—6】

上博簡整理者："彭祖，以彭爲氏，名籛鏗，也叫彭鏗。《國語·鄭語》和《世本》等書講'祝融八姓'，其中有彭姓。彭姓世居彭城（今江蘇徐州），以籛鏗爲祖，故稱'彭祖'。"②

清華簡整理者："彭祖，傳說中高壽之人。《世本》載其爲帝顓頊後人，陸終妻女嬇所生三子中，'其三曰籛鏗，是爲彭祖。……彭祖者，彭城是也'。

---

① 李學勤主編：《清華大學藏戰國竹簡（伍）》，中西書局，2015年，第113頁注26。
② 馬承源主編：《上海博物館藏戰國楚竹書（三）》，上海古籍出版社，2003年，第303頁。

宋忠曰：'鏗在商爲守藏史，在周爲柱下史，年八百歲。'劉向《列仙傳》：'彭祖者，殷大夫也。姓籛，名鏗，帝顓頊之玄孫，陸終氏之中子。歷夏至殷末，八百餘歲。'""高文成祖，武丁對彭祖的稱呼。"①

王輝認爲："武丁稱之爲'高文城（成）祖'，'高''文''成'似皆敬稱。"②

按：《史記·楚世家》："陸終生子六人，坼剖而產焉。……三曰彭祖……彭祖氏，殷之時嘗爲侯伯，殷之末世滅彭祖氏。"裴駰集解："虞翻曰：'名翦，爲彭姓，封於大彭。'《世本》曰：'彭祖者，彭城是也。'"③據此，則彭祖有可能是因功封地而得氏"彭"。另外，彭祖並非武丁之祖，而武丁卻稱之爲"高文成祖"，殊爲可怪。"文""成"均爲謚號，參《緒論》。

六曰季連

《人表考》（532）：季連，芈姓，楚氏，亦稱季芈。

季繗【清華簡《楚居》1】

清華簡整理者："繗，从車，繺省聲，漢印作'𨊥'，見《漢印文字徵》卷一四。季繗即季連。《史記·楚世家》據《世本》及今存《大戴禮記》的《帝繫》，云楚祖先出自顓頊，顓頊生稱，稱生卷章（即老童），卷章生重黎即祝融，祝融弟吳回生陸終，'陸終生子六人，坼剖而產焉。……六曰季連，芈姓，楚其後也'。"④

金宇祥指出："此字應分析爲从車、繺聲。"⑤趙思木指出："金説可從。此字戰國文字常見……此字就是从車繺聲之字，只是'繺'已經類化爲兩糸旁。整理報告所舉'𨊥'當爲此字之後起更換聲旁之字。"⑥按：連、繗二字，均爲元部來紐字。

關於"季連"，羅運環指出："《楚居》季連在商代後期中段。《楚世家》及《帝系》中的季連約與堯同時。兩者有千年之差。……《楚世家》及《帝系》陸終之子季連是最初的個人名字，也成爲後世共同體首領的名號，即季連氏，可簡稱爲季連；《楚居》季連爲季連氏的簡稱，是首領名號。……他還是最後一位稱季連氏的首領。"⑦尹弘兵指出，季連部落從唐虞時期到商代晚期，一直都存在；"季連"這個名稱，包含三層含義，一是"季連部落"，二是

---

① 李學勤主編：《清華大學藏戰國竹簡（伍）》，中西書局，2015 年，第 153 頁注 13、14。
② 王輝：《簡帛人物名號彙考》，中西書局，2021 年，第 59 頁。
③ 司馬遷：《史記》，中華書局，1959 年，第 1690—1691 頁。
④ 李學勤主編：《清華大學藏戰國竹簡（壹）》，中西書局，2010 年，第 182 頁注 1。
⑤ 季旭昇主編：《〈清華大學藏戰國竹簡（壹）〉讀本》，藝文印書館，2013 年，第 279 頁。
⑥ 趙思木：《〈清華大學藏戰國竹簡（壹）〉集釋及專題研究》，華東師範大學博士學位論文，2017 年，第 377 頁。
⑦ 羅運環：《關於季連糾葛問題的探討》，《清華簡研究》第一輯，中西書局，2012 年，第 290 頁。

"季連部落的首領",三是"某個特定時期擔任這一職位的個人";"季連"追求"比佳",應該是在武丁時期;"季連"的時間下限,應該是在"武丁後期至祖庚、祖甲時期",也有可能已經進入"廩辛、康丁時期"。① 徐少華指出,"季連"能夠"見盤庚之子",應該在商王"武丁"時代;"穴熊"徙居"京宗",卻是在商末"帝辛"(紂王)時期;兩人前後相差200餘年,中間芈姓族人世系不可考,簡文都以"季連""概言之",不會是"一人一世",而是指"血脈相繼而又代系不明的'季連氏'";這與《史記·楚世家》關於季連後人"或在中國,或在蠻夷,弗能紀其世"的記載相符。② 趙思木指出,假如可以將"季連"的構成方式看作"排行+字/私名",那麽,這種構成方式,與陸終的其他五子之名明顯不同;據此可以推測,由於他被認爲是陸終的幼子,因而稱"季";簡文中的"季連"應該是"楚先祖氏族首領名";既然"季連"可以理解爲"歷代'季連氏'首領之稱",或許,"附沮"之父"季連",可能與"緹伯""遠中"之父"季連",不是同一個人,而是"季連氏"的"異代族長"。③ 按:上述諸位學者一致認爲,"季連"與"穴熊"在時代上存在顯著差異。據此,則《楚居》中的"季連""穴熊"不是同輩關係,"緹伯""遠仲"與"侸叔""麗季"更非同輩關係。這與《史記·楚世家》"季連生附沮,附沮生穴熊"的記載亦不相符。④ 也就是説,《楚居》關於楚先祖的記載,應該是一種與傳世文獻不同的版本。可以推測,在《楚居》所依據的版本中,從"季連"到"穴熊"的世系應該存在許多缺環。這倒與《楚世家》"季連之苗裔曰鬻熊"的記載相符。⑤

此外,黃德寬指出,據安大簡所載,"季連"就是"穴熊",是"祝融"的"第六子":"'融乃使人下請季連,求之弗得。見人在穴中,問之不言,以火爇其穴,乃懼,告曰:酓(熊)。'使人告融,'融曰:是穴之熊也。乃遂名之曰穴酓(熊),是爲荆王'"。⑥ 按:清華簡《楚居》1中有"氒(抵)于空(穴)窮(窮)"。整理者認爲:"空,'穴'字異體,或疑爲'空'字訛書。"⑦ 凡國棟指出:"《中次九經》載有熊山,'有穴焉,熊之穴,恒出神人'。或與穴窮有關。"⑧ 陳民鎮認

---

① 尹弘兵:《〈楚居〉中楚先祖的年代問題》,《楚簡楚文化與先秦歷史文化國際學術研討會論文集》,湖北教育出版社,2013年,第174頁。
② 徐少華:《從〈楚居〉析楚先族南遷的時間與路綫》,《楚文化研究論集》第十一集,上海古籍出版社,2015年,第312頁。
③ 趙思木:《〈清華大學藏戰國竹簡(壹)〉集釋及專題研究》,華東師範大學博士學位論文,2017年,第380、397頁。
④ 司馬遷:《史記》,中華書局,1959年,第1690頁。
⑤ 司馬遷:《史記》,中華書局,1959年,第1691頁。
⑥ 黃德寬:《安徽大學藏戰國竹簡概述》,《文物》2017年第9期。
⑦ 李學勤主編:《清華大學藏戰國竹簡(壹)》,中西書局,2010年,第182頁注2。
⑧ 凡國棟:《清華簡〈楚居〉中與季連有關的幾個地名》,簡帛網,2011年6月4日。

爲"穴窮或與穴熊得名有關"。① 何光嶽曾有類似觀點："《山海經·中山經》云：'熊山有穴焉，熊之穴，恒出入神人。'又説明楚之先祖穴熊就是因居於熊山之穴而得名，以後被楚人視爲神人之穴，當作聖地。"② 按：我們懷疑，祝融所言"穴之熊"，可能與《中山九經》中的"熊之穴"具有關聯；所謂"恒出神人"，可能指的是"人在穴中"，"神人"，疑即"穴之熊"；《楚居》所載"空（穴）"，可能指的是"熊之穴"。"穴熊"當爲"穴之熊"省去了助詞"之"。至於"穴熊"是否因居"熊山之穴而得名"，則不得而知了。安大簡關於"季連"就是"穴熊"的記載，又是一種與傳世文獻和清華簡明顯有別的版本。這些版本哪個對哪個錯，目前都還無法論定。"季連"之"季"，應該就是行次。《釋名·釋親屬》："叔父之弟曰季父。季，癸也，甲乙之次，癸最在下，季亦然也。"畢沅疏證："周家積叔，故文王十子，伯邑考已下皆稱叔，唯聃季稱季，以處末也。"③《史記·楚世家》："熊嚴十年，卒。有子四人，長子伯霜，中子仲雪，次子叔堪，少子季徇。"④ "季連"在構成方式上，與"伯霜""仲雪""叔堪""季徇"完全一致，而與"緄伯""遠仲""侸叔""麗季"相反。這就説明，"季連"一名在時間上與熊嚴四子相去不遠，且明顯晚於"季連"及"穴熊"之子。此乃"季連"爲後人追述的證據之一。上文所引趙思木的觀點，"季連"與"陸終其他五子之名不同"，此乃"季連"爲後人追述的證據之二。在《緒論》部分，我們已經指出，"季連"與"妣隸"，二者所隱含的時代信息不符。此乃"季連"爲後人追述的證據之三。

2.80 咎繇

《人表考》(535)：咎繇，姓偃，少昊之後。今本作皋陶。皋，或作咎。亦稱陶叔、瘖繇。

《校正古今人表》(985)：咎繇，即皋陶，亦稱庭堅。

《漢書人表略校》(1030)：咎繇，即皋陶，亦稱皋。

《左傳人物名號研究》(341)：皋陶。

咎繇【郭店簡《窮達以時》3】
咎采【郭店簡《唐虞之道》12】
咎䌛【上博簡《容成氏》29】

---

① 陳民鎮：《清華簡〈楚居〉集釋》，復旦大學出土文獻與古文字研究中心網，2011 年 9 月 23 日。
② 何光嶽：《楚源流史》，江西教育出版社，2005 年，第 169 頁。
③ 劉熙撰，畢沅疏證，王先謙補：《釋名疏證補》，中華書局，2008 年，第 99 頁。
④ 司馬遷：《史記》，中華書局，1959 年，第 1693 頁。

叴咎【上博簡《容成氏》34】
叴秀【上博簡《容成氏》34】
咎囡【清華簡《良臣》1—2】
咎繇【清華簡《厚父》2】

郭店簡整理者："簡文'卲繇'之名不見於各書，所記爲傳説之事。"①"咎采，人名，亦作'咎繇'，皋陶，是帝舜之臣，制作五刑。事見《尚書·舜典》。"裘錫圭指出："'采'音'由'，與'繇'通。"②黄德寬、徐在國指出："窮3有字作 𤔲，原書隸作'卲'。誤。我們認爲此字從'九'從'口'，應釋爲'叴'。……'叴'字可讀爲'咎'。窮3'咎繇'即典籍中習見的'咎繇'，又作'皋陶'。"③

上博簡整理者："叴咎，即'皋繇'，簡文有三種寫法，上文作'咎坩（或坫）'，這裏作'叴咎'，下文作'叴秀'。案：簡文上字'咎''叴'是群母幽部字，下字'坩（或坫）'疑是'堯'字的異體，爲疑母宵部字，'秀'是心母幽部字。古書'皋陶'亦作'咎繇'，'咎'字同於簡文上字的第一種寫法，'繇'字的讀音也與'堯'字相近（爲喻母宵部字）。簡文無'皋''陶'二字，但'皋'是見母幽部字，'陶'是喻母幽部字，也是讀音相近的字。"④何琳儀師指出："《考釋》隸定爲'坫'，殊誤。按：△之筆畫清楚，從'土'、從'匋'，乃'陶'之異文。'咎陶'當讀'皋陶'。"⑤白顯鳳進一步指出："細審'坩''坫'字左旁上部筆畫並不是平直的，都有輕微的拱起，應爲標準'匋（ 匋、 匋）'字形的變形，所以我們遵從何琳儀先生的考釋，將'坩''坫'隸定爲'垎'，爲'陶'字的異體。"⑥王輝指出，上博簡《容成氏》或作"咎塪"（簡29），或作"叴咎"（簡34），後一個'咎'可能是"誤寫"。⑦

清華簡整理者："'囡'即'囚'，改其中'人'爲'女'。咎囡即咎繇，或作咎陶、皋陶，見《舜典》，《古今人表》列在'上中'。"⑧"咎繇，文獻作'咎繇'或'皋陶'。"⑨網友海天遊蹤指出："咎囡，人作女旁，唐蘭曾説：'凡同部（即由一個象形文字裏孳乳出來）的文字，在偏旁裏可以通用——只要在不失本字特點的時候，例如大人女全象人形，所以在較早圖形文字常可通用。……欠

---

① 荆門市博物館編：《郭店楚墓竹簡》，文物出版社，1998年，第146頁注5。
② 荆門市博物館編：《郭店楚墓竹簡》，文物出版社，1998年，第159頁注17。
③ 黄德寬、徐在國：《郭店楚簡文字考釋》，《吉林大學古籍整理研究所建所十五周年紀念文集》，吉林大學出版社，1998年，第103頁。
④ 馬承源主編：《上海博物館藏戰國楚竹書（二）》，上海古籍出版社，2002年，第276頁。
⑤ 何琳儀：《第二批滬簡選釋》，《學術界》2003年第1期。
⑥ 白顯鳳：《戰國楚簡人名異寫研究》，吉林大學碩士學位論文，2012年，第41頁。
⑦ 王輝：《簡帛人物名號彙考》，中西書局，2021年，第40頁。
⑧ 李學勤主編：《清華大學藏戰國竹簡（叁）》，中西書局，2012年，第158頁注6。
⑨ 李學勤主編：《清華大學藏戰國竹簡（伍）》，中西書局，2015年，第111頁注7。

丮卩尾企等字本是有區別的,在偏旁裏卻常可通用……'這是否也是此篇書寫較早的證據之一。"①王輝指出:"'繇''采''堯''秀''囡(囚)''陶'韻部均屬宵、幽,音近可通。"②按:清華簡中的"繇",寫作"囡",實即"囚"字。《説文》口部:"囚,繫也。从人在口中。"③"囚"中的"人"换作"女",並不影響其意義。高明曾指出,"人"旁與"女"旁"由於意義相近",因而可以"互相代用"。④ 繇,幽部定紐;囚,幽部邪紐。

2.101 弃

《人表考》(540):弃,本作棄,因不祥而弃,故名。姓姬,字度辰。堯時任稷官。稷爲農官之君,故號后稷。弃爲"周之太祖"。亦稱周棄、周后稷、姬棄。

《左傳人物名號研究》(250):周弃、后稷。

句裋【郭店簡《唐虞之道》10、《尊德義》7,上博簡《容成氏》28】
句稷【上博簡《孔子詩論》24、《子羔》12】
句裋【清華簡《祭公之顧命》13】

方炫琛指出,"弃"是"農官",所以號爲"稷";"后稷"之"后",當訓爲"君"。⑤

上博簡整理者:"句裋,即'后稷'。下字的右半是从鬼字的變體。《説文》禾部'稷'字古文从禾从鬼,正與此合。"⑥徐在國指出:"我們懷疑'稷(禝)'字从示、从田,會'田主'或'穀主'之意。'稷(禝)'作爲古人祭祀的對象,所以多从'示'。'禝(稷)'又是'田主'或'穀主',與'禾'息息相關,所以後又从'禾'。……'禝(稷)'字應該看作是一個會意字,它的構形非常清楚,从'示'或从'禾',从'田',或从'田''人',或从'田''人''止'。"⑦

白顯鳳認爲,"裋"和"稷"的"右旁上部"都不是"田"字,而是"省去人形後的鬼頭形",其下部的"女"形是"字形訛變的結果";"稷""裋""稷"都是從《説文》古文"稷"訛變而來的,有的是於"人"形之下加"止",有的是"止"又訛變爲"女";上博簡《子羔》簡 13 中的"后稷",原篆作"",

---

① 《清華簡三〈良臣〉劄記》4 樓跟帖,簡帛網,2013 年 1 月 9 日。
② 王輝:《簡帛人物名號彙考》,中西書局,2021 年,第 40 頁。
③ 許慎:《説文解字》,中華書局,1963 年,第 129 頁。
④ 高明:《中國古文字學通論》,北京大學出版社,1996 年,第 130 頁。
⑤ 方炫琛:《左傳人物名號研究》1000,花木蘭文化事業有限公司,2017 年,第 250 頁。
⑥ 馬承源主編:《上海博物館藏戰國楚竹書(二)》,上海古籍出版社,2002 年,第 272 頁。
⑦ 徐在國:《上博五"裋(稷)"字補説》,《清華簡研究》第一輯,中西書局,2012 年,第 361、363 頁。

"稷"右下"女"上多出一筆,應該跟"嬰"的形體有關。① 徐在國指出:"古文字中常常在'人'形下加'止','止'形上移,遂與'女'形近而訛。"②按:《祭公之顧命》簡 13 中的"禝"字作"▣",右下從"止",可隸爲"禝",此即白說中的"在'人'形下加一'止'形"。"稷"字小篆作"▣",其右下所從之"夊",亦當從"止"形而來。

李守奎指出,"禝"是"社稷之稷專字"。③ 王輝認爲"后稷之'稷'既從'禾'又從'示',當以'禝'爲本字,這與他被舉爲農師掌百穀(《史記·周本紀》)有關;從'示'則因其被祭祀"。④

2.107 柏益

《人表考》(542):益,或作蘙。賜姓嬴,字虞余。其父爲大業。其母爲少典之子女華。亦稱伯益、化益、伯翳。舜時封於費,故稱大費、費侯。亦稱百蟲將軍。

《校正古今人表》(985):柏益,或作柏翳、伯蘙。

《漢書人表略校》(1031):柏益,即伯益,或作伯翳、化益。

嗌【九店簡 39 下,上博簡《容成氏》34,清華簡《良臣》1】

膉【郭店簡《唐虞之道》10】

九店簡中的"▣",整理者指出,該形體是"《説文》籀文'嗌'",可讀爲"益"。⑤

清華簡整理者:"益,見《堯典》,《古今人表》列於'上中'。禹授位於益,諸侯不歸益而歸禹之子啟,見《孟子·萬章上》。《楚辭·天問》云:'啟代益作后。'而古本《竹書紀年》云:'益干啟位,啟殺之。'"⑥

白顯鳳指出:"益、翳古音一爲影紐錫部一爲影紐支部,聲近可通。"⑦

按:"嗌",參本書第十一章"若嗌"條。

2.111 啟(禹了。)

《人表考》(543):啟,禹之子。小稱夏后伯啟、夏后啟、夏后開、建、

---

① 白顯鳳:《戰國楚簡人名異寫研究》,吉林大學碩士學位論文,2012 年,第 45 頁。
② 徐在國:《上博五"禝(稷)"字補說》,《清華簡研究》第一輯,中西書局,2012 年,第 362 頁。
③ 李守奎編著:《楚文字編》,華東師範大學出版社,2003 年,第 19 頁。
④ 王輝:《簡帛人物名號彙考》,中西書局,2021 年,第 266 頁。
⑤ 湖北省文物考古研究所、北京大學中文系編:《九店楚簡》,中華書局,2000 年,第 102 頁注 157。
⑥ 李學勤主編:《清華大學藏戰國竹簡(叁)》,中西書局,2012 年,第 158 頁注 4。
⑦ 白顯鳳:《出土楚文獻所見人名研究》,吉林大學博士學位論文,2017 年,第 124 頁。

余、會。

《左傳人物名號研究》(293)：夏啟。

啟【上博簡《容成氏》34、《舉治王天下》17,清華簡《厚父》2】

2.113 有㜪氏（湯妃,生大丁。）

《人表考》(544)：湯娶有㜪氏爲妃。㜪,本作莘,或作侁。亦稱吉妃。

又郶之女【清華簡《湯處於湯丘》1】

清華簡整理者："《史記·殷本紀》：'伊尹名阿衡。阿衡欲奸湯而無由,乃爲有莘氏媵臣,負鼎俎,以滋味説湯,致于王道。' 正義引《括地志》：'古莘國在汴州陳留縣東五里,故莘城是也。'在今山東曹縣北。有莘氏或作有侁氏,《吕氏春秋·本味》：'湯聞伊尹,使人請之有侁氏,有侁氏不可。伊尹亦欲歸湯,湯于是請取婦爲婚,有侁氏喜,以伊尹爲媵送女。'亦爲同類傳説。"①按："有莘之女"亦見於《藝文類聚·后妃部·后妃》："殷湯令妃,有莘之女。"②其構成方式比較特殊："有"與"之",皆爲助詞。《經傳釋詞》卷三："有,語助也。一字不成詞,則加'有'字以配之。若虞、夏、殷、周,皆國名,而曰有虞、有夏、有殷、有周,是也。推之他類,亦多有此。"③《古代漢語虛詞詞典》："用於定語和中心語之間,使二者組成名詞性偏正結構,表示前後兩項的各種關係。……表示領屬關係。"④"莘"當爲"氏"。《通志·氏族略二》："莘氏,姒姓。夏后啟封支子于莘,亦曰有莘氏。後世以國爲氏。"⑤據此,"有莘之女"可概括爲"有"+氏+"之"+"女"。

2.115 伊尹

《人表考》(544—545)：伊尹,氏伊,字尹,名摯,力牧之後。其母居伊水之上。亦稱伊子、伊伯、伊生、伊公、尹摯、阿衡、猗衡、太阿、保衡、元聖、小臣、小子。

《左傳人物名號研究》(196)：伊尹。

尹【郭店簡《緇衣》5,上博簡《紂衣》3,清華簡《尹至》1、《尹誥》1】
泗尹【上博簡《容成氏》37】

---

① 李學勤主編：《清華大學藏戰國竹簡(伍)》,中西書局,2015年,第136頁注2。
② 歐陽詢：《藝文類聚》,上海古籍出版社,1965年,第279頁。
③ 王引之：《經傳釋詞》,上海古籍出版社,2014年,第61頁。
④ 中國社會科學院語言研究所古代漢語研究室編：《古代漢語虛詞詞典》,商務印書館,1999年,第840—841頁。
⑤ 鄭樵：《通志二十略》,中華書局,1995年,第65頁。

執【清華簡《尹至》5、《尹誥》2】
伊𦎫【清華簡《良臣》2】
少臣【清華簡《説命下》2、《赤鵠之集湯之屋》1、《湯處於湯丘》1、《湯在啻門》1】
天尹【清華簡《湯在啻門》21】

方炫琛指出,或以伊尹爲"殷相";或以爲伊尹得稱於"其母居伊水之上";或以伊尹名"摯",官"阿衡";或以"尹""阿衡""保衡"皆爲官名。①

郭店簡與上博簡中,"尹"下一字均爲"䏡"。郭店簡整理者指出,"䏡"可分析爲從"身""目"聲;今本寫作"躬",應該是"䏡"字之誤;"䏡"可讀爲"尹";"尹䏡"當讀爲"伊尹"。裘錫圭指出:"'尹'下一字可能是'允'之繁文。……'惟尹允及湯咸有一德',於義可通,似不必讀'惟'下二字爲'伊尹'。僞古文《尚書》'尹'下一字作'躬'也可能是訛字。後 36 號簡亦有此字,今本正作'允'。"②按:當以裘説爲是。上博簡整理者仍從誤會説:"尹㠯,即'伊尹'。郭店簡作'尹䏡',今本作'尹躬'。"③

上博簡整理者:"泗尹,即'伊尹'。'泗'是心母質部字,上文'伊水'之'伊'作'洓',字從死,'死'是心母脂部字,與'泗'讀音相近,都是'伊'字的通假字。"④

清華簡整理者:"尹,伊尹。清梁玉繩《古今人表考》卷二云伊尹'伊氏,尹字,名摯'。"⑤"伊尹名摯,見《孫子·用間》《墨子·尚賢中》《楚辭·離騷》及《天問》等。"⑥"伊尹見《書·君奭》:'成湯既受命,時則有若伊尹,格于皇天。'《古今人表》列在'上中'。"⑦"小臣,指伊尹。《墨子·尚賢下》'湯有小臣',孫詒讓《閒詁》:'此即上文所謂伊尹爲有莘氏女師僕也。《楚辭·天問》云:成湯東巡,有莘爰極,何乞彼小臣,而吉妃是得?王注云:小臣,謂伊尹也。《吕氏春秋·尊師》篇云湯師小臣,高注云:小臣謂伊尹。'"⑧"伊尹在卜辭中稱'伊小臣'(《合集》27057、《屯南》2342)。"⑨"小臣,後文湯稱之爲天尹,即伊尹。"⑩"天尹,天賜之尹,指伊尹。商人有天賜良臣的觀念,

---

① 方炫琛:《左傳人物名號研究》0703,花木蘭文化事業有限公司,2017 年,第 196—197 頁。
② 荆門市博物館編:《郭店楚墓竹簡》,文物出版社,1998 年,第 132 頁注 15。
③ 馬承源主編:《上海博物館藏戰國楚竹書(一)》,上海古籍出版社,2001 年,第 177 頁。
④ 馬承源主編:《上海博物館藏戰國楚竹書(二)》,上海古籍出版社,2002 年,第 279 頁。
⑤ 李學勤主編:《清華大學藏戰國竹簡(壹)》,中西書局,2010 年,第 128 頁注 1。
⑥ 李學勤主編:《清華大學藏戰國竹簡(壹)》,中西書局,2010 年,第 130 頁注 23。
⑦ 李學勤主編:《清華大學藏戰國竹簡(叁)》,中西書局,2012 年,第 158 頁注 7。
⑧ 李學勤主編:《清華大學藏戰國竹簡(叁)》,中西書局,2012 年,第 168 頁注 4。
⑨ 李學勤主編:《清華大學藏戰國竹簡(伍)》,中西書局,2015 年,第 136 頁注 2。
⑩ 李學勤主編:《清華大學藏戰國竹簡(伍)》,中西書局,2015 年,第 143 頁注 2。

清華簡《説命上》'惟殷王賜説于天'與此相類。"①

白顯鳳指出:"將'尹䏧'解爲'伊尹'更爲合適。'䏧'如裘先生所説爲訛字,即'䏡'字的訛形。'伊尹'又有寫作'伊摯'的,古書注解多解'摯'爲'伊尹'之名。……近期公布的清華簡《尹至》(見簡5)、《尹誥》(見簡2、3)皆有稱伊尹爲'摯'者,此爲出土文獻之證。"②

清華簡整理者:"尹,尹旁與'四'形混訛,甲本作'泲'。"③我們曾認爲:"《容成氏》中的'泗'字,可能源於《鄭文公問於太伯》甲本中的水名專字'泲'。《鄭文公問於太伯》乙本中的'泲'字,疑爲'泲'與'泗'之間的過渡形體。《容成氏》中的'洍'字,當爲'泲'的通假字。《容成氏》'伊尹'之'伊'寫作'泗'(即"泲"),正好與'以伊水爲姓'的説法相吻合。"④

按:"䏡",亦見於燕、晉兩國文字,何琳儀師分析爲"从肉,尹聲",均讀爲"尹"。⑤ 伊尹名"摯",出土文獻亦多見,清華簡《金縢》6作"⿰钅⿱執"。"天",或即"大"。《廣雅·釋詁一》:"天,大也。"⑥《戰國策·齊策一》"右天唐",高誘注:"天,大也。"⑦

2.117　太甲(大丁子。)

《人表考》(545):太甲,湯之嫡長孫,太丁之子,名至。亦稱太宗。
《左傳人物名號研究》(82):大甲。

大甲【清華簡《子犯子餘》14】

2.118　大戊(雍己弟。)

《人表考》(546):大戊,雍己之弟,名密。亦稱殷戊、中宗。

大戊【清華簡《説命下》8】

2.121　盤庚(陽甲弟。)

《人表考》(546—547):盤庚,陽甲之弟。盤,或作般。名旬。亦稱殷庚。

《左傳人物名號研究》(429):盤庚。

---

① 李學勤主編:《清華大學藏戰國竹簡(伍)》,中西書局,2015年,第148頁注64。
② 白顯鳳:《戰國楚簡人名異寫研究》,吉林大學碩士學位論文,2012年,第102—103頁。
③ 李學勤主編:《清華大學藏戰國竹簡(陸)》,中西書局,2016年,第126頁注5。
④ 羅小華:《楚簡人物名號異寫考辨二則》,《訛字研究論集》,中西書局,2019年,第176頁。
⑤ 何琳儀:《戰國古文字典》,中華書局,1998年,第1337頁。
⑥ 王念孫:《廣雅疏證》,上海古籍出版社,2016年,第8頁。
⑦ 諸祖耿:《戰國策集注彙考》,江蘇古籍出版社,1985年,第501頁、第503頁注12。

盤庚【清華簡《子犯子餘》14】

2.122 武丁（小乙子。）

《人表考》（547）：武丁，小乙之子，名昭。亦稱殷武、高宗、殷高。
武丁【郭店簡《窮達以時》4，清華簡《說命中》1、《良臣》2】
高宗【上博簡《競建內之》2，清華簡《殷高宗問於三壽》1】
殷王【清華簡《說命上》1】
殷高宗【清華簡《殷高宗問於三壽》28背】

清華簡整理者："殷王，詞見《書·無逸》，在此指高宗武丁。"①"高宗，殷高宗武丁。《書·高宗肜日》：'高宗肜日，越有雊雉。'《史記·殷本紀》：'帝武丁崩，子帝祖庚立。祖己嘉武丁之以祥雉爲德，立其廟爲高宗。'"②

2.123 傅說

《漢書》（888）顏師古注："武丁相也。"
《人表考》（547）：傅說，以地名傅巖爲姓，名說，或作兌。亦稱太公、殷說。
仸鳶【上博簡《競建內之》4】
敓【清華簡《說命上》1、《說命中》1、《說命下》2】
尃敓【清華簡《說命上》7背、《說命中》7背、《說命下》10背】
攱鳩【清華簡《良臣》2】

上博簡整理者："'仸鳶'即'傅說'，爲商代高宗賢相，初隱於傅巖，傅巖有澗水壞道，說故爲胥靡版築以供食。高宗夢說，求得之，與語，果賢，乃作《說命》三篇，號曰傅說，舉以爲相，國大治。"③

清華簡整理者："傅說，《古今人表》列在'上中'。"④

白顯鳳指出："從音上來看，'仸'從父得聲上古屬並母魚部，'傅'屬幫紐魚部，同爲唇音魚部，音近可通；'說'與'鳶'上古音一屬喻母月部，一屬喻母元部，入陽對轉，音也可通。"⑤

王輝指出，傳世文獻與清華簡《說命》均記載，傅說得姓於"傅巖"；"傅

---

① 李學勤主編：《清華大學藏戰國竹簡（叁）》，中西書局，2012年，第122頁注1。
② 李學勤主編：《清華大學藏戰國竹簡（伍）》，中西書局，2015年，第152頁注1。
③ 馬承源主編：《上海博物館藏戰國楚竹書（五）》，上海古籍出版社，2005年，第171頁。
④ 李學勤主編：《清華大學藏戰國竹簡（叁）》，中西書局，2012年，第159頁注9。
⑤ 白顯鳳：《戰國楚簡人名異寫研究》，吉林大學碩士學位論文，2012年，第35頁。

説",上博簡《競建内之》記作"仸鳶";"鳶""説"二字音近可通;"鳶"爲其名之本字,源於"鳶肩"(即"其肩部上聳")之説,是"古人取名象物"的表現;"説",清華簡《良臣》簡2寫作"鴞",可知"其名確與鳥類相關";另外,"説"在《禮記·緇衣》中寫作"兑",在清華簡《説命》中寫作"敚"者,也都是"鳶"的假借字;以上諸字都"取義於尖鋭之'鋭'",與簡文"如錐"的記載吻合。①
按:頗疑"傅"屬"以居地爲氏",而非姓。參《緒論》。

2.136 太姒(文王妃。)

《人表考》(552):太姒,莘國之女,文王之正妃。亦稱文母。
《左傳人物名號研究》(82):大姒。
大姐【清華簡《程寤》1】
方炫琛指出:"姒爲其母家姓。周自大王而下之婦女多以大配母家姓爲稱……與春秋時婦女之稱謂不同。"②我們曾指出:"大,當爲敬詞。朱駿聲認爲:'凡大人、大夫、太子、太君皆尊詞。'"③王輝指出,"大"是"尊稱";《詩·大雅·大明》"摯仲氏任",孔穎達正義:"禮,婦人從夫之謚,故《頌》稱大姒爲文母。大任非謚也,以其尊加于婦,尊而稱之,故謂之大姜、大任、大姒,皆稱大,明皆尊而稱之。"④
按:《集韻·止韻》:"姒古作姐。"⑤何琳儀師分析爲:"姐,从女,邑聲。姒之省文。"⑥

2.137 大填

《人表考》(553):大顛,大本作泰。氏泰。名顛。
𣄃𩒺【清華簡《良臣》2—3】
清華簡整理者:"泰顛,見《古今人表》'上中',作'大顛'。'泰'字簡文作'𣄃'形,與清華簡另一記有六十四卦的短篇中泰卦的'泰'字近同。"⑦網友天涯倦客指出:"第二簡的'泰顛'之'泰',當是'象'的異構。"⑧網友

---

① 王輝:《傅説之名解詁》,復旦大學出土文獻與古文字研究中心網,2013年6月17日;《傅説之名再考辨》,《文史哲》2016年第4期。按:本書據後者。
② 方炫琛:《左傳人物名號研究》0056,花木蘭文化事業有限公司,2017年,第82頁。
③ 羅小華:《戰國簡册中的女性人名稱謂研究》,《長江文明》第十九輯,重慶大學出版社,2015年,第9頁。
④ 王輝:《簡帛人物名號彙考》,中西書局,2021年,第69—70頁。
⑤ 丁度等:《宋刻集韻》,中華書局,1989年,第94頁。
⑥ 何琳儀:《戰國古文字典》,中華書局,1998年,第56頁。
⑦ 李學勤主編:《清華大學藏戰國竹書(叁)》,中西書局,2012年,第159頁注12。
⑧ 《清華簡三〈良臣〉劄記》9樓跟帖,簡帛網,2013年1月10日。按:原跟帖已删。

mpsyx 指出,"𧰼"字似"象"非"象",像是没有"矢"旁的"彘";"彘"與"泰(大)"都在祭部(月部),音近可通。① 孟蓬生指出:没有聲符"矢"的"彘"字"外形輪廓跟簡文所謂'泰'字的字形"相近;"彘"跟"泰"古音都屬"祭部(月部)";因此,該字"就是'彘'字的異構"。② 網友汗天山和小狐認爲,此字是一種與"豕"形密切相關的"動物之象形",已經得到公認;結合音和義來看,這個字就是"希"。《説文》希部:"希,脩豪獸。一曰河内名豕也。从彑,下象毛足。""希"與"大"的"音韻地位""極爲接近"。③ 網友月下聽泉認爲,"𧰼"是"豕"字;目前没有省"矢"之"彘";從孟文中排比的字形可以看出,該字是"豕"的"一種異體";古文字中表示動物的字形,存在"足部寫法改變的異體";此字與常見的"豕"字不同,是因爲該篇是具有三晉特點的抄本;此字無"矢",就不必將其認爲是"彘"了。④ 孟蓬生後又指出,"豕"當歸"脂部(微部)";"彘"原本從"横豕"之形;"豕"與"彘"是"同源詞";選擇"彘"而不選擇"豕",是考慮"彘""泰"都在祭月部。⑤ 王寧指出,"𧰼"當是"象(夋)",可以讀爲"泰"或"太";"象"是"彘"的或體字。⑥ 余朝婷指出:"因爲有文獻資料作佐證,讀𧰼爲'泰'應可信從。學者大都認同其爲動物之形,但字形如何解釋尚無法確定。"⑦按:清華簡《别卦》簡 5 中,"泰卦"之"泰"寫作"𧰼"。整理者認爲:"𧰼,馬國瀚輯本《歸藏》、今本《周易》作'泰'。清華簡《良臣》'文王有閎夭,有泰顛'作'𧰼'。此類寫法可視爲'𧰼'之繁體。關於它的構形,孟蓬生認爲'非彘字莫屬'。"⑧

"𪿐",原篆作"𪿐"。謝明文認爲:"是一個從臼(凵)、真聲的形聲字,應即'顛隕'之'顛'的異體。"⑨王輝指出,此字"又見於安大簡《詩經》簡

---

① 《清華簡三〈良臣〉劄記》11 樓跟帖,簡帛網,2013 年 1 月 10 日。
② 孟蓬生:《清華簡(三)所謂"泰"字試釋》,清華大學出土文獻研究與保護中心網,2013 年 1 月 12 日。
③ 《清華簡三〈良臣〉劄記》14 樓跟帖,簡帛網,2013 年 1 月 17 日;《也談〈良臣〉"泰顛"的"泰"字》樓主發帖,復旦大學出土文獻與古文字研究中心網,2013 年 1 月 17 日。
④ 《〈良臣〉的"泰顛"與"豕"歸歌部説》樓主發帖,復旦大學出土文獻與古文字研究中心網,2013 年 1 月 17 日。
⑤ 《〈良臣〉的"泰顛"與"豕"歸歌部説》2 樓、8 樓跟帖,復旦大學出土文獻與古文字研究中心網,2013 年 1 月 17—18 日。
⑥ 《説"彘"與"象"的關係》樓主發帖,復旦大學出土文獻與古文字研究中心網,2013 年 1 月 18 日。
⑦ 余朝婷:《清華簡〈芮良夫毖〉、〈良臣〉、〈祝辭〉、〈赤鵠之集湯之屋〉集釋》,武漢大學碩士學位論文,2013 年,第 54 頁。
⑧ 李學勤主編:《清華大學藏戰國竹簡(肆)》,中西書局,2013 年,第 132 頁注 18。
⑨ 謝明文:《釋"顛"字》,《古文字研究》第三十輯,中華書局,2014 年,第 495—496 頁。

42",今本作"顛"。①

2.138 閎夭

《人表考》(553)：閎夭，氏閎，名夭。亦稱閎公。

忎宎【清華見《良臣》2】

清華簡整理者："《君奭》：'惟文王尚克修和我有夏，亦惟有若虢叔，有若閎夭，有若散宜生，有若泰顛，有若南宮括。'閎夭等均見簡文本段。閎夭見《古今人表》'上中'。"②

2.139 散宜生

《人表考》(553)：散宜生，氏散，名宜生。

柬宜生【清華簡《良臣》3】

楊樹達曾懷疑"散宜生殆散國始封之君，實爲周初封建姬姓國四十人之一"。③

清華簡整理者："柬，見母元部；散，心母元部。散宜生見《古今人表》'上中'。"④王輝指出："《大戴禮記·帝繫》'帝堯娶於散宜氏之子'，古似有散宜之氏。"⑤

2.140 南宮适

《漢書》(892)顏師古注："大顛以下，文王之四友也。"

《人表考》(553)：南宮适，适本作括。氏南宮，名括。南宮，或作南君。

南宮适【清華簡《良臣》3】

清華簡整理者："南宮适，《君奭》作'南宮括'，見《古今人表》'上中'，顏師古注云：大顛、閎夭、散宜生、南宮适，'文王之四友也'。簡文也以四人並列。《尚書大傳》則云：'散宜生、南宮括、閎夭三子相與學訟於太公。'太公即簡文師尚父。"⑥

2.142 師尚父

《人表考》(554—555)：師尚父，師之，尚之，父之。炎帝之裔伯夷，本姓

---

① 王輝：《簡帛人物名號彙考》，中西書局，2021年，第66頁。
② 李學勤主編：《清華大學藏戰國竹簡(叁)》，中西書局，2012年，第159頁注11。
③ 楊樹達：《積微居金文説(增訂本)》，科學出版社，1959年，第267頁。
④ 李學勤主編：《清華大學藏戰國竹簡(叁)》，中西書局，2012年，第159頁注13。
⑤ 王輝：《簡帛人物名號彙考》，中西書局，2021年，第67頁。
⑥ 李學勤主編：《清華大學藏戰國竹簡(叁)》，中西書局，2012年，第159頁注14。

姜,因掌四岳有功,受封於呂,子孫從其封姓。師尚父爲其後。名望,又名涓,字子牙,號太公。亦稱太公望、呂太公望、呂望、周望、呂牙、姜牙、呂尚、太公尚、望尚、姜望、師望、姜公、姜老。受封於齊。

《左傳人物名號研究》(80):大公、大師。

邵室【郭店簡《窮達以時》4】

帀上父【上博簡《武王踐阼》1,清華簡《良臣》3】

大公朢【上博簡《武王踐阼》11】

大公【上博簡《武王踐阼》13】

大公室【上博簡《舉治王天下》1】

上父【上博簡《舉治王天下》4】

邵上甫【清華簡《耆夜》2】

方炫琛指出,"大公"即"呂尚",又爲"大師"。①

上博簡整理者:"'帀上父',即'師尚父',是太公望爲太師而號尚父,'師'爲職,'尚'爲名,'父'乃敬稱。師尚父即'呂尚',或作'姜尚'。……本姓姜氏,其先封於呂,從其封姓,故曰呂氏,名尚,字子牙。家貧,釣於渭水之濱,文王出獵遇之,與語大悦,曰'吾太公望子久矣',故稱太公望,俗稱姜太公,載與俱歸,並立爲師……武王時尊爲師尚父,封於齊營丘。"②"關於師尚父名説頗多。"③王輝指出:"'朢''室'並'望'之異構。《説文》'朢'在壬部,'望'在亡部,古書多用'望'。"④

清華簡整理者:"呂尚父,《史記·齊太公世家》稱'呂尚'或'師尚父',云:'本姓姜氏,從其封姓,故曰呂尚。'上博簡《武王踐阼》作'師上父'。"⑤"帀上父,即《詩·大雅·大明》'師尚父',清華簡在《耆夜》作'呂上父',即齊太公,《古今人表》列在'上中'。"⑥

劉信芳師指出:"郭店楚簡亦作'呂望',與《楚辭》之稱'呂望'相合。大致而言,當時南方文獻多稱爲'呂望',而北方文獻則'呂望''呂尚'並存。郭店《窮達以時》述呂望早期經歷,皆是見文王之前事,看來'呂望'不太可能是周文王所給的稱號。齊太公爲呂氏,名'望',字'尚',應該是比較容易接受的説法。"⑦

---

① 方炫琛:《左傳人物名號研究》0045,花木蘭文化事業有限公司,2017 年,第 81 頁。
② 馬承源主編:《上海博物館藏戰國楚竹書(七)》,上海古籍出版社,2008 年,第 151 頁。
③ 馬承源主編:《上海博物館藏戰國楚竹書(九)》,上海古籍出版社,2012 年,第 199 頁。
④ 王輝:《簡帛人物名號彙考》,中西書局,2021 年,第 73 頁。
⑤ 李學勤主編:《清華大學藏戰國竹簡(壹)》,中西書局,2010 年,第 152 頁注 8。
⑥ 李學勤主編:《清華大學藏戰國竹簡(叁)》,中西書局,2012 年,第 159 頁注 18。
⑦ 劉信芳:《孔子所述呂望氏名身世辨析》,《孔子研究》2005 年第 3 期。

王寧指出"殷末吕望即有'尚父'之字"。①

按:"帀"字作"󰀀"(《武王踐阼》1)、"󰀁"(《良臣》3)。何琳儀師認爲:"帀,精紐緝部;師,心紐脂部。精、心均屬齒音,大徐反切已由脂部轉入緝部。"②"吕上父",亦作"師尚父",亦作"吕望"。崔述認爲,"吕尚"是"連氏與字稱之而省文者";"望之即名,尚父之即尚"。③ 俞樾指出:"太公蓋名望而字尚父。古人名字相配,尚者,上也,上則爲人所望,故名望字尚也。其曰太公者,始封之君之尊稱,猶周之太王、吴之太伯、晉之太叔也。"④梁玉繩也指出:"《孟子》曰太公望,則其名望審矣。"⑤我們懷疑,"尚"讀爲"上",有"高"義。"望"與"高"相關聯。《説文》上部:"上,高也。"⑥《吕氏春秋·順説》云"際高而望"。⑦ 周書燦認爲:"'子牙'或'牙'究竟是不是太公的字,則似乎仍缺乏更爲可靠的文獻證據。"⑧

2.143 畢公(文王子。)

《人表考》(555):畢公,受封於畢,名高。

繹公高【清華簡《耆夜》1】
繹公【清華簡《耆夜》3】

清華簡整理者:"畢公即畢公高。……《史記·魏世家》:'魏之先,畢公高之後也。畢公高與周同姓。武王之伐紂,而高封於畢,於是爲畢姓。'索隱:'《左傳》富辰説文王之子十六國有畢、原、豐、郇,言畢公是文王之子。'畢公高在飲酒中爲客,可能是由於任伐耆的主將,功勞最大的緣故。"⑨

按:"繹",清華簡原篆作"󰀂",不僅在左側增加了"糸"旁,右側的"畢"訛變得跟"異"非常接近,如"󰀃"(包山簡52)。

2.146 成王誦(武王子。)

《人表考》(555):成王,武王太子,名誦,誦又作庸。亦稱文子文孫、昭

---

① 王寧:《"录子聖"之名臆解》,復旦大學出土文獻與古文字中心網,2014年6月4日。
② 何琳儀:《戰國古文字典》,中華書局,1998年,第1280頁。
③ 崔述撰著,顧頡剛編訂:《崔東壁遺書》,上海古籍出版社,1983年,第252頁。
④ 俞樾:《群經平議》,鳳凰出版社,2021年,第356頁。
⑤ 梁玉繩:《史記志疑》,中華書局,1981年,第846頁。
⑥ 許慎:《説文解字》,中華書局,1963年,第7頁。
⑦ 許維遹:《吕氏春秋集釋》,中華書局,2009年,第378頁。
⑧ 周書燦:《姜太公稱謂及清華簡〈耆夜〉"吕尚父"問題》,《寶雞文理學院學報(社會科學版)》2020年第2期。
⑨ 李學勤主編:《清華大學藏戰國竹簡(壹)》,中西書局,2010年,第151頁注3。

子、成。

城王【郭店簡《緇衣》13，上博簡《民之父母》8，清華簡《金縢》6】
成王【上博簡《成王既邦》1，清華簡《繫年》13—14、《良臣》4】
城【清華簡《祭公之顧命》6】
周成王【清華簡《繫年》17】
城王【清華簡《周公之琴舞》1—2】

上博簡整理者："'城'，讀爲'成'。"① "'成王'，周成王，姬姓，名誦，周武王之子。"②

按："成"，或加"土"旁作"㙵"(《祭公之顧命》6)；"土"再聲化爲"壬"("成""壬"均爲耕部字)，或作"𡉚"(郭店《緇衣》13)，或作"𡉚"(《民之父母》8)，或作"㙵"(《金縢》6)。

2.147　召公（周同姓。）

《人表考》(556)：召公，周之同姓，三公之一。其采地爲召，或作邵。封於北燕。名奭。諡康。亦稱召伯、太保、太保奭、保召公、君奭、保奭、姬奭、伯相、燕公、召康公。

《左傳人物名號研究》(170)：召康公、召公、召伯。

君奭【郭店簡《緇衣》36、《成之聞之》22，上博簡《紂衣》18，清華簡《良臣》4】
邵公【上博簡《孔子詩論》15】
邵公保奭【清華簡《耆夜》1】
且邵公【清華簡《祭公之顧命》6】
邵公【清華簡《良臣》4】

方炫琛指出："是時尚未有諡號，而傳稱召康公，康或與文、武、成、康、昭、穆同爲其生號歟？"③

郭店簡整理者、上博簡整理者："君奭，《尚書》篇名。"④

清華簡整理者："邵公保奭即召公奭。奭通'奭'，保是官名。《史記·燕召公世家》：'召公奭與周同姓，姓姬氏。周武王之滅紂，封召公於北燕。'集解：'譙周曰：周之支族，食邑於召，謂之召公。'索隱：'召者，畿內采地。

---

① 馬承源主編：《上海博物館藏戰國楚竹書（二）》，上海古籍出版社，2002年，第166頁。
② 馬承源主編：《上海博物館藏戰國楚竹書（八）》，上海古籍出版社，2011年，第171頁。
③ 方炫琛：《左傳人物名號研究》0548，花木蘭文化事業有限公司，2017年，第170頁。
④ 荊門市博物館編：《郭店楚墓竹簡》，文物出版社，1998年，第135頁注92；馬承源主編：《上海博物館藏戰國楚竹書（一）》，上海古籍出版社，2001年，第194頁。

奭始食於召，故曰召公。或説者以爲文王受命，取岐周故墟周、召地分爵二公，故詩有《周》《召》二南，言皆在岐山之陽，故言南也。後武王封之北燕，在今幽州薊縣故城是也。'"①"召公，《古今人表》列在'上中'。"②白顯鳳指出："上古音'罞'書母鐸部，'奭'書母職部，音近可通。"③

《良臣》中的"君奭"，清華簡整理者認爲："見《書·君奭》，篇中又稱之爲'保奭'，《書序》以下均以爲即召公，簡文誤分爲二人，《古今人表》在'上中'。"④李學勤認爲："君奭在《君奭》篇中又稱保奭，應即任太保的召公奭，歷代學者沒有異説。簡文前舉君奭，後面又説召公，可能是爲了表明周公、召公并佐成王的緣故。"⑤程浩認爲："這種'君+名'的形式也可能是當時同輩貴族間慣用的尊稱。"⑥楊坤認爲："'君奭''保奭'，皆尊稱也，無涉召公之名。按'奭'有豐盛規模、'陳'有布設經營、'牙'有砥礪相錯之義，或即爲宗周三公之特稱，故於成王、穆王之世尚可沿用也。"⑦余朝婷認爲："從《尚書》來看，'君奭''保奭''召公'當爲一人，而簡文'君奭''召公'同時出現。若如李學勤先生之説，則當在'又(有)周公旦'之前斷爲句號，後面的'周公旦''召公'並列，'召公'的第二次出現是爲了表明他與'周公旦'二人的獨特地位(即在武王之世就已輔佐過武王)，輔佐成王。"⑧白顯鳳認爲："'大'左右所从之'仝'即晉系文字的'百'。"⑨按：《良臣》簡4中，前有"君奭"，後有"邵公"，到底是同一個人，還是兩個人，尚難論定。

2.148 史佚

《人表考》(556)：史佚，周文王、武王時期任太史。佚，或作逸。亦稱尹逸，蓋氏尹。與太公、周公、召公一同被稱爲四聖。

《校正古今人表》(986)：史佚，或作尹佚。

《左傳人物名號研究》(172)：史佚。

---

① 李學勤主編：《清華大學藏戰國竹簡(壹)》，中西書局，2010年，第151頁注4。
② 李學勤主編：《清華大學藏戰國竹簡(叁)》，中西書局，2012年，第160頁注24。
③ 白顯鳳：《戰國楚簡人名異寫研究》，吉林大學碩士學位論文，2012年，第73頁。
④ 李學勤主編：《清華大學藏戰國竹簡(叁)》，中西書局，2012年，第160頁注20。
⑤ 李學勤：《新整理清華簡六種概述》，《文物》2012年第8期。
⑥ 程浩：《君陳、君牙臆解》，清華大學出土文獻研究與保護中心網，2013年3月25日；《深圳大學學報(人文社會科學版)》2013年第1期。按：本書據後者。
⑦ 楊坤：《清華竹書〈良臣〉跋》，簡帛網，2013年3月18日。
⑧ 余朝婷：《清華簡〈芮良夫毖〉〈良臣〉〈祝辭〉〈赤鵠之集湯之屋〉集釋》，武漢大學碩士學位論文，2013年，第55頁。
⑨ 白顯鳳：《出土楚文獻所見人名研究》，吉林大學博士學位論文，2017年，第143頁。

复策逸【清華簡《耆夜》2】

方炫琛指出："史佚爲周臣,其稱史者,蓋以其爲史官之故。"①

清華簡整理者："作策逸即作册逸。《書·洛誥》：'王命作册逸祝册,惟告周公其後。王賓,殺禋咸格,王入太室,祼。王命周公後,作册逸誥,在十有二月。'作册逸即史佚,也有學者有不同意見……"②

2.149　宣王靖（厲王子。）

《人表考》(556)：宣王,厲王太子,名静,或作靖。亦稱周宣。

《左傳人物名號研究》(274)：宣王、宣。

洹王【清華簡《繫年》3—4】

陶金認爲："《繫年》第一章中周宣王的'宣王'寫作'洹王',而其他釋爲'桓'字者均作'趄'。"③

2.150　管仲

《人表考》(557)：管仲,氏管,字仲,謚敬,名夷吾。管,或作筦、菅。管氏出於周穆王。齊桓公稱之爲仲父,或作仲甫。亦稱管氏、管子、管叔、管生、管敬子、管敬仲、管夷吾、管。

《左傳人物名號研究》(404)：管夷吾、管、管仲、管敬仲、舅氏。

关寺虘【郭店簡《窮達以時》6】
筴中【上博簡《季庚子問於孔子》4,清華簡《管仲》1】
龠寺虘【清華簡《良臣》6】
中父【清華簡《管仲》1】

方炫琛指出,"管"是氏；"夷吾"是名；"敬"是謚；"仲"是行次；稱"舅氏"是"以其爲異姓諸侯之臣"。④ 按："夷吾",參"3.103 宋公子目夷"條。

郭店簡整理者："完寺虘,讀作'管夷吾',即管仲。"裘錫圭指出："句首一字似從'艸''关'（卷字所從）聲,可能是'莞'的異體,與'管'音近。"⑤

上博簡整理者將"筴"分析爲從"竹"、從"关（弄）",認爲是"篹"字之省；"中"與"仲"相通；"筴中"就是"管仲"；"管仲"是"周王同族姬姓之後,

---

① 方炫琛：《左傳人物名號研究》0554,花木蘭文化事業有限公司,2017年,第172頁。
② 李學勤主編：《清華大學藏戰國竹簡（壹）》,中西書局,2010年,第152頁注7。
③ 陶金：《由清華簡〈繫年〉談洹子孟姜壺相關問題》,復旦大學出土文獻與古文字研究中心網,2012年2月14日。
④ 方炫琛：《左傳人物名號研究》1920,花木蘭文化事業有限公司,2017年,第404頁。
⑤ 荆門市博物館編：《郭店楚墓竹簡》,文物出版社,1998年,第146頁注7。

管嚴之子"。①

　　清華簡整理者："龠寺虐,當即管夷吾。管仲名夷吾,古常云'管龠',簡文'龠'疑爲'管'字之誤,'寺'則以音近通於'夷'。管仲列在《古今人表》'上中'。"②"笶"字的寫法,亦見於上博簡《季康子問於孔子》。清華簡《良臣》篇中則稱管仲爲'龠寺虐(吾)',即'管夷吾'。""仲父,齊桓公對管仲的尊稱。《管子·中匡》'請致仲父',尹知章注:'仲父者,尊老有德之稱。桓公欲尊事管仲,故以仲父之號致之。'"③

　　白顯鳳認爲,"笶"(《季康子問于孔子》4)和"䈞"(《窮達以時》6)應該分別讀爲"筦"和"完";文獻中,"筦"常與"管"相通;"完"與"筦""管"相通。④李鋭認爲,"管夷吾"寫作"龠寺虐","管"與"龠"是"同義換讀關係"。⑤陳美蘭指出,"龠"爲餘母藥部字,"管"爲見母元部字,二者聲韻遠隔;"龠"與"管""意義相近又經常同時出現","龠"是"管"的替代字;"寺"爲邪母之部字,"夷"爲喻母脂部字,音近可通;以"夷吾"爲名者,除了管仲,還有晉惠公和"吳王壽夢先世之君",在當時應該是"不分地域的名字",其義待考;"仲",孔穎達認爲是字,方炫琛認爲是行次。⑥孟蓬生認爲,"龠"與"管"屬於宵元通轉。⑦劉剛認爲,"龠"是"萑"的形近訛誤字,讀爲"管"。⑧謝明文認爲,此字"應該就是寫作'龠'形的'龠'字,簡文中讀作'管'"。⑨王寧指出""筦(管)''籥'在樂器上常連言,在用爲鎖具上也常連言或互訓"。⑩王輝指出:"疑此處用'龠(籥)'爲'管'係同義換讀。"⑪

　　按:結合《管仲》簡1"笶仲"和"仲父"來看,"仲父"可能屬於"行次+父"的結構。後世更有以行次爲稱者。《史記·高祖本紀》:"高祖,沛豐邑

---

① 馬承源主編:《上海博物館藏戰國楚竹書(五)》,上海古籍出版社,2005年,第207頁。
② 李學勤主編:《清華大學藏戰國竹簡(叁)》,中西書局,2012年,第160頁注33。
③ 李學勤主編:《清華大學藏戰國竹簡(陸)》,中西書局,2016年,第113頁注1、2。
④ 白顯鳳:《戰國楚簡人名異寫研究》,吉林大學碩士學位論文,2012年,第42頁。
⑤ 李鋭:《讀清華簡3札記(一)》,孔子2000網,2013年1月4日;《讀簡札記二則》,《出土文獻研究》第十二輯,中西書局,2013年,第73頁。按:本書據後者。
⑥ 陳美蘭:《戰國竹簡東周人名用字現象研究》,藝文印書館,2014年,第52—53頁。
⑦ 《説殷卜辭中的"縣"(梟)字》學者評論第3樓,復旦大學出土文獻與古文字研究中心網,2013年6月12日。
⑧ 劉剛:《清華叁〈良臣〉爲具有晉系文字風格的抄本補證》,復旦大學出土文獻與古文字研究中心網,2013年1月17日;《中國文字學報》第五輯,商務印書館,2014年,第104頁。按:本書據後者。
⑨ 謝明文:《讀〈清華簡(叁)〉札記二則》,《簡帛》第十二輯,上海古籍出版社,2016年,第37頁。
⑩ 《清華簡八〈虞夏殷周之制〉初讀》6樓跟帖,簡帛網,2018年9月25日。
⑪ 王輝:《簡帛人物名號彙考》,中西書局,2021年,第99頁。

中陽里人,姓劉氏,字季。"司馬貞索隱:"《漢書》'名邦,字季',此單云字,亦又可疑。按:漢高祖長兄名伯,次名仲,不見別名,則季亦是名也。故項岱云'高祖小字季,即位易名邦,後因諱邦不諱季,所以季布猶稱姓也'。"①"季"是行次,非字,所以不用避諱。

2.152 范武子　　4.119 士會

《漢書》(922)顏師古注:"據今《春秋》説范武子即士會也,而此重見,豈別人乎? 未詳其説。"

《人表考》(640):士會,字季,諡武。先受封於隨,後更封於范,故稱隨會、范會。亦稱士季、隨季、季氏、范子、武子、隨武子、范武子。

《左傳人物名號研究》(75):士會、士季、隨會、會、隨武子、隨季、[武季]、武子、季氏、范武子、范會。

軏武子【上博簡《競公瘧》4】
隓會【清華簡《繫年》51】

方炫琛指出,"士"為氏;"會"為名;"隨"和"范"是"以地為氏";"武"為諡;"季"為行次;或以"季氏"為春秋時期"周天子對諸侯卿大夫之稱謂",是"稱其五十歲以後之字"。②

上博簡整理者指出,"軏武子"就是"范武子",春秋時晉國大夫;字"季",諡"武";先食采於隨,後受封於范;另有"士會""士季""隨季""隨會""季氏""隨武子""范武子""武子"等異稱。③

清華簡整理者:"'隨'字寫法與西周夔公盨(《近出殷周金文集錄二編》458)相同。隨會,《左傳》等或稱之為'士會'等。"④按:關於夔公盨中"隨"字的形體,裘錫圭指出,"隆"是"墮"字的"初文";"隆"是"表意字",其形體"象用手使'阜'上之土墮落"。⑤

2.153 晉叔向

《人表考》(558):叔向,羊舌職之子,氏羊舌,名肸。向,或作嚮。亦稱羊舌肸、叔肸、叔譽。因食采於楊,故稱楊肸。

《左傳人物名號研究》(212):羊舌肸、叔肸、叔向、肸、楊肸。

---

① 司馬遷:《史記》,中華書局,1959年,第341—342頁。
② 方炫琛:《左傳人物名號研究》0018,花木蘭文化事業有限公司,2017年,第75—76頁。
③ 馬承源主編:《上海博物館藏戰國楚竹書(六)》,上海古籍出版社,2007年,第172頁。
④ 李學勤主編:《清華大學藏戰國竹簡(貳)》,中西書局,2011年,第158頁注7。
⑤ 裘錫圭:《夔公盨銘文考釋》,《中國歷史文物》2002年第6期。

弔向【清華簡《良臣》5】

王引之指出："'向'讀爲'蠁'。胅蠁者,布寫之皃也。……凡動而四布者皆謂之胅蠁矣。……叔譽者,譽之言旟,《小雅·都人士》傳曰'旟,揚也',亦振起之義也。"①

方炫琛指出,"羊舌"爲氏;又以采邑"楊"爲氏;"胅"是名;"向"爲字,即"蠁";或作"譽","譽"爲"響"之譌;"叔"爲行次。②

清華簡整理者:"叔向,晉平公臣羊舌胅之字。《古今人表》叔向在'上中'。"③程浩認爲,"叔向"是晉平公之傅,距離文公之世有近百年;簡文記作"後有叔向",其目的是"說明叔向所處的時代晚於晉文公";簡文將"叔向"記在此處,可能"與該篇特別突出子產有關"。④

白顯鳳認爲:"'叔向'當爲晉卿'羊舌胅'之字的本字,寫作'叔嚮'爲後人改寫的結果,改寫的原因或爲將'向'誤釋爲'方嚮'義或用'向(響)'之假借字'嚮'爲之……'叔譽'或爲'叔嚮'的訛寫。"⑤

2.157 鄭子產

《人表考》(559):子產,又字子美;名僑,或作喬;謚成子。係"鄭穆公之孫子國之子"。公子之子曰公孫,故稱公孫僑,亦稱公孫成子。以父之字"國"爲氏,故稱國僑。亦稱國子、喬子、鄭喬、鄭僑、鄭產、東里子產。

《漢書人表考補》(945):鄭子產,亦稱國產。

《左傳人物名號研究》(140):公孫僑、子產、僑、子美。

子產【清華簡《良臣》9、《子產》3】

錢大昕認爲:"《説文》:'山,產也。'山鋭而高曰喬。蓋子產名本是喬字,後人加人旁。"⑥梁玉繩指出:"《説文》:'僑,高也。'與產之義亦合。木之高大者爲美材,故別字子美。蓋僑、喬古通……"⑦王引之指出:"僑與產,皆長大之意。……一字子美者,《説文》'美'从大,則美亦大也。"⑧張澍認爲:"《説文》:'僑,高也。'《尔疋》:'喬,高也。'……產與嵼同,亦高也。又

---

① 王引之:《經義述聞》,上海古籍出版社,2016年,第1348頁。
② 方炫琛:《左傳人物名號研究》0789,花木蘭文化事業有限公司,2017年,第212頁。
③ 李學勤主編:《清華大學藏戰國竹簡(叁)》,中西書局,2012年,第160頁注28。
④ 程浩:《小議〈良臣〉中的"叔向"》,清華大學出土文獻研究與保護中心網,2013年5月12日;《清華簡零識二則》,《出土文獻與中國古代文明》,中西書局,2016年,第373頁。按:本書據後者。
⑤ 白顯鳳:《出土楚文獻所見人名研究》,吉林大學博士學位論文,2017年,第170頁。
⑥ 錢大昕:《潛研堂集》,上海古籍出版社,2009年,第87頁。
⑦ 梁玉繩:《人表考》,《史記漢書諸表訂補十種》,中華書局,1982年,第560頁。
⑧ 王引之:《經義述聞》,上海古籍出版社,2016年,第1295頁。

《衆經音義》引《廣疋》云:'僑,才也。'字子美,言美才也。"①

方炫琛指出,"子産爲穆公孫,故稱公孫";"僑"是名;"子産、子美皆其字";或以"成"爲謚。②

清華簡整理者:"子産,見《古今人表》'上中'。"③

---

① 張澍:《春秋時人名字釋》,《續修四庫全書》第一五〇七册,上海古籍出版社,2002年,第106頁。
② 方炫琛:《左傳人物名號研究》0382,花木蘭文化事業有限公司,2017年,第141頁。
③ 李學勤主編:《清華大學藏戰國竹簡(叁)》,中西書局,2012年,第161頁注49。

第三章　見於《古今人表》上下的人物名號

3.30　伊陟

《漢書》(886)顔師古注:"伊尹子也。"
伊陟【清華簡《良臣》2】
　　李學勤指出,根據《書序》,臣扈是湯之臣,與簡文相合;伊陟是"伊尹之子",有可能"與臣扈同朝";《漢書·古今人表》也是"以伊陟、臣扈並列",説臣扈也是湯臣;但是,根據《尚書·君奭》,伊陟與臣扈都是太戊之臣;太戊又是湯的"四世孫";如果伊陟和臣扈在湯時都已經是重臣,那麽就不可能活到太戊時期;梁玉繩《古今人表考》認爲,商代有兩個"臣扈",用以調解這一矛盾;但《書序》又説"伊陟相太戊",難不成商代又有兩個伊陟嗎?① 清華簡整理者:"《君奭》:'在太戊,時則有若伊陟、臣扈,格于上帝。'簡文'瓠'字从户聲,即讀爲'扈'。《古今人表》伊陟、臣扈均在'上下',顔師古注伊陟云:'伊尹子也。'《書》孔傳注臣扈云'亦湯臣',係據《尚書序》:'湯既勝夏,欲遷其社,不可,作《夏社》《疑至》《臣扈》。'簡文則將伊陟、臣扈都置於湯時。"②余朝婷指出:"這裏最大的争論即伊陟、臣扈究竟爲何時之臣。從簡文和傳世文獻來看,二者爲同時之臣是毋庸置疑的,兩個臣扈、兩個伊陟之説似乎不太現實。"③

3.31　臣扈

《漢書》(886)顔師古注:"亦湯臣。"
《人表考》(574):商湯戰勝夏桀時有臣扈,因此顔師古注爲"湯臣"。

---

① 李學勤:《新整理清華簡六種概述》,《文物》2012年第8期。
② 李學勤主編:《清華大學藏戰國竹簡(叁)》,中西書局,2012年,第158—159頁注8。
③ 余朝婷:《清華簡〈芮良夫毖〉、〈良臣〉、〈祝辭〉、〈赤鵠之集湯之屋〉集釋》,武漢大學碩士學位論文,2013年,第52頁。

孔穎達疏指出，商湯時期的臣扈，不可能到了太戊時期還存在，可能是"二人同名"，或者是"兩字一誤"。孔氏又說：《春秋》中的范武子，前後輔佐五位國君。或許，臣扈先輔佐湯，後又輔佐太戊。《古今人表》中的臣扈，與伊陟並列，應該是太戊時期的臣扈。商代應該有兩位臣扈。

臣𢈰【清華簡《良臣》2】

黃傑認爲："'瓜'亦聲，'瓜'魚部見母，'扈'魚部匣母。"①網友海天遊蹤指出："臣扈，从瓜，讀爲扈。"②按："𢈰"字从"户"與"瓜"，可視爲雙聲字。

3.52 虢叔

《漢書》(891—892)顔師古注："中、叔二人皆文王弟也。"

《人表考》(578)：虢叔，乃"王季之子，文王母弟"。字叔。受封於西虢。虢，或作郭。

《左傳人物名號研究》(435)：虢叔。

虘弔【清華簡《良臣》3】

方炫琛指出："虢叔爲王季之子，周文王之弟，東虢或西虢始封君，叔蓋其行次。"③

清華簡整理者："虢叔，《晉語四》載文王'孝友二虢'，注：'二虢，文王弟虢仲、虢叔。'又云文王即位，'諮於二虢'。《左傳》僖公五年：'虢仲、虢叔，王季之穆也，爲文王卿士，勳在王室，藏於盟府。'《古今人表》列在'上下'。"④

"虘"，原篆作"䖻"。王輝指出："'虘'即'虢'，从虍、攴會意，古文字多見。"⑤录伯簋"虢"作"䖻"，吳式芬釋爲"虢"。⑥ 馬叙倫認爲："虢之省文。虢蓋从虎孚聲，孚从爪攴聲，故䖻字徑从攴得聲。"⑦按：虢，鐸部見紐；攴，屋部滂紐。二字聲韻較遠。因此，虢不當从攴得聲。而馬氏對於录伯簋銘文中"虢"字的形體分析，基本上是正確的。該"虢"字从虎从攴，當隸爲"虓"。簡文中的"虘"可能是承襲"虓"之形體。頌鼎中的"虢"寫作"䖻"。兩相比較，录伯簋中"䖻"字所从之"攴"，很顯然是頌鼎中"䖻"字所从之"孚"形省略了"爪"。

---

① 黃傑：《初讀清華簡(叁)〈良臣〉、〈祝辭〉筆記》，簡帛網，2013年1月7日。
② 《清華簡三〈良臣〉劄記》4樓跟帖，簡帛網，2013年1月9日。
③ 方炫琛：《左傳人物名號研究》2097，花木蘭文化事業有限公司，2017年，第435頁。
④ 李學勤主編：《清華大學藏戰國竹簡(叁)》，中西書局，2012年，第159頁注19。
⑤ 王輝：《簡帛人物名號彙考》，中西書局，2021年，第69頁。
⑥ 吳式芬：《攗古録金文》，《金文文獻集成》第十一册，綫裝書局，2005年，第375頁。
⑦ 參周法高主編：《金文詁林》卷五0634，香港中文大學，1975年，第3148頁。

3.53 粥熊

《漢書》(892)顏師古注："文王師也。"

《人表考》(578)：粥熊，本作鬻熊，乃"祝融十二世孫"。楚先受封於鬻，夏、商之間因以爲姓。名熊。亦稱鬻熊子、鬻子。年九十爲文王、武王之師。周封之爲楚祖。

媸酓【望山簡 1.121，包山簡 217】

穴能【新蔡簡甲三 35】

禮酓【新蔡簡甲三 188+197】

空酓【新蔡簡乙一 22】

穴酓【新蔡簡零 254+162，清華簡《楚居》2】

李學勤指出："'媸'和'融'都從'蟲'省聲，故可與'鬻'通假。包山簡提到的這個楚先祖不是別人，乃是文獻中的鬻熊。"①

望山簡整理者："典籍所記楚王名多爲'熊某'，其'熊'字在楚國文字資料中皆作'酓'。'酓''琴'二字都從'今'聲。簡文媸酓是指《山海經》的長琴，還是指《史記》的穴熊或鬻熊，待考。"②

新蔡簡中，"穴"字或從"土"作"空"。何琳儀師指出："'穴'，原篆下從'土'，上從'穴'。乃'穴'之繁文。"③黃德寬認爲，"媸酓"與"穴熊""同爲一人"。④ 李家浩指出："同一位楚人祖先名字在不同地區有不同寫法，顯然是因爲當時楚國不同地區的方音所造成的結果。也就是説，'媸熊'是楚國國都地區官話的寫法，'穴熊'是楚國平輿地區方言的寫法。"⑤ "空"字亦見於清華簡《楚居》簡 1。李守奎指出："'空'，下從土，土旁上橫略短，豎筆出頭，與兩橫等長、短豎居兩橫之間的'工'字或'工'旁迥異，是'穴'字異體無疑"。⑥ 白顯鳳指出，"空"就是"穴"下加"土"旁；清華簡證明了，"穴熊"與

---

① 李學勤：《論包山簡中一楚先祖名》，《文物》1988 年第 8 期。
② 湖北省文物考古研究所、北京大學中文系編：《望山楚簡》，中華書局，1995 年，第 102 頁注 101。
③ 何琳儀：《新蔡竹簡選釋(下)》，簡帛研究網，2004 年 12 月 7 日；《新蔡竹簡選釋》，《安徽大學學報(哲學社會科學版)》2004 年第 3 期。按：本書據後者。
④ 黃德寬：《新蔡楚簡所見"穴熊"及其相關問題》，南京大學中文系講座，2004 年 10 月 29 日。參魏宜輝、周言：《再談新蔡楚簡中的"穴熊"》，簡帛研究網，2004 年 11 月 8 日。
⑤ 李家浩：《楚簡所記楚人祖先"媸(鬻)熊"與"穴熊"爲一人説》，《文史》2010 年第 3 輯，第 33 頁。
⑥ 李守奎：《論〈楚居〉中季連與鬻熊事迹的傳説特徵》，《清華大學學報(哲學社會科學版)》2011 年第 4 期。

"鬻熊"確實是同一個人。① 趙思木指出:"新蔡簡乙一22、乙一24用此字爲楚先祖'鬻熊'之'鬻',《楚居》'穴熊'亦即'鬻熊',可證此字當爲'穴'字異體。"②

清華簡整理者:"穴酓,即穴熊,亦即鬻熊。《楚世家》:'附沮生穴熊,其後中微,或在中國,或在蠻夷,弗能紀其世。周文王之時,季連之苗裔曰鬻熊。鬻熊子事文王,蚤卒。'穴熊,《大戴禮記·帝繫》誤作'内熊'。孔廣森《大戴禮記補注》已指出穴熊、鬻熊爲聲讀之異……學者據包山、新蔡簡所記祭禱對象'三楚先',已證明穴熊、鬻熊確是一人。"③

關於"蠚"和"蟲",劉釗指出,"㐬"原本是"毓"的"簡體",其甲骨文形體从"倒子",其下"三點表示生子時之血水";金文"毓"之"㐬"旁,其下"三點漸漸與倒子頭部相連";戰國時期,楚文字中的"流","㐬"旁的"倒子頭部依然保留,但上下兩部分已與中間割裂變得形同於兩個'虫'",也就是"蠚",再"進一步簡省",就會省去中間的"倒子頭部"成爲"蟲"。④ 李天虹指出"楚簡'㐬'將子旁頭部省略後的形體與'蠚'混同,如望山和包山簡中'祝融'之'融'均从蠚"。⑤ 顏世鉉指出:"古文字'流'所从的'㐬'和'毓'所从的'㐬',兩者字形雖然相近或相同,但並非同一個來源。"⑥ 曾憲通指出,"流(㴑)"字所从之"蠚",乃"毓"之省文"㐬"的訛變;一些"蠚"符旁仍保留有"○"形,是"倒子頭形的割裂",後來省略成爲"蟲";"㐬(毓)"爲覺部字。⑦ 董蓮池指出,在戰國文字中,"𰐷"乃"㐬"之"訛省形體",而非"蟲"字之省;望山簡和包山簡中的楚先祖"姽酓",就是《史記·楚世家》中的"鬻熊";"姽""鬻"讀音相近;"姽",可分析爲"从女从㐬",應該是戰國"楚系文字中的毓字",故應逕釋爲"毓";"毓"見於《說文》,與"鬻"均屬喻母覺部。⑧ 劉樂賢指出:"在楚文字中从雙'虫'得聲之字的字形分析方面,目前存在兩

---

① 白顯鳳:《戰國楚簡人名異寫研究》,吉林大學碩士學位論文,2012年,第91—92頁。
② 趙思木:《〈清華大學藏戰國竹簡(壹)〉集釋及專題研究》,華東師範大學博士學位論文,2017年,第377頁。
③ 李學勤主編:《清華大學藏戰國竹簡(壹)》,中西書局,2010年,第183—184頁注16。
④ 劉釗:《讀郭店楚簡字詞札記》,《郭店楚簡國際學術研討會論文集》,湖北人民出版社,2000年,第80頁。
⑤ 李天虹:《上海簡書文字三題》,《上博館藏戰國楚竹書研究》,上海書店出版社,2002年,第380頁。
⑥ 顏世鉉:《楚簡"流""譤"字補釋》,《新出土文獻與古代文明研究》,上海大學出版社,2004年,第151頁。
⑦ 曾憲通:《再說"蠚"符》,《古文字研究》第二十五輯,中華書局,2004年,第243頁。
⑧ 董蓮池:《釋戰國楚系文字中从𰐷的幾組字》,《古文字研究》第二十五輯,中華書局,2004年,第287—288頁。

種意見,一種認爲雙'虫'是三'虫'即'蟲'之省,另一種則認爲雙'虫'是由甲骨文'毓'的右部演變而來。我們認爲,除'流'字以外,其餘從雙'虫'得聲之字仍以前一種分析較爲合適。"①李家浩指出,"蛊"寫作"蛊",其所"加注的'○'應該是聲旁"。②

楚王名中的"酓",最早見於20世紀30年代安徽省壽縣李三孤堆楚王墓出土的銅器銘文。胡小石曾指出,"酓"可分析爲從"酉"從"今",當爲"酓"（影紐）,可讀爲楚氏之"熊"（喻紐）；《楚世家》中,"戰國以下之楚王名,或單稱名,或加氏稱熊某"。③ 李學勤指出:"胡氏的說法不盡準確,比如楚先祖也有稱熊某以及某熊的。"④李零指出:"我們注意到,楚君的名號有兩種,一種是'某+熊',一種是'熊+某'。前者如這裏的穴熊和鬻熊,後者如鬻熊以下的楚君。"⑤趙思木指出:"楚君稱'熊某'應始自麗季,《楚世家》稱之爲'熊麗',似乎可證'熊'更像是其父'穴/鬻熊'之私名,而非固有之氏名。楚人自穴熊之子始有固定氏名,或許是作爲親近周之國而開始遵從周代姓氏制度。只不過'熊某'的命氏方式卻和商人之後孔氏一致,而與諸夏諸國公室命氏方式不同。"⑥

黃德寬根據安大簡"第一組楚史類文獻材料"指出:"穴熊生熊鹿（麗）,穴熊終,熊鹿（麗）立。……季連就是穴熊,而且簡文交待了穴熊得名之由。……穴熊生熊麗,期間並不存在世系的中斷,這也證明《楚世家》鬻熊就是穴熊。"⑦王輝據此認爲:"穴熊即季連另一名號。"⑧按:"季連就是穴熊"與"鬻熊就是穴熊"其實是兩回事。後者既爲出土文獻所證實,亦爲學界所接受。至於前者,或許應該看作是"季連""穴熊"二人關係的諸多版本之一。

3.54 辛甲

《人表考》(578—579):辛甲,周之太史。辛氏之辛,乃莘之假。夏侯啟

---

① 劉樂賢:《讀楚簡札記（三則）》,《中國古代文明研究與學術史》,河北大學出版社,2006年,第113頁。
② 李家浩:《楚簡所記楚人祖先"妣（鬻）熊"與"穴熊"爲一人說》,《文史》2010年第3輯,第30頁。
③ 胡光煒:《壽春新出楚王鼎考釋》,《國風》1934年第4卷第3期；後收入氏著《胡小石論文集三編》,上海古籍出版社,1995年,第174頁。按:本書據後者。
④ 李學勤:《論包山簡中一楚先祖名》,《文物》1988年第8期。
⑤ 李零:《楚國族源、世系的文字學證明》,《文物》1991年第2期。
⑥ 趙思木:《〈清華大學藏戰國竹簡（壹）〉集釋及專題研究》,華東師範大學博士學位論文,2017年,第403頁。
⑦ 黃德寬:《安徽大學藏戰國竹簡概述》,《文物》2017年第9期。
⑧ 王輝:《簡帛人物名號彙考》,中西書局,2021年,第145頁。

曾封支子於莘。亦稱辛尹、辛公甲。

《左傳人物名號研究》(240)：辛甲。

辛公諫虖【清華簡《耆夜》2】

清華簡整理者："辛公諏甲即辛公甲。《韓非子·説林上》：'周公旦已勝殷，將攻商蓋，辛公曰：大難攻，小易服，不如服衆小以劫大。乃攻九夷而商蓋服矣。'或稱辛甲、辛甲大夫。諏，即《集韻·至韻》的'䛁'，《説文》訛作'䛁'。諏和甲疑是名和字的關係。"①復旦讀書會將"諏"改隸爲"諫"。②劉光勝認爲："𰎵字仍然是官職、排行之類的内容。"③王輝指出，"諫"字亦見於包山簡85，原篆作"𰎵"，用爲人名。④

按：從形體上看，"𰎵"確實爲"泉"。"甲"，原篆作"𰏕"，亦見於仰天湖簡、包山簡、郭店簡等戰國簡册。李家浩已經明確指出："《玉篇》虍部有'虖'字，注云'今作狎'。又木部有'櫋'字，即'柙'字的異體。我們認爲'虖'就是'虖'字的異體，'櫋'就是'柙'的異體。"⑤《左傳》文公十一年孔穎達正義："古人連言名字者，皆先字後名。"⑥據此，則"虖"是名而"諫"是字。二者意義該如何理解，尚難論定。辛公之字，幸賴清華簡得以保存。

3.64　衛康叔封（文王子。）

《人表考》(581)：康叔封，文王子，受封於衛。康，爲圻内之國名。字叔，名封。衛國屬侯爵，故稱衛侯。亦稱孟侯、懷侯、衛叔、衛伯、衛烈祖、亞聖大賢。

《左傳人物名號研究》(450)：衛康叔、康叔。

康【郭店簡《緇衣》28、《成之聞之》38，上博簡《紂衣》15】
𰎵弔坯【清華簡《繫年》18】

方炫琛指出，或以"康"爲"圻内國名"，或曰"'康'爲康叔之采"；或曰"康叔從康徙封衛"，"又以衛爲國名"，故稱"衛康叔"；"封"是名，"叔"是行次。⑦

---

① 李學勤主編：《清華大學藏戰國竹簡（壹）》，中西書局，2011年，第152頁注6。
② 復旦大學出土文獻與古文字研究中心研究生讀書會：《清華簡〈耆夜〉研讀札記》，復旦大學出土文獻與古文字研究中心網，2011年1月5日。
③ 劉光勝：《〈清華大學藏戰國竹簡（壹）〉整理研究》，上海古籍出版社，2016年，第71頁。
④ 王輝：《簡帛人物名號彙考》，中西書局，2021年，第76頁。
⑤ 李家浩：《讀〈郭店楚墓竹簡〉瑣議》，《郭店楚簡研究》，遼寧教育出版社，1999年，第351頁。
⑥ 《十三經注疏》，中華書局，1980年，第1850頁。
⑦ 方炫琛：《左傳人物名號研究》2196，花木蘭文化事業有限公司，2017年，第451頁。

清華簡整理者:"衛叔封即康叔,《左傳》定公四年叙其受封,'命以《康誥》而封於殷虛',《康誥》今存於《尚書》。傳世有遅簋(《集成》4059),銘云'王來伐商邑,誕命康侯啚(鄙)于衛';又有康侯方鼎(《集成》2153),銘云'康侯丰作寶䵼','丰'與簡文'坓'均與'封'通。'庚丘'即'康丘',其地應在殷故地邶、鄘、衛之衛地範圍内,故康叔也可稱衛叔封。"①

華東師大讀書小組指出:"'封'乃'衛叔'之名,見於《尚書·康誥》。"②

董珊認爲,"康侯"與"康叔"的"康"是從封邑名"庚(康)丘"來的;"衛康叔"先受封於"康";《繫年》將尚未遷衛的"康叔封"記作"衛叔",是根據"後來的稱謂叙述前事",是"史家筆法",不是"當時稱號之實錄",只有這樣纔能明確"叔封"所指的對象;"衛康叔"之稱是"因徙封而聯稱二邑之名",類似的還有"延州來季子"。③

李學勤指出:"'庚''康'屬古文字通假,庚丘就是康丘,也便是康侯的康。封康是'侯殷之餘民',可見康即在殷的故土境内。大家知道,殷商故土分爲邶、鄘、衛,康一定是在衛,所以叔封也稱爲'衛叔封'。衛國建立以後,衛人纔'自庚(康)丘遷于淇衛'……"④

按:"衛"加"止"旁作"衛",可能與人名加"止"的情況不同,是受"衛"字所從"彳"旁的影響。

3.67、6.17　芮伯

《漢書》(894、892)顔師古注:"周司徒也。""周同姓之國在圻内者,當武王時作《旅巢命》。"

《人表考》(582):芮伯,周之同姓,任周司徒。芮爲圻内之國。

邖白【清華簡《良臣》3】

清華簡整理者:"芮伯,《尚書序》:'巢伯來朝,芮伯作《旅巢命》',列於武王時。"⑤按:簡文中,芮伯爲文王之臣。"芮"爲國名,故可疊加形旁"邑"。

---

① 李學勤主編:《清華大學藏戰國竹簡(貳)》,中西書局,2011年,第145頁注5。
② 華東師範大學中文系戰國簡讀書小組:《讀〈清華大學藏戰國竹簡(貳)·繫年〉書後(二)》,簡帛網,2011年12月30日。
③ 董珊:《清華簡〈繫年〉所見的"衛叔封"(修訂稿)》,復旦大學出土文獻與古文字研究中心網,2011年12月26日;《清華簡〈繫年〉所見的"衛叔封"》,《楚簡楚文化與先秦歷史文化國際學術研討會論文集》,湖北教育出版社,2013年,第98、100—101頁。按:本書據後者。
④ 李學勤:《清華簡〈繫年〉解答封衛疑謎》,《文史知識》2012年第3期。
⑤ 李學勤主編:《清華大學藏戰國竹簡(叁)》,中西書局,2012年,第159頁注16。

3.74 康王釗(成王子。)

《人表考》(583)：康王釗,成王之子。亦稱康。
《左傳人物名號研究》(333)：康王、康。
康【清華簡《祭公之顧命》6】
方炫琛指出,"康"是"生號";"釗"是名。①

3.76 芮良夫

《人表考》(584)：芮良夫,即周大夫芮伯。
《左傳人物名號研究》(268)：芮良夫。
内良夫【清華簡《芮良夫毖》2】
方炫琛指出,"良夫"是名。②
清華簡整理者："芮良夫,芮國國君,厲王時入朝爲大夫,是西周時有名的賢臣。"③

3.93 隰朋

《人表考》(588)：隰朋,以封地隰陰爲氏。朋,或作崩。齊莊公之曾孫戴仲之子。謚成。
《左傳人物名號研究》(461)：隰朋。
級塱【上博簡《競建内之》1、《鮑叔牙與隰朋之諫》9】
汲塱【上博簡《競建内之》2】
伋塱【上博簡《競建内之》9】
堅朋【清華簡《良臣》6—7】
方炫琛指出："《潛夫論·志氏姓》以齊隰氏爲姜姓,《通志·氏族略第三》謂隰氏'以邑爲氏',云:'隰氏,姜姓,齊莊公子廖事桓公,封於隰陰,爲大夫,故以爲氏。'"④
上博簡整理者認爲,"級塱"讀"隰朋",是春秋時期的齊人,謚"成","隰"在簡文中有三種異體,簡1作"級"、簡2與簡5作"汲"、簡9作"伋",均從"及"得聲;"及"與"㬎"都是緝部字,可通;"塱"讀"朋"。⑤

---

① 方炫琛：《左傳人物名號研究》1491,花木蘭文化事業有限公司,2017年,第459頁。
② 方炫琛：《左傳人物名號研究》1114,花木蘭文化事業有限公司,2017年,第268頁。
③ 李學勤主編：《清華大學藏戰國竹簡(叁)》,中西書局,2012年,第148頁注6。
④ 方炫琛：《左傳人物名號研究》2261,花木蘭文化事業有限公司,2017年,第461頁。
⑤ 馬承源主編：《上海博物館藏戰國楚竹書(五)》,上海古籍出版社,2005年,第166頁。

清華簡整理者:"隰朋,見《古今人表》'上下'。"①

"㡿",原篆作"🔲"。季旭昇認爲:"'溼'後世多用'濕'字替代,《説文》釋'濕'字爲水名,從水,㬎聲,音'它合切'。案:㬎、濕音韻俱隔,疑濕字從日,溼聲,本義爲潮溼,水名爲假借,溼形簡寫爲濕。"②陳美蘭據此指出,"㡿"從土兹聲,"兹"從"絲"省;結合晉侯穌盨中的"邍衒"和金文中的"追衒",認爲"'絲''兹'二形也有緝部字的讀法";"隰"字可以分析爲"從阜、從日、溼省聲"。③ 王輝指出:"'㡿'即《説文》水部'溼'之右旁,'溼''濕'異體,與'隰'音近。"④

3.103　宋公子目夷

《人表考》(590):目夷,亦稱公子目夷,字子魚,故其後爲魚氏,且世代壟斷宋國左師一職。

《左傳人物名號研究》(109):公子目夷、目夷、子魚、司馬子魚、司馬。

左帀【清華簡《良臣》8】

張澍認爲:"魚有比目者,鰨即鰈鰈也。目夷或即逐鮧,故字子魚。"⑤王萱齡認爲:"魚,古通吾。……晉侯名夷吾、管仲名夷吾。夷吾切音魚。必古有此語。《漢書・匈奴傳》'北橋餘吾',《後漢書・西域傳》'伊吾,膏腴之地'。余吾、伊吾,皆夷吾也。"⑥俞樾認爲:"夷讀爲鮧。……目夷之名,當取義于鮧魚,故字子魚。作夷者,鮧之省也。目夷猶言鮧目。鮧魚兩目上陳,疑宋公子目夷之目似之,故取此名。所謂以類名爲象也。不曰夷目而曰目夷,猶楚鬭穀於菟取虎乳之義,不曰於菟穀而曰穀於菟也。"⑦陶方琦認爲:"夷同痍,傷也。取名目夷者,必有目疾。即《爾雅》言'馬一目白瞯,二目白魚'之誼。瞯,《釋文》引《蒼頡篇》:'瞯,目病也。'《廣韻》以人目多白爲瞯,《説文》作䀪。《爾雅》'一目白曰瞯',《詩》'有驈有魚',毛傳作'一目白曰魚',故目夷字子魚。"⑧胡元玉認爲:"馬具魚目,神駿之狀……魚馬二目俱

---

① 李學勤主編:《清華大學藏戰國竹簡(叁)》,中西書局,2012年,第161頁注35。
② 季旭昇:《説文新證》,福建人民出版社,2010年,第831頁。
③ 陳美蘭:《戰國竹簡東周人名用字現象研究》,藝文印書館,2014年,第54—55頁。
④ 王輝:《簡帛人物名號彙考》,中西書局,2021年,第100頁。
⑤ 張澍:《春秋時人名字釋》,《續修四庫全書》第一五〇七册,上海古籍出版社,2002年,第105頁。
⑥ 王萱齡:《周秦名字解詁附録》,《叢書集成新編》第九九册,新文豐出版公司,2008年,第404頁。
⑦ 俞樾:《春秋名字解詁補義》,《弟一樓叢書》,鳳凰出版社,2021年,第209—210頁。
⑧ 陶方琦:《春秋名字解詁補誼》,《續修四庫全書》第一五六七册,上海古籍出版社,2002年,第492—493頁。

白異于瞷馬,故名目夷,言二目皆如是猶等夷之無別爾。"①黃侃認爲:"《老子》:'視之不見曰夷。'夷,蓋無色之謂。《爾雅·釋畜》:'馬二目白,魚。'白即無色矣。疑晉惠公夷吾、管夷吾,皆取斯義。羽、吾,聲通故也。"②周法高指出:"《史記·殷本紀贊》:'契爲子姓,其後分封,以國爲姓,有殷氏、來氏、宋氏、空桐氏、稚氏、北殷氏、目夷氏。孔子曰:殷路車爲善,而色尚白。'宋公子名目夷,蓋有所本。黃氏謂'夷蓋無色之謂',又謂'白即無色',是也。"③按:以上各種說法都比較迂曲。

方炫琛指出,或以"目夷"爲名,以"魚"爲字;"司馬"爲"宋官名"。④

清華簡整理者:"左師,指公子目夷,爲襄公庶兄,字子魚,其後世爲左師,見《古今人表》'上下'。"⑤按:《良臣》一篇中,記載宋國君臣最爲簡略,僅有"宋又左市"四字,以國名"宋"代稱宋襄公,以官職"左師"代稱公子目夷,與記載其他國家君臣的文字迥然有別。

3.105 百里奚

《人表考》(591):百里奚,百或作伯,奚或作徯、傒。虞之公族。氏百,字里,名奚。號曰"五羖大夫"。亦稱百里子、百里氏、百里、百。

《庭立紀聞》(951):百里奚,亦稱里奚。

《左傳人物名號研究》(210):百里。

白里【郭店簡《窮達以時》7】

肙大夫【清華簡《良臣》7】

郭店簡整理者:"白里迌,各書作百里傒(或作奚)。"裘錫圭指出,"迌"從"旦"得聲,當讀爲"轉"。⑥

清華簡整理者:"肙字上从及聲,實即'股'字。《史記·秦本紀》百里奚號五羖大夫。百里奚見《古今人表》'上下'。'夫'字下重文號衍。"⑦

關於"百里奚"的氏,歷來有"百里"和"百"兩種說法。梁玉繩雖然對各種記載進行梳理,卻仍無法確定:"愚謂百乃氏,里其字,奚名也。……但究

---

① 胡元玉:《駁春秋名字解詁》,《續修四庫全書》第一二八册,上海古籍出版社,2002年,第452頁。
② 黃侃:《春秋名字解詁補誼》,《國粹學報》,1908年;後收入洪治綱主編:《黃侃經典文存》,上海大學出版社,2008年,第298頁。按:本書據後者。
③ 周法高撰輯:《周秦名字解詁彙釋補編》298,中華叢書編審委員會,1964年,第107頁。
④ 方炫琛:《左傳人物名號研究》0191,花木蘭文化事業有限公司,2017年,第109頁。
⑤ 李學勤主編:《清華大學藏戰國竹簡(壹)》,中西書局,2010年,第161頁注40。
⑥ 荊門市博物館:《郭店楚墓竹簡》,文物出版社,1998年,第146頁注9。
⑦ 李學勤主編:《清華大學藏戰國竹簡(叁)》,中西書局,2012年,第161頁注39。

以氏百里爲愜，即單舉其氏亦無不可。"① 于鬯認爲："百里之稱百里奚，名里而曰里奚矣，皆從里字曳長其音也。"② 陳美蘭指出："簡文簡稱'白（百）里'，與傳世文獻的用法相同，故仍以'百里奚'爲'氏+名'的結構爲是。"③ 白顯鳳對"百里孟明視"進行分析，認爲："百里爲氏，奚爲名似更可信。"④ 王輝指出："'奚'有奴隸之意，或由此得名。"⑤

"百里奚"又號"五羖大夫"。"羖"，簡文寫作"![字]"。陳美蘭指出，"羖""股"二字都是見紐魚部字，聲韻相同；《良臣》記作"股（羖）大夫"，可能是"漏書"或"簡省"。⑥

3.109 狐偃

《人表考》（592）：狐偃，狐突之子，字子犯。因其爲文公之舅，故稱舅氏。亦稱狐子、舅犯、咎犯、臼犯。

《左傳人物名號研究》（265）：狐偃、偃、子犯、舅氏、狐。

子軓【清華簡《良臣》5】
子軦【清華簡《子犯子餘》1】

方炫琛指出，"狐"爲氏；"偃"爲名；或以"子犯"爲字；其人爲重耳之舅，故重耳稱之爲"舅犯""舅氏"。⑦ 陳美蘭指出，"臼""咎"，都是"舅"的通假字；"軓（軦）"是車輿前的板子，其作用是"保護掩蔽車上的人"；"偃"讀爲"隱"，指"掩蔽"。⑧ 按："犯"在古文字中均從"車"，讀爲"軓"可從。

清華簡整理者："子軓即子犯，子犯編鐘（《近出殷周金文集錄》10—25）作'子軦'，爲晉文公舅狐偃之字。《古今人表》狐偃在'上下'。"⑨ "子軦，與子犯編鐘（《近出殷周金文集錄》10—25）器主名寫法同。'子犯'係字，名偃，狐氏，狐突之子，重耳之舅，故史稱'舅犯''咎犯'，在重耳流亡以及入國後的稱霸中，都起了重要作用。"⑩

我們曾懷疑："簡文中的'咎犯'與'子犯'是兩個人：子犯，就像整理者

---

① 梁玉繩：《人表考》，《史記漢書諸表訂補十種》，中華書局，1982年，第591頁。
② 于鬯：《香草校書》，中華書局，1984年，第768—769頁。
③ 陳美蘭：《戰國竹簡東周人名用字現象研究》，藝文印書館，2014年，第131頁。
④ 白顯鳳：《出土楚文獻所見人名研究》，吉林大學博士學位論文，2017年，第220頁。
⑤ 王輝：《簡帛人物名號彙考》，中西書局，2021年，第218頁。
⑥ 陳美蘭：《戰國竹簡東周人名用字現象研究》，藝文印書館，2014年，第131—132頁。
⑦ 方炫琛：《左傳人物名號研究》1094，花木蘭文化事業有限公司，2017年，第265頁。
⑧ 陳美蘭：《戰國竹簡東周人名用字現象研究》，藝文印書館，2014年，第92—93頁。
⑨ 李學勤主編：《清華大學藏戰國竹簡（叁）》，中西書局，2012年，第160頁注25。
⑩ 李學勤主編：《清華大學藏戰國竹簡（柒）》，中西書局，2017年，第93—94頁注3。

所說的那樣,是狐偃;而咎犯,則可能是晉文公的另一位臣下——'臼季'。"① 按:從清華簡《子犯子餘》的記載看,"子犯"確爲狐偃。"子"爲男子美稱。其名曰"犯",實乃"軛"之假字。

3.110　趙衰

《人表考》(593):趙衰,趙夙之弟,字子餘,謚成子。亦稱成季、孟子餘。因其徙原,故可稱原季、原衰。

《左傳人物名號研究》(412):趙衰、衰、子餘、趙成子、成季、趙、孟子餘。

子余【清華簡《良臣》5、《子犯子餘》1 背】

王引之認爲:"名衰字餘,以多少相反爲義。"② 方炫琛指出,"趙"爲氏;或以"衰"爲名;"餘"爲字;"成"爲謚;"季"爲行次;"孟子餘",是以其子趙盾的行次"孟"來稱呼趙盾之父。③

清華簡整理者:"子余即子餘,趙衰之字。《古今人表》趙衰在'上下'。"④ "'子余'係字,即趙衰,謚號'成子',亦稱'成季''孟子餘''原季'。"⑤

3.116　荀林父

《人表考》(594):荀林父,字伯,謚桓子。晉之公族逝敖,始食采於荀,爲荀氏,生林父。林父始將中行,故又稱中行氏。亦稱荀伯、中行伯、中行桓子、桓伯。

《左傳人物名號研究》(315):荀林父、荀伯、中行桓子、桓子、林父、伯氏、中行伯。

中行林父【清華簡《繫年》63】

張澍認爲:"古有伯林,見《楚辭》,而王逸注爲申生,非也。"⑥ 方炫琛指出,"荀"爲氏;"林父"爲名;"桓"爲謚;"伯"爲行次;稱"中行",始自荀林父。⑦ 陳美蘭指出,"中行"先爲官名,後爲氏。⑧

---

① 羅小華:《試論清華簡〈良臣〉中的"咎犯"》,《古文字研究》第三十一輯,中華書局,2016年,第 363 頁。
② 王引之:《經義述聞》,上海古籍出版社,2016 年,第 1364 頁。
③ 方炫琛:《左傳人物名號研究》1960,花木蘭文化事業有限公司,2017 年,第 412—413 頁。
④ 李學勤主編:《清華大學藏戰國竹簡(叁)》,中西書局,2012 年,第 160 頁注 26。
⑤ 李學勤主編:《清華大學藏戰國竹簡(柒)》,中西書局,2017 年,第 95 頁注 14。
⑥ 張澍:《春秋時人名字釋》,《續修四庫全書》第一五〇七冊,上海古籍出版社,2002 年,第 102—103 頁。
⑦ 方炫琛:《左傳人物名號研究》1396,花木蘭文化事業有限公司,2017 年,第 315 頁。
⑧ 陳美蘭:《戰國竹簡東周人名用字現象研究》,藝文印書館,2014 年,第 99 頁。

清華簡整理者："中行林父,即荀林父、中行桓子。"①蘇建洲認爲,"中行林父"是"以官名冠名上"的"稱名格式";荀林父曾率領晉國"中行"建制的軍隊。②

3.122　鄭弦高

《人表考》(595):弦高,鄭國商人。姓弦,號隨牛。
《左傳人物名號研究》(260):弦高。
㻌高【清華簡《繫年》46】
"弦",原篆作"㻌"。華東師大讀書小組認爲:"此字從古書對文角度看,當讀爲'弦',然從簡文字形上看,實爲'幻'字。整理者直接隸定爲'弦',並不妥當。幻,古音匣母、元部,弦,匣母、真部,音近可通。"③曾侯乙墓簡中有"㻌"字,裘錫圭、李家浩認爲:"'㻌'在簡文中都是在講到弓的時候提及的,或疑即'弦'字。"④肖曉輝指出:"甲骨文'弦'字作'㻌',從弓從○。○是指事符號……秦簡'弦'字與之相比,形體已發生變化,原本黏合的構件發生剥裂脱離,各自獨立,成爲會意字。○變爲㻌的原因,應當是以此來表示'絲束'意,故秦簡'弦'字乾脆从'糸',楚簡'幻'也从'糸',原構件的表音功能轉變爲表意功能。"⑤單育辰指出,"㻌"是會意字,表示弓上之"弦"。⑥

3.127　令尹子文

《人表考》(596):子文,鬭伯比之子,初生時被棄,虎乳之而存。楚言乳爲穀,言虎爲於菟,故稱鬭穀於菟。穀,或作穀。菟,或作㯅、烏、鶖、虪。亦稱令尹子文、鬭子文。
《左傳人物名號研究》(487):鬭穀於菟、子文、令尹子文。
子虋【上博簡《成王爲城濮之行(甲)》1】
穀虎【上博簡《成王爲城濮之行(甲)》3】
命尹子鶖【清華簡《良臣》5】
"於菟",王引之指出:"於菟,虎文貌。……虎有文謂之於菟……《説

---

① 李學勤主編:《清華大學藏戰國竹簡(貳)》,中西書局,2011年,第165頁注3。
② 蘇建洲、吳雯雯、賴怡璇:《清華二〈繫年〉集解》,萬卷樓圖書公司,2013年,第484頁。
③ 華東師範大學中文系戰國簡讀書小組:《讀〈清華大學藏戰國竹簡(貳)·繫年〉書後(三)》,簡帛網,2012年1月1日。
④ 湖北省博物館編:《曾侯乙墓》,文物出版社,1989年,第504頁注25。
⑤ 肖曉輝:《説"幻"》,《古文字論集(三)》,《考古與文物》2005年增刊,第156頁。
⑥ 單育辰:《楚地戰國簡帛與傳世文獻對讀之研究》,吉林大學博士學位論文,2010年;中華書局,2014年,第115頁。按:本書據後者。

文》：'虍,虎文也。''於菟'與'虍',聲近而義同,單言之謂之虍,重言之謂之於菟。"①張澍認爲:"虎文炳,故字子文。《漢書》作穀於檡。"②

方炫琛指出,"鬬"爲氏;或以"穀於菟"爲名,以"子文"爲字;"令尹"爲其所任之官。③

上博簡整理者指出,"子虔"就是"子戲",讀爲"子蘧",指的是春秋時期衛靈公的大夫"蘧伯玉"。④ 簡文中的"虔",原篆作"🔲"。網友 youren 指出："本簡所謂的'虍且又',都應改釋作'民目又',即楚簡中常讀作'文'之字。"⑤網友海天遊蹤指出:"整理者將多次出現的'子(民/目/又)'字隸定爲'虎/且/又',讀爲'子蘧',不可信。實爲'子文',即'令尹子文',鬬於菟。"⑥網友不求甚解指出,該人名讀爲"子文",指的就是"鬬穀於菟"。⑦

郭店《尊德義》簡17有字作"🔲"。其整理者隸定爲"麚"。⑧ 陳偉師曾就郭店《語叢一》簡97中"即麚"指出:"似以讀爲'節度'爲長,指規則、分寸,與傳世典籍中的'節文'相當。"⑨李天虹指出:"楚簡中的麚應當讀作'文'。"⑩李家浩指出,"麚"字"與《汗簡》卷中之二彡部和《古文四聲韻》上聲軫韻引《石經》古文'閔'相近,當是'閔'字的古文"。⑪ 李學勤指出:"以前大家想其上部爲'鹿頭',實際錯了。字的上部,和石經古文一樣,是從'民',或者嚴格一點,是從'民'省聲。……應理解爲從'旻''民'聲,同'閔'乃是一個字的異寫。由於音同,其讀爲'閔'或'文'是合乎情理的。"⑫ 陳劍認爲,"曼"字所從的"又"和"目",可以隸定爲"旻",讀音與"敃"相近;"曼"所從的"民"和"旻",均爲聲旁。⑬ 單育辰認爲:"'麚'字的來源並沒有

---

① 王引之:《經義述聞》,上海古籍出版社,2016年,第1430頁。
② 張澍:《春秋時人名字釋》,《續修四庫全書》第一五〇七册,上海古籍出版社,2002年,第103頁。
③ 方炫琛:《左傳人物名號研究》2418,花木蘭文化事業有限公司,2017年,第487頁。
④ 馬承源主編:《上海博物館藏戰國楚竹書(九)》,上海古籍出版社,2012年,第145頁。
⑤ 《讀〈成王爲城濮之行〉札記》18樓跟帖,簡帛網,2013年1月5日。
⑥ 《讀〈成王爲城濮之行〉札記》1樓發帖,簡帛網,2013年1月5日。
⑦ 《讀〈成王爲城濮之行〉札記》23樓跟帖,簡帛網,2013年1月5日。
⑧ 荆門市博物館編:《郭店楚墓竹簡》,文物出版社,1998年,第173頁。
⑨ 陳偉:《〈語叢〉一、三中有關"禮"的幾條簡文》,《郭店楚簡國際學術研討會論文集》,湖北人民出版社,2000年,第144頁。
⑩ 李天虹:《釋楚簡文字"麚"》,《華學》第四輯,紫禁城出版社,2000年,第86頁。
⑪ 李家浩:《包山楚簡中的"枳"字》,《著名中年語言學家自選集·李家浩卷》,安徽教育出版社,2002年,第294頁。
⑫ 李學勤:《試解郭店簡讀"文"之字》,《孔子·儒學研究文叢(一)》,齊魯書社,2001年,第118—119頁。
⑬ 陳劍:《甲骨金文舊釋"尤"之字及相關諸字新釋》,《北京大學中國古文獻研究中心集刊》第四輯,北京大學出版社,2004年;後收入氏著《甲骨金文考釋論集》,綫裝書局,2007年,第74頁。按:本書據後者。

解決,這裏我們暫時還是隸定爲从鹿頭,主要是考慮'民'形在文字最上部作聲符未免有點特別,或許'廌'這個字還从鹿頭,它的原始字義是鹿的花紋之'文'。"①王寧指出:"'目'上面的部分更像'鹿'或'廌'的頭部,這部分當分析爲从目廌省聲,'廌'在出土文獻中多用爲'薦'或'存',可見它古音是文部字,與上博簡从又的字形當同字,只是繁簡不同。"②

清華簡整理者:"䰧字即《汗簡》'閿'字古文……令尹子文,《古今人表》列在'上下'。"③䰧,原篆作"䰧",清華簡整理者隸爲"䰧"。余朝婷指出:"'閿''文',皆爲文部明母字,可以相通。"④陳美蘭指出,"䰧"是"夒"的"異寫",少"又"多"彡",當隸爲"䰧",視爲"夒"之異寫。⑤

"穀㖈",上博簡整理者:"'穀',《集韻》亦作'穀'。'穀㖈余',即'穀於菟',亦稱'鬭穀於菟',即令尹子文,春秋時人,鬭伯比之子,伯比從其母居於邔國,與邔君之女私通,生子文,棄於雲夢。"⑥陳劍指出:"'穀菟余'係'人名+同位語第一人稱代詞'之格式……'㖈'字从'虍''余'聲,可視作與'虒/魖'係聲符不同之異體,皆即'(楚人)謂虎於菟'之'菟'之專字。"⑦陳美蘭指出:"《成王爲城濮之行》所記載的令尹子文之名只有'穀(穀)㖈(菟)',省去了語助詞'於'字。至於簡文的'穀'字,傳世文獻作'穀',《左傳》宣公四年已說明這相當楚語乳的意思,簡文'穀'字从子、穀聲,除了記音,所从子旁還具備了表意功能。"⑧

關於"夒"的用法、"䰧"的字形及其與"穀㖈"的關係,陳美蘭指出:戰國簡册中,"文"與"夒"的使用是有區别的,記録謚號用"文",記録一般詞彙用"夒";"令尹子文得名於虎",虎最明顯的視覺特徵是虎紋;上博簡與清華簡均使用表示"花紋、紋飾、文章"的"夒"字來記録其字,不會是偶然;《良臣》"䰧"字右下所从之"彡"寫作四撇,既可以"理解爲飾筆",也不能排除書手另有目的,"彡"字在《說文》中被解釋爲"毛飾畫文",與"文飾、花紋"相關,换句話說,《良臣》把子文之{文}寫作'䰧'",既符合楚文字的用字

---

① 單育辰:《楚地戰國簡帛與傳世文獻對讀之研究》,中華書局,2014年,第52頁。
② 王寧:《清華簡〈良臣〉〈子產〉中子產師、輔人名雜識》,復旦大學出土文獻與古文字研究中心網,2016年6月27日。
③ 李學勤主編:《清華大學藏戰國竹簡(叁)》,中西書局,2012年,第160頁注29。
④ 余朝婷:《清華〈芮良夫毖〉、〈良臣〉、〈祝辭〉、〈赤鵠之集湯之屋〉集釋》,武漢大學碩士學位論文,2013年,第56頁。
⑤ 陳美蘭:《戰國竹簡東周人名用字現象研究》,藝文印書館,2014年,第148頁。
⑥ 馬承源主編:《上海博物館藏戰國楚竹書(九)》,上海古籍出版社,2012年,第148頁。
⑦ 陳劍:《〈成王爲城濮之行〉的"受"字和"穀菟余"》,復旦大學出土文獻與古文字研究中心網,2013年10月21日。
⑧ 陳美蘭:《戰國竹簡東周人名用字現象研究》,藝文印書館,2014年,第149—150頁。

習慣,又可以明確看出"虜"與"髳(曼)"之間的名字關係。①

"命君",即"令尹"。按:"命"爲"令"的分化字。官名"尹",戰國時期燕、晉兩系文字常作"君"。②

3.166　范蠡

《人表考》(609):范蠡,字少伯。亦稱子范子、范公、范伯、范生。因其辭越後,浮海出齊,改姓名爲鴟夷子皮。後止於陶,稱陶朱公。

範羅【清華簡《良臣》7】
軛羅【清華簡《越公其事》54】

清華簡整理者:"'蠡'與'羅'通。范蠡,見《古今人表》'上下'。"③"軛羅,即范蠡,見清華簡《良臣》等。"④按:"蠡"爲支部來紐字,"羅"爲歌部來紐字。二者屬於聲紐相同,歌、支旁轉。

3.167　葉公子高

《人表考》(609—610):葉公,楚國左司馬沈尹戌之子,姓沈,名諸梁,字子高,因食采於葉,僭越稱公。亦稱葉公子高、葉公諸梁、沈諸梁。

《左傳人物名號研究》(237):沈諸梁、葉公諸梁、葉公、子高、諸梁。

鄴公子高【上博簡《命》1、《邦人不稱》4—5】
鄴公子高【清華簡《良臣》6】

王引之認爲,"諸梁,蓋即都梁也";"梁者,横亘之稱,故山多以梁爲名";"其名都梁者,或取水渟山上之義";"都梁者,潴梁也";"都梁山名,故字子高"。⑤張澍認爲:"梁,山梁也。山梁高,故字之。諸梁,即都梁。"⑥

方炫琛指出,或以"諸梁"爲名,以"子高"爲字;"葉"是其封邑,故稱"葉公";"以其父沈尹戌嘗爲沈邑縣尹"故稱"沈諸梁"。⑦ 田成方先指出:沈尹氏可能出自楚穆王,是楚王族析出的一支小宗世族;沈尹爲楚官職,主管宗廟祭祀和貞卜;沈尹氏因其祖沈尹子桱官沈尹一職而得氏,"始封時間約在前六世紀上半葉"。後又指出:"沈諸梁之所以稱葉公,亦非'葉爲其封邑',

---

① 陳美蘭:《戰國竹簡東周人名用字現象研究》,藝文印書館,2014年,第150—151頁。
② 參何琳儀:《戰國古文字典》,中華書局,1998年,第1336—1337頁。
③ 李學勤主編:《清華大學藏戰國竹簡(叄)》,中西書局,2012年,第161頁注38。
④ 李學勤主編:《清華大學藏戰國竹簡(柒)》,中西書局,2017年,第142頁注5。
⑤ 王引之:《經義述聞》,上海古籍出版社,2016年,第1414頁。
⑥ 張澍:《春秋時人名字釋》,《續修四庫全書》第一五〇七册,上海古籍出版社,2002年,第104頁。
⑦ 方炫琛:《左傳人物名號研究》0926,花木蘭文化事業有限公司,2017年,第237頁。

而是因他長期擔任葉縣之尹。"①

上博簡整理者："'鄴',從邑,枼聲。《正字通》:'鄭樵曰:枼即葉字。''鄴公子高',春秋時楚國人,僭稱公,姓沈,名諸梁,字子高,沈尹戌之子,楚大夫,封於葉,爲葉縣尹,臨死遺書曰'顧命'。"②"'葉公子高',即沈諸梁,姓沈,名諸梁,楚莊王之孫,沈尹戌之子。……楚僭稱王,故宰邑皆僭稱公,故稱'葉公'。"③

清華簡整理者:"葉公子高,即沈諸梁,見《古今人表》'上下'。"④

清華簡中的"高",原篆作""。網友苦行僧分析爲:"從'上',從'高',所從之'上',顯然是在'高'的基礎上後贅加上去的形旁。……這類字很可能是贅加了兼表音義的'上'的'尚'字。"⑤

上博簡《柬大王泊旱》中的"虞良",劉信芳師從"文字釋讀""年代分析""名望與功績"等方面入手,認爲就是"諸梁";"諸梁"是字,"子高"爲名。⑥ 曹方向指出:"如果沈諸梁真是太宰晉侯之父,陵尹等人和太宰當面談話,似乎不太可能直呼其父諱。劉信芳先生説,'諸梁'是字,'子高'是名,缺乏根據。看來,將《柬大王泊旱》中'虞良'二字破讀爲'諸梁',也不是沒有問題的。"⑦田成方指出:"'虞良'是否爲人名都成問題。即使劉先生此句的釋讀無誤,檢尋楚惠王時期的歷史人物,確實難有符合'聖人'者。或許'聖人虞良長子'太宰晉侯,與後來仕楚的吳起一樣,原非楚國人。若然,則'聖人虞良'不必一定要在楚人中找尋了。"⑧

黃德寬指出,安大簡"楚史類"中"有一支簡記有'陳子魚内(入)陳,驛告枼,枼公見。春秋商(適)三百歲'"。⑨ 田成方指出,該"内容與葉公子高有關"。⑩

---

① 田成方:《從新出文字材料論楚沈尹氏之族屬源流》,《江漢考古》2008 年第 2 期。田成方:《葉公子高考》,《湘鄂豫皖楚文化研究會第十六次年會議論文匯編》,2019 年,第 189 頁;《石泉先生百年誕辰紀念文集》,武漢大學出版社,2023 年,第 149 頁。按:本書據後者。
② 馬承源主編:《上海博物館藏戰國楚竹書(八)》,上海古籍出版社,2011 年,第 192 頁。
③ 馬承源主編:《上海博物館藏戰國楚竹書(九)》,上海古籍出版社,2012 年,第 250 頁。
④ 李學勤主編:《清華大學藏戰國竹簡(叁)》,中西書局,2012 年,第 160 頁注 32。
⑤ 《清華簡三〈良臣〉劄記》1 樓發帖,簡帛網,2013 年 1 月 9 日。
⑥ 劉信芳:《上博藏竹書〈柬大王泊旱〉聖人諸梁考》,《中國史研究》2007 年第 4 期。
⑦ 曹方向:《上博簡所見楚國故事類文獻校釋與研究》,武漢大學博士學位論文,2013 年,第 81 頁。
⑧ 田成方:《葉公子高考》,《石泉先生百年誕辰紀念文集》,武漢大學出版社,2023 年,第 151 頁。
⑨ 黃德寬:《安徽大學藏戰國竹簡概述》,《文物》2017 年第 9 期。
⑩ 田成方:《葉公子高考》,《石泉先生百年誕辰紀念文集》,武漢大學出版社,2023 年,第 150 頁。

按:"葉",上博簡作"鄸",清華簡作"邺",安大簡作"枼"。"葉"與"鄸"均從"枼"得聲。"枼"與"邺"均從"世"得聲。"葉"寫作"鄸""枼"和"邺",都屬於諧聲通假。

田成方認爲:"葉公子高出自沈尹氏家族,名諸梁字子高,乃左司馬沈尹戌之子。因其任職葉縣達三十年之久,早期文獻習稱葉公或葉公子高。《柬大王泊旱》記載的'聖人虞良',與沈諸梁並非同一人。"①

---

① 田成方:《葉公子高考》,《石泉先生百年誕辰紀念文集》,武漢大學出版社,2023年,第154頁。

第四章　見於《古今人表》中上的人物名號

4.6　微(垓子。)

《人表考》(619)：微,亦稱殷侯微。因其生於甲日,故稱上甲。"商家生子,以日爲名,自微始。"

兴【清華簡《保訓》8】

清華簡整理者："兴,即商先公上甲微,是湯的六世祖。上甲微、河與有易之間的史事,見《山海經·大荒東經》……《楚辭·天問》'昏微遵迹,有狄不寧',王國維《卜辭中所見先公先王考》以爲昏微即上甲微……"①

4.37　伯适

白适【清華簡《良臣》3】

清華簡整理者："伯适,'适'字寫法與上'南宫适'略同。《論語·微子》：'周有八士：伯達、伯适、仲突、仲忽、叔夜、叔夏、季隨、季騧。'《國語·晉語四》云文王即位,'詢于八虞而諮于二虢,度於閎夭而謀於南宫',韋昭注引賈逵、唐固以爲八虞即八士,'皆在虞官'。《古今人表》均列在'中上'。"②按："伯适"之"适"作"𨒅","南宫适"之"适"作"𨒈"。二者當爲一字。

4.60　穆王滿(昭王子。)

《人表考》(629)：穆王滿,昭王之子。穆,或作繆。亦稱穆王、周穆、穆滿、穆。

《庭立紀聞》(952)：穆王滿,亦稱姬滿。

---

① 李學勤主編：《清華大學藏戰國竹簡(壹)》,中西書局,2010年,第147頁注25。
② 李學勤主編：《清華大學藏戰國竹簡(叁)》,中西書局,2012年,第159頁注17。

《漢書人表考校補》(974)：穆王滿,亦稱姬滿、王滿。
余少子(清華簡《祭公之顧命》1)
天子(清華簡《祭公之顧命》3)
清華簡整理者："《詩》有《閔予小子》,又《書·文侯之命》有'閔予小子嗣'。"①按：簡文中的"余少(小)子",與整理者所列舉的"予小子",其中的"小子"均爲"自稱謙詞"。②

按：對於周王稱"天子"的論述,參《緒論》。

4.63　伯冏

《漢書》(897)顔師古注："穆王太僕也。"
《人表考》(629)：伯冏,本作伯囧。冏,或作臩、臩、䀹、㚅、景。錢宮詹曰："冏當作臩,班史多古文,轉寫舛謬,失其舊矣。"
《左傳人物名號研究》(205)：夷王。
攝【清華簡《攝命》1】
王子【清華簡《攝命》25】
白攝【清華簡《攝命》32】

李學勤指出："受王命的人物名'攝',我個人曾猜想這個字可能被誤讀爲'臩',那麼篇文或者與古文《尚書》的《囧命》有關？這當然還只是猜測而已,不足爲據。"③

清華簡整理者："'攝'字也見於郭店簡《緇衣》'攝以威儀',此爲册命對象,篇末稱'伯攝',爲嫡長,篇中稱'王子',又有王曰'高奉乃身'等語,推測'攝'或即懿王太子夷王燮,攝、燮皆葉部,書母、心母音近可通。……《書序》云'穆王命伯囧爲周太僕正,作《囧命》',《尚書大傳》《史記·周本紀》《漢書·古今人表》《說文》等作'伯臩','臩'字當即此'攝'字之訛；而上博簡《紂衣》'攝以威儀'字作'囧',似即'囧'字所本。"④按：關於"攝"在傳世文獻中的各種異寫,賈連翔已有詳細論述。⑤ 可兹參照。

---

① 李學勤主編：《清華大學藏戰國竹簡(壹)》,中西書局,2010年,第175頁注2。
② 參漢語大詞典編輯委員會、漢語大詞典編纂處編纂：《漢語大詞典》第二卷,漢語大詞典出版社,1993年,第1588頁。
③ 李學勤：《在〈清華大學藏戰國竹簡(柒)〉成果發布會上的講話》,《出土文獻》第十一輯,中西書局,2017年,第2頁。
④ 李學勤主編：《清華大學藏戰國竹簡(捌)》,中西書局,2018年,第112頁注1。
⑤ 參賈連翔：《"攝命"即〈書序〉"臩命""囧命"説》,《清華大學學報(哲學社會科學版)》2018年第5期。

4.64 祭公謀父

《人表考》(630)：祭公謀父，謀父是名，謚文公。亦稱鄒父。
《左傳人物名號研究》(342)：祭公謀父。

酱公【郭店簡《緇衣》22】
𢽎公【上博簡《紂衣》12】
且𢽎公【清華簡《祭公之顧命》1】
公【清華簡《祭公之顧命》2】
𢽎公【清華簡《祭公之顧命》2】
惎父【清華簡《祭公之顧命》3】

方炫琛指出，"祭"爲"畿内之國，周公之後"；或以"謀父"爲字；或以"謀父"爲名，"文"爲謚。①

郭店簡整理者："☒，今本作'葉'。……《禮記·緇衣》鄭注：'葉公，楚縣公葉公子高也。臨死遺書曰顧命。'孫希旦云：'葉當作祭'，'祭公之顧命者，祭公謀父將死告穆王之言也。今見《逸周書·祭公解篇》(《禮記集解》)。'"②李學勤認爲，"☒"當隸作"酱"，其上部所從之"甡"爲聲符，即"省又的訾"，並指出："祭是精母月部，從訾聲的字也屬月部，或爲精母，或爲心母，與祭通假是很自然的。"③上博簡整理者："'𢽎'從二倒'矢'，《説文》所無。據簡文，𢽎公作《寡命》，《禮記·緇衣》鄭玄注：'葉公，楚縣公葉公子高也，臨死遺書曰顧命。'則簡文之𢽎公，當爲葉公。郭店簡作'☒公'，'☒'字從甘，今本作'葉'。"④

"𢽎"，原篆作"☒"。清華簡整理者："𢽎，從丯聲，見母月部，與'祭'通假，字右上所從尚待研究。"⑤復旦讀書會認爲："'𢽎'字很可能是一個雙聲符字，即除去'丯'剩餘的部分亦是作聲符。"並指出其"右上似當爲'捷'字古文省去'戈'形之一部分，只保留了'戈'的一横筆"。⑥曹方向懷疑："此字因綴加聲符'丯'之後，限於竹簡寬度，'戈'旁已無書寫空間，於是只寫了'戈'字横筆的左邊筆畫，右邊没有寫出來。不一定是有意省寫的，只不過省

---

① 方炫琛：《左傳人物名號研究》1551，花木蘭文化事業有限公司，2017年，第342頁。
② 荆門市博物館編：《郭店楚墓竹簡》，文物出版社，1998年，第134頁注61。
③ 李學勤：《釋郭店簡祭公之顧命》，《文物》1998年第7期。
④ 馬承源主編：《上海博物館藏戰國楚竹書(一)》，上海古籍出版社，2001年，第187—188頁。
⑤ 李學勤主編：《清華大學藏戰國竹簡(壹)》，中西書局，2010年，第175頁注1。
⑥ 復旦大學出土文獻與古文字研究中心研究生讀書會：《清華簡〈祭公之顧命〉研讀札記》，復旦大學出土文獻與古文字研究中心網，2011年1月5日。

去這個筆畫後並未妨礙閱讀,所以書手不以爲意。此字可隸定爲懋。"①白顯鳳認爲:"'懋'字右上所從或許與'甚'上部有關,或爲'甚'字上部的訛形,在'懋'字中亦爲聲符。"②

按:"愗父"即"謀父"。"愗"從"母"得聲。"謀"從"某"得聲。"母""某"均爲明紐之部字,聲韻皆同,常相通假。③

4.66 共伯和

《漢書》(898—899)顏師古注:"共,國名也。伯,爵也。和,共伯之名也。……而遷《史》以爲周、召二公行政,號曰共和,無所據也。"

龍白和【清華簡《繫年》3】
龏白和【清華簡《繫年》3】

李學勤指出,"龍"與"共"可相通假。④ 清華簡整理者:"'龍',與'共'通假,下作'龏',通用字。……共地在衛,共伯和不能是宋人……"⑤華東師大讀書小組指出,簡文中的"共",或作"龏",可分析爲"從龍廾聲",或省略聲符寫作"龍"。共是國,伯是爵,和是名。關於"共伯和"的身份,目前還有三種意見:一、或以"共伯和""爲一人名"者,見於傳世古籍;二、據《日知錄》考證,共國在唐代的"衛州共城縣",也就是"今衛輝府輝縣";三、《史記·衛世家》認爲,"共伯和"是幽王時期"衛武公"之名。⑥ 牛鵬濤指出:"'共'地所在,《史記正義》引《魯連子》云'衛州共城縣',即今河南輝縣,'子龍''子龏''龏子'所共同反映的族氏應即輝縣的'共'氏,與西周晚期的'共伯和'之'共'可能存在聯繫。"⑦李松儒指出:"龍白和,李學勤讀爲'共伯和'。華東師大認爲'共'是國名,'和'是人名,這和舊說以'共和'爲周公、召公共同執政之說很不一致,早期文獻多以'共伯和'爲人名,大概更近本真。"⑧按:"龏"字應根據《說文》廾部的記載分析爲"从廾龍聲"。⑨ 簡

---

① 曾方同:《記清華簡第一册九篇竹書的若干書寫情況》,簡帛網,2011年1月31日。
② 白顯鳳:《出土楚文獻所見人名研究》,吉林大學博士學位論文,2017年,第145頁。
③ 參張儒、劉毓慶:《漢字通用聲素研究》,山西古籍出版社,2002年,第7頁。
④ 李學勤:《清華簡〈繫年〉及有關古史問題》,《文物》2011年第3期。
⑤ 李學勤主編:《清華大學藏戰國竹簡(貳)》,中西書局,2011年,第137頁注12、15。
⑥ 華東師範大學中文系戰國簡讀書小組:《讀〈清華大學藏戰國竹簡(貳)·繫年〉書後(一)》,簡帛網,2011年12月29日。
⑦ 牛鵬濤:《清華簡〈繫年〉與銅器銘文互證二則》,《深圳大學學報(人文社會科學版)》2012年第2期。
⑧ 李松儒:《清華簡〈繫年〉集釋》,中西書局,2015年,第33頁;《清華簡〈繫年〉集釋(修訂本)》,中西書局,2022年,第33頁。按:本書據後者。
⑨ 許慎:《說文解字》,中華書局,1963年,第59頁。

文中作"龍"者,乃省形旁"廾",而非省聲旁。

蘇建洲指出,《集成》4311 師獸簋中有"白(伯)龢父",宋代的《博古圖》認爲是共伯和(衛武公)。元年師兌簋(《集成》4274、4275)、三年師兌簋(《集成》4318、4319)、師毊簋(《集成》4324、4325)等銅器銘文記作"師龢父"。郭沫若《兩周金文辭大系》、陳夢家《西周年代考》、劉昭瑞《宋代著錄商周青銅器銘文箋證》等,都認同"白(伯)龢父""師龢父"即爲共伯和。從周宣王元年到十一年,"師龢父"一直都在周王朝堂活動。然而,根據文獻和《繫年》記載,共伯和十四年,周宣王即位,共伯和"歸于宗"。這二者之間明顯存在矛盾。或許存在三種可能:一、銅器銘文中的"白(伯)龢父""師龢父",並非"共和伯";二、共伯和並没有真正"歸于宗",而是留在宣王身邊;三、共伯和曾"歸于宗",但時間短暫,很快又返回朝堂。①

4.71 史伯

《人表考》(631):史伯,曾任周之太史,名穎,字碩父。亦稱太史伯、太史伯陽(可能有誤)。

史全【清華簡《良臣》8】

清華簡整理者:"'全'即'百'字,史伯列《古今人表》'中上',任周大史,其與鄭桓公對話,見《國語·鄭語》。鄭桓公及史伯等均是西周末年人。"②

4.82 賓須亡

《人表考》(633):賓須無,姓賓。

《左傳人物名號研究》(409):賓須無。

冄須亡【清華簡《良臣》6】

方炫琛指出:"賓須無爲齊人。"③

清華簡整理者:"賓須亡,見《古今人表》'中上',《左傳》昭公十三年等作'賓須無'。"④陳美蘭認爲,"須"爲心紐侯部字,"胥"爲心紐魚部,雙聲通假;簡文"賓"字原篆作"冄",可隸定爲"丏",當源自甲骨文,爲"賓"之初文。⑤王輝指出:"'宕'作冄,與楚簡用爲'賓'寫作宕(《上三·周易》簡

---

① 蘇建洲、吳雯雯、賴怡璇:《清華二〈繫年〉集解》,萬卷樓圖書公司,2013 年,第 25、27 頁。
② 李學勤主編:《清華大學藏戰國竹簡(叁)》,中西書局,2012 年,第 161 頁注 43。
③ 方炫琛:《左傳人物名號研究》1948,花木蘭文化事業有限公司,2017 年,第 409 頁。
④ 李學勤主編:《清華大學藏戰國竹簡(叁)》,中西書局,2012 年,第 160 頁注 34。
⑤ 陳美蘭:《戰國竹簡東周人名用字現象研究》,藝文印書館,2014 年,第 61 頁。

40)者有所不同。"①按：從字形上看，"㚔"與"賓"確實存在差異。

4.95 申生

《人表考》(635)：申生，晉獻公之太子，諡共君。亦稱恭世子、共太子、伯氏、共子、申子、伯林。

《左傳人物名號研究》(164)："世子申生、大子申生、共大子、共子。"

大子龍君【清華簡《繫年》31】

俞樾懷疑："伯林乃申生之字也。古人名字必相配。……申生字伯林者，申，金也，季夏之月，律中林鍾。……名申字林，正取林鍾之義。林鍾，未之氣。未，土也，亦取金生於土也。"②

方炫琛指出，"申生"爲名；或以"共"（或作"恭"）爲諡；"子"爲"男子美稱"。③

清華簡整理者："龍，通'共'。《說文》'龏'從龍聲，西周金文'龏'用爲'恭'，而'恭'從共聲，所以'龍'可以通'共'。太子申生諡爲共君……"④陳美蘭指出，申生在《禮記·檀弓上》中作"恭世子"："所謂'恭世子'，'世子'即太子，'恭'則爲申生得諡之所由……簡文'龍君'與《晉語》'共君'，實則皆當讀爲'恭君'。"⑤

4.97 秦繆公（成公弟。）

《人表考》(635—636)：秦穆公，成公之弟，名任好。亦稱秦穆、秦公、穆。秦伯之諡穆，《公羊》與《史記》皆作繆。然而，《史記·蒙恬傳》與《風俗通義·皇霸篇》皆以繆爲惡諡。

《左傳人物名號研究》(312)：秦伯任好、秦伯、穆公、秦穆公、秦穆、穆。

秦穆【郭店簡《窮達以時》7】

秦穆公【清華簡《繫年》33、《良臣》7】

秦公【清華簡《繫年》33、《子犯子餘》1】

公【清華簡《子儀》1、《子犯子餘》3】

方炫琛指出，或以"任好"爲名；"穆"爲諡。⑥

---

① 王輝：《簡帛人物名號彙考》，中西書局，2021 年，第 100 頁。
② 俞樾：《〈楚辭〉人名考》，《俞樓雜纂》，鳳凰出版社，2021 年，第 577 頁。
③ 方炫琛：《左傳人物名號研究》0513，花木蘭文化事業有限公司，2017 年，第 164 頁。
④ 李學勤主編：《清華大學藏戰國竹簡（貳）》，中西書局，2011 年，第 151 頁注 3。
⑤ 陳美蘭：《戰國竹簡東周人名用字現象研究》，藝文印書館，2014 年，第 83 頁。
⑥ 方炫琛：《左傳人物名號研究》1379，花木蘭文化事業有限公司，2017 年，第 312 頁。

清華簡整理者："公,從上下文意看,當指秦穆公。"①"秦公,指秦穆公,名任好。"②

關於"穆""繆"二字到底何爲正字,陳美蘭在梳理前人諸説的基礎上指出:"春秋時期的秦國,先不論秦穆公,那麼從秦襄公到秦景公,所有即位的君主都是美諡,秦穆公的功業在春秋時期是有目共睹的,筆者以爲再結合竹書的記載,秦穆公之諡也許還是以美諡爲宜。"③按:從字形上來看,此公之諡,戰國簡册都寫作"穆",大概就是本字了。後世寫作"繆",可能是音轉。《書·金縢》:"我其爲王穆卜。""穆",《史記·魯周公世家》作"繆"。裴駰集解引徐廣曰:"古書'穆'字多作'繆'。"《禮記·大傳》:"序以昭繆。"鄭玄注:"繆,讀爲穆,聲之誤也。"④

4.101 蹇叔

《人表考》(636):蹇叔,姓蹇。亦稱蹇叔子。

《左傳人物名號研究》(458):蹇叔。

邗圉【清華簡《子犯子餘》7】
圉【清華簡《子犯子餘》9】

清華簡整理者:"邗,從邑,干聲,讀爲'蹇'。蹇叔,宋人,受百里奚推薦,秦穆公迎爲上大夫,《韓非子·説疑》以其與百里奚等並爲'霸王之佐'。"⑤按:《楚辭·遠遊》"鸞鳥軒翥而翔飛",洪興祖考異:"軒,一作騫。"《廣雅·釋訓》:"騫騫,飛也。"王念孫疏證:"王逸《九思》云:'鷫鷞兮軒軒。'軒與騫通。"⑥"邗"與"軒",均從"干"得聲。"騫"與"蹇",均從"寒"省聲。"干",見紐元部。"寒",匣紐元部。此二字韻部相同,聲紐爲喉牙通轉,故可通。

4.107 晉文公(獻公子。)

《人表考》(637—638):晉文公,獻公之子,名重耳。其母爲大戎狐季姬。亦稱公子重耳、晉侯重耳、晉重、晉耳、晉公、文君、晉文、文。

《左傳人物名號研究》(305):晉侯重耳、重耳、文公、公子重耳、晉公子、

---

① 李學勤主編:《清華大學藏戰國竹簡(陸)》,中西書局,2016年,第130頁注6。
② 李學勤主編:《清華大學藏戰國竹簡(柒)》,中西書局,2017年,第93頁注3。
③ 陳美蘭:《戰國竹簡東周人名用字現象研究》,藝文印書館,2014年,第128—129頁。
④ 轉引自張儒、劉毓慶:《漢字通用聲素研究》,山西古籍出版社,2002年,第177—178頁。按:以下同此。
⑤ 李學勤主編:《清華大學藏戰國竹簡(柒)》,中西書局,2017年,第96頁注30。
⑥ 張儒、劉毓慶:《漢字通用聲素研究》,山西古籍出版社,2002年,第748頁。

晉侯、晉文公、晉文、晉重。

文公【清華簡《繫年》32】

晉文公【清華簡《繫年》41、《良臣》4、《晉文公入於晉》1】

公子纂耳【清華簡《子犯子餘》13】①

方炫琛指出，"重耳"是名，稱"晉重"是"兩字名止稱其一"；"文"是諡，故稱"晉文公""文公"，"晉文"是省稱；爲君之前，多稱"晉公子""公子重耳"。②

清華簡整理者："文公即重耳。"③"'重耳'係名，晉獻公子，後入國稱霸，史稱晉文公，與齊桓公並稱'齊桓晉文'。"④

4.111 胥臣

《人表考》(638)：胥臣，氏胥，名臣，字季子。食采於臼邑。任司空之官。亦稱臼季、司空季子。

《左傳人物名號研究》(283)：胥臣、司空季子、臼季。

咎䎽【清華簡《良臣》5】

方炫琛指出，或以"臣"爲名，以"胥"爲氏，"季子"爲字，"臼"爲食邑，"司空"爲官名；"季"爲行次。⑤

清華簡整理者："狐偃又稱咎犯、臼犯、舅犯，簡文誤分爲二人。"⑥余朝婷指出："《史記·律書》'自是之後，名士迭興，晉用咎犯'，正義曰：狐偃也，咎季也，又云胥臣也。"⑦我們認爲："'咎犯'實際上指的就是傳世文獻中的'臼季'，《漢書·古今人表》列於'中上'。臼季，臼爲所食采邑之名，宁季子。文獻中又作'胥臣'，'胥'爲氏，而'臣'爲名。因其曾擔任'司空'一職，亦稱'司空季子'。"⑧郭永秉認爲："《良臣》的'咎犯'仍然是'舅犯'狐偃，而'子犯'則其實是臼季。"⑨王輝認爲："從地位與影響看，《良臣》中排

---

① 按·簡1"耳"前可補"公子纂"二字。
② 方炫琛：《左傳人物名號研究》1338，花木蘭文化事業有限公司，2017年，第305—306頁。
③ 李學勤主編：《清華大學藏戰國竹簡(貳)》，中西書局，2011年，第151頁注4。
④ 李學勤主編：《清華大學藏戰國竹簡(柒)》，中西書局，2017年，第93頁注1。
⑤ 方炫琛：《左傳人物名號研究》1207，花木蘭文化事業有限公司，2017年，第283頁。
⑥ 李學勤主編：《清華大學藏戰國竹簡(叁)》，中西書局，2012年，第160頁注27。
⑦ 余朝婷：《清華簡〈芮良夫毖〉、〈良臣〉、〈祝辭〉、〈赤鵠之集湯之屋〉集釋》，武漢大學碩士學位論文，2013年，第56頁。
⑧ 羅小華：《試論清華簡〈良臣〉中的"咎犯"》，《古文字研究》第三十一輯，中華書局，2016年，第365頁。
⑨ 郭永秉：《春秋晉國兩子犯》，《文匯報》2017年2月3日第7版。

在最前的'子犯'似仍以狐偃爲妥,而'臼犯'是以臼季之封地'臼'加字的稱法。"①

按:"季子"非其字,"季"當爲排行,"子"當爲男子美稱。"臣"與"軶",當爲一名一字。"臣",或可讀爲"軫"。"臣",禪紐真部。"辰",禪紐文部。二字聲紐相同,韻部爲真文旁轉。故从"臣"得聲之字可與从"辰"得聲之字相通。《説文》手部:"抵,給也。"王筠《校録》:"給也云者,《漢書》用'振',今人用'賑',而'抵'其正字。"②《集韻·真韻》:"振,或从臣。"③"辰",禪紐文部。"㐱",章紐真部。禪、章均屬舌音,真文旁轉,故从"辰"得聲之字可與从"㐱"得聲之字相通。《禮記·玉藻》"振絺綌不入公門",鄭玄注:"振,讀爲袗。"《説文》衣部:"袗,袗或从辰。"《左傳》成公十七年"公孫嬰齊卒于貍脤","脤",《公羊傳》作"軫"。④《集韻·真韻》:"畛,或从辰。"⑤《説文》車部:"車後橫木也。"段玉裁注:"合輿下三面之材,與後橫木而正方,故謂之軫,亦謂之收。……《中庸》'振河海而不泄',注曰'振,猶收也'。以振與軫同音而得其義,故曰猶。……渾言之,四面曰軫;析言之,輢軾所尌曰軓,輢後曰軫。"⑥陳美蘭曾指出,"軓(軶)"是車輿前的板子,其作用是"保護掩蔽車上的人"。⑦ 據此,則"咎軶"之"軶"也應該讀爲"軓",與"軫"意義相關。

4.130 楚嚴王(穆王子。)

《人表考》(643):楚莊王,穆王之子。名旅,或作呂、侶。亦稱荆莊王、莊君、楚莊、荆莊、楚嚴、楚莊公。

《左傳人物名號研究》(386):楚子旅、楚莊王、楚子、莊王、莊。

楚臧【郭店簡《窮達以時》8】

臧王【上博簡《莊王既成 申公臣靈王》1、《平王與王子木》3、《鄭子家喪(甲)》1、《鄭子家喪(乙)》1,清華簡《楚居》10、《繫年》58】

楚臧王【清華簡《繫年》61】

方炫琛指出,"旅"(或作"呂""侶")爲名;"莊"爲諡。⑧

---

① 王輝:《簡帛人物名號彙考》,中西書局,2021年,第191頁。
② 張儒、劉毓慶:《漢字通用聲素研究》,山西古籍出版社,2002年,第849頁。
③ 丁度等:《宋刻集韻》,中華書局,1989年,第33頁。
④ 張儒、劉毓慶:《漢字通用聲素研究》,山西古籍出版社,2002年,第845頁。
⑤ 丁度等:《宋刻集韻》,中華書局,1989年,第33頁。
⑥ 段玉裁注:《説文解字注》,上海古籍出版社,1988年,第723頁。
⑦ 陳美蘭:《戰國竹簡東周人名用字現象研究》,藝文印書館,2014年,第93頁。
⑧ 方炫琛:《左傳人物名號研究》1803,花木蘭文化事業有限公司,2017年,第386頁。

上博簡整理者："'臧王',即'楚莊王'。春秋時楚國國君,穆王子,芈姓,熊氏,名侶,又作旅……"①

清華簡整理者："臧王,穆王之子莊王侶。"②"莊王,穆王子,名旅,或作侶。"③

董珊指出："在出土文獻中,與傳世文獻中謚法'莊'字相當的字,常常使用通假字'臧'。"④白顯鳳指出："楚文字'臧'即臧字,但非臧氏,乃爲楚之莊氏,屬以先王謚爲氏。"⑤

4.140　子反

《人表考》(644—645)：子反,穆王之子。名側。亦稱公子側、司馬、司馬子反。

《左傳人物名號研究》(114)：公子側、子反、側。

司馬子反【清華簡《繫年》77】
司馬【清華簡《繫年》78】

王引之指出："《洪範》曰:'無反無側。'"⑥方炫琛指出,"側"爲名;或以"子反"爲字;或以"無反無側"來解釋"其名字相應"。⑦

4.143　范文子(士燮。)

《人表考》(645)：文子燮,士會之子。亦稱范文子、士燮、范叔、文叔。

《庭立紀聞》(952)：范文子,亦稱范燮。

《左傳人物名號研究》(77)：士燮、文子、燮、范文子、范叔。

文子燮【清華簡《繫年》88—89】

方炫琛指出,或以"燮"爲名;"士"爲"原氏";"范"即以采邑爲氏;"文"爲謚;"叔"爲行次。⑧

清華簡整理者："文子燮(燮),《左傳》作'士燮'。"⑨

---

① 馬承源主編:《上海博物館藏戰國楚竹書(六)》,上海古籍出版社,2007年,第242頁。
② 李學勤主編:《清華大學藏戰國竹簡(壹)》,中西書局,2010年,第188頁注51。
③ 李學勤主編:《清華大學藏戰國竹簡(貳)》,中西書局,2011年,第171頁注1。
④ 董珊:《出土文獻所見"以謚爲族"的楚王族》,復旦大學出土文獻與古文字研究中心網,2008年2月17日;《出土文獻與古文字研究》第二輯,復旦大學出版社,2008年,第113頁。按:本書據後者。
⑤ 白顯鳳:《出土楚文獻所見人名研究》,吉林大學博士學位論文,2017年,第66頁。
⑥ 王引之:《經義述聞》,上海古籍出版社,2016年,第1353頁。
⑦ 方炫琛:《左傳人物名號研究》0229,花木蘭文化事業有限公司,2017年,第114頁。
⑧ 方炫琛:《左傳人物名號研究》0027,花木蘭文化事業有限公司,2017年,第77頁。
⑨ 李學勤主編:《清華大學藏戰國竹簡(貳)》,中西書局,2011年,第175頁注7。

陳美蘭指出,簡文"文子燮"爲"謚號+子+名"的"稱名結構"。①

4.144　臧宣叔

《人表考》(645):臧宣叔,文仲之子,武仲之父。名許。亦稱臧孫許、臧孫。

《左傳人物名號研究》(406):臧孫許、臧宣叔、許、臧孫、宣叔。

𦵸孫䇓【清華簡《繫年》70】

方炫琛指出,或以"許"爲名;"宣"爲謚;"臧"爲氏;"臧氏之宗子稱臧孫"。②

清華簡整理者指出:"臧孫許即臧宣叔。"③

陳美蘭指出,"臧"字作"𦵸",與"臧文仲"之"臧"作"牀"(《季庚子問於孔子》簡9)不同;臧文仲、臧孫許兩父子,"臧"字寫法卻不同,反映了"氏無定形"的用字現象,與"後世重視姓氏來源的觀念"不一樣;在古文字中,許國之"許"寫作"䇓""鄦""無""鄦""䇓"等形,與允許之"許"寫作"許"嚴格區分,然而,簡文中用作私名的"許"卻寫作"䇓",其因待考。④ 按:"䇓",當理解爲以國爲名,參《緒論》。

4.157　晉悼公周

《人表考》(648):晉侯周,晉襄公之曾孫,桓叔捷之孫,惠伯談之子。周,或作糾、雕。亦稱晉悼公、孫周、周子、晉周、晉子、子周、公子周、晉悼。

《左傳人物名號研究》(305):晉侯周、孫周、晉侯、周子、晉侯悼公[晉悼公]、悼公。

晉悼公【清華簡《繫年》108】

悼公【清華簡《繫年》108】

方炫琛指出,"周"爲名;"孫周"是"以'孫'字配名";"悼"爲謚。⑤

清華簡整理者:"晉悼公,名周,在位十六年。"⑥

4.185　鄭卑湛　　5.187　裨竈

《人表考》(655):裨諶,裨或作卑、諱。諶,本作湛。當與裨竈同族。

---

① 陳美蘭:《戰國竹簡東周人名用字現象研究》,藝文印書館,2014年,第104頁。
② 方炫琛:《左傳人物名號研究》1931,花木蘭文化事業有限公司,2017年,第406頁。
③ 李學勤主編:《清華大學藏戰國竹簡(貳)》,中西書局,2011年,第168頁注13。
④ 陳美蘭:《戰國竹簡東周人名用字現象研究》,藝文印書館,2014年,第25—26頁。
⑤ 方炫琛:《左傳人物名號研究》1337,花木蘭文化事業有限公司,2017年,第305頁。
⑥ 李學勤主編:《清華大學藏戰國竹簡(貳)》,中西書局,2011年,第187頁注3。

《校正古今人表》(995)：鄭卑湛,即裨諶。
《左傳人物名號研究》(407)：裨竈、裨諶、竈。

卑登【清華簡《良臣》10、《子產》22】

張澍認爲："諶與煁同。《詩》'卬烘于煁',毛傳：'煁,烓竈也。'《尔疋》注：'今之三隅竈。'《説文》云：'行竈。'《古今人表》作'卑湛'。"①方炫琛指出,或以"諶爲煁之假借字","煁"指"行竈";或以"竈"爲名,"諶"爲字;或以"卑"(或作"裨")爲氏。②

清華簡整理者："卑登,《論語》《左傳》作'裨諶',《古今人表》'中上'作'卑湛'。'登'在蒸部,'諶''湛'在侵部,係通轉。"③按："諶"與"湛",都應該讀爲"煁",與"竈"意義相關,屬於一名一字。以上三字均從"甚"得聲。"甚",禪紐侵部。"登",端紐蒸部。二者聲近韻隔,恐難相通。考慮到"煁"和"竈"都是器物,或許"登"也是某種與"煁"或"竈"相關的器物。

4.186 行人子羽

《人表考》(655)：行人子羽,即公孫揮。亦稱行人揮。
《左傳人物名號研究》(215)：行人公孫揮、子羽、公孫揮、行人子羽、行人揮。

子羽【清華簡《良臣》10、《子產》21】

王引之指出："'翬',本字也;'揮',借字也。《爾雅》'鷹隼醜,其飛也翬',舍人注云：'翬翬,其飛疾羽聲也。'(《小雅·斯干篇》正義)或曰：翬,雉名,公子翬字羽,猶項鵲字羽也。《爾雅》説雉曰'伊雒而南,素質五采皆備成章曰翬',郭注云：'言其毛色光鮮。'"④張澍指出："《尔疋》：'百羽謂之緷。'緷即揮字。又揮與翬通。翬,羽聲也。見《尔疋》注。"⑤

方炫琛指出,或以"揮"爲名,以"子羽"爲字;"行人"爲官名;"行人子羽"與"行人揮"是"以官名冠於名及字上者"。⑥

清華簡整理者："子羽,《古今人表》'中上'作'行人子羽'。"⑦

---

① 張澍：《春秋時人名字釋》,《續修四庫全書》第一五〇七册,上海古籍出版社,2002年,第106頁。
② 方炫琛：《左傳人物名號研究》1944,花木蘭文化事業有限公司,2017年,第407—408頁。
③ 李學勤主編：《清華大學藏戰國竹簡(叁)》,中西書局,2012年,第162頁注54。
④ 王引之：《經義述聞》,上海古籍出版社,2016年,第1428頁。
⑤ 張澍：《春秋時人名字釋》,《續修四庫全書》第一五〇七册,上海古籍出版社,2002年,第106頁。
⑥ 方炫琛：《左傳人物名號研究》0805,花木蘭文化事業有限公司,2017年,第215頁。
⑦ 李學勤主編：《清華大學藏戰國竹簡(叁)》,中西書局,2012年,第162頁注52。

白顯鳳指出：".此人氏公孫,名揮,字子羽,行人爲其官。"①

4.188　子大叔

《人表考》(656)：子太叔,即游吉。亦稱太叔、世叔。

《左傳人物名號研究》(369)：游吉、大叔、子大叔、吉。

子大弔【清華簡《良臣》9】

王引之指出："取大吉之義也。'大'當如字讀。……'世''大'聲相近。'大',正字也;'世',借字也。"②

方炫琛指出,"游"爲氏;"吉"爲名;或以"大叔"爲字;"子"爲"男子美稱"。③

清華簡整理者："子大叔,見《古今人表》'中上'。"④

4.204　楚子西

《人表考》(662)：子西,即公子申,楚平王之子,楚昭王之庶兄。亦稱子椒。

《左傳人物名號研究》(109)：公子申、子西、令尹子西。

子西君【新蔡簡甲一 27】

命尹【上博簡《邦人不稱》4】

命尹子西【清華簡《良臣》5—6】

王引之指出："西謂之申,古之恒言也。"⑤方炫琛指出,"申"爲名;或以"子西"爲字;"令尹"爲官名。⑥

新蔡簡整理者："'子西君'即楚昭王、惠王時的令尹子西,他是昭王之兄、惠王及文君的伯父。他輔佐昭王和年幼的惠王,德高望重。"⑦

上博簡整理者："'令尹',指子西,即公子申,楚昭王兄。"⑧

清華簡整理者："子西,楚平王子,昭王庶兄,見《古今人表》'中上'。《左傳》未記子西有任令尹之事。"⑨余朝婷指出："《史記·楚世家》：'十三

---

① 白顯鳳：《出土楚文獻所見人名研究》,吉林大學博士學位論文,2017 年,第 199 頁。
② 王引之：《經義述聞》,上海古籍出版社,2016 年,第 1289 頁。
③ 方炫琛：《左傳人物名號研究》1709,花木蘭文化事業有限公司,2017 年,第 369—370 頁。
④ 李學勤主編：《清華大學藏戰國竹簡(叁)》,中西書局,2012 年,第 162 頁注 50。
⑤ 王引之：《經義述聞》,上海古籍出版社,2016 年,第 1407 頁。
⑥ 方炫琛：《左傳人物名號研究》0190,花木蘭文化事業有限公司,2017 年,第 109 頁。
⑦ 河南省文物考古研究所編著：《新蔡葛陵楚墓》,大象出版社,2003 年,第 183 頁。
⑧ 馬承源主編：《上海博物館藏戰國楚竹書(九)》,上海古籍出版社,2012 年,第 248 頁。
⑨ 李學勤主編：《清華大學藏戰國竹簡(叁)》,中西書局,2012 年,第 160 頁注 30。

年,平王卒……欲立令尹子西。子西,平王之庶弟也,有義。'"①

4.206　五子胥

《人表考》(662—663):子胥,伍奢之子,伍尚之弟,名員。奔吴,受吴之申地,故稱申胥。亦稱伍胥、申子、申氏、伍子、五員、五子胥。

《漢書人表略校》(1035):五子胥,即伍子胥。亦稱伍子、子胥、伍胥。

《左傳人物名號研究》(197):伍員、員、子胥。

子疋【郭店簡《窮達以時》9】

五子疋【上博簡《鬼神之明　融師有成氏》3】

五員【清華簡《繫年》81】

五之疋【清華簡《良臣》7】

繡疋【清華簡《越公其事》9】

張澍指出:"胥,才智也,與諝同。智欲員而用欲方也。"②俞樾認爲:"'員'當讀作'覶'。《説文》見部:'覶,外博衆多視也。从見員聲,讀若運。'伍員之員亦讀若運,可知其爲覶字矣。……'胥'與'相'古亦通用。……相,視也;胥,亦視也。……名覶字胥,義正相應矣。"③陶方琦認爲:"《爾疋》:'胥,皆也。'《詩》'景員維何',傳:'員,均也。'皆與均義合。或曰:員同云,(《詩》"聊樂我云",箋以爲語辭。)與胥皆爲語助辭。又曰:員即覶。覶,視也;胥相亦視也。"④胡元玉認爲:"《詩·正月》'員于爾輻',傳:'員,益也。'……'胥'又有輔義。……求賢自輔所以致益。"⑤黃侃指出:"俞君説是也。或曰,員,物數也。(《説文》)胥與疋通,疋,記也。(《説文》)又與疏通,《漢書·蘇武傳》集注:'疏,謂條録之。'"⑥按:以上説法還是有些迂曲。

方炫琛指出,"伍"爲氏;或以"員"爲名,以"子胥"爲字;或以"吴與之申地",故稱"申胥"。⑦

---

① 余朝嬉:《清華簡〈芮良夫毖〉、〈良臣〉、〈祝辭〉、〈赤鵠之集湯之屋〉集釋》,武漢大學碩士學位論文,2013年,第56頁。
② 張澍:《春秋時人名字釋》,《續修四庫全書》第一五〇七册,上海古籍出版社,2002年,第104頁。
③ 俞樾:《春秋名字解詁補義》,《弟一樓叢書》,鳳凰出版社,2021年,第211頁。
④ 陶方琦:《春秋名字解詁補誼》,《續修四庫全書》第一五六七册,上海古籍出版社,2002年,第493頁。
⑤ 胡元玉:《駁春秋名字解詁》,《續修四庫全書》第一二八册,上海古籍出版社,2002年,第454頁。
⑥ 黃侃:《春秋名字解詁補誼》,《黃侃經典文存》,上海大學出版社,2008年,第299頁。
⑦ 方炫琛:《左傳人物名號研究》0705,花木蘭文化事業有限公司,2017年,第197頁。

上博簡整理者："'五子疋'，即'伍子胥'，名員。'伍'字典籍或作'五'，如《漢書·藝文志》作'五子胥'，《呂氏春秋·異寶》作'五員'。"①

清華簡整理者："五之疋，《古今人表》'中上'作'五子胥'。"②"繡疋，《國語·吳語》：'夫申胥、華登簡服吳國之士於甲兵，而未嘗有所挫也。'韋昭注：'申胥，楚大夫伍奢之子子胥也，名員。魯昭二十年，奢誅於楚，員奔吳，吳子與之申地，故曰申胥。'《左傳》《史記》等皆作伍胥、伍子胥、子胥。"③

田成方認爲："除伍子胥被稱作申胥、申子外，未見其他伍氏貴族以申爲氏者。《左傳》定公四年云：'初，伍員與申包胥友。'或因後人混淆伍子胥與申包胥，進而產生的誤會。或與楚伍氏曾食采、居住于申地有關。無論如何，韋昭關於伍員在吳國受封于申、故曰'申胥'的説法，恐不可靠。"④

按："之"爲姓與字間的助詞，參"7.62 高渠彌"條。

4.218 越句踐（允常子。）

《人表考》(666)：越王句踐，允常之子，是爲菼執。
《左傳人物名號研究》(379)：越子句踐、句踐、越子、越王。
郕王句戔【慈利簡】⑤
戉公句戔【清華簡《繫年》110】
雩王句賤【清華簡《良臣》7】
句㦰【清華簡《越公其事》5】
雩公【清華簡《越公其事》10—11】
雩王句戈【清華簡《越公其事》26】
王【清華簡《越公其事》26】
句戈【清華簡《越公其事》58】
雩王【清華簡《越公其事》63】

方炫琛指出，"句踐"是名；"越王"是"僭稱"。⑥

清華簡整理者："越公，越銅器自名稱'越王'，簡文皆稱'越公'，與夫差稱'夫秦王'不同。"⑦按："越"，月部匣紐；"雩"，魚部匣紐。二字雙聲通假。

---

① 馬承源主編：《上海博物館藏戰國楚竹書（五）》，上海古籍出版社，2005年，第317頁。
② 李學勤主編：《清華大學藏戰國竹簡（叁）》，中西書局，2012年，第161頁注36。
③ 李學勤主編：《清華大學藏戰國竹簡（柒）》，中西書局，2017年，第120頁注3。
④ 田成方：《東周時期楚國宗族研究》，科學出版社，2016年，第176—177頁。
⑤ 宋鎮豪主編：《中國法書全集 第1卷 先秦秦漢》，文物出版社，2009年，第49頁。
⑥ 方炫琛：《左傳人物名號研究》1765，花木蘭文化事業有限公司，2017年，第379頁。
⑦ 李學勤主編：《清華大學藏戰國竹簡（貳）》，中西書局，2011年，第187頁注8。

古書中,"越""粵"二字常通假。① 關於"王"與"公",參《緒論》。

4.219 大夫種

《人表考》(666):大夫種,即文種,字少禽。亦稱文子。
《左傳人物名號研究》(81):大夫種。

夫=住【清華簡《越公其事》1】

王引之認爲:"'種'讀爲'雖'。《玉篇》:'雖,(充𩰫切)雀也。'《廣韻》:'雖,小鳥飛也。'故字禽。"②張澍認爲:"種,布穀鳥也,即九扈之春扈鳲鴀。……高誘《淮南子》注作'會'者譌。《文選·豪士賦》注引《吳越春秋》作'字少禽'。"③胡元玉指出:"禽者,鳥獸通名(説詳《曲禮》疏)。人以族姓分,禽以種類别,故名種字禽。"④朱駿聲指出:"《吳越春秋》,文種字少禽;《史記正義》,字子禽。"⑤

方炫琛指出,或以"種"爲名;或以"文"爲姓,以"禽"爲字。⑥

清華簡整理者:"大夫住即大夫種。住、種均爲舌音,韻部對轉,楚文字'主'聲與'重'聲多相通之例。"⑦

4.220 后庸

《人表考》(667):后庸,后或作洩、曳、渫、泄、舌。
《左傳人物名號研究》(202):后庸[舌庸]。

大同【清華簡《良臣》7】
太甬【清華簡《越公其事》61】

清華簡整理者:"'大'字下應脱合文符號。同、種均定母東部字。大夫種,見《古今人表》'中上'。"⑧"太甬,清華簡《良臣》作'大同'。"⑨廣瀨薰雄認爲:"大同"當讀爲"舌庸",見於《國語·吳語》"於是越王句踐乃命范蠡、

---

① 張儒,劉毓慶:《漢字通用聲素研究》,山西古籍出版社,2002年,第401—402頁。
② 王引之:《經義述聞》,上海古籍出版社,2016年,第1426頁。
③ 張澍:《春秋時人名字釋》,《續修四庫全書》第一五〇册,上海古籍出版社,2002年,第107頁。
④ 胡元玉:《駁春秋名字解詁》,《續修四庫全書》第一二八册,上海古籍出版社,2002年,第452頁。
⑤ 朱駿聲:《説文通訓定聲》,中華書局,1984年,第31頁。
⑥ 方炫琛:《左傳人物名號研究》0046,花木蘭文化事業有限公司,2017年,第81頁。
⑦ 李學勤主編:《清華大學藏戰國竹簡(柒)》,中西書局,2017年,第115頁注3。
⑧ 李學勤主編:《清華大學藏戰國竹簡(叁)》,中西書局,2012年,第161頁注37。
⑨ 李學勤主編:《清華大學藏戰國竹簡(柒)》,中西書局,2017年,第146頁注9。

舌庸,率師沿海泝淮以絕吳路"。① 胡敕瑞指出:清華簡中的"大同""太甬",與傳世文獻中的"舌庸""曳庸""洩庸""泄庸",是同一個人;"曳""洩"均屬餘紐月部,"舌"屬船紐月部,音近可通;"洩庸"或作"泄庸",屬於音通;"舌庸"或作"后庸",屬於形訛;"曳(洩)"與"太"(透紐月部)、"大"(定紐月部)、"世",音近相通;"庸"與"同""甬",亦屬音近相通。②

4.248　魏文侯(桓子孫。)

《人表考》(672):魏文侯,桓子之孫。名斯。亦稱孺子痹。

晉愄罙【清華簡《繫年》115】
愄罙【清華簡《繫年》116】
晉愄文侯罙【清華簡《繫年》121】

清華簡整理者:"愄罙,即魏斯。《説文》廾部:'罙,舉也,从廾,由聲。……杜林以爲麒麟字。''罙'與'麒'都是群母之部字。《魏世家》'桓子之孫曰文侯都',集解引徐廣曰'《世本》曰斯也',索隱:'《系(世)本》云桓子生文侯斯,其傳云孺子痹是魏駒之子,與此系(世)代亦不同也。'據《世本》可知,襄子生桓子駒,駒生孺子痹,孺子痹即後來的魏文侯斯。楊樹達《弭仲簠跋》:'弭仲罙壽之罙讀爲其。'《説文》'斯'从其聲,當有所據。""晉魏文侯斯,斯此時已經稱魏文侯,三晉魏先稱侯之説可信。"③

"愄",原篆作"![]"。周波曾指出:"秦文字'嶵(巍)'寫作、![]、![]、。'嶵'字所从的'山'是形符,'委''鬼'均可用作聲符,'嶵'可以看成是一個二聲字。……秦文字所見之'嶵'當是在从'山''委'聲的'崣'上加注'鬼'聲而成的。"④蘇建洲指出,該字形可以分析爲从"山""鬼"聲,讀爲"魏";簡文中的"愄",即後世之"嵬";楚文字"魏"作"愄"是普遍現象。⑤

---

① 廣瀨薰雄:《釋清華大學藏楚簡(三)〈良臣〉的"大同"》,復旦大學出土文獻與古文字研究中心網站,2013年4月24日;《古文字研究》第三十輯,中華書局,2014年,第415—416頁。按:本書據後者。
② 胡敕瑞:《"太甬""大同"究竟是誰?》,復旦大學出土文獻與古文字研究中心網,2017年4月26日;《民俗典籍文字研究》第二十二輯,商務印書館,2018年,第110—116頁。按:本書據後者。
③ 李學勤主編:《清華大學藏戰國竹簡(貳)》,中西書局,2011年,第190頁注5、第193頁注8。
④ 周波:《中山器銘文補釋》,復旦大學出土文獻與古文字研究網,2009年9月8日;《出土文獻與古文字研究》第三輯,復旦大學出版社,2010年,第203—204頁。按:本書據後者。
⑤ 蘇建洲:《〈清華大學藏戰國竹簡(貳)·繫年〉考釋七則》,"中國文字學會第七屆學術年會"論文,2013年9月21—23日;蘇建洲、吳雯雯、賴怡璇:《清華二〈繫年〉集解》,萬卷樓圖書公司,2013年,第801—803頁。按:本書據後者。

魏文侯之名，原篆作"㬤"。劉雲指出："該字明顯是'畀'。至於該字和文獻中的人名'魏斯'之'斯'對應，或是因爲'畀'在後世演變得與'其'相似，然後又轉寫爲'斯'。"①網友海天認爲：該字形"看來本作㬤（畀），後世誤以爲是'畁（畀）'。……'魏㬤'，被誤認爲'魏畁'，後世再讀爲'魏其（斯）'"。②孟蓬生指出："劉雲先生的説法，會場上劉釗先生已指出這一點。"③陳劍認爲："簡115等古書作'斯'之字，原作'畀'形，是否因其上是'囟'因而致異（"囟、思"與"斯"通多見）還可考慮；但原逕釋爲西周金文、《説文》等之'畀'、以'其'聲爲説；按'廾'形在楚文字中不可能寫作'大'，'畀'上之與'弁、妻、貴'諸字頭部相同者也不會寫作'囟'。"④網友居爾汗懷疑："簡文中的'㬤'字从'囟'得聲，當讀作'斯'。"⑤蘇建洲指出，"㬤"與"畀"形體相同；或許，此人之名爲"魏畀"，"畀"字下部到了秦漢時期逐漸演變成"廾"形，與"畁"之作"畁""畁"（去掉"糸"旁）形體相近，被秦漢人士誤認作"魏畁"，讀爲"魏其（斯）"；陳劍認爲此字从"囟"得聲，讀爲"斯"，是"目前相對合理的解釋"；但是，將此字隸定作"㬤"，整體構形比較奇特。⑥李松儒認爲："此字確是'畀'形，但'魏畀'今本又作'魏斯'，今本應無訛誤，大概是《繫年》某個與'斯'音相通且用爲'魏斯'之'斯'的字形與'畀'字混同了，但此字不知應釋爲何。"⑦按："㬤"當釋爲"畀"，讀爲"斯"。《左傳》宣公十二年"晉人或以廣隊不能進，楚人惎之"，李富孫《異文釋》："《説文》廾部引作'晉人或以廣墜，楚人畀之'……惎、畀聲相近，文異而義亦不同。"⑧《説文》斤部："斯，析也。从斤，其聲。"⑨"惎"與"畀""聲相近"，"斯"又从"其"得聲，故"畀"可讀爲"斯"。

4.255 魯穆公（元公子。）

《人表考》（673）：魯穆公，元公之子。名顯，或名衍、不衍。穆，或作繆。

---

① 《清華簡中的"畀"宁》樓主發帖，復旦大學出土文獻與古文字研究中心網，2011年12月21日。
② 《清華簡中的"畀"字》2樓跟帖，復旦大學出土文獻與古文字研究中心網，2011年12月21日。
③ 《清華簡中的"畀"字》7樓跟帖，復旦大學出土文獻與古文字研究中心網，2011年12月22日。
④ 復旦大學出土文獻與古文字研究中心研究生讀書會：《清華（貳）討論記錄》，復旦大學出土文獻與古文字研究中心網，2011年12月23日。
⑤ 居爾汗：《清華簡〈繫年〉劄記一則》，簡帛網，2012年5月19日。
⑥ 蘇建洲、吳雯雯、賴怡璇：《清華二〈繫年〉集解》，萬卷樓圖書公司，2013年，第803頁。
⑦ 李松儒：《清華簡〈繫年〉集釋（修訂本）》，中西書局，2022年，第291頁。
⑧ 李富孫：《春秋三傳異文釋》，《續修四庫全書》第一四四册，上海古籍出版社，2002年，第446頁。
⑨ 許慎：《説文解字》，中華書局，1963年，第300頁。

魯穆公【郭店簡《魯穆公問子思》1】
魯侯侃【清華簡《繫年》120】
魯侯【清華簡《繫年》121】
魯侯羴【清華簡《繫年》124】

郭店簡整理者："魯穆公，也作魯繆公，'穆''繆'兩字古通。"①陳美蘭認爲："若據《謚法解》對'穆''繆'二字的區別，當以'穆'爲本字，寫作'繆'字只是通假。"②按：關於"穆"和"繆"，參"4.97秦繆公"條。

清華簡整理者："魯侯侃，《魯世家》：'元公二十一年卒，子顯立，是爲穆公。'索隱引《系(世)本》'顯'作'不衎'。'侃''顯''衎'音近。""魯侯羴，即魯穆公顯，本章120號簡作'侃'，人名異寫楚簡多見。"③

關於"侃"和"衎"，裘錫圭指出："在殷墟甲骨文裏……🈳、🈳等表示'衎'……🈳'王''王'🈳的🈳當釋爲'衎'，讀爲'侃(衎)'。🈳可能是'衎'的異體，但也不能排除是另一個可以跟'衎'通用的字的可能性。🈳(包括🈳、🈳等形)是表示'衎'的假借義的分化字，到西周時代省變成爲'侃'字。"④據此，陳美蘭認爲："簡文'侃'字在傳世文獻或作'衎'，是其來有自的，反而是《魯世家》所記載的'顯'，純粹是音近通假了。"⑤

"羴"，陳美蘭認爲，與"顯"同爲曉母元部字，同音可通；至於"顯""侃""羴"之中"是否有本字"，尚難推知。⑥

白顯鳳指出，"不衎"之"不"爲語詞。⑦

---

① 荆門市博物館編：《郭店楚墓竹簡》，文物出版社，1998年，第141頁注1。
② 陳美蘭：《戰國竹簡東周人名用字現象研究》，藝文印書館，2014年，第46頁。
③ 李學勤主編：《清華大學藏戰國竹簡(貳)》，中西書局，2011年，第193頁注6，第195頁注17。
④ 裘錫圭：《釋"衎""侃"》，《魯實先先生學術討論會論文集》，萬卷樓圖書公司，1993年；後收入氏著《裘錫圭學術文集·甲骨文卷》，復旦大學出版社，2012年，第386頁。按：本書據後者。
⑤ 陳美蘭：《戰國竹簡東周人名用字現象研究》，藝文印書館，2014年，第45頁。
⑥ 陳美蘭：《戰國竹簡東周人名用字現象研究》，藝文印書館，2014年，第45—46頁。
⑦ 白顯鳳：《出土楚文獻所見人名研究》，吉林大學博士學位論文，2017年，第214頁。

第五章　見於《古今人表》中中的人物名號

5.18　楚熊麗（鬻熊子。）

《人表考》(687)：熊麗，鬻熊之子。
酓鹿【包山簡 246】
麗季【清華簡《楚居》3】
麗【清華簡《楚居》3】

包山簡整理者釋爲"熊䍯"："䍯，簡文作󰀀，《汗簡》䍯字作󰀁，澤字作󰀂，均與簡文形近。䍯借作繹，酓繹即熊繹。"①湯餘惠指出："疑此是鹿字，假爲熊繹之'繹'。"②何琳儀師改釋爲"熊鹿"，讀爲"熊麗"，並指出："'鹿'與'麗'不僅形體有關，而且古音均屬來紐。"③白顯鳳指出："從楚簡祭禱先祖的世次與《史記·楚世家》記載的楚先祖、先君的世系對比來看，只有將'熊鹿'釋爲'熊麗'，包山墓主對楚先祖的祭禱纔是完整的；從傳世文獻對'熊麗'爲楚之始創國者的記載來看，也將'熊鹿'釋爲'熊麗'爲宜。"④按："熊麗"的構成方式是"氏+名"，並且，氏"熊"還是其父"穴/鬻熊"之名。"熊麗"一名，顯然是遵循周文化氏名制度的結果，以其父"穴熊"之名"熊"爲楚君之氏。該氏一直爲後世楚君所沿用。

清華簡整理者："麗季，即下文之'麗'，《楚世家》云鬻熊'其子曰熊麗'。"⑤趙思木指出："從穴熊㎜于名'㠯叔''麗季'，後世楚人名'伯霜''仲雪''叔堪''季紃'來看，則楚人雖然在氏名上堅持商制，但名字

---

① 湖北省荊沙鐵路考古隊：《包山楚簡》，文物出版社，1991 年，第 58 頁注 486。
② 湯餘惠：《包山楚簡讀後記》，《考古與文物》1993 年第 2 期。
③ 何琳儀：《包山竹簡選釋》，《江漢考古》1993 年第 4 期；何琳儀：《楚王熊麗考》，《中國史研究》2000 年第 4 期。
④ 白顯鳳：《出土楚文獻所見人名研究》，吉林大學博士學位論文，2017 年，第 37 頁。
⑤ 李學勤主編：《清華大學藏戰國竹簡（壹）》，中西書局，2010 年，第 184 頁注 19。

則用周制。"①按：從《楚世家》的記載看，"麗"是名，因此，《楚居》簡3纔省稱爲"麗"。那麽，"季"應該是行次。方炫琛曾指出："古人之字止一字，字上冠子、冠行次、字下配父字所成之名號實非字也。"②"麗季"則屬於"名+行次"。趙平安師曾明確指出："在麗季這個名字結構中，季是排行，麗是私名，麗季可以單稱麗。"③《楚居》中的"絰白""遠中""佢嘼"等人名，也應該屬於這種情況，參《緒論》。伯仲叔季又正好是周人的行次。無論是"氏+名"的"熊麗"，抑或是"名+行次"的"麗季"，都可以看作是楚人受周代姓氏制度影響的體現。熊麗建立"酓（熊）"氏，是以其父"穴／鬻酓（熊）"之名爲氏。不僅如此，熊麗還建立了楚國。《史記·楚世家》"熊繹當周成王之時，舉文武勤勞之後嗣，而封熊繹於楚蠻"，梁玉繩《志疑》："《墨子·非攻下》篇：'楚熊麗始討此雎山之間。'麗是繹祖，雎爲楚望，然則繹之前已建國楚地，成王蓋因而封之，非成王封繹始有國耳。"④根據《楚居》簡3—4記載，"楚"之國名，與熊麗之母妣㛪關係密切："麗不從行，渭（遂）自脅（脅）出，妣㛪賓于天，晉（巫）戕（并）賅（該）亓（其）髀（脅）以楚，氏（是）今曰楚人。"⑤綜合起來看，建"酓（熊）"氏和建"楚"國，都是熊麗在位時期完成的，並且分別與其父母相關。這反映出，熊麗在楚國發展史中，應該具有異常重要的作用。

劉信芳師指出："根據目前所能見到的歷史文獻和出土資料，我們只能認爲'熊鹿氏'是由楚先王'熊麗'而得氏。"⑥按：後世楚人以楚君"氏+名"爲氏者，可能就是從"熊麗"開始的。

5.23　楚熊狂（麗子。）

《人表考》（688）：熊麗生熊狂。

㣆悻【清華簡《楚居》4】

清華簡整理者："悻，《説文》'狂'之古文。酓悻，《楚世家》作'熊狂'：'熊麗生熊狂。'"⑦

---

① 趙思木：《〈清華大學藏戰國竹簡（壹）〉集釋及專題研究》，華東師範大學博士學位論文，2017年，第403頁。
② 方炫琛：《左傳人物名號研究》，花木蘭文化事業有限公司，2017年，第29頁。
③ 趙平安：《"三楚先"何以不包括季連》，《邯鄲學院學報》2011年第4期。
④ 梁玉繩：《史記志疑》，中華書局，1981年，第1006頁。
⑤ 按：相關釋文主要採用整理者意見，"渭"和"氏"的釋讀採用其他説法。參李學勤主編：《清華大學藏戰國竹簡（壹）》，中西書局，2010年，第181頁；趙平安：《"三楚先"何以不包括季連》，《邯鄲學院學報》2011年第4期。
⑥ 劉信芳：《〈包山楚簡〉中的幾支楚公族試析》，《江漢論壇》1995年第1期。
⑦ 李學勤主編：《清華大學藏戰國竹簡（壹）》，中西書局，2010年，第184頁注24。

陳美蘭指出,傳世文獻中,楚君氏名"熊",戰國文字尤其是楚文字都用"酓"字,而且相當穩定。①

5.38　楚熊艾(繹子。)

《人表考》(691):熊艾,熊繹所生。艾,或作乂。

酓只【清華簡《楚居》5】

清華簡整理者:"酓只,《楚世家》:'熊繹生熊艾。'楚文字'只'作'𠄏',隸書'艾'形體與之相近,《史記》疑有訛誤。"②李家浩指出:"'酓只',《楚居》注釋[三二]說,即《楚世家》所說熊繹之子'熊艾'。按'只''艾'二字形、音有別,疑'只'是子孑之'孑'的訛體。簡文把'孑'字頭寫作'口'字形,跟者姛罍'子'字頭寫作'口'字形同類。上古音'孑'屬見母月部,'艾'屬疑母月部,二字聲母都是喉音,韻部相同,當可通用。"③網友子居認爲:"熊只約當周昭王時期。"④王輝指出:"隸書'艾'與楚文字'只'形體不近,'孑'古文字罕見,待考。"⑤

5.47　楚熊盤(艾子。)

《人表考》(693):錢宫詹《漢書攷異》指出,《漢書·古今人表》中的"熊盤",就是《史記·楚世家》中的"熊勝"。關於此人的身份,《楚世家》認爲是熊艾之孫,《古今人表》認爲是熊艾之子,記載不同。

酓𣬉【清華簡《楚居》5】

清華簡整理者:"酓𣬉,'𣬉'當即'樊'字,《漢書·古今人表》作'熊盤','樊'與'盤'皆脣音元部字。《楚世家》作'熊勝',疑是'般'(盤)字訛誤。"⑥李守奎指出:"勝字从朕聲,其基本聲符作𣬉,有時訛作𣬉或𣬉。在今文轉寫古文的過程中,人們不認識𣬉,誤當作了𣬉,又訛讀爲形近的'𣬉',逐漸就和'𣬉'聲字混訛了。"⑦網友子居指出:"熊樊約當周共王、周懿王時期。"⑧李家浩認爲,"盤"从"般"得聲;"勝"从"朕"得聲;"熊盤"可

---

① 陳美蘭:《戰國竹簡東周人名用字現象研究》,藝文印書館,2014 年,第 139 頁。
② 李學勤主編:《清華大學藏戰國竹簡(壹)》,中西書局,2010 年,第 185 頁注 32。
③ 李家浩:《談清華戰國竹簡〈楚居〉的"夷屯"及其他》,《出土文獻》第二輯,中西書局,2011 年,第 58 頁。
④ 子居:《清華簡〈楚居〉解析》,簡帛研究網,2011 年 3 月 30 日。
⑤ 王輝:《簡帛人物名號彙考》,中西書局,2021 年,第 149 頁。
⑥ 李學勤主編:《清華大學藏戰國竹簡(壹)》,中西書局,2010 年,第 185 頁注 32。
⑦ 李守奎:《〈楚居〉中的樊字及出土楚文獻中與樊相關文例的釋讀》,《文物》2011 年第 3 期。
⑧ 子居:《清華簡〈楚居〉解析》,簡帛研究網,2011 年 3 月 30 日。

能原本寫作"熊般",由於"般"與"朕"形近易誤,"熊般"先誤作"熊朕",後寫作"熊勝"。① 我們曾指出:"考慮到古文字中'勝'字所從聲符'关',與'关'的形體十分接近,容易混淆,因此,'勝'字可能原本寫作'𦩻',由於當時'关''关'形近易混,從而錯成了'朕',進而變爲'勝'。只是,目前還無法斷定,'𦩻''樊''盤'三字中,哪一個纔是該楚先祖名的本字。"②

5.58 楚熊霜(嚴子。)

《人表考》(695):楚熊霜,熊嚴之子。亦稱伯霜、楚子霜。

會相【清華簡《楚居》6】

清華簡整理者:"會相……即《楚世家》之'熊霜'……《楚世家》:'(熊嚴)有子四人,長子伯霜,中子仲雪,次子叔堪,少子季徇。熊嚴卒,長子伯霜代立,是爲熊霜。熊霜元年,周宣王初立。熊霜六年卒。三弟爭立。仲雪死;叔堪亡,避難於濮,而少弟季徇立,是爲熊徇。二十二年,熊徇卒。'"③陳民鎮指出,"會相",《史記·楚世家》與《十二諸侯年表》都寫作"熊霜",《漢書·古今人表》寫作"熊霸",應該屬於"形訛"。④ 劉信芳師指出:包山簡中的"'熊相氏'應是因楚先王'熊霜'而得氏"。⑤ 李家浩懷疑:"熊(會)相氏是楚君熊霜之後,即以熊霜(相)的名字爲氏。"⑥按:這也屬於以楚先"氏+名"爲氏。

5.62 鄭桓公友(周宣王弟。)

《人表考》(696):鄭桓公友,周宣王母弟。鄭國始封之君。伯爵。亦稱桓公、王子多父、鄭伯多父、桓友。

奠桓公【清華簡《良臣》8】
先君逗公【清華簡《鄭文公問太伯(甲)》4】

清華簡整理者:"鄭桓公友,見《古今人表》'中中',爲周宣王弟,西周覆亡時爲犬戎所殺。"⑦"鄭始封君爲鄭桓公友,周屬王子,宣王母弟,宣王時

---

① 李家浩:《清華戰國竹簡〈楚居〉中的會脽、會執和會綎》,《出土文獻》第三輯,中西書局,2012年,第2頁。
② 羅小華:《試説熊勝之"勝"當爲"𦩻"之訛》,《深圳大學學報(人文社會科學版)》2014年第3期。
③ 李學勤主編:《清華大學藏戰國竹簡(壹)》,中西書局,2010年,第186頁注35。
④ 陳民鎮:《清華簡〈楚居〉集釋》,復旦大學出土文獻與古文字研究中心網,2011年9月23日。
⑤ 劉信芳:《〈包山楚簡〉中的幾支楚公族試析》,《江漢論壇》1995年第1期。
⑥ 李家浩:《包山竹簡所見楚先祖名及其相關問題》,《文史》第四十二輯,中華書局,1997年。
⑦ 李學勤主編:《清華大學藏戰國竹簡(叁)》,中西書局,2012年,第161頁注43。

始封。"①

5.63 秦襄公（嚴公子。）

《人表考》（696）：襄公，莊公之子。周平王時，受封爲諸侯。
秦中【清華簡《繫年》16】
清華簡整理者："秦仲，即秦襄公，《秦本紀》載秦莊公生子三人，長子世父報大父之仇擊戎，'讓其弟襄公，襄公爲太子'。"②網友子居指出："《繫年》中提到的'秦仲'，也就是《秦本紀》中的莊公之父秦仲。"③牛鵬濤指出："整理者已經指出簡文中'秦仲'即秦襄公，與文獻中一般所指秦公伯與秦莊公之間的'秦仲'不同。蓋秦襄公爲莊公次子而即位，故《繫年》也以'秦仲'稱之。"④

5.69 楚武王（蚡冒弟。）

《人表考》（697）：楚武王，即熊達，蚡冒之弟，是首位僭號稱王的楚君。達，或作通。
《左傳人物名號研究》（387）：楚武王、楚子、武王。
武王【包山簡246】
先君武王【上博簡《陳公治兵》2】
武王酓䓈【清華簡《楚居》7】
方炫琛指出，或以"武"爲謚號，或以"武"爲生號。⑤
包山簡整理者："武王，楚武王。《史記·楚世家》：'蚡冒弟熊通弑蚡冒子而代立，是爲楚武王。'"⑥
清華簡整理者："酓䓈，'䓈'字左側所从爲舌之繁體。《楚世家》載楚武王名熊通，在位五十一年。"⑦孟蓬生指出，"䓈"既可以分析爲"从䶮、舌聲"，看作是"䍷"，也可以看作是"'繼'的異體"（"世、舌聲音相通"）；並根據"'達'與'徹'音義均通"，"徹"與"通"意義相通，認爲："楚武王之名本作熊䓈（䍷繼），古人也用同音字'徹'或'達'來記錄它。經過漢代人傳抄後，

---

① 李學勤主編：《清華大學藏戰國竹簡（陸）》，中西書局，2016年，第120頁注11。
② 李學勤主編：《清華大學藏戰國竹簡（貳）》，中西書局，2011年，第143頁注15。
③ 子居：《清華簡〈繫年〉1~4章解析》，孔子2000網，2012年1月6日。
④ 牛鵬濤：《清華簡〈繫年〉與銅器銘文互證二則》，《深圳大學學報（人文社會科學版）》2012年第2期。
⑤ 方炫琛：《左傳人物名號研究》1809，花木蘭文化事業有限公司，2017年，第387頁。
⑥ 湖北省荆沙鐵路考古隊：《包山楚簡》，文物出版社，1991年，第58頁注487。
⑦ 李學勤主編：《清華大學藏戰國竹簡（壹）》，中西書局，2010年，第187頁注39。

"熊通"就成了楚武王爲人所熟知的名字(可能與《史記》廣泛而深遠的影響有關)。與此同時,'達'字則不絶如縷,一直流傳至今。"①蘇建洲指出,"󰀀"應該分析爲"从奚舌聲";《楚居》中的"熊󰀀",就是傳世文獻中的"熊達";《史記·楚世家》中的"熊通",原本作"熊達",應該是"避諱"纔改寫。②李家浩認爲,"酓"下一字當分析爲从"奚""胋"聲;"胋"還見於郭店簡和上博簡,用作"舌",應該是"舌"之異體;"達"(端組月部)與"舌"(照組三等月部)音近可通。③金宇祥認爲,"󰀀"可分析爲从奚舌聲;"舌"爲船紐月部字,"通"爲透紐東部字,難以通假;《郭店·老子丙》簡7中的"鋪纏",今本作"恬淡",據此,"恬"可與"通"通;"通"與"達"意思接近,在文獻中往往互作,因此,楚武王在文獻中有"熊通"和"熊達"兩個不同的名。④白顯鳳指出,"達"寫作"通",是由於"漢代以通行文字改録"。⑤王輝信從"󰀀"讀爲"達"的說法,並指出"'通''達'或是同義換讀"。⑥

關於楚王的謚號,楊樹達指出:"據《史記·楚世家》,楚王之有號謚始於楚武王熊通,武王以前皆無謚也。"⑦

白顯鳳指出,"楚武王"之"武",應該是"楚王熊通之生稱",其後代以"武"爲氏。⑧按:楚武王不僅是首位僭越稱王的楚君,還是首位使用謚號的楚君。這顯然可以看作楚君在稱號方面完全接受周文化的象徵。楚君後裔也有用楚王之謚來建氏的,亦可看作周文化影響楚文化的標志之一。

5.75 楚文王(武王子。)

《人表考》(699):楚文王,武王之子。氏熊。名貲,或作庇、庛。亦稱荆文王、荆文。

《左傳人物名號研究》(387):楚文王、楚子、武王。

文王【新蔡簡甲三5,清華簡《楚居》8、《繫年》25】
咨王【新蔡簡甲三137】

---

① 孟蓬生:《〈楚居〉所見楚武王名臆解》,簡帛網,2011年1月12日;《〈楚居〉所見楚王名考釋二則》,《清華簡研究》第一輯,中西書局,2012年,第309—310頁。按:本書據後者。
② 蘇建洲:《〈楚居〉簡7楚武王之名補議》,復旦大學出土文獻與古文字研究中心網,2011年1月13日。
③ 李家浩:《談清華戰國竹簡〈楚居〉的"夷屯"及其他》,《出土文獻》第二輯,中西書局,2011年,第57頁注4。
④ 金宇祥:《〈清華壹·楚居〉楚武王之名淺議》,簡帛網,2013年7月12日。
⑤ 白顯鳳:《出土楚文獻所見人名研究》,吉林大學博士學位論文,2017年,第58頁。
⑥ 王輝:《簡帛人物名號彙考》,中西書局,2021年,第155頁。
⑦ 楊樹達:《積微居金文説(增訂本)》,科學出版社,1959年,第207頁。
⑧ 白顯鳳:《出土楚文獻所見人名研究》,吉林大學博士學位論文,2017年,第58頁。

先君文王【上博簡《陳公治兵》2】
楚文王【清華簡《繫年》12】

清華簡整理者:"文王,武王之子,名熊貲。"①

白顯鳳指出:"出土楚文獻中未見楚文王名,但有氏文者,應為楚文王之後,屬以先王諡為氏。"②

王輝指出:"'吝'即文之異體,'口'為羨符。"③

5.82 齊桓公小白(襄公弟。)

《人表考》(700):齊桓公,衛姬之子,襄公之弟。亦稱桓公、小白、公子小白、齊小白、齊侯小白、齊桓。

《左傳人物名號研究》(415):齊侯小白、公子小白、齊小白、桓公、齊侯、齊桓公、小白、齊桓、桓。

齊逗【郭店簡《窮達以時》6】
逗【上博簡《競公瘧》12】
齊趄公【清華簡《繫年》20、《管仲》1】
齊䡆公【清華簡《良臣》6】
趄公【清華簡《管仲》2】

方炫琛指出,或以"小白"為名;或"以其為國君之子,故稱公子";"桓"為諡。④

上博簡《競公瘧》簡 12 中的"𨒪",整理者釋為"追"。⑤ 程燕指出:"此字應分析為从辵,亘聲。"⑥郭永秉指出,此字當讀為"桓",指"齊桓公"。⑦

陳美蘭認為,"桓"是"借字","趄"和"逗"纔"比較貼近諡號意義"。⑧按:"趄",見於《説文》。"逗"與"䡆",字書未見。"桓"與"䡆",可能都是"趄"的假借字。"逗"與"趄",乃"辵"與"走"形旁互換。⑨《字源》"趄"條:"形聲字。从走,亘聲。甲骨文从止从亘,西周金文更从走旁,構意相同,乃

---

① 李學勤主編:《清華大學藏戰國竹簡(壹)》,中西書局,2010 年,第 188 頁注 44。
② 白顯鳳:《出土楚文獻所見人名研究》,吉林大學博士學位論文,2017 年,第 61 頁。
③ 王輝:《簡帛人物名號彙考》,中西書局,2021 年,第 156 頁。
④ 方炫琛:《左傳人物名號研究》1974,花木蘭文化事業有限公司,2017 年,第 416 頁。
⑤ 馬承源主編:《上海博物館藏戰國楚竹書(六)》,上海古籍出版社,2007 年,第 187 頁。
⑥ 程燕:《讀上博六札記》,簡帛網,2007 年 7 月 24 日。
⑦ 郭永秉:《〈景公瘧〉的"襄桓之言"》,簡帛網,2007 年 7 月 25 日;《説〈景公瘧〉的襄桓之言》,《古文字與古文獻論集》,上海古籍出版社,2011 年,第 187—188 頁。按:本書據後者。
⑧ 陳美蘭:《戰國竹簡東周人名用字現象研究》,藝文印書館,2014 年,第 50 頁。
⑨ 參高明:《中國古文字學通論》,北京大學出版社,1996 年,第 141—142 頁。

盤桓之本字,後世作'桓'者乃借字也。《說文》:'𧺆,𧺆田,易居也。'此爲假借義。"①

5.86　息嬀

《人表考》(701):息嬀,又作郞嬀。息侯娶之於陳。楚文王滅息,以息嬀歸,故稱文夫人。亦稱桃花夫人。

《左傳人物名號研究》(303):息嬀、文夫人。

賽𩰚【清華簡《繫年》23】

方炫琛指出,"以夫家國冠於母家姓上"而稱"息嬀";"以夫諡殿'夫人'二字"而稱"文夫人";"息嬀"可能"被立爲夫人"。②

清華簡整理者:"賽𩰚,即息嬀,息侯夫人,嬀姓陳國女子。"③

5.102　鄭叔詹父

《人表考》(705):鄭叔詹,鄭文公弟。詹,或作瞻。亦稱詹伯、被瞻。

《左傳人物名號研究》(247):叔詹、鄭詹。

贍父【清華簡《鄭文公問太伯(甲)》12、《鄭文公問太伯(乙)》10】

方炫琛指出,"詹"爲名,"叔"爲行次。④

馬楠指出:"魯僖公七年時,管仲稱'鄭有叔詹、堵叔、師叔三良爲政'。……魯僖公二十二年,楚成王入饗於鄭,叔詹譏其無禮;又重耳流亡,鄭文公不禮,叔詹諫之,晉文公返國後伐鄭,叔詹紓其難,事見《左傳》《國語・晉語四》《吕氏春秋》《韓非子》等書。"⑤

清華簡整理者:"《左傳》僖公七年(鄭文公二十年)管仲稱'鄭有叔詹、堵叔、師叔三良爲政',當與簡文之'詹父''堵俞彌''師之佢鹿'有關。""詹父即叔詹,又見於《左傳》僖公二十二年、二十三年與《國語・晉語四》;《吕氏春秋・上德》作'被瞻',《韓非子・喻老》作'叔瞻'。"⑥王輝指出,"贍"是"瞻"的異體;"被"爲氏;"詹"或"瞻"爲名。⑦按:從"叔詹"和"詹父"的結構來看,"詹"是字的可能性會更大一些。

---

① 李學勤主編:《字源》,遼寧人民出版社,2012 年,第 106 頁。
② 方炫琛:《左傳人物名號研究》1326,花木蘭文化事業有限公司,2017 年,第 303 頁。
③ 李學勤主編:《清華大學藏戰國竹簡(貳)》,中西書局,2011 年,第 148 頁注 1。
④ 方炫琛:《左傳人物名號研究》0983,花木蘭文化事業有限公司,2017 年,第 247 頁。
⑤ 馬楠:《清華簡〈鄭文公問太伯〉與鄭國早期史事》,《文物》2016 年第 3 期。
⑥ 李學勤主編:《清華大學藏戰國竹簡(陸)》,中西書局,2016 年,第 124 頁注 31、32。
⑦ 王輝:《簡帛人物名號彙考》,中西書局,2021 年,第 228 頁。

5.107　楚子玉

《人表考》(706)：子玉，即成得臣。氏成，以字爲氏。

《左傳人物名號研究》(230)：成得臣、子玉、令尹子玉、得臣。

子玉【上博簡《成王爲城濮之行(甲)》1】

子玉【上博簡《成王爲城濮之行(乙)》1】

命尹子玉【清華簡《繫年》43】

關於名與字的關係，王引之提出兩種解釋：一、"得"指"獲器用"，"器用之美者莫如玉"，因而"名得字玉"；二、"得"讀爲"德"，二字古通，《玉藻》："君子於玉，比德焉。"《聘義》："夫昔者君子比德於玉焉。"《管子·水地》："夫玉之所貴者，九德出焉。"①

方炫琛指出，或以"成"爲氏；"得臣"爲名；或以"子玉"爲字；稱"令尹子玉"，是"以官名冠於字上"。②

上博簡整理者："'子玉'，春秋時楚國人，即成得臣，子玉爲其字。"③

白顯鳳指出："'玊''玉'皆爲'玉'字之異寫，'王'爲與'玉'字形相近而訛。"④

5.115　秦康公（繆公子。）

《人表考》(708)：秦康公，繆公之子。名罃，或作嬰。

《左傳人物名號研究》(313)：秦伯罃、大子罃、秦康公、秦伯、康、康公。

秦康公【清華簡《繫年》54】

秦公【清華簡《繫年》55】

方炫琛指出，或以"罃"爲名；因其爲"秦穆公之大子"，故稱"大子"；"康"爲謚。⑤

清華簡整理者："秦康公，名罃。"⑥

5.116　晉襄公（文公子。）

《人表考》(708)：晉襄公，文公之子。其母爲偪姞。名驩，或作讙、歡。

---

① 王引之：《經義述聞》，上海古籍出版社，2016年，第1395頁。
② 方炫琛：《左傳人物名號研究》0888，花木蘭文化事業有限公司，2017年，第230頁。
③ 馬承源主編：《上海博物館藏戰國楚竹書（九）》，上海古籍出版社，2012年，第145頁。
④ 白顯鳳：《出土楚文獻所見人名研究》，吉林大學博士學位論文，2017年，第51頁。
⑤ 方炫琛：《左傳人物名號研究》1381，花木蘭文化事業有限公司，2017年，第313頁。
⑥ 李學勤主編：《清華大學藏戰國竹簡（貳）》，中西書局，2011年，第159頁注1。

《左傳人物名號研究》(307)：晉侯驩、晉侯、襄公、晉襄公、襄。

襄公【清華簡《繫年》47】

晉襄公【清華簡《繫年》50】

先君襄公【清華簡《趙簡子》8】

方炫琛指出，"驩"爲名，或作"讙""歡"；"襄"爲謚。①

清華簡整理者："晉襄公，文公之子，名驩，或作讙、歡。"②

5.133 公子雍

《人表考》(711)：公子雍，晉襄公之弟。其母爲杜祁。

《左傳人物名號研究》(122)：公子雍。

雍也【清華簡《繫年》51】

雍子【清華簡《繫年》54】

清華簡整理者："'雍也'，'也'字據簡下文疑係'子'因形近而誤。雍子即當時爲秦亞卿的公子雍，襄公庶弟，乃杜祁所生。《左傳》文公六年：'使先蔑、士會如秦，逆公子雍。'"③

華東師大讀書小組指出："簡文此處之'雍也'，可從整理者之説，亦可認爲是'子雍'二字的誤摹，姑且從整理者之説。"④

廖名春指出："以上'雍也''黑要也'，'也'字三見，不可能皆爲'子'字之誤。'也'當讀爲'氏'。……簡文的'雍也'就可讀爲'雍氏'，'黑要也'就可讀爲'黑要(腰)氏'。公子雍爲晉文公的庶子，晉襄公之庶弟，母爲杜祁，以名爲氏，故稱爲'雍氏'。黑腰爲楚連尹襄老之子，以名爲氏，故稱爲'黑要(腰)氏'。"⑤

蘇建洲先認爲，"雍"爲名；"也"是"語助詞"，原本可以用在"主語之後"，表示"停頓或提示"，並具有"強調、加強的作用"；"雍也"與"丘也"(孔子自稱)在"稱名方式"上相似；簡 54 中的"雍子"，很可能是"雍也"之訛；《史記·晉世家》中有"秦送公子雍者"，可與簡文"秦康公率師以送雍子"相對應，"子"當對應"者"，"子"應爲助詞"也"之誤。後又指出："整理者認爲'雍也'之'也'字據簡下文疑係'子'因形而誤。此説不能排除。……另一

---

① 方炫琛：《左傳人物名號研究》1342，花木蘭文化事業有限公司，2017 年，第 307 頁。
② 李學勤主編：《清華大學藏戰國竹簡(貳)》，中西書局，2011 年，第 157 頁注 1。
③ 李學勤主編：《清華大學藏戰國竹簡(貳)》，中西書局，2011 年，第 158 頁注 7。
④ 華東師範大學中文系戰國簡讀書小組：《讀〈清華大學藏戰國竹簡(貳)·繫年〉書後(三)》，簡帛網，2012 年 1 月 1 日。
⑤ 廖名春：《清華簡〈繫年〉管窺》，《深圳大學學報(人文社會科學版)》2012 年第 3 期。

種可能是將'雍也'理解爲'雍'是名,'也'是語助詞。'雍也'的稱名方式如同孔子常自稱'丘也'。①

李守奎指出,"也"與"子"字形不近;"也"不應該是"子"的錯字;簡51中"雍"後之"也"的用法,與簡77中"墨要也"的"也"相同;這種用法在古書中也很常見,如《論語·雍也》"人不堪其憂,回也不改其樂";"雍"作主語,其後可加語氣詞"也",表示"停頓、舒緩,同時兼有提示作用";簡54中的"雍子",屬於人名之後加"子";這在古書中亦屬常見,如《繫年》第六章中的"悼子",正是《左傳》僖公九年中的"公子卓"。②

陳美蘭指出:"'雍也'實爲一詞,而'雍子'則是繫'子'字爲美稱……簡文用字爲'瘫','瘫''雍'可通。"③

按:目前,學界對於"雍也"之"也",存在三種不同的解釋:一、"子"的錯字;二、讀爲"氏";三、"也"爲"語助詞"。未知孰是。

5.135　楚鄖公鍾儀

《人表考》(712):鄖公儀,以樂官鍾師命氏。儀蓋世居樂官而爲鄖公者。
《左傳人物名號研究》(395):鄖公鍾儀、鍾儀。
芸公義【清華簡《繫年》85】
芸公【清華簡《繫年》86】
方炫琛指出,"鍾"爲氏;"儀"爲名或字。④ 陳美蘭指出:"從記名結構觀察,{申公儀}是'封地+公+字',{鄖公儀}也相仿,或可推獻{儀}亦爲{鍾儀}之字?"⑤

清華簡整理者認爲"芸公義,《左傳》作'鄖公鍾儀'"。⑥

5.136　楚共王(莊王子。)

《人表考》(712):楚共王,莊王之子。名審,或作箴。謚共,或作恭、龔。亦稱荆龔王。

《左傳人物名號研究》(387):楚子審、共王、楚子、楚共王、楚王、共。

---

① 蘇建洲:《讀〈繫年〉札記》,復旦大學出土文獻與古文字研究中心網,2012年12月8日;蘇建洲、吳雯雯、賴怡璇:《清華二〈繫年〉集解》,萬卷樓圖書公司,2013年,第419—421頁。
② 李守奎:《清華簡〈繫年〉"也"字用法與攻吾王光劍、緐書缶的釋讀》,《古文字研究》第三十輯,中華書局,2014年,第375—376頁。
③ 陳美蘭:《戰國竹簡東周人名用字現象研究》,藝文印書館,2014年,第96頁。
④ 方炫琛:《左傳人物名號研究》1859,花木蘭文化事業有限公司,2017年,第395頁。
⑤ 陳美蘭:《戰國竹簡東周人名用字現象研究》,藝文印書館,2014年,第170頁。
⑥ 李學勤主編:《清華大學藏戰國竹簡(貳)》,中西書局,2011年,第175頁注3。

龏王【清華簡《楚居》11、《繫年》77】

楚龍王【清華簡《繫年》85】

龍王【清華簡《繫年》86】

䪾王【清華簡《繫年》87】

𦶎王【清華簡《繫年》90】

楚恭王【清華簡《良臣》11】

方炫琛指出，"審"爲名；"共"爲諡。①

清華簡整理者："龏王，莊王子共王熊審。"②"楚龍王，《左傳》及《史記·楚世家》等作'楚共王'，《國語》作'楚恭王'，《吕氏春秋》作'楚龔王'。名審，又作箴，在位三十一年。"③

蘇建洲指出，《繫年》中，"楚共王"之"共"一共有四種寫法，或作"龍"（簡85、86），或作"䪾"（87），或作"𦶎"（簡90），或作"龏"（簡77），除"龏"之外，其餘三種寫法"與楚系材料用字習慣不合"。④ 陳美蘭指出，這位楚王的諡號，在清華簡中有"五種寫法"，可以分爲兩類：一是從"共"得聲的"恭"字；一是"龍"，或從"龍"得聲的字，這類字形可以"在金文中找到對應的寫法"；在戰國文字中，"龍"大多作姓氏或地名；"䪾"可分析爲"從龍省聲、兄聲"；"𦶎"可分析爲"從卄、從龍省聲、兄聲"；以上三種寫法，都可以看作是"'龏'的異寫"；"卄"（見紐東部）與"龍"（來紐東部）音近相通，因此，"卄"也具有"標音的功能"；疊加"兄"旁，可視爲"東陽合韻"；這類字形與"龍"相關，又"讀爲{恭}"，應該"是從西周流傳下來的"。⑤

李守奎指出，楚簡之中，"龏"氏屢見；楚國的公族"多以先王之諡爲氏"；典籍中，"龏"與"共"同；楚國的"龏"氏應該讀爲"共"，也是楚國公族之一，是"楚共王"的後代。⑥

5.137 晉郤克

《人表考》(712)：郤克，冀芮之孫，冀缺（亦稱郤缺）之子。亦稱郤獻子、郤子、郤伯、駒伯、郤錡駒伯。

---

① 方炫琛：《左傳人物名號研究》1806，花木蘭文化事業有限公司，2017年，第387頁。
② 李學勤主編：《清華大學藏戰國竹簡（壹）》，中西書局，2010年，第189頁注55。
③ 李學勤主編：《清華大學藏戰國竹簡（貳）》，中西書局，2011年，第174頁注1。
④ 蘇建洲、吴雯雯、賴怡璇：《清華二〈繫年〉集解》，萬卷樓圖書公司，2013年，第659頁。
⑤ 陳美蘭：《戰國竹簡東周人名用字現象研究》，藝文印書館，2014年，第169頁。
⑥ 李守奎：《出土楚文獻姓氏用字異寫現象初探》，中國文字博物館第二屆文字發展論壇會議論文，2010年；轉引自白顯鳳：《戰國楚簡人名異寫研究》，吉林大學碩士學位論文，2012年，第36頁。

《左傳人物名號研究》(319)：郤克、郤獻子、郤子、獻子、克、郤伯。

郄之克【清華簡《繫年》66】

方炫琛指出，"郤"爲氏；"克"爲名；"獻"爲謚；"伯"爲行次。①

清華簡整理者："郄之克即郤克、郤獻子，《左傳》宣公十二年或稱'駒伯'……郄，即'駒'，當爲其封邑。"②陳美蘭指出，"郄（郤）"或即"以封地爲氏之例"，上博簡{郤}作"⿱土戈"。③

5.160 齊晏桓子

《人表考》(717)：晏桓子，即晏弱，晏嬰之父。亦稱晏子。《通志·氏族略三》認爲，晏氏屬於"以邑爲氏"。有說法認爲，晏氏屬齊國公族。

《左傳人物名號研究》(308)：晏弱、晏桓子、桓子、晏子。

安子【清華簡《繫年》69】

方炫琛指出，"晏"爲氏；"桓"爲謚；"弱"爲名；"晏子"是"氏下殿以子字"，爲"春秋時卿大夫稱謂之通例"。④

陳美蘭指出，"安子"就是齊國大夫"晏子"，也就是《左傳》中的"晏弱"。⑤

5.172 趙武（朔子。）

《人表考》(719)：趙武，趙朔之子。其母爲莊姬。亦稱武、趙文子、獻文子、趙孟。

《左傳人物名號研究》(410)：趙武、武、趙文子、文子、趙孟。

文子【上博簡《競公瘧》4】

郄文子武【清華簡《繫年》96】

郄文子【清華簡《繫年》97】

方炫琛指出，"趙"爲氏；"武"爲名；"文"爲謚；或疑"趙武複謚獻文"，或以"獻"爲動詞，因"趙盾一系之嗣位者多稱趙孟"，故稱"趙孟"。⑥陳美蘭認爲，複謚之說可以排除，"文"是謚號，"子"是敬稱。⑦

上博簡整理者："'文子'，即'趙武'，又稱'趙孤''趙孟''趙文子武'。

---

① 方炫琛：《左傳人物名號研究》1421，花木蘭文化事業有限公司，2017年，第320頁。
② 李學勤主編：《清華大學藏戰國竹簡（貳）》，中西書局，2011年，第168頁注2。
③ 陳美蘭：《戰國竹簡東周人名用字現象研究》，藝文印書館，2014年，第102頁。
④ 方炫琛：《左傳人物名號研究》1349，花木蘭文化事業有限公司，2017年，第308頁。
⑤ 陳美蘭：《戰國竹簡東周人名用字現象研究》，藝文印書館，2014年，第66頁。
⑥ 方炫琛：《左傳人物名號研究》1953，花木蘭文化事業有限公司，2017年，第410頁。
⑦ 陳美蘭：《戰國竹簡東周人名用字現象研究》，藝文印書館，2014年，第111頁。

趙孤,趙朔之子,趙盾之孫,名武,謚'文子'。《史記·趙世家》:'趙孤名曰武。'' ……趙武死,謚爲文子。'"①陳美蘭指出:"《史記》所謂'趙孤'並非趙武的專稱,只是司馬遷用以形容趙武是趙朔的遺孤。"②

"趙",原篆或作"⿰?",或作"⿰?"。周波指出,"邲"亦見於楚私印,"可能是趙國、趙氏之'趙'的專字"。③蘇建洲指出,"趙"或作"邲"(簡96),或作"邲"(簡97),其形體"既與楚私璽相同,又符合三晉系的書寫習慣"。④陳美蘭指出,《繫年》中一共出現了六個"趙"氏,分別寫作"邲""邲"和"㚉";從目前的情況來看,清華簡書手習慣用從"勹"或"少"得聲之字來記錄"趙";"㚉"這樣的"兩聲字"爲首次出現;這類從"勹"或"少"得聲的字,可能是楚系文字中用以記錄"趙"的專字。⑤按:"趙",宵部定紐;"邲"從"勹"得聲,藥部襌紐;"邲"從"少"得聲,藥部書紐。宵、藥陽入對轉。

5.173 䮗蔑

《人表考》(719):䮗蔑,即然明,姓䮗,名蔑。亦稱蔑、䮗明。

《左傳人物名號研究》(372):然明、蔑、䮗蔑、䮗明。

蔑明【清華簡《良臣》10】
䮗明【清華簡《子產》22】

王引之指出:"《説文》:'蔑,勞目無精也。'《檀弓》鄭注曰:'明,目精也。'名蔑,故字明也。"⑥

方炫琛指出,或以其"爲鄭穆公之子子然之後",故氏"然";"蔑"爲名;或以"明"爲字;"䮗"亦爲氏。⑦陳美蘭指出:"若依古人稱名先字後名的習慣,則稱單其名字時當稱'明蔑',不過若要根據《良臣》作'蔑明',則又似以'蔑'爲字、'明'爲名。"⑧王輝指出:"'蔑明'是'名+字'的稱謂方式,與先秦常見的'字+名'不同。"⑨按:據此可見,雖然在古代"先字後名"是常態,但也存在"先名後字"的例外。

---

① 馬承源主編:《上海博物館藏戰國楚竹書(六)》,上海古籍出版社,2007年,第173頁。
② 陳美蘭:《戰國竹簡東周人名用字現象研究》,藝文印書館,2014年,第110頁。
③ 周波:《戰國時代各系文字間的用字差異現象研究》,綫裝書局,2013年,第52頁。
④ 蘇建洲、吳雯雯、賴怡璇:《清華二〈繫年〉集解》,萬卷樓圖書公司,2013年,第688頁。
⑤ 陳美蘭:《戰國竹簡東周人名用字現象研究》,藝文印書館,2014年,第99—100頁。
⑥ 王引之:《經義述聞》,上海古籍出版社,2016年,第1327頁。
⑦ 方炫琛:《左傳人物名號研究》1721,花木蘭文化事業有限公司,2017年,第372頁。
⑧ 陳美蘭:《戰國竹簡東周人名用字現象研究》,藝文印書館,2014年,第239頁。
⑨ 王輝:《簡帛人物名號彙考》,中西書局,2021年,第234頁。

清華簡整理者："蔑明，即毁蔑，或稱毁明、然明，見《古今人表》'中中'。"①

"蔑"，原篆作"🀄"。網友苦行僧認爲，"蔑"字"从'芈'聲，或當讀爲'然'"。② 網友海天遊蹤認爲"芈（見母月部）應該是添加聲符"。③ 蘇建洲指出，此字"从'苜'、'芈'聲，讀爲'蔑'"。④ 王寧認爲："相當於'蔑'的字蓋即'曹'字，只不過用'芈'作聲符替換了義符'目'，讀爲'蔑'。"⑤

"覭"，原篆作"🀄"。蘇建洲認爲，該字右旁與"'竊''察''淺''蔡'等字""偏旁相同"，右旁的"左邊的撇筆當是裝飾筆畫"。⑥ 王寧認爲："當分析爲从見減聲，即'薎'之或體，或作'瞴'，用與'蔑'同。"⑦

5.174　鄭子皮

《人表考》(719—720)：子皮，即罕虎，或作軒虎。以罕爲氏。鄭穆公之曾孫，子罕之孫，子展之子。

《左傳人物名號研究》(238)：罕虎、子皮、虎、子皮氏。

子皵【清華簡《良臣》9】

方炫琛指出，"罕"爲氏，或作"軒"；"虎"爲名；"子皮"爲字。⑧

清華簡整理者："子皮，見《古今人表》'中中'。"⑨

5.181　吳厥由

《漢書》(925—926)顏師古注："即蹷由。"

《人表考》(721)：蹷由，或作蹷融。壽夢之子，夷末之弟。

《左傳人物名號研究》(473)：蹷由。

吳王子鱥繇【清華簡《繫年》80】

清華簡整理者："王子鱥繇，《左傳》作'蹷由'，《韓非子·說林下》作'蹷融'，《漢書·古今人表》作'厥由'。'鱥'應即'鱥'字，'歲''厥'均在月部，可相通假。蹷由爲壽夢之子，夷末之弟，《左傳》云：'吳子使其弟蹷由

---

① 李學勤主編：《清華大學藏戰國竹簡（叁）》，中西書局，2012年，第162頁注53。
② 《清華簡三〈良臣〉劄記》6樓跟帖，簡帛網，2013年1月9日。
③ 《清華簡三〈良臣〉劄記》7樓跟帖，簡帛網，2013年1月9日。
④ 蘇建洲、吳雯雯、賴怡璇：《清華二〈繫年〉集解》，萬卷樓圖書公司，2013年，第415頁。
⑤ 王寧：《清華簡〈良臣〉〈子産〉中子産師、輔人名雜識》，復旦大學出土文獻與古文字研究中心網，2016年6月27日。
⑥ 蘇建洲：《〈清華六〉文字補釋》，簡帛網，2016年4月20日。
⑦ 王寧：《清華簡〈良臣〉〈子産〉中子産師、輔人名雜識》，復旦大學出土文獻與古文字研究中心網，2016年6月27日。
⑧ 方炫琛：《左傳人物名號研究》0931，花木蘭文化事業有限公司，2017年，第238頁。
⑨ 李學勤主編：《清華大學藏戰國竹簡（叁）》，中西書局，2012年，第161頁注48。

犒師,楚人執之。'"①

5.195　楚伍奢

《人表考》(723):伍奢,或作五奢。伍舉之子。伍員之父。亦稱伍子奢。

《左傳人物名號研究》(197):伍奢、奢、連尹奢。

連尹頿【清華簡《繫年》81】

方炫琛指出,"伍"爲氏;"奢"爲名;"連尹"爲"楚官名","連尹奢"乃"以官名冠名上"。②

5.259　田太公和

《人表考》(740):田太公,田襄子之孫,莊子白(亦作伯)之子。亦稱太公和、田和、和子、齊太公、齊太王。

陳和【清華簡《繫年》123】

清華簡整理者:"陳和,田和。《田敬仲完世家》:'莊子卒,子太公和立。'齊田氏源自陳完,故又名陳氏。"③李守奎指出:"簡文中所說的陳氏,就是史書和姓氏書中所說的田氏。"④蘇建洲指出:"'田和'即'陳太公',生稱爲'子禾子',《集成》10374'子禾子釜',《窓齋集古録》卷二四·二曰'即陳太公田和'。"⑤

5.261　韓景侯虔(武侯子。)

《人表考》(741):景侯虔,武子之子。虔,或作處。亦稱景子。

䖍虔【清華簡《繫年》119】

清華簡整理者:"䖍虔,即韓虔,啟章子,後爲景侯,見《韓世家》。索隱:'《紀年》及《系(世)本》皆作景子,名處。''處'係'虔'之譌。"⑥

5.265　魏武侯(文侯子。)

《人表考》(742):魏武侯,文侯之子。名擊。亦稱魏王。

---

① 李學勤主編:《清華大學藏戰國竹簡(貳)》,中西書局,2011年,第172頁注15。
② 方炫琛:《左傳人物名號研究》0707,花木蘭文化事業有限公司,2017年,第197頁。
③ 李學勤主編:《清華大學藏戰國竹簡(貳)》,中西書局,2011年,第194頁注13。
④ 李守奎:《清華簡〈繫年〉的"𨟭"字與陳氏》,《中國文字研究》第十八輯,上海書店出版社,2013年,第25頁。
⑤ 蘇建洲、吳雯雯、賴怡璇:《清華二〈繫年〉集解》,萬卷樓圖書公司,2013年,第861頁。
⑥ 李學勤主編:《清華大學藏戰國竹簡(貳)》,中西書局,2011年,第193頁注4。

魏繫【清華簡《繫年》119—120】
魏緐【清華簡《繫年》134】

清華簡整理者："魏繫,文侯斯之子魏擊,後爲武侯。""魏緐,即魏武侯擊。"①

李學勤指出:"'魏❐',即魏武侯。查《史記·魏世家》,武侯名擊,可知簡文實即'繫'字,只是增從'止'而已。"②

"繫",原篆作"❐"。"緐",原篆作"❐"。蘇建洲認爲:"至於《繫年》中的❐則是連'毄'的'攴'或'殳'都省略掉了。"③

---

① 李學勤主編:《清華大學藏戰國竹簡(貳)》,中西書局,2011 年,第 193 頁注 4、第 200 頁注 24。
② 李學勤:《釋清華簡〈金縢〉通假爲"穫"之字》,《出土文獻研究》第十輯,中華書局,2011 年,第 1 頁。
③ 蘇建洲、吳雯雯、賴怡璇:《清華二〈繫年〉集解》,萬卷樓圖書公司,2013 年,第 844 頁。

第六章　見於《古今人表》中下的人物名號

6.8　辟方（公非子。）

《人表考》(757)：辟方。
王【清華簡《攝命》1】
清華簡整理者："篇中周天子當爲孝王辟方,《史記·周本紀》以孝王爲共王弟,《史記·三代世表》《世本》以爲懿王弟、夷王叔父,後説較可信。"①

6.21　楚子繹（狂子。）

《人表考》(760)：熊繹,熊狂所生。受封爲楚子。姓芈。
《左傳人物名號研究》(402)：熊繹。
酓䋞【清華簡《楚居》4】
方炫琛指出："熊繹爲楚始封之君。楚君多於名上冠熊字。"②按：非"冠熊字",乃氏"熊"。
清華簡整理者："酓䋞,《左傳》《史記》作'熊繹',熊狂之子,生活在周成王與康王時期。《左傳》昭公十二年楚靈王與右尹子革語云：'昔我先王熊繹,與吕伋、王孫牟、燮父、禽父並事康王,四國皆有分,我獨無有。'《楚世家》：'熊繹當周成王之時,舉文、武勤勞之後嗣,而封熊繹於楚蠻,封以子男之田,姓芈氏,居丹陽。楚子熊繹與魯公伯禽、衛康叔子牟、晉侯燮、齊太公子吕伋俱事成王。'"③

6.27　楚熊亶（艾子。）

《人表考》(761)：熊亶,熊艾所生。亶,或作䵣、䵣。

---

① 李學勤主編：《清華大學藏戰國竹簡（捌）》,中西書局,2018年,第112頁注1。
② 方炫琛：《左傳人物名號研究》1910,花木蘭文化事業有限公司,2017年,第402頁。
③ 李學勤主編：《清華大學藏戰國竹簡（壹）》,中西書局,2010年,第184頁注25。

酓㫃【清華簡《楚居》5】

清華簡整理者："酓㫃,《楚世家》:'熊艾生熊黵。'索隱:'一作䵝。黵音但,與亶同字,亦作亶。'熊亶見《漢書·古今人表》。"①網友子居認爲"熊亶約當周穆王時期"。②

6.36 楚熊錫(盤子。)

《人表考》(762):熊錫,或作煬、楊。
《校正古今人表》(1005):楚熊錫,或作熊揚。

酓賜【清華簡《楚居》5】

清華簡整理者："酓賜,'賜'从貝,昜聲,'賜'之異體。《漢書·古今人表》:'楚熊錫,盤子。'《楚世家》:'熊勝以弟熊楊爲後。''昜'與'易'隸書形體相近,傳寫訛誤,但《楚世家》以熊楊與熊勝爲兄弟相及,則與簡文相合。"③網友子居指出:"熊賜約當周懿王、周孝王、周夷王時期。"④李家浩指出,"錫""錫"二字"形近易誤";"熊錫"先誤爲"熊錫",再寫作"熊楊"或"熊煬"。⑤

6.39 楚熊渠(錫子。)

《人表考》(763):熊渠,熊楊所生。

酓詎【清華簡《楚居》5】

清華簡整理者："酓詎,熊賜之子,《楚世家》作'熊渠'。"⑥網友子居指出:"熊渠約當周夷王、周厲王時期。"⑦

6.48 楚熊紃(嚴弟。)

《人表考》(764):熊徇,熊嚴少子,熊霜少弟。亦稱季紃、楚子徇。
《校正古今人表》(1006):楚熊紃,或作季徇。

酓訓【清華簡《楚居》6】

清華簡整理者："酓訓,《楚世家》作'熊徇',訓、徇音近。《國語·鄭語》

---

① 李學勤主編:《清華大學藏戰國竹簡(壹)》,中西書局,2010年,第185頁注32。
② 子居:《清華簡〈楚居〉解析》,簡帛研究網,2011年3月30日。
③ 李學勤主編:《清華大學藏戰國竹簡(壹)》,中西書局,2010年,第185頁注32。
④ 子居:《清華簡〈楚居〉解析》,簡帛研究網,2011年3月30日。
⑤ 李家浩:《清華戰國竹簡〈楚居〉中的酓胼、酓𫫇和酓縏》,《出土文獻》第三輯,中西書局,2012年,第2頁。
⑥ 李學勤主編:《清華大學藏戰國竹簡(壹)》,中西書局,2010年,第185頁注32。
⑦ 子居:《清華簡〈楚居〉解析》,簡帛研究網,2011年3月30日。

又作'熊紃'。"①

6.53　楚若敖（哭子。）

《人表考》(765)：若敖，即熊儀，熊哭之子。亦稱楚子儀。
《左傳人物名號研究》(284)：若敖。
若嚻酓義【清華簡《楚居》6】
若嚻【清華簡《楚居》10】

　　清華簡整理者："若嚻酓義，即《楚世家》之……'熊儀'。《楚世家》：'熊徇卒，子熊哭立。熊哭九年卒，子熊儀立，是爲若敖。二十七年，若敖卒。'據《楚居》文例可知熊哭與熊儀是兄弟關係。""若嚻，'若'爲地名，即下文之'箬'。簡文中……地名作'若'(4號簡)，或作'箬'(7號簡)、'箬郢'(9號簡)，即史書中的鄀。據若嚻酓義徙居箬(鄀)、焚冒酓帥自箬(鄀)徙居焚、宵嚻酓鹿自焚徙居宵，可知若、焚、宵皆爲楚先公所徙居之地。"②
　　關於楚君稱"嚻(敖)"，顧頡剛提出兩種説法：一是"楚稱某敖蓋猶後世稱某帝爲某陵也"；二是"蓋即酋豪之義"。③ 楊伯峻指出，"楚君王無諡者，多以葬地冠敖字"。④ 方炫琛指出，"其稱若敖者，以其爲葬於若之楚君故也，敖，豪也，酋長之稱，或丘陵之稱……楚君無諡號者，多以葬地配以敖字，稱某敖"。⑤ 羅運環指出："'某敖'的敖不是陵墓的意思，而是相當於'王'的國君稱號。"⑥許慜慧指出："'敖'義的轉變，可分爲武王稱王前後。'敖'原是部落酋長的稱號，部落轉變爲國家後，因其國弱小，仍稱敖，如若敖、宵敖，但實已有'國家元首'的含義。武王稱王後，稱敖的情況有二：1. 堵敖、郟敖、訾敖三君仍稱敖，因被弒而未得諡號。2. 大氏族首領，如閻敖、莫敖、蔿敖。"⑦陳朝霞指出："《楚居》中言若敖先居於喬多，後又遷至鄀地，當是在其死後又葬於此，故被稱爲'若敖'，焚冒亦是如此。"⑧吴雯雯指出："'敖'，《左傳》楚君名號連稱敖者有四：若敖、郟敖、訾敖及堵敖，《史記》亦有四：若敖、宵敖、堵敖、郟敖，去除重複爲若敖、宵敖、堵敖、郟敖、

---

① 李學勤主編：《清華大學藏戰國竹簡（壹）》，中西書局，2010年，第186頁注35。
② 李學勤主編：《清華大學藏戰國竹簡（壹）》，中西書局，2010年，第186頁注35、36。
③ 顧頡剛：《史林雜識初編》，中華書局，1963年，第212頁。
④ 楊伯峻編著：《春秋左傳注（修訂本）》，中華書局，1990年，第1348頁。
⑤ 方炫琛：《左傳人物名號研究》1216，花木蘭文化事業有限公司，2017年，第285頁。
⑥ 羅運環：《楚國諡法研究》，《紀念徐中舒先生誕辰110周年國際學術研討會論文集》，巴蜀書社，2010年，第356頁。
⑦ 許慜慧：《戰國時期楚國的"莫敖"考》，《理論界》2012年第5期。
⑧ 陳朝霞：《從近出簡文再析鄀國歷史地理》，《江漢考古》2012年第4期。

訾敖五人。"①趙思木指出,後世帝王的陵墓都有"陵號",楚王陵卻没有;有謚號的楚王,其陵就稱"某王之塚";"若敖""宵敖"時期,楚君還没稱王,也没有謚號,就是用稱"敖"、稱葬地的方式,來稱呼先君;楚武王開始稱王、使用謚號,是學習中原文化中"稱呼先君的方式";"郟敖""堵敖""訾敖"等,可能是利用舊的稱謂方式,來稱呼没有謚號的楚君。②

按:結合楚國職官有"莫敖""大莫敖""連敖"來看,將"敖"理解爲"酋豪"是有一定道理的。在許多情況下,能夠擔任國家要職的,應該都不是平民,而是國中一些氏族或部落的"酋豪"。我們懷疑,"敖"大概就是從"酋豪"演變成楚國職官的。而楚君以"地名+敖"爲稱者,或許是爲了與一般意義的"酋豪"之"敖",以及職官之"敖"相區分。

6.54 晉文侯仇(繆侯子。)

《人表考》(765):晉文侯,穆侯之子。其母爲姜氏。名仇,字義和。
《左傳人物名號研究》(103):仇、文、文侯。
晉文侯裁【清華簡《繫年》8】
晉文侯【清華簡《繫年》9】

王引之指出:"《文侯之命》'父義和',傳云:'義和,字也。'正義引鄭注云:'義讀爲儀。儀、仇皆匹也。故名仇字儀。'……或以義爲字,或以義和爲字,並當闕疑。"③方炫琛指出,"仇"爲名;"文"爲謚。④

"裁",原篆作"〖〗",郭店簡《緇衣》或作"〖〗"(簡19)、"〖〗"(簡43)。陳劍認爲,郭店"〖〗"字左旁聲符,可能是從西周金文中釋"奉"、讀"仇"、"用作'祈求'義"之字"演變而來";"奉"及從"奉"之字因"被'求'聲字兼并"而"在篆隸中"被淘汰。⑤ 陳美蘭指出,簡文"裁"字從"戈",由於"武器與戰爭關係密切",因而"'裁'纔是比較接近文侯命名的本字"。⑥

6.60 楚蚡冒(寧敖子。)

《人表考》(766):蚡冒,即熊眴,宵敖之子。蚡,或作玢、棼。眴,或作

---

① 蘇建洲、吳雯雯、賴怡璇:《清華二〈繫年〉集解》,萬卷樓圖書公司,2013年,第291頁。
② 趙思木:《〈清華大學藏戰國竹簡(壹)〉集釋及專題研究》,華東師範大學博士學位論文,2017年,第430—431頁。
③ 王引之:《經義述聞》,上海古籍出版社,2016年,第1443頁。
④ 方炫琛:《左傳人物名號研究》0166,花木蘭文化事業有限公司,2017年,第103頁。
⑤ 陳劍:《據郭店簡釋讀西周金文一例》,《北京大學中國古文獻研究中心集刊》第二輯,北京燕山出版社,2001年,第380、382、389、393頁。
⑥ 陳美蘭:《戰國竹簡東周人名用字現象研究》,藝文印書館,2014年,第80頁。

呴、煦。謚厲王。

《漢書補注》（1055）：見《楚世家》，名眴。

《左傳人物名號研究》（318）：蚡冒。

焚冒酓陃【清華簡《楚居》7】

方炫琛指出，或以"厲"爲謚。①

清華簡整理者："焚冒，'焚'字古書多異寫，或作'蚡'，或作'鼢'，或作'棼'，或作'鼖'，焚、蚡、鼢、棼、鼖皆同音。酓帥，'帥'字近西周金文录伯簋……《國語·鄭語》：'及平王末……楚蚡冒於是乎始啟濮。'韋昭注：'蚡冒，楚季紃之孫，若敖之子熊率。''帥'與'率'同音相通。"②

"焚"，李家浩指出："'蚡'或作'鼖''鼢''棼'。《國語·鄭語》'楚蚡冒於是乎始啟濮'之'濮'，或作'僰'，見《呂氏春秋·恃君》等。上古音'焚''蚡'屬並母文部，'僰'屬並母職部，三字聲母相同，韻部字音有關（參考楊樹達《積微居小學金石論叢（增訂本）·古音咍德部與痕部對轉證》），頗疑《楚居》焚冒徙居的'焚'應該讀爲'僰'。"③

"冒"，羅運環指出："鼉、敖、冒均音通可互作，蚡冒的冒當爲鼉或敖的假借字。"④

"帥"，原篆作"![字形]"。復旦讀書會指出："字形嚴格隸定當爲'陃'。"⑤ 陳美蘭指出："簡文'陃'字從'阜'，春秋晚期司馬楙編鎛字形提供了可能的演變源頭，至於右旁從二市之形，則早在西周中期就有類似的變化，到了秦簡、小篆，左旁已訛變爲'自'。"⑥ 白顯鳳指出："'率''帥'生母物部，'眴''呴'同從'旬'聲，'旬'爲邪母真部。'率''帥'與'旬'聲母同屬齒音，韻部相近，可通用。'煦'字當爲'眴''呴'二字之誤。"⑦ 王輝指出："當以'呴'爲是。《廣韻》《集韻》均將'呴'與'率''帥'放於一起，可見'呴'有率音。"⑧

網友子居指出："蚡冒名熊帥，傳世文獻記爲熊率，其後有熊率氏，《世本八種》記有秦嘉謨云：'左氏桓六年《傳》有熊率且比，似以其名爲氏。'"⑨

---

① 方炫琛：《左傳人物名號研究》1410，花木蘭文化事業有限公司，2017年，第318頁。
② 李學勤主編：《清華大學藏戰國竹簡（壹）》，中西書局，2010年，第186頁注37。
③ 李家浩：《談清華戰國竹簡〈楚居〉的"夷屯"及其他》，《出土文獻》第二輯，中西書局，2011年，第57頁注2。
④ 羅運環：《楚國八百年》，武漢大學出版社，1992年，第115頁。
⑤ 復旦大學出土文獻與古文字研究中心研究生讀書會：《清華簡〈楚居〉研讀札記》，復旦大學出土文獻與古文字研究中心網，2011年1月5日。
⑥ 陳美蘭：《戰國竹簡東周人名用字現象研究》，藝文印書館，2014年，第142頁。
⑦ 白顯鳳：《出土楚文獻所見人名研究》，吉林大學博士學位論文，2017年，第54頁。
⑧ 王輝：《簡帛人物名號彙考》，中西書局，2021年，第153頁。
⑨ 子居：《清華簡〈楚居〉解析》，簡帛研究網，2011年3月30日。

按:"楚厲王"僅見於《韓非子》。《和氏》:"楚人和氏得玉璞楚山中,奉而獻之厲王。厲王使玉人相之……及厲王薨,武王即位。……武王薨,文王即位……"《外儲説左上》:"楚厲王有警鼓,與百姓爲戒。"①古人認爲"楚厲王"就是蚡冒,應該就是根據《和氏》的記載推測出來的:厲王之後是武王,武王之後是文王。其實不然。根據《史記》記載,在厲王與武王之間,還有一位楚君。《楚世家》:"蚡冒十七年,卒。蚡冒弟熊通弒蚡冒子而代立,是爲楚武王。"②從"熊通弒蚡冒子而代立"的記載來看,《韓非子》所記的"厲王",或許就是"蚡冒子"。考慮到熊通"自立爲武王"是其在位三十七年時的事情,"厲王"很可能是此後的追稱。據文獻記載,"厲"屬惡謚。《逸周書·謚法》:"暴慢無親曰厲。殺戮無辜曰厲。"③童書業指出,"厲"是"惡謚";以"厲"爲謚的,都是"有昏德或不終者"。④ 追謚"蚡冒子"爲"厲",符合"熊通弒蚡冒子而代立"的史實。類似的事情,還見於《左傳》文公元年:"冬十月,以宮甲圍成王。王請食熊蹯而死。弗聽。丁未,王縊。謚之曰'靈',不瞑;曰'成',乃瞑。穆王立,以其爲大子之室與潘崇,使爲大師,且掌環列之尹。"⑤

6.88 鄭文公倢(厲公子。)

《人表考》(771—772):鄭文公,厲公之子,名接,或作捷、踕。亦稱鄭捷。
《左傳人物名號研究》(438):鄭伯捷、鄭伯、鄭文公、文公、鄭捷。
吝公【清華簡《鄭文公問太伯(甲)》1、《鄭文公問太伯(乙)》1】
方炫琛指出,"捷"爲名;"文"爲謚;或以"鄭"爲"國名",亦爲氏。⑥
清華簡整理者:"鄭文公名捷,《史記·鄭世家》作'踕',鄭厲公子。簡文稱'文公',係追稱。"⑦
王輝指出,"吝"是"文"之"繁構"。⑧

6.92 衛戴公(昭伯子。)

《人表考》(772):戴公,宣公之孫,昭伯頑之子。其母爲宣姜。名申。小稱公孫申。

---

① 王先慎:《韓非子集解》,中華書局,1998年,第95、287頁。
② 司馬遷:《史記》,中華書局,1959年,第1694頁。
③ 朱右曾:《逸周書集訓校釋》,商務印書館,1971年,第98頁。
④ 童書業:《春秋左傳研究(校訂本)》,中華書局,2006年,第343頁。
⑤ 《十三經注疏》,中華書局,1980年,第1837頁。
⑥ 方炫琛:《左傳人物名號研究》2120,花木蘭文化事業有限公司,2017年,第438頁。
⑦ 李學勤主編:《清華大學藏戰國竹簡(陸)》,中西書局,2016年,第120頁注3。
⑧ 王輝:《簡帛人物名號彙考》,中西書局,2021年,第228頁。

《左傳人物名號研究》(463)：戴公。

悥公申【清華簡《繫年》20】

𧪟公【清華簡《繫年》20】

方炫琛指出，"戴"爲謚。①

清華簡整理者："'悥''戴'同紐，職、之對轉。《衛世家》云戴公名申，與簡文合。""'𧪟'字從哉聲，章母職部，與端母的'戴'通假。"②

"戴"，原篆作"![字形]""![字形]"。陳美蘭指出，在同一枚竹簡之上，記載同一位衛國國君的名字，卻用了"悥"和"𧪟"兩個完全不同的字形；前者還作爲"恩德之'德'"出現於《繫年》簡41中，用的是"'悥'字的本義"；後者在《繫年》中僅此一次；推測其原因，可能是《繫年》的抄手，對於"衛戴公"的名字已經不太清楚，只能以同音字進行記錄；這種"名無定形"的現象，無論是傳世文獻，還是出土文獻都還比較常見。③ 按：人名異寫的現象，確實在傳世文獻和出土文獻中都很常見。這並不涉及當時的書手是否熟悉古人名字，而是在當時，相對於字形，人們更加重視字音的緣故。

6.98　衛文公（戴公弟。）　　**7.72　衛公子開方**

《人表考》(774、827)：衛文公，戴公之弟，昭伯之子。其母爲宣姜。名燬，或作㷎、燸（字書不載）。初名辟疆。亦稱衛文。衛公子開方，開方又作啟方。

《左傳人物名號研究》(450)：衛侯燬、文公、衛文公、衛侯、燬、文。

公子啟方【清華簡《繫年》20】

文公【清華簡《繫年》21】

方炫琛指出，"燬"爲名；"文"爲謚。④

清華簡整理者認爲"公子啟方即《管子・大匡》等所見之公子開方，齊桓公臣"；"《左傳》及《衛世家》云衛文公爲戴公弟燬，簡文云爲啟方，彼此不同"。⑤ 何有祖指出："傳世文獻說衛文公原名'辟疆'，出于避諱的需要而更名作'燬'。……啟方，與傳世文獻所見'辟疆''啟疆'義同，皆有開疆辟土之義。清華簡作啟方，當是未作避諱處理前之名，與傳世文獻中的燬爲一人。"⑥ 陶金

---

① 方炫琛：《左傳人物名號研究》2278，花木蘭文化事業有限公司，2017年，第463頁。
② 李學勤主編：《清華大學藏戰國竹簡（貳）》，中西書局，2011年，第145頁注12、14。
③ 陳美蘭：《〈清華大學藏戰國竹簡（貳）・繫年〉用字現象考察》，《第二十五屆中國文字學國際學術研討會會議論文集》，中國文化大學中國文學系，2014年，第399頁。按："簡41"，應爲"簡42"。
④ 方炫琛：《左傳人物名號研究》2194，花木蘭文化事業有限公司，2017年，第450頁。
⑤ 李學勤主編：《清華大學藏戰國竹簡（貳）》，中西書局，2011年，第145頁注13、16。
⑥ 何有祖：《讀〈清華大學藏戰國竹簡（貳）〉札記》，簡帛網，2011年12月20日。

也指出,據《賈誼新書·審微》記載,衛文公原本名"辟疆",但因周天子的行人提出"啟疆辟疆"爲天子之號,諸侯不能用,從而改名爲"燬";截至衛文公時代,周天子中並没有以"啟疆辟疆"爲名者;倒是周孝王名"辟方",根據《繫年》記載,衛文公初名"啟方";清華簡《祭公之顧命》有"皇啟方邦"的記載,今本《逸周書·祭公》寫作"大開方封於下土";"啟方"的含義與"啟疆辟疆"相近;周王室承認周孝王是天子,在這樣的情況下,要求衛文公避諱是可以理解的。① 郭麗指出:"衛文公與公子開方不是一人。"② 按:《國語·齊語》:"狄人攻衛,衛人出廬於曹,桓公城楚丘以封之。"韋昭注:"衛人出走宋,桓公逆之於河,以衛之遺民立公孫申以寄於曹,是爲戴公。"③ 衛戴公爲"公孫"而非"公子"。衛文公是衛戴公之弟,也只能稱"公孫"而非"公子"。據此,我們贊同郭麗之説。

6.99　宋襄公(桓公子。)

《人表考》(774):宋襄公,桓公太子。其母爲衛文公女弟,昭伯之女。名慈父。亦稱宋子。

《左傳人物名號研究》(226):宋公兹父、大子兹父、宋子、襄公、宋襄公、宋公。

宋【清華簡《良臣》7】

方炫琛指出,"兹父"(或作"慈父")爲名;"襄"爲諡;或以"凡在喪"的"公侯"稱"子"。④

清華簡整理者:"宋,指宋襄公。"⑤

6.107　鄭繆公蘭(文公子。)

《人表考》(775):鄭穆公,文公之子。其母爲燕姞。因母之夢名蘭。
《左傳人物名號研究》(439):鄭伯蘭、公子蘭、鄭穆公、鄭伯、穆公、蘭、鄭穆。

奠君【清華簡《繫年》47】
奠白【清華簡《繫年》57】
奠穆公【清華簡《繫年》74】

方炫琛指出,"蘭"爲名;"穆"爲諡。⑥

---

① 陶金:《由〈繫年〉談衛文公事迹》,復旦大學出土文獻與古文字研究中心網,2011年12月27日。
② 郭麗:《簡帛文獻與〈管子〉研究》,方志出版社,2015年,第188頁。
③ 徐元誥:《國語集解》,中華書局,2002年,第238—239頁。
④ 方炫琛:《左傳人物名號研究》0858,花木蘭文化事業有限公司,2017年,第226頁。
⑤ 李學勤主編:《清華大學藏戰國竹簡(壹)》,中西書局,2010年,第161頁注40。
⑥ 方炫琛:《左傳人物名號研究》2128,花木蘭文化事業有限公司,2017年,第439頁。

6.117 晉成公黑臀（靈公弟。）

《人表考》(777)：成公黑臀，文公庶子，襄公之弟。因母之夢名黑臀。
《左傳人物名號研究》(306)：晉侯黑臀、公子黑臀、成公、晉侯。
晉成公【清華簡《繫年》61—62】
方炫琛指出，"黑臀"爲名；"成"爲謚。①

6.123 申舟

《人表考》(778)：申舟，即文之無畏。舟，或作周。氏文，名無畏，字子舟，爲申公。亦稱子舟、文無畏、申无畏。
《左傳人物名號研究》(153)：文之無畏、無畏、子舟、申舟、毋畏。
(183)：申公叔侯、申叔。
無悓【上博簡《王居》1、《志書乃言》2】
繡公弔侯【清華簡《繫年》57】
孫白亡悓【清華簡《繫年》58】
梁履繩引萬氏《氏族略》："申舟稱文之無畏，疑是文族，楚文王之後也。"②

方炫琛指出："毋畏"（或作"無畏"）爲名；或以"子舟"爲字，實則"舟"爲其字，"子"爲"男子美稱之詞"；或以"申"爲其食邑；"申"亦爲氏；"申舟"爲"以氏配字"；或以"文"爲"楚文王之後"，或以"文"爲"以謚爲氏"；"之"爲"語助"。"申公"即"守申之大夫"；"侯"爲名或字；"申侯"即"以邑配名或字"；"叔"爲行次。③

上博簡整理者："'無悓'，史有'無畏'，名'申舟'，字'子舟'，春秋時楚國大夫。"④

清華簡整理者："申公叔侯見《左傳》僖公二十六年，二十八年稱申叔。申無畏又稱申舟，與申公叔侯並非同族……據本章下文，此處申公叔侯乃是譌誤。""孫，通讀爲'申'，音近通假。或説申氏出自楚文王，故稱'孫'。"⑤
陳美蘭指出："{申公叔侯}之稱名結構爲'氏+職官+行次+名'，傳世文獻{申公叔侯}的稱名有多種組合，《繫年》出現的是最齊全的稱名，正可與傳

---

① 方炫琛：《左傳人物名號研究》1340，花木蘭文化事業有限公司，2017 年，第 306 頁。
② 梁履繩：《左傳補釋》，《續修四庫全書》第一二三冊，上海古籍出版社，2002 年，第 341 頁。
③ 方炫琛：《左傳人物名號研究》0448、0635，花木蘭文化事業有限公司，2017 年，第 153、183 頁。
④ 馬承源主編：《上海博物館藏戰國楚竹書（八）》，上海古籍出版社，2011 年，第 207 頁。
⑤ 李學勤主編：《清華大學藏戰國竹簡（貳）》，中西書局，2011 年，第 161 頁注 9、12。

世文獻印證。"①

田成方認爲,"申無畏"很可能是進入楚國作臣屬的"姜姓南申國後裔";"文之無畏"屬於"以謚爲氏",但是,"文"指的不是"楚文王",而是"申文王";"申叔氏"是"申氏"的"别系",大概是因爲其先祖是"某宗之幼子",於是以"叔"綴氏之後,以與"大宗"相區别;"申公叔侯"(《左傳》僖公二十六年),亦稱"申叔"(僖公二十八年),"叔侯"爲名,"申公"爲"其所任之職","申"是族氏;史家稱其官爵則爲"申公叔侯",稱其族屬則爲"申叔"。② 李學勤認爲,"文之無畏"應該是"楚文王的幼子"。③ 陳美蘭指出,如果按照李說,將州萊簠銘中的"申文王之孫"理解爲"文王之孫的申氏",則"孫白(伯)無畏"中"孫"的"解讀就有了著落",但"不太符合春秋金文的稱名習慣";如果像原注釋所說,此申氏"與文之無畏乃楚文王孫輩有關",則"不符合先秦稱名習慣";並推測"也許'孫'字是另一支申氏的專用字"。④

關於"無畏"的理解,王引之認爲:"無,語詞。'畏'讀曰'楎',舟上柱也。"⑤張澍認爲:"汎舟則畏風濤之險。字無畏者,自壯之詞。"⑥劉釗認爲:"'無畏'即'不怕',此名多見於古璽和典籍,乃古人常用名,不應别解。"⑦陳美蘭指出,如果"舟"與"無畏"在意義上有關聯,可能令人想起"怕水之人"。⑧ 按:也許文之無畏並不是怕水,只是害怕乘船罷了。現在有種說法,叫作"乘船恐懼症",屬於"特定恐懼症"中的一種。

6.128 吳壽夢(中雍後十五世。)

《人表考》(779—780):吳壽夢,名乘。又曰孰姑。亦稱吳子壽夢、夢。《史記》索隱引宋衷曰"代謂祝夢乘諸"。顧炎武《左傳杜解補正》:"一言爲乘,二言爲壽夢。"

《左傳人物名號研究》(221):吳子乘、吳子壽夢、吳子、吳壽夢。

吳王曼夢【清華簡《繫年》109】

方炫琛指出,"乘"爲名;或以"壽夢"爲號。⑨

---

① 陳美蘭:《戰國竹簡東周人名用字現象研究》,藝文印書館,2014年,第153頁。
② 田成方:《東周時期楚國宗族研究》,科學出版社,2016年,第162、167頁。
③ 李學勤:《楚國申氏兩簠讀釋》,《江漢考古》2010年第2期。
④ 陳美蘭:《戰國竹簡東周人名用字現象研究》,藝文印書館,2014年,第164頁。
⑤ 王引之:《經義述聞》,上海古籍出版社,2016年,第1395頁。
⑥ 張澍:《春秋時人名字釋》,《續修四庫全書》第一五〇七册,上海古籍出版社,2002年,第104頁。
⑦ 劉釗:《古文字中的人名資料》,《吉林大學社會科學學報》1999年第1期。
⑧ 陳美蘭:《戰國竹簡東周人名用字現象研究》,藝文印書館,2014年,第165頁注108。
⑨ 方炫琛:《左傳人物名號研究》0840,花木蘭文化事業有限公司,2017年,第221頁。

清華簡整理者："吳王壽夢，《春秋》襄公十二年稱'吳子乘'，'乘'當是'壽夢'的合音。"①

陳美蘭指出，吳國青銅器中有"壽夢"之名，"壽"與《繫年》中的"🕮""同形"，"夢"與《繫年》中的"🕮""相仿"。②

白顯鳳指出："'壽夢''孰姑''祝夢乘諸'蓋皆爲吳音。"③

6.130　申公巫臣

《人表考》(780)：申公巫臣，即楚屈巫，字子靈。屈氏別族，未詳所系。

《左傳人物名號研究》(258)：屈巫、申公巫臣、巫臣、子靈。

繡公屈晉【清華簡《繫年》75】

繡公【清華簡《繫年》76】

王引之認爲："《説文》：'靈，或从巫。'《楚辭·九歌》'靈連蜷兮既留'，王注云：'靈，巫也。楚人名巫爲靈子。'"④方炫琛指出，"屈"爲氏；因"屈巫嘗爲申縣之尹"故稱"申公"；"巫臣"是名；稱"屈巫"是"兩字名省其一"；或以"子靈"爲字。⑤

清華簡整理者："申公屈巫，即《左傳》宣公十二年申公巫臣，屈氏別族，《左傳》成公二年稱'屈巫'，襄公二十六年云'字子靈'。""繡公屈巫，屈巫見《左傳》成公二年，即申公巫臣。"⑥

6.150　士鞅

《人表考》(785)：士鞅，即范獻子。亦稱范鞅、范叔。

《左傳人物名號研究》(76)：士鞅、范鞅、鞅、范獻子、范叔、獻子。

軛獻子【清華簡《趙簡子》1】

方炫琛指出，"士"爲氏；"鞅"爲名；"士氏自士會後亦稱范氏"；"獻"爲謚；"叔"爲行次。⑦

清華簡整理者："軛，亦見於《古璽彙編》3517，包山楚簡87、122，本輯

---

① 李學勤主編：《清華大學藏戰國竹簡(貳)》，中西書局，2011年，第187頁注4。
② 陳美蘭：《戰國竹簡東周人名用字現象研究》，藝文印書館，2014年，第243頁。
③ 白顯鳳：《出土楚文獻所見人名研究》，吉林大學博士學位論文，2017年，第228頁。
④ 王引之：《經義述聞》，上海古籍出版社，2016年，第1366頁。
⑤ 方炫琛：《左傳人物名號研究》1054，花木蘭文化事業有限公司，2017年，第258頁。
⑥ 李學勤主編：《清華大學藏戰國竹簡(貳)》，中西書局，2011年，第171頁注6、第186頁注2。
⑦ 方炫琛：《左傳人物名號研究》0021，花木蘭文化事業有限公司，2017年，第76頁。

《子犯子餘》等處,讀爲'范'。范獻子,晉國正卿,一名鞅,卒諡獻子。"①

6.162　楚康王(共王子。)

《人表考》(787):楚康王,共王之子。名昭,或作招。
《左傳人物名號研究》(386):楚子昭、楚子、楚王、楚康王、康王。
康王【清華簡《楚居》11、《繫年》97】
楚康王【清華簡《繫年》96】
方炫琛指出:"昭"爲名;"康"爲諡。②
清華簡整理者:"康王,共王之子,名昭。"③"楚康王,名昭,楚共王子。"④

6.168　鄭定公(簡公子。)

《人表考》(788):鄭定公寧,簡公之子。
《左傳人物名號研究》(439):鄭伯寧、鄭伯、鄭定公。
奠定公【清華簡《良臣》9】
方炫琛指出,"寧"爲名;"定"爲諡。⑤
清華簡整理者:"鄭定公,名寧,簡公之子,見《古今人表》'中下'。"⑥

6.190　成鱄

《人表考》(792):成鱄,《説苑·善説》有"成摶",未知是否爲同一人?
《左傳人物名號研究》(232):成鱄。
成剸【清華簡《趙簡子》5】
方炫琛指出,"成"爲氏。⑦
清華簡整理者:"'剸'爲'剬'的異體字。成剬,人名,《左傳》昭公二十八年作'成鱄',杜預注:'鱄,晉大夫。'《説苑》作'成摶'。……向宗魯《説苑校證》案:'《通鑑外紀》作成傳。'"⑧工輝指出:"成爲其氏;'剬''鱄''摶'音近通用,爲其名(《善説》自稱"臣摶")。"⑨

---

① 李學勤主編:《清華大學藏戰國竹簡(柒)》,中西書局,2017年,第108頁注3。
② 方炫琛:《左傳人物名號研究》1802,花木蘭文化事業有限公司,2017年,第386頁。
③ 李學勤主編:《清華大學藏戰國竹簡(壹)》,中西書局,2010年,第189頁注55。
④ 李學勤主編:《清華大學藏戰國竹簡(貳)》,中西書局,2011年,第181頁注1。
⑤ 方炫琛:《左傳人物名號研究》2126,花木蘭文化事業有限公司,2017年,第439頁。
⑥ 李學勤主編:《清華大學藏戰國竹簡(叁)》,中西書局,2012年,第161頁注48。
⑦ 方炫琛:《左傳人物名號研究》0893,花木蘭文化事業有限公司,2017年,第232頁。
⑧ 李學勤主編:《清華大學藏戰國竹簡(柒)》,中西書局,2017年,第109頁注11。
⑨ 王輝:《簡帛人物名號彙考》,中西書局,2021年,第200頁。

6.193　楚司馬子期

《人表考》(792—793)：司馬子期,即公子結,平王之子,昭王之兄,子西之弟,爲大司馬。期,或作綦、旗、其。亦稱子期、子期氏。

《左傳人物名號研究》(118)：公子結、子期。

司馬【上博簡《邦人不稱》4】
司馬子忢【清華簡《良臣》6】

王引之認爲："'綦''結'雙聲,其義相近。……弁與屨之綦皆結也。"①張澍認爲："綦者,結也。以物約束謂之結,亦謂之綦也。"②方炫琛指出,"結"爲名；"綦"爲字,或作"期""旗"。③

上博簡整理者："'司馬',指子期。公子結,楚昭王兄。"④

清華簡整理者："司馬子期,昭王兄,子西之弟,見《古今人表》'中下'。"⑤

6.201　季康子

《人表考》(795)：季康子,桓子之子。名肥。亦稱季孫。

《左傳人物名號研究》(267)：肥、康子、季孫、季康子、子季孫。

季庚子【上博簡《季庚子問於孔子》1】
肥【上博簡《季庚子問於孔子》1】
庚子【上博簡《季庚子問於孔子》2】
季孫【清華簡《良臣》8】

方炫琛指出,"季"爲氏；"肥"爲名；"康"爲諡；"季氏之宗子稱季孫"；"子季孫"之"子",可能是"敬稱"。⑥

上博簡整理者："'季庚子',即'季康子'……季桓子之子,名'肥',諡'康子',又名'季孫肥',春秋時魯國大夫,魯上卿諸臣之帥。"⑦清華簡整理者："季孫,指季康子,名肥,《論語·爲政》及《左傳》哀公八年、《國語·魯語下》皆省稱'季孫'。季康子,見《古今人表》'中下'。"⑧陳美蘭指出,諡號

---

① 王引之:《經義述聞》,上海古籍出版社,2016年,第1355頁。
② 張澍:《春秋時人名字釋》,《續修四庫全書》第一五〇七册,上海古籍出版社,2002年,第103頁。
③ 方炫琛:《左傳人物名號研究》0249,花木蘭文化事業有限公司,2017年,第118頁。
④ 馬承源主編:《上海博物館藏戰國楚竹書(九)》,上海古籍出版社,2012年,第248頁。
⑤ 李學勤主編:《清華大學藏戰國竹簡(叁)》,中西書局,2012年,第160頁注31。
⑥ 方炫琛:《左傳人物名號研究》1107,花木蘭文化事業有限公司,2017年,第267頁。
⑦ 馬承源主編:《上海博物館藏戰國楚竹書(五)》,上海古籍出版社,2005年,第200頁。
⑧ 李學勤主編:《清華大學藏戰國竹簡(叁)》,中西書局,2012年,第161頁注41。

"康"在簡文中寫作"庚","庚"是"借字"。① 按"康"字从"庚"得聲。郭沫若指出:"康字蓋从庚,庚亦聲也。"②

6.211　楚白公勝

《人表考》(797):白公勝,楚太子建之子。亦稱王孫勝、王孫。

《左傳人物名號研究》(359):勝、白公。

白公【清華簡《楚居》13,上博簡《邦人不稱》4】

方炫琛指出,"勝"爲名;以其"爲白邑之縣尹",故稱"白公"。③

清華簡整理者:"白公,楚平王太子建之子,名勝,號白公。"④

上博簡整理者:"'白公',名勝,楚平王太子建(子木)之子,楚平王孫,亦稱'王孫''公孫勝'。楚平王七年,隨父太子建避難於宋、鄭。後太子建爲鄭人所殺,勝與伍子胥奔吳,昭王立,歸爲巢大夫,號'白公'。"⑤

6.232　趙獻侯(襄子兄孫。)

《人表考》(800):趙獻侯,即趙獻子。其子烈侯追尊爲獻侯。名浣,又名起。

㚿关【清華簡《繫年》115】

清華簡整理者:"㚿关,即趙浣。'关'見《說文》廾部,與'浣'音近通假。"⑥蘇建洲指出,"关"在簡文中出現兩次,或作"■"(簡 115),或作"■"(簡 116);類似的寫法還見於"笑"作"■"(簡 45、46);"這種寫法與关(即弅)有形混的現象";劉家莊北 M1046 出土石璋上有墨書"■"字,程鵬萬釋爲"弅",讀爲"尊";中子化盤(《集成》10137)"自作浣盤"之"浣"寫作"■"(■)";"■"(簡 115)的寫法,正好是前二者寫法的綜合。⑦

按:"㚿",參"6.233 趙桓子"條。

6.233　趙桓子(襄子弟。)

《人表考》(801):趙桓子,襄子之弟。名嘉。

---

① 陳美蘭:《戰國竹簡東周人名用字現象研究》,藝文印書館,2014 年,第 44 頁。
② 郭沫若:《甲骨文字研究》,《郭沫若全集(考古編)》第一卷,科學出版社,1982 年,第 175 頁。
③ 方炫琛:《左傳人物名號研究》1649,花木蘭文化事業有限公司,2017 年,第 359 頁。
④ 李學勤主編:《清華大學藏戰國竹簡(壹)》,中西書局,2010 年,第 190 頁注 64。
⑤ 馬承源主編:《上海博物館藏戰國楚竹書(九)》,上海古籍出版社,2012 年,第 248 頁。
⑥ 李學勤主編:《清華大學藏戰國竹簡(貳)》,中西書局,2011 年,第 190 頁注 6。
⑦ 蘇建洲、吳雯雯、賴怡璇:《清華二〈繫年〉集解》,萬卷樓圖書公司,2013 年,第 804—805 頁。

籾起子【清華簡《繫年》111】

清華簡整理者:"籾起子,即趙桓子。籾,少、勻雙聲符。"①

6.234　楚簡王(惠王子。)

《人表考》(801):楚簡王,惠王之子。名仲,或作中。

柬大王【望山簡1.10,新蔡簡甲一21,上博簡《柬大王泊旱》1,清華簡《楚居》15】

王大子【清華簡《楚居》14】

楚柬大王【清華簡《繫年》114】

望山簡整理者:"柬大王、聖王、悼王當爲先後相次的三個楚王。《史記·楚世家》:'惠王卒,子簡王中立。……簡王卒,子聲王當立。聲王六年,盜殺聲王,子悼王熊疑立。''柬''簡'二字古通。……所以簡文柬大王、聖王、悼王即《楚世家》的簡王、聲王、悼王,是無可懷疑的。"②

上博簡整理者:"'柬',同'簡'……'柬大王',又見《江陵望山沙冢楚墓》(望山1號墓竹簡)'罷禱柬大王',即楚簡王,楚惠王之子熊中。"③

清華簡整理者:"此處的王太子是指惠王的太子,即下文之'柬大王'。""柬大王,即楚簡王,惠王之子。"④"楚柬大王,即楚簡王……簡大王之前冠以'楚',似非楚人自記其事的口氣。"⑤

關於"大"字,李零指出,楚惠王之後的"簡王",是"柬(簡)大王"的省稱,後者屬於雙字諡。⑥ 董珊認爲:"'柬大王'之'大'是諡法,應讀爲'簡厲王'或'簡烈王'。出土文獻所見春秋戰國時代的楚王常有雙字諡法……'大'不是先秦諡法用字,讀爲'厲'或'烈'則見於諡法,'烈'(金文作"剌")與'厲'常常可通,且戰國晚期楚有'考烈王'。"⑦汪受寬輯錄兩條關於"大"的諡法:"則天法堯曰大(蘇洵《諡法》卷二)。充實光輝,廣被弘覆謂之大(《大金集禮》卷三)。"⑧陳美蘭據此指出:"諡號爲{大}之取義,或可以本字

---

① 李學勤主編:《清華大學藏戰國竹簡(貳)》,中西書局,2011年,第187頁注11。
② 湖北省文物考古研究所、北京大學中文系編:《望山楚簡》,中華書局,1995年,第90—91頁注24。
③ 馬承源主編:《上海博物館藏戰國楚竹書(四)》,上海古籍出版社,2004年,第195頁。
④ 李學勤主編:《清華大學藏戰國竹簡(壹)》,中西書局,2010年,第191頁注69、72。
⑤ 李學勤主編:《清華大學藏戰國竹簡(貳)》,中西書局,2011年,第189頁注1。
⑥ 李零:《楚景平王與古多字諡》,《傳統文化與現代化》1996年第6期。
⑦ 董珊:《楚簡中从"大"聲之字的讀法(二)》,簡帛網,2007年7月8日;《楚簡中从"大"聲之字的讀法》,《簡帛文獻考釋論叢》,上海古籍出版社,2014年,第170頁。按:本書據後者。
⑧ 汪受寬:《諡法研究》,上海古籍出版社,1995年,第283頁。

讀之,《逸周書・諡法解》無'大'字,不好完全排除失載的可能,後世帝王稱名仍有諡'大'字者,雖然時代上晚,或可備一説。"① 按:"簡大王"爲雙字諡,應無問題。

6.237 趙烈侯(獻侯子。)

《人表考》(801):趙烈侯,獻侯之子。名籍。亦稱趙烈子。

籵䖒【清華簡《繫年》119】

清華簡整理者:"籵䖒,即趙籍,獻子之子,後爲烈侯。《趙世家》:'十五年,獻侯卒,子烈侯籍立。'"② 陳美蘭指出,"籍"爲從母鐸部字;"䖒"從"虖"聲,"虖"爲從母魚部字;二字聲母相同,韻部爲陰、入對轉,可以通假。③ 按:"虖"從"且"得聲。"籍"从"昔"得聲。"且",清紐魚部。"昔",心紐鐸部。清、心均屬齒音。魚、鐸爲陰入對轉。故從"且"得聲之字可與從"昔"得聲之字相通。《周禮・遂人》"以興耡利甿",鄭玄注:"鄭大夫讀耡爲藉。"又《里宰》"以歲時合耦于耡",鄭玄注引鄭司農云:"耡,讀爲藉。"《孫臏兵法・威王問》:"三里瀂洳將患軍……"整理者注:"'籍''且'二字古音相近,'瀂洳'即'沮洳',沼澤地帶。"④

6.241 韓烈侯(景侯子。)

《人表考》(802):韓烈侯,景侯之子。烈,或作列。名取,亦稱武侯。

馭緅【清華簡《繫年》133—134】

清華簡整理者:"馭緅,即韓烈侯取。《韓世家》:'九年……景侯卒,子列侯取立。'"⑤ 蘇建洲指出"韓烈侯取是韓武子取章(見二十一章,簡116)之孫、韓景侯虔(見二十二章,簡119)之子"。⑥

---

① 陳美蘭:《戰國竹簡東周人名用字現象研究》,藝文印書館,2014年,第198頁。
② 李學勤主編:《清華大學藏戰國竹簡(貳)》,中西書局,2011年,第193頁注4。
③ 陳美蘭:《戰國竹簡東周人名用字現象研究》,藝文印書館,2014年,第125頁。
④ 張儒、劉毓慶:《漢字通用聲素研究》,山西古籍出版社,2002年,第370頁。
⑤ 李學勤主編:《清華大學藏戰國竹簡(貳)》,中西書局,2011年,第200頁注24。
⑥ 蘇建洲、吳雯雯、賴怡璇:《清華二〈繫年〉集解》,萬卷樓圖書公司,2013年,第917頁。

第七章　見於《古今人表》下上的人物名號

7.19　楚熊延(摯弟。)

《人表考》(818)：熊延，熊摯之弟。亦稱楚子延。

酓繡【清華簡《楚居》6】

清華簡整理者："酓繡，'繡'所從聲符胥見於楚簡及銅器銘文，延、月雙音符。《楚世家》：'摯紅卒，其弟弑而代立，曰熊延。'"①

李守奎認爲，《楚世家》中"執疵"的"執""蓋涉'摯紅'之'摯'而衍"；"疵"就是"熊延"。②

李家浩贊同"酓綎"是《楚世家》中的"熊延"，是"熊藝"的兒子。③

7.22　楚熊勇(延子。)

《人表考》(818)：楚熊勇，熊延所生。亦稱楚子勇。

酓甬【清華簡《楚居》6】

清華簡整理者："酓甬……即《楚世家》之'熊勇'……《楚世家》：'熊延生熊勇。熊勇六年，而周人作亂，攻厲王，厲王出奔彘。熊勇十年卒，弟熊嚴爲後。熊嚴十年卒。'"④

7.27　楚熊咢(紃子。)

《人表考》(819)：熊咢，熊徇之子。咢，或作鄂、噩。亦稱楚子鄂。

---

① 李學勤主編：《清華大學藏戰國竹簡(壹)》，中西書局，2010年，第186頁注34。
② 李守奎：《根據〈楚居〉解讀史書中熊渠至熊延世序之混亂》，《中國史研究》2011年第1期。
③ 李家浩：《清華戰國竹簡〈楚居〉中的酓胖、酓執和酓綎》，《出土文獻》第三輯，中西書局，2012年，第12—13頁。
④ 李學勤主編：《清華大學藏戰國竹簡(壹)》，中西書局，2010年，第186頁注35。

酓䚓【清華簡《楚居》6】

清華簡整理者認爲"酓咢……即《楚世家》之'熊咢'"。① 按："咢"，原篆作"䚓"，當隸定爲"䚓"，即"噩"，與傳世文獻相合。

7.41 楚寧敖（若敖子。）

《人表考》（822）：楚寧敖，若敖之子。寧，本作霄。名熊坎，坎或作囷、欽。

宵嚻酓鹿【清華簡《楚居》7】

清華簡整理者："宵嚻熊鹿，《楚世家》作'霄敖熊坎'。包山 246 號簡：'舉禱荆王自熊鹿以就武王。'熊鹿即霄敖。《楚世家》《古今人表》等並以爲霄敖（《古今人表》作"甯敖"）是若敖之子，蚡冒之父，誤。據本篇簡文，可知世系是若敖——蚡冒——宵敖。"②

孟蓬生指出，從"自……就"的"事理"和"實例"兩方面看來，包山簡 246 中的"熊鹿"，與《楚居》中的"熊鹿"，不是"同一人"，應該"加以區別"；楚王宵嚻之名，有"坎""欽""囷""鹿"等四種寫法；其中，"坎"屬談部，"欽"屬侵部，二字音近可通；古音"囪"聲與"今"聲、"鹿"聲均可相通；古音"今"聲、"囪"聲均可與"困"相通。③ 王寧認爲："'宵敖熊鹿'之'鹿'，在傳世典籍中作'囷''坎''欽'，極有可能還是因爲文字輾轉書寫的問題。……很有可能是'熊鹿'之名又寫作'熊头'，'鹿''头'雙聲、屋覺通轉，故而通假。而'头'又即'囷'，故後在轉寫中將'头'寫作了'囷'，由'囷'又音轉爲'坎''欽'。其演變軌迹就是：鹿—头—囷（囷头）—坎（欽）。"④ 李家浩認爲："上古音'坎'屬溪母談部，'欽'屬溪母侵部，'囷'屬群母文部，溪、群二母都是喉音，侵、談二部字音關係密切，與文部的字也偶爾發生關係。……頗疑《楚居》的'鹿'是'廘'字的省寫。'廘''囷'二字都從'困'聲，故可以通用。"⑤ 王輝認爲："'困''鹿'均指糧倉，二者或是同義换讀。"⑥

---

① 李學勤主編：《清華大學藏戰國竹簡（壹）》，中西書局，2010 年，第 186 頁注 35。
② 李學勤主編：《清華大學藏戰國竹簡（壹）》，中西書局，2010 年，第 187 頁注 38。
③ 孟蓬生：《〈楚居〉所見楚王"宵嚻"之名音釋》，復旦大學出土文獻與古文字研究中心網，2011 年 5 月 21 日；《〈楚居〉所見楚王名考釋二則》，《清華簡研究》第一輯，中西書局，2012 年，第 304—307 頁。按：本書據後者。
④ 《〈楚居〉所見楚王"宵嚻"之名音釋》學者評論第 10 樓，復旦大學出土文獻與古文字研究中心網，2011 年 5 月 24 日。
⑤ 李家浩：《談清華戰國竹簡〈楚居〉的"夷屯"及其他》，《出土文獻》第二輯，中西書局，2011 年，第 57 頁注 3。
⑥ 王輝：《簡帛人物名號彙考》，中西書局，2021 年，第 154—155 頁。

7.42　鄭武公（桓公子。）

《人表考》(822)：鄭武公,桓公之子。名滑突,或作掘突、突滑。因父子並任周之司徒,故亦稱司徒鄭伯。亦稱武。

《左傳人物名號研究》(439)：鄭武公、武公、武。

奠武公【清華簡《繫年》10、《鄭武夫人規孺子》1】

武公【清華簡《繫年》10】

先君武公【清華簡《鄭文公問太伯(甲)》7、《鄭文公問太伯(乙)》6】

武【清華簡《鄭文公問太伯(甲)》10、《鄭文公問太伯(乙)》9】

方炫琛指出,"武"爲諡。①

清華簡整理者："鄭武公,周宣王弟鄭桓公友之子。《史記·鄭世家》：'犬戎殺幽王於驪山下,并殺桓公。鄭人共立其子掘突,是爲武公。'"②"鄭武公,桓公子掘突。"③

關於"鄭"字寫作"奠",陳美蘭指出："作爲姓氏、地名使用的戰國時期出土資料也多寫作'奠',加了'邑'旁的寫法出現時代較晚。"④

7.61　鄭昭公忽（厲公兄。）

《人表考》(825)：鄭昭公,莊公娶鄧曼所生。名忽,或作曶。亦稱公子忽、太子忽、世子忽、鄭忽、昭君。

《左傳人物名號研究》(164)：世子忽、公子忽、曼伯、大子忽、鄭忽、鄭昭公。

卲公【清華簡《繫年》10】

先君卲公【清華簡《鄭文公問太伯(甲)》9、《鄭文公問太伯(乙)》8】

竹添光鴻指出："曼伯即昭公之字。古人名字相配,必有其義。忽,疾也,速也；曼,延也,長也。延長與疾速,義正相反。名忽字曼伯,蓋取相反者爲義。"⑤方炫琛指出,"忽"爲名；"昭"爲諡；或以"曼伯"爲字。⑥

7.62　高渠彌

《人表考》(825)：高渠彌,彌或作眯。亦稱高伯。

---

① 方炫琛：《左傳人物名號研究》2130,花木蘭文化事業有限公司,2017 年,第 439—440 頁。
② 李學勤主編：《清華大學藏戰國竹簡(貳)》,中西書局,2011 年,第 140 頁注 13。
③ 李學勤主編：《清華大學藏戰國竹簡(陸)》,中西書局,2016 年,第 105 頁注 1。
④ 陳美蘭：《戰國竹簡東周人名用字現象研究》,藝文印書館,2014 年,第 227 頁。
⑤ 竹添光鴻會箋：《左氏會箋》,巴蜀書社,2008 年,第 73 頁。
⑥ 方炫琛：《左傳人物名號研究》0517,花木蘭文化事業有限公司,2017 年,第 164—165 頁。

《左傳人物名號研究》(325)：高渠彌、高伯。

高之巨爾【清華簡《繫年》11】

方炫琛指出，"渠彌"爲名，"彌"或作"眯"；"高"爲氏；或以"伯"爲字。①

清華簡整理者指出，"高之巨爾"就是"高渠彌"；"之"是"助詞"；人姓名之間加"之"，在先秦古書中比較常見。②

7.63 鄭子亹(昭公弟。)

《人表考》(826)：鄭子亹，即公子亹，昭公之弟。子亹，或作子亶。

《漢書人表考補》(948)：鄭子亹，亹或作亶、亶。

《左傳人物名號研究》(127)：公子亹、子亹。

子釁壽【清華簡《繫年》11】

方炫琛指出，"亹"爲名；"子"爲"男子之美稱"。③

清華簡整理者："釁壽，傳文作'公子亹'，'釁''亹'爲通假字。"④

華東師大讀書小組指出："'沫'，整理者隸爲'釁'，有誤，此字是'沫'，並有多體的異寫；假讀爲'眉'，則是。'子沫'，在古書之中，都作'子亹'，是以疑'沫'通假爲'亹'。簡文'壽'字，殆因前一字可讀爲'眉'而羨衍於此，當視爲衍文。"⑤吳雯雯認爲，整理者將"(釁)"隸定爲"釁"，沒有問題；但是，將人名理解爲"釁壽"則不妥，從上下文來看，應該是"子釁壽"，可對應於文獻中的"子亹"；簡文中兩次出現"子釁壽"，是不是衍文，還要有更多的證據。⑥王寧指出："鄭公子亹很可能就是名壽字子亹(眉)，傳世典籍中只稱其字而不言其名，唯《繫年》將其名、字共稱爲'子亹壽'。"⑦陳美蘭贊同此說，"如果簡文'子亹'是其字，簡文的稱名就説得通了，因爲古人名字連稱習慣先字後名"。⑧袁金平認爲："'眉壽'極有可能也屬於二字名，'子眉壽'乃是以美稱'子'冠於名前而組成的名號。"⑨白顯鳳認爲："'子眉壽'中

---

① 方炫琛：《左傳人物名號研究》1442，花木蘭文化事業有限公司，2017年，第325頁。
② 李學勤主編：《清華大學藏戰國竹簡(貳)》，中西書局，2011年，第140頁注16。
③ 方炫琛：《左傳人物名號研究》0307，花木蘭文化事業有限公司，2017年，第127頁。
④ 李學勤主編：《清華大學藏戰國竹簡(貳)》，中西書局，2011年，第140頁注16。
⑤ 華東師範大學中文系戰國簡讀書小組：《讀〈清華大學藏戰國竹簡(貳)·繫年〉書後(一)》，簡帛網，2011年12月29日。
⑥ 蘇建洲、吳雯雯、賴怡璇：《清華二〈繫年〉集解》，萬卷樓圖書公司，2013年，第133頁。
⑦ 王寧：《"录子聖"之名臆解》，復旦大學出土文獻與古文字中心網，2014年6月4日。
⑧ 陳美蘭：《戰國竹簡東周人名用字現象研究》，藝文印書館，2014年，第230頁。
⑨ 袁金平：《由清華簡〈繫年〉"子釁壽"談先秦人名冠"子"之例》，《清華簡〈繫年〉與古史新探》，中西書局，2016年，第218頁。

的'子'也應理解爲表示'眉壽'爲鄭莊公子的身份。"①按：目前看來，將"子甹(眉)壽"理解爲"字+名"，符合古人"先字後名"的習慣。此說可從。其名爲"壽"，幸賴清華簡《繫年》得以保存。

陳美蘭指出，"甹"爲西周金文"甇"字之省。②

7.74　陳宣公杵臼（嚴公弟。）

《人表考》(828)：陳宣公，莊公之弟。名杵臼。杵，或作處。
《左傳人物名號研究》(355)：陳侯杵臼、陳侯、陳宣公。

墜侯【清華簡《繫年》30】

方炫琛指出，"杵臼"爲名，"杵、臼爲舂檮粟之器，取斯二物之名以爲名"，或作"處臼"；"宣"爲諡。③

7.75　息侯

《人表考》(828)：息侯，本作鄎。息國爲姬姓。

賽侯【清華簡《繫年》23】

清華簡整理者："賽，通'息'，二字同屬心母職部。"④王子揚指出"受楚國文化的影響，用'賽'寫'息國'之'息'是完全可以理解的"。⑤

7.76　惠王毋涼（釐王子。）

《人表考》(828)：惠王，釐王之子。名毋涼，或名閬。
《漢書人表考校補》(968)：惠王毋涼，或作惠王涼。
《校正古今人表》(1012)：惠王母涼，母涼或作毋涼、閬。
《左傳人物名號研究》(365)：惠王、惠。

周惠王【清華簡《繫年》18】

方炫琛指出，"惠"爲諡。⑥

陳美蘭指出："'閬''涼'並屬來母陽部，可以通假，這應是不同版本的記錄，只是文獻不足徵，不知孰爲本字。"⑦王輝認爲"'毋'爲助

---

① 白顯鳳：《出土楚文獻所見人名研究》，吉林大學博士學位論文，2017年，第186頁。
② 陳美蘭：《戰國竹簡東周人名用字現象研究》，藝文印書館，2014年，第230頁。
③ 方炫琛：《左傳人物名號研究》1620，花木蘭文化事業有限公司，2017年，第355頁。
④ 李學勤主編：《清華大學藏戰國竹簡(貳)》，中西書局，2011年，第148頁注1。
⑤ 王子揚：《"寈公孫脂父匜"之"寈公"即"息公"說袪疑》，復旦大學出土文獻與古文字研究中心網，2011年12月22日。
⑥ 方炫琛：《左傳人物名號研究》1685，花木蘭文化事業有限公司，2017年，第365頁。
⑦ 陳美蘭：《戰國竹簡東周人名用字現象研究》，藝文印書館，2014年，第14頁。

詞無義"。①

7.84　奚齊

《人表考》(830)：奚齊,晉獻公夫人驪姬所生。
《左傳人物名號研究》(294)：奚齊。
䩁𦧈【清華簡《繫年》31】

　　方炫琛認爲,"奚齊"爲名。② 陳美蘭懷疑："'奚齊'可能是晉語,但其爲驪姬所生,也不排除與驪戎之語有關。"③

　　清華簡整理者："'勴'從奚得聲,'𦧈'從次得聲,'勴𦧈'可讀爲'奚齊'。奚齊,驪姬之子。"④宋華强認爲："'勴'即'㑒'字……'勴'字右側的
"丸"可能就是'㑒'字所從'人'旁的變體,這種在竪筆上通過添加飾筆從而形成'九'字形的演變方式……"⑤網友 theta922 贊同宋説,並提出兩種可能性："第一,古文字中左右結構的字,左右偏旁存在互換情況……所以作爲人名的勴字所從人旁可以出現在右邊。第二,因爲人旁下部没有其他筆畫,字形顯得單薄。爲了讓整體字形顯得匀稱,所以書寫者纔模仿'禹''萬''禽'等字的演變,寫成了'丸'形狀。"⑥孟蓬生懷疑："'勴'字可以隸定爲'䩁'。古音'丸(丮)'聲與奚聲相通,故'勴'字所從的'丸(丮)'實際上也可以看作奚字基礎上添加的聲符。换句話,'䩁'字是一個雙聲符字。"⑦清華大學讀書會贊同宋説,並指出："人名地名中一些字寫法特殊,姑且認爲'丸'是人旁在這個人名中的特殊寫法。"⑧網友子居認爲,驪姬之子名爲"奚齊",應該是"驪"之緩讀;驪戎有文馬名爲"雞斯之乘";此二者"語源當相同";"麗"和"文"都有"美好"的意思。⑨ 陳美蘭指出,孟文釋"䩁",古文字中,"奐"所從之"負",其"人"形下半部從來都是寫作"冂",與簡文中的形體"丸"(簡31)、"丮"與"丮"(簡32)明顯不同;宋文釋"㑒",古文字中,"内"

---

① 王輝：《簡帛人物名號彙考》,中西書局,2021 年,第 92 頁。
② 方炫琛：《左傳人物名號研究》1273,花木蘭文化事業有限公司,2017 年,第 294 頁。
③ 陳美蘭：《戰國竹簡東周人名用字現象研究》,藝文印書館,2014 年,第 87 頁。
④ 李學勤主編：《清華大學藏戰國竹簡(貳)》,中西書局,2011 年,第 151 頁注 2。
⑤ 宋華强：《清華簡〈繫年〉奚齊之"奚"的字形》,簡帛網,2011 年 12 月 21 日。
⑥ 《補論宋先生關於奚齊之"奚"文章》1 樓發帖,簡帛網,2011 年 12 月 21 日。
⑦ 孟蓬生：《清華簡〈繫年〉初札(二則)》,復旦大學出土文獻與古文字研究中心網,2011 年 12 月 21 日;《釋"䩁"》,《清華簡〈繫年〉與古史新探》,中西書局,2016 年,第 421 頁。按：本書據後者。
⑧ 清華大學出土文獻讀書會：《〈清華大學藏戰國竹簡〉(貳)研讀劄記(一)》,復旦大學出土文獻與古文字研究中心網,2011 年 12 月 22 日。
⑨ 子居：《清華簡〈繫年〉5—7 章解析》,孔子 2000 網,2012 年 3 月 14 日。

的字形只加在動物類的字體上;雖然該字形右旁"筆畫簡單",卻又"著實難解",只能暫從孟文隸作"??"。① 賴怡璇指出,没有見過"人"字"增添横筆爲飾"者,無法"演變爲'九'形";"'人'形增添横筆"原本是"千"字,將"?"理解爲"千"可能比較合理;至於此字是"人",還是"千",抑或是"奚",待考;"驪"是來紐歌部字,"奚"是匣紐支部字,"齊"是從紐脂部字,來與匣不近,歌與脂難通,"緩讀"之説不可信。② 李松儒指出:"海天已提示'?'右旁與上博四《内禮》簡8'冠不?'字形很近。'?'張新俊釋爲'介—紒'("紒"實即"結"之異體字),甚是。則此字有可能从'奚'从'介','奚'匣紐支部,'介'見紐月部,聲紐屬牙喉音,韻部旁對轉,還是有通假條件的,'?'應爲雙聲字;不過宋華强所言'?'即'僙'字,其所從'人'旁加飾筆的説法,似也不能排除。"③ 鄔可晶指出:"其右旁可能也是'介'(蓋由"人"繁化而成,"介""奚"古音亦不遠)。"④

蘇建洲指出,簡文"脊"有兩種寫法,或作"?"(簡31),或作"?""?"(簡32);後一種所從的"欠"旁,寫得跟"旡"相混,楚簡中也比較常見。⑤

7.85　卓子

《人表考》(830):卓子,或作悼子。晉獻公夫人驪姬之娣所生。卓,或作悼。亦稱公子卓。

《校正古今人表》(1012):卓子,或作悼子、淖子。

《左傳人物名號研究》(111):公子卓、卓子、卓。

悼子【清華簡《繫年》33】

方炫琛指出,"卓"爲名;"子"爲"男子美稱",殿名下。⑥

清華簡整理者:"悼子,晉獻公之子,史書多稱'卓子'。《晉世家》作'悼子',與簡文同。"⑦陳美蘭指出:"'悼''卓'二字亦難判斷何爲本字。"⑧

---

① 陳美蘭:《戰國竹簡東周人名用字現象研究》,藝文印書館,2014年,第86頁。
② 蘇建洲、吳雯雯、賴怡璇:《清華二〈繫年〉集解》,萬卷樓圖書公司,2013年,第321—322頁。
③ 李松儒:《清華簡〈繫年〉集釋(修訂本)》,中西書局,2022年,第126頁。
④ 鄔可晶:《釋清華簡〈五紀〉的"介"》,復旦大學出土文獻與古文字研究中心網,2021年11月18日。
⑤ 蘇建洲、吳雯雯、賴怡璇:《清華二〈繫年〉集解》,萬卷樓圖書公司,2013年,第322頁。
⑥ 方炫琛:《左傳人物名號研究》0205,花木蘭文化事業有限公司,2017年,第111頁。
⑦ 李學勤主編:《清華大學藏戰國竹簡(貳)》,中西書局,2011年,第151頁注5。
⑧ 陳美蘭:《戰國竹簡東周人名用字現象研究》,藝文印書館,2014年,第87頁。

7.89 襄王鄭（惠王子。）

《人表考》（831）：襄王,惠王之子。其母爲惠后。名鄭。
《左傳人物名號研究》（154）：王大子鄭、王世子、襄王、襄。
周襄王【清華簡《繫年》44】

方炫琛指出,"鄭"爲名;"以其爲周王之子,故於世子、大子之上冠以王字";"襄"爲謚。①

陳美蘭指出,"襄"字下部從"廾"作"󰀀",與"󰀀"字（"齊襄公"之"襄",《繫年》11）相同,與從"攴""土"之"󰀀"（"晉襄公"之"襄",《繫年》47、50、51、53）"略異";後者"在西周金文可找到源頭";前者是由西周金文的寫法省變而來;從"土"之"襄",令人聯想到其"取義"或許"與開闢土地有關"。②

7.90 晉惠公（獻公子。）

《人表考》（831）：晉惠公,獻公之子。其母爲小戎子。名夷吾。亦稱晉公。
《左傳人物名號研究》（304）：晉侯夷吾、夷吾、晉惠公、晉侯、惠公、惠。
惠公【清華簡《繫年》32】
晉惠公【清華簡《繫年》38】

方炫琛指出,"夷吾"爲名;"惠"爲謚。③ 按："夷吾",參"3.103 宋公子目夷"條。

清華簡整理者："惠公即夷吾。"④

7.91 里克

《人表考》（831）：里克,姓里,本作理,或作李。亦稱里子、里季子、中大大。
《左傳人物名號研究》（241）：里克、里。
里之克【清華簡《繫年》32】

方炫琛指出,"里"爲氏;"克"爲名。⑤

---

① 方炫琛：《左傳人物名號研究》0459,花木蘭文化事業有限公司,2017 年,第 154 頁。
② 陳美蘭：《戰國竹簡東周人名用字現象研究》,藝文印書館,2014 年,第 15 頁。
③ 方炫琛：《左傳人物名號研究》1335,花木蘭文化事業有限公司,2017 年,第 304—305 頁。
④ 李學勤主編：《清華大學藏戰國竹簡（貳）》,中西書局,2011 年,第 151 頁注 4。
⑤ 方炫琛：《左傳人物名號研究》0950,花木蘭文化事業有限公司,2017 年,第 241 頁。

清華簡整理者:"里之克,即晉大夫里克。"①

陳美蘭根據梁玉繩的考證指出,理官之"理",傳世文獻作"李",可能是來自楚簡中的寫法,如上博簡《容成氏》簡 29"乃立皋陶以爲李(理)",《李頌》簡 2"以李(理)人情"。②

7.98　宋昭公(成公子。)

《人表考》(833):宋昭公,成公之子。名杵臼。

《左傳人物名號研究》(261):杵臼、昭公、宋公、宋昭公。

宋公【清華簡《繫年》57】

方炫琛指出,"杵臼"爲名,"杵、臼爲舂橋粟之器,取斯二物之名以爲名",或作"處臼";"昭"爲諡。③　按:"杵臼",參"7.74 陳宣公杵臼"條。

蘇建洲指出,"宋公"爲"宋昭公"。④

7.109　鄭襄公堅(靈公弟。)

《人表考》(835):鄭襄公堅,靈公之弟。堅,或作臤、賢、䋝。

《左傳人物名號研究》(438):鄭伯堅、公子堅、鄭伯、鄭襄公。

奠成公【清華簡《繫年》61】

方炫琛指出,"堅"爲名;"襄"爲諡。⑤

清華簡整理者:"據《史記・十二諸侯年表》,當時鄭君爲襄公,簡文作'成公',疑因下涉'晉成公'而誤。"⑥

7.113　齊頃公(惠公子。)

《人表考》(836):齊頃公,惠公之子。其母爲蕭同叔子。名無野。其母賤,因取薪而生於野,貍乳而鸒覆之,故名。

《左傳人物名號研究》(416):齊侯無野、齊侯、齊頃公、頃公。

齊向公【清華簡《繫年》67】

齊侯【清華簡《繫年》67】

方炫琛指出,"無野"爲名;"頃"爲諡。⑦

---

① 李學勤主編:《清華大學藏戰國竹簡(貳)》,中西書局,2011 年,第 151 頁注 5。
② 陳美蘭:《戰國竹簡東周人名用字現象研究》,藝文印書館,2014 年,第 88 頁。
③ 方炫琛:《左傳人物名號研究》1070,花木蘭文化事業有限公司,2017 年,第 261 頁。
④ 蘇建洲、吳雯雯、賴怡璇:《清華二〈繫年〉集解》,萬卷樓圖書公司,2013 年,第 456 頁。
⑤ 方炫琛:《左傳人物名號研究》2119,花木蘭文化事業有限公司,2017 年,第 438 頁。
⑥ 李學勤主編:《清華大學藏戰國竹簡(貳)》,中西書局,2011 年,第 163 頁注 2。
⑦ 方炫琛:《左傳人物名號研究》1978,花木蘭文化事業有限公司,2017 年,第 416 頁。

陳美蘭認爲，"冋"爲見紐耕部字，"頃"爲溪紐耕部字，聲韻均近；謚號"頃"在簡文中寫作"冋"，不能排除"'頃'的意義乃與烔、迥等語義同源"；無野謚"頃"，也可能是"著重於他在晉齊鞌之戰以後的表現"。①

7.118 晉景公（成公子。）

《人表考》(837)：晉景公，成公之子。名獳，或名據。

《左傳人物名號研究》(307)：晉侯獳、晉侯、晉景公、景公。

晉競公【清華簡《繫年》66】

競公【清華簡《繫年》72】

方炫琛指出，"獳"爲名；"景"爲謚。②

清華簡整理者："晉競公，《左傳》及《晉世家》作'晉景公'，名獳，又名據，晉成公子，在位十九年。"③

7.135 齊崔杼

《人表考》(840)：崔杼，即崔武子。其先爲齊丁公嫡子季子，讓國叔乙，食采於崔，因以爲氏。亦稱崔子。

《左傳人物名號研究》(332)：崔杼、崔子、崔武子、武子、杼、崔氏。

蓑芧【清華簡《繫年》95】

方炫琛指出，或以爲"崔夭之子，出自齊丁公之後"；"崔"爲氏；"杼"爲名；"武"爲謚。④

陳美蘭指出："'蓑'屬心母微部，'崔'屬清母微部，聲近韻同可通；簡文'芧'與傳世本'杼'並从予聲，可以通讀。"⑤

7.139 晉平公彪（悼公子。）

《人表考》(841)：晉平公，悼公之子。其母爲悼夫人，杞女。名彪。亦稱晉平。

《左傳人物名號研究》(306)：晉侯彪、晉侯、平公、彪、晉平公。

晉臧坪公【清華簡《繫年》91】

坪公【清華簡《繫年》92】

---

① 陳美蘭：《戰國竹簡東周人名用字現象研究》，藝文印書館，2014年，第61—63頁。
② 方炫琛：《左傳人物名號研究》1341，花木蘭文化事業有限公司，2017年，第307頁。
③ 李學勤主編：《清華大學藏戰國竹簡（貳）》，中西書局，2011年，第175頁注2。
④ 方炫琛：《左傳人物名號研究》1483，花木蘭文化事業有限公司，2017年，第332頁。
⑤ 陳美蘭：《戰國竹簡東周人名用字現象研究》，藝文印書館，2014年，第68頁。

先君坪公【清華簡《趙簡子》10】

方炫琛指出,"彪"是名,"平"是諡。①

馬衛東、蘇建洲、羅小華等均認爲,"莊平"爲雙字諡。② 陳美蘭指出:"戰國楚系文字特別習慣使用'坪'字記録{平}。"③

7.154　秦哀公（景公子。）

《人表考》(844):秦哀公,景公之子。或作畢公、柏公。

《左傳人物名號研究》(313):秦哀公、秦伯。

秦異公【清華簡《繫年》105】

方炫琛指出,"哀"爲諡。④

李守奎曾在《清華簡〈繫年〉與吳人入郢新探》中公布一條關於"秦異公"的記載:"秦異公命子蒲、子虎率師救楚,與楚會伐唐,縣之。"⑤網友海天指出,根據史實,簡文中的"秦異公"就是"秦哀公";《史記·秦本紀》索隱引《始皇本紀》作"瑴公",《秦始皇本紀》作"畢公",集解引徐廣曰"《春秋》作哀公";簡文中的"秦異公"似應改爲"秦畢公";《清華大學藏戰國竹簡(壹)》中的"畢",與包山簡"異"字形體非常接近;《始皇本紀》所記"秦畢公"是有根據的。⑥ 清華簡整理者:"《史記·秦本紀》亦作'哀公',索隱云:'《始皇本紀》作瑴公。'今本《始皇本紀》作'畢公'。簡文作'異公'。"⑦ 蘇建洲指出,《清華大學藏戰國竹簡(壹)》中有"畢"旁,與楚簡中的"'異'字同形",屬於"一種類化現象的訛變",可能是"書手的書寫習慣";而"《史記·秦始皇本紀》的異文"作"畢",故《繫年》的釋文似當以寫作'秦畢公'爲優先。"⑧ 王輝指出,"異"疑讀爲"翼"(參《逸周書·諡法解》);"秦異公"就是"秦哀公";"異"字或作"異"(《繫年》),"畢"字或作"畢"(睡虎地

---

① 方炫琛:《左傳人物名號研究》1339,花木蘭文化事業有限公司,2017年,第306頁。
② 馬衛東:《文獻校釋中的周代多字諡省稱問題》,《古代文明》2013年第3期。蘇建洲、吳雯雯、賴怡璇:《清華二〈繫年〉集解》,萬卷樓圖書公司,2013年,第710頁。羅小華:《試論清華簡〈繫年〉中的幾個多字諡》,《簡帛研究二〇一六(秋冬卷)》,廣西師範大學出版社,2017年,第15—16頁。
③ 陳美蘭:《戰國竹簡東周人名用字現象研究》,藝文印書館,2014年,第112頁。
④ 方炫琛:《左傳人物名號研究》1383,花木蘭文化事業有限公司,2017年,第313頁。
⑤ 李守奎:《清華簡〈繫年〉與吳人入郢新探》,《中國社會科學報》2011年11月24日第7版。
⑥ 《關於〈繫年〉第四章的"秦異公"》樓主發帖,復旦大學出土文獻與古文字研究中心網,2011年12月4日。
⑦ 李學勤主編:《清華大學藏戰國竹簡(貳)》,中西書局,2011年,第185頁注4。
⑧ 蘇建洲、吳雯雯、賴怡璇:《清華二〈繫年〉集解》,萬卷樓圖書公司,2013年,第748—749頁。

簡),形體相近,《秦紀》"畢公"之"畢"應該是"異"字的"訛誤";"哀""異"二字形體不近;由於"古音微部與之部(職爲之部入聲)字可通轉",因此,"異"(職部喻紐)與"哀"(微部影紐)雖然聲韻有隔,卻也可以"通用",且"以'翼'爲正字";"秦哀公"當"改稱爲'秦翼公'";在東周時期,謚"翼"的很少,謚"哀"的卻不少;秦"哀公"改稱"翼公",對於謚法研究也是很重要的。① 我們認爲,"哀""翼"當屬雙字謚。②

7.155 楚昭王(平王子。)

《人表考》(844):楚昭王,平王之子。其母爲秦嬴。名壬,亦名軫,或作珍。亦稱熊珍、楚昭。

《左傳人物名號研究》(386):楚子軫、大子壬、昭王、楚子、楚昭王。

卲王【包山簡 200,新蔡簡甲一 5,上博簡《昭王毀室 昭王與龔之脾》1、《邦人不稱》2,清華簡《楚居》12、《繫年》82】

王【上博簡《王居》1、《志書乃言》1】

楚卲王【清華簡《繫年》102】

楚訋王【清華簡《良臣》5】

方炫琛指出,"壬"爲"大子時名";"軫"爲"即位後改名";"昭"爲謚。③ 蘇建洲指出:"楚昭王之名,古書中有兩類寫法:《左傳》昭公二十六年作'壬',《太平御覽》卷一四七引作'任',這是一類;《春秋經》哀公六年、《史記·伍子胥列傳》《國語·楚語下》作'軫',《史記·楚世家》《十二諸侯年表》作'珍',這是又一類。"④

包山簡整理者:"卲王,楚昭王。"⑤

上博簡整理者:"'卲王',楚昭王。《史記·楚世家》:'平王卒,乃立太子珍,是爲昭王。'昭王在位二十七年……卒於城父,謚昭。"⑥ "'王',指楚昭王。"⑦ "'卲王',即楚昭王。"⑧

上博簡整理者指出,《志書乃言》的內容是"楚王對無愄的不滿";"無

---

① 王輝:《一粟居讀簡記(六)》,《古文字研究》第三十輯,中華書局,2014 年,第 362—363 頁。
② 羅小華:《試論清華簡〈繫年〉中的幾個多字謚》,《簡帛研究二〇一六(秋冬卷)》,廣西師範大學出版社,2017 年,第 16 頁。
③ 方炫琛:《左傳人物名號研究》1805,花木蘭文化事業有限公司,2017 年,第 386—387 頁。
④ 蘇建洲、吳雯雯、賴怡璇:《清華二〈繫年〉集解》,萬卷樓圖書公司,2013 年,第 714 頁。
⑤ 湖北省荊沙鐵路考古隊編:《包山楚簡》,文物出版社,1991 年,第 53 頁注 360。
⑥ 馬承源主編:《上海博物館藏戰國楚竹書(四)》,上海古籍出版社,2004 年,第 182 頁。
⑦ 馬承源主編:《上海博物館藏戰國楚竹書(八)》,上海古籍出版社,2011 年,第 206 頁。
⑧ 馬承源主編:《上海博物館藏戰國楚竹書(九)》,上海古籍出版社,2012 年,第 244 頁。

悢"亦見於上博簡《王居》。① 據此，則篇中的"王"，疑爲"楚昭王"。

清華簡整理者："昭王，昭王珍，平王之子。昭王之'昭'，楚人皆寫作'卲'，見昭王之諻鼎(《集成》2288)、簠(《集成》3634—3635)；新蔡、包山卜筮簡，上博簡《昭王毀室》等。"②

《良臣》中的"昭"，原篆作"![字]"，清華簡整理者隸爲"韶"。③ 網友海天遊蹤認爲，"楚昭王的昭字寫法不同於楚文字材料寫作卲，大概表示此底本非楚國"。④ 蘇建洲認爲："用韶來表示楚昭王的昭字，與楚文字習慣寫作、、、不同，大概表示此底本非楚國。"⑤ 陳美蘭指出："此字左旁宜理解爲從朝省，'卲''昭'字從召聲，屬章母宵部，'朝'字屬端母宵部，'召'從刀聲，刀也屬端母宵部，二字古音很相近，可以通假，故'韶'字也可視爲兩聲字。"⑥ 按："朝""昭"二字音近可通，文獻有證。《左傳》昭公十五年："朝吳出奔鄭。""朝吳"，《公羊傳》作"昭吳"。《管子·侈靡》"聚宗以朝殺"，郭沫若等集校引章炳麟曰："朝，當借爲昭。"《莊子·大宗師》："已外生矣，而後能朝徹。"高亨新箋："朝，當讀爲昭。"⑦

白顯鳳指出："'卲(昭)'氏即爲楚昭王後以謚爲氏者。"⑧ 按：夕陽坡簡1—2有"卲王之走"。楊啟乾釋爲"夻(大)王之步"。⑨ 董珊指出，"卲"字"筆畫有所磨損"，只有"與同一簡中的'悢'形相比較"纔能認出；"卲王之走"，指的是"楚昭王之族名爲'走'的人"。⑩

7.164　趙簡子(武子孫。)

《人表考》(846)：趙簡子，即趙鞅。又名志父。亦稱趙孟、簡主。
《左傳人物名號研究》(413)：趙鞅、趙簡子、簡子、鞅、志父、趙孟。
盆棟子【清華簡《趙簡子》1】
方炫琛指出，"趙"爲氏；"簡"爲謚；"鞅"爲名；或以"志父"爲反國後

---

① 馬承源主編：《上海博物館藏戰國楚竹書(八)》，上海古籍出版社，2011年，第217、219頁。
② 李學勤主編：《清華大學藏戰國竹簡(壹)》，中西書局，2010年，第190頁注59。
③ 李學勤主編：《清華大學藏戰國竹簡(叁)》，中西書局，2012年，第157頁。
④ 《清華簡三〈良臣〉劄記》4樓跟帖，簡帛網，2013年1月9日。
⑤ 蘇建洲：《初讀清華三〈周公之琴舞〉、〈良臣〉札記》，簡帛網，2013年1月18日。
⑥ 陳美蘭：《戰國竹簡東周人名用字現象研究》，藝文印書館，2014年，第191頁。
⑦ 張儒、劉毓慶：《漢字通用聲素研究》，山西古籍出版社，2002年，第219頁。
⑧ 白顯鳳：《戰國楚簡人名異寫研究》，吉林大學碩士學位論文，2012年，第106頁。
⑨ 楊啟乾：《常德市德山夕陽坡二號楚墓竹簡初探》，《楚史與楚文化研究》，《求索》雜誌社，1987年，第336頁。
⑩ 董珊：《出土文獻所見"以謚爲族"的楚王族》，《出土文獻與古文字研究》第二輯，復旦大學出版社，2008年，第119頁。

名;"趙盾後之嗣立者稱趙孟"。①

清華簡整理者:"盋,从皿,勺聲。是'勺'的增累字。馬王堆漢墓帛書《戰國縱橫家書》中趙、魏、韓之'趙'多作'勺'。柬,通'簡',《史記·楚世家》'惠王'之子'簡王',江陵望山1號墓所出楚簡作'柬大王'。盋柬子即趙簡子,名鞅,諡簡,春秋末晉國正卿,嬴姓,趙氏,史稱'趙簡主'。"②

7.168　魯哀公(定公子。)

《人表考》(847):哀公,定公之子。其母爲定姒。名蔣,或作將。亦稱出公。

哀公【上博簡《魯邦大旱》1】
魯哀公【清華簡《良臣》8】

上博簡整理者:"'哀公',即魯哀公,春秋末年魯國國君,名蔣(一作將),諡哀公,在位二十七年。"③陳美蘭認爲,"魯定公在位十五年,哀公繼位時年紀尚小,較符合'蚤孤',即年幼喪父"。④

7.171　楚惠王章(昭王子。)

《人表考》(848):惠王,昭王之子。其母爲越女。名章。亦稱獻惠王、熊章。《左傳人物名號研究》(344):章、惠王、楚子。

獻惠王【新蔡簡甲一5,⑤清華簡《楚居》13、《繫年》106】
蕙王【新蔡簡甲三213】

方炫琛指出,"章"爲名;"熊"爲氏;"惠"爲諡。⑥ 李零指出,"獻惠"是雙字諡。⑦

清華簡整理者:"獻惠王,亦見於新蔡卜筮簡,即昭王之子惠王章。楚王酓章鐘(《集成》83—84)、鎛(《集成》85)、楚王劍(《集成》11659)作'酓章'。"⑧

7.186　晉哀公忌

《人表考》(851):晉哀公忌早死,其號大概是其子懿公驕的追諡。懿公

---

① 方炫琛:《左傳人物名號研究》1965,花木蘭文化事業有限公司,2017年,第414頁。
② 李學勤主編:《清華大學藏戰國竹簡(柒)》,中西書局,2017年,第107—108頁注1。
③ 馬承源主編:《上海博物館藏戰國楚竹書(二)》,上海古籍出版社,2002年,第204頁。
④ 陳美蘭:《戰國竹簡東周人名用字現象研究》,藝文印書館,2014年,第43頁。
⑤ 按:新蔡簡甲一5最後二字爲"獻惠","王"字當缺。
⑥ 方炫琛:《左傳人物名號研究》1555,花木蘭文化事業有限公司,2017年,第474頁。
⑦ 李零:《楚景平王與古多字諡》,《傳統文化與現代化》1996年第6期。
⑧ 李學勤主編:《清華大學藏戰國竹簡(壹)》,中西書局,2010年,第190頁注63。

驕,又謚敬。

《校正古今人表》(1014):晉哀公忌,忌或作驕。

晉敬公【清華簡《繫年》111】

清華簡整理者:"晉敬公,見《竹書紀年》:'出公二十三年奔楚,乃立昭公之孫,是爲敬公。'(《晉世家》索隱)據《史記》,晉敬公名驕,又別謚哀公、懿公。簡文所記晉國世系始自獻公,終烈公止,中間只缺出公一世未見。"①陳美蘭指出"晉敬公有三字謚,別謚哀、懿,多字謚在先秦是存在的"。② 我們懷疑:"'敬''哀'和'懿'都是這位晉公的謚號。"③

"敬"字原篆作"𢘅"。蘇建洲指出,甲骨文(《合集》5590)和西周大保簋中的"苟"字下部均從"卩",與此字"苟"旁相近。④

7.197 晉烈公(幽公子。)

《人表考》(853):晉烈公,幽公之子。名止。亦曰烈成公。

晉公止【清華簡《繫年》119】

晉公【清華簡《繫年》119】

清華簡整理者:"晉公止,《晉世家》:'魏文侯以兵誅晉亂,立幽公子止,是爲烈公。'索隱引《世本》云:'幽公生烈公止。'"⑤蘇建洲指出,"晉公+名"之稱,多用於此人"卒"時;雖然方炫琛曾總結説"左傳傳例,經書諸侯卒,多書諸侯之名",但還是有一種稱名的情形,卻"不代表此人已去世";《繫年》中"晉公+名"的稱謂方式就屬於後一類。⑥

7.198 宋悼公(昭公子。)

《人表考》(853):宋悼公,昭公之子。名購由。

宋悼公【清華簡《繫年》114】

宋㾓公【清華簡《繫年》119】

清華簡整理者:"宋悼公,《宋世家》云名購由,在位八年。""宋㾓公,即本篇第二十一章之宋悼公。"⑦

---

① 李學勤主編:《清華大學藏戰國竹簡(貳)》,中西書局,2011年,第187頁注10。
② 陳美蘭:《戰國竹簡東周人名用字現象研究》,藝文印書館,2014年,第115頁。
③ 羅小華:《試論清華簡〈繫年〉中的幾個多字謚》,《簡帛研究二〇一六(秋冬卷)》,廣西師範大學出版社,2017年,第17頁。
④ 蘇建洲、吳雯雯、賴怡璇:《清華二〈繫年〉集解》,萬卷樓圖書公司,2013年,第779頁。
⑤ 李學勤主編:《清華大學藏戰國竹簡(貳)》,中西書局,2011年,第193頁注2。
⑥ 蘇建洲、吳雯雯、賴怡璇:《清華二〈繫年〉集解》,萬卷樓圖書公司,2013年,第827頁。
⑦ 李學勤主編:《清華大學藏戰國竹簡(貳)》,中西書局,2011年,第189頁注2、第193頁注3。

陳美蘭指出:"謚號取'悼',也可能是來自於'中年早夭'之意,而《繫年》竹書'殤'字寫法从'歹',也許可以作爲宋悼公謚號由來的旁證,簡文从'歹'未必無所取意……从'歹'之字,義多與死亡有關,《繫年》用'悼''殤'二字記'宋悼公'之{悼},也許提示我們,'殤'字方爲宋悼公得謚之本字,而非借字。"①

7.199 楚悼王(聲王子。)

《人表考》(854):楚悼王,聲王之子。名類。亦名熊疑。亦稱楚悼。

恖折王【清華簡《楚居》16】

恖王【望山簡 1.88】

折王【望山簡 1.112】②

君王【上博簡《君人者何必安哉(甲)》1、《君人者何必安哉(乙)》1】

叨折王【清華簡《繫年》127】

夕陽坡簡 2 有"恖折王之悢",楊啟乾釋爲"恖(昭)哲王之思",並指出:"恖,此字見於安徽省出土的《鄂君啟節》和江陵望山一號墓竹簡,即邵字。邵字从邑召聲。古召、邵、昭音同可通假。此處作昭。……折,古折、哲、悊可通假。"③劉彬徽指出:"恖(昭)哲。恖字筆畫不太清晰,暫依楊文所釋。按:何琳儀釋爲'念'。'哲'字的左邊偏旁不太清晰,暫釋爲折,是否讀爲哲?存疑。"④董珊認爲,夕陽坡簡中的"恖折王之悢",應該是指"楚悼王之族名爲'悢'者";楚文字中的"恖",大多應該讀爲謚法之"悼";"折"應讀爲"哲";只是《逸周書·謚法》中沒有"哲"。他並指出,關於"哲"的意義,存在兩種可能:一是"折(哲)"有可能是文獻失載的楚悼王謚號的第二字,先秦謚字中或許原本是有"哲"字的,但文獻失載;一是先秦古籍中,經常稱先代賢君爲"哲王",其實是"對先王的尊美之稱";後一種説法可能更加"平實一些"。⑤李天虹指出:"簡文内容與楚王有關,其中有'悼哲王'之名,似是記楚悼王之子楚肅王之事。"⑥陳美蘭指出:"{悼哲王},應該也是先秦習見

---

① 陳美蘭:《戰國竹簡東周人名用字現象研究》,藝文印書館,2014 年,第 214 頁。
② 按:此簡"折"前有殘缺,或可補"恖"字。
③ 楊啟乾:《常德市德山夕陽坡二號楚墓竹簡初探》,《楚史與楚文化研究》,《求索》雜誌社,1987 年,第 336、338 頁。
④ 劉彬徽:《常德夕陽坡楚簡考釋》,紀念徐中舒先生百年誕辰學術討論會論文(油印本),1998 年;後收入氏著《早期文明與楚文化研究》,岳麓書社,2001 年,第 217 頁。按:本書據後者。
⑤ 董珊:《出土文獻所見"以謚爲族"的楚王族》,《出土文獻與古文字研究》第二輯,復旦大學出版社,2008 年,第 119—120 頁。
⑥ 李天虹:《楚國銅器與竹簡文字研究》,湖北教育出版社,2012 年,第 122 頁。

的雙字謚,董珊先生的考證可說明謚號{哲}的取意。"①

望山簡整理者指出,"惡"字可分析爲從"心""卲"聲,是"悼"字"異體";簡文中的"惡王"應與《楚世家》的"悼王"對應。②

上博簡《君人者何必安哉》中的"君王",整理者指出,應該是"楚昭王",楚平王之子,姓芈,氏熊,名壬,又名軫(珍)。③ 陳偉師指出"就現存資料來看,這位君王很可能是任用吳起、厲行變法的悼王"。④

清華簡整理者:"惡折王,即楚悼王,聲王之子,望山卜筮簡88、110作'惡王'。"⑤"㓞(悼)折(哲)王,楚悼王熊疑,楚簡又作'惡折王'等。㓞字在楚簡中多是'間'字異體'閒'的省形,此處則疑讀爲'悼',字從刀聲。"⑥董珊認爲:"楚悼王稱惡(悼)折王,已見於夕陽坡簡和望山簡……清華簡《繫年》的'惡'字原不從心、口二旁,應是从卩、刀聲的字,卩與夕字形本有些相近之處,遂至混淆。也許隸定爲'刟''𠚤'更好一些。"⑦蘇建洲指出,"㓞(悼)折(哲)王"之"㓞",原篆作"㓞",左旁之"夕"其實是"卩"的訛變。⑧陳美蘭指出:"目前爲止,楚悼王之{悼}有'惡''𠚤'兩種寫法,《繫年》以'𠚤'記{悼},雖與楚簡習見'惡'字不同,不過同屬刀聲則通讀無疑。"⑨郭永秉認爲"'𠚤'即'卲'字不寫'口'的省體"。⑩

白顯鳳指出:"楚'悼'氏即爲楚悼王後代以謚爲氏者,且'悼'氏在楚簡中均作'惡'形。"⑪按:夕陽坡簡2中的"惡折王之悢",或許與楚國"悼"氏有關。

7.201　宋休公(悼公子。)

《人表考》(854):宋休公,悼公之子。名田。

---

① 陳美蘭:《戰國竹簡東周人名用字現象研究》,藝文印書館,2014年,第204頁。
② 湖北省文物考古研究所、北京大學中文系編:《望山楚簡》,中華書局,1995年,第90—91頁注24。
③ 馬承源主編:《上海博物館藏戰國楚竹書(七)》,上海古籍出版社,2008年,第193頁。
④ 陳偉:《楚簡册概論》,湖北教育出版社,2012年,第293頁。
⑤ 李學勤主編:《清華大學藏戰國竹簡(壹)》,中西書局,2010年,第192頁注77。
⑥ 李學勤主編:《清華大學藏戰國竹簡(貳)》,中西書局,2011年,第197—198頁注5。
⑦ 董珊:《清華簡〈繫年〉所見的"衛叔封"與"悼折王"》,復旦大學出土文獻與古文字研究中心網站,2011年4月1日。
⑧ 蘇建洲、吳雯雯、賴怡璇:《清華二〈繫年〉集解》,萬卷樓圖書公司,2013年,第882—883頁。
⑨ 陳美蘭:《戰國竹簡東周人名用字現象研究》,藝文印書館,2014年,第203頁。
⑩ 郭永秉:《清華簡〈繫年〉抄寫時代之估測》,《清華簡〈繫年〉與古史新探》,中西書局,2016年,第275頁注1。
⑪ 白顯鳳:《戰國楚簡人名異寫研究》,吉林大學碩士學位論文,2012年,第26頁。

宋公畋【清華簡《繫年》124】
宋公【清華簡《繫年》126】

　　清華簡整理者:"宋公畋,即宋休公田,悼公之子,《宋微子世家》:'悼公八年卒,子休公田立。'"①

---

①　李學勤主編:《清華大學藏戰國竹簡(貳)》,中西書局,2011年,第195頁注17。

第八章　見於《古今人表》下中的人物名號

8.13　癸（發子，是爲桀。）

《人表考》(865)：桀，即履癸。發之子。自稱天父。亦稱夏桀、夏癸、大犧。

《左傳人物名號研究》(293)：夏桀、桀。

㑺【郭店簡《尊德義》5、上博簡《容成氏》35、《曹沫之陳》65、《君人者何必安哉（甲）》8、《君人者何必安哉（乙）》8、清華簡《湯處於湯丘》14、《殷高宗問於三壽》23】

桀【上博簡《鬼神之明　融師有成氏》2】

顳句【清華簡《赤鵠之集湯之屋》6】

句【清華簡《赤鵠之集湯之屋》7】

虽王【清華簡《湯處於湯丘》13】

㩃【清華簡《子犯子餘》15】

方炫琛指出，或以"桀"爲名。①

上博簡整理者："'桀'，字亦見於本簡背面，構形稍有變化，與郭店簡《尊德義》、上博竹書《容成氏》及包山楚簡的'桀'字構形有所區別，寫法均與小篆構形有所不同。……桀，夏代最後一個國君，名履癸。"②"'傑'，讀爲'桀'。……《呂氏春秋·孟夏紀》《淮南子·時則訓》'桀'作'傑'。"③

劉信芳師指出："'傑'字原簡作''，或隸作'桀'，於該字所從之'人'無以說解。茲建議隸定作'傑'，可粗略地認爲，該字右部爲'桀'之省

---

① 方炫琛：《左傳人物名號研究》1268，花木蘭文化事業有限公司，2017年，第293頁。
② 馬承源主編：《上海博物館藏戰國楚竹書（五）》，上海古籍出版社，2005年，第313—314頁。
③ 馬承源主編：《上海博物館藏戰國楚竹書（七）》，上海古籍出版社，2008年，第206頁。

形。"①白顯鳳指出,楚簡中的"桀"或作"傑",據此可知,"桀""傑""猰"三種形體當屬"異寫";從"人"與從"力"的字可以互作,或可推測爲"繁簡的不同"或"通假關係"。②

李守奎、張峰指出:"句與桀都是牙音月部字,古音極近。上引《鬼神之明》的𢍷字所從的'句'是借筆字,'亡'和'刀'形筆畫共用。㮯字中的偏旁㮯則是進一步的簡化,把句旁訛變得與楚文字的'甲'或'亡'等同形了。㮯從木句聲,很可能是桀的本字,《説文》的桀是其訛變。"③

8.45 鄭嚴公寤生（武公子。）

《人表考》（873）：鄭莊公,武公之子。其母爲武姜,申女。名寤生。亦稱莊。

《左傳人物名號研究》（439）：鄭伯寤生、鄭伯、莊公、寤生、鄭莊公。

臧公【清華簡《繫年》10】

先君臧公【清華簡《鄭文公問太伯（甲）》7—8、《鄭文公問太伯（乙）》7】

臧【清華簡《鄭文公問太伯（甲）》10、《鄭文公問太伯（乙）》9】

乳₌【清華簡《鄭武夫人規孺子》1】

方炫琛指出,"寤生"爲名;"莊"爲諡。④

8.51 蔡哀侯（桓侯弟。）

《人表考》（874）：蔡哀侯,桓侯之弟。名獻舞。

《左傳人物名號研究》（433）：蔡侯獻舞、蔡季、蔡哀侯、蔡侯。

䣙哀侯【清華簡《繫年》23】

哀侯【清華簡《繫年》26】

䣙侯【清華簡《繫年》26】

方炫琛指出,"獻舞"爲名;"哀"爲諡;"季"爲行次。⑤

清華簡整理者:"簡文'䣙'即'蔡',蔡哀侯即蔡侯獻舞。"⑥

蘇建洲指出:"《繫年》的'蔡'字有兩種寫法,絕大多數寫作'䣙',表

---

① 劉信芳:《郭店竹簡文字考釋拾遺》,《江漢考古》2000年第1期。
② 白顯鳳:《戰國楚簡人名異寫研究》,吉林大學碩士學位論文,2012年,第49頁。
③ 李守奎、張峰:《説楚文字中的"桀"與"傑"》,《簡帛》第七輯,上海古籍出版社,2012年,第81頁。
④ 方炫琛:《左傳人物名號研究》2125,花木蘭文化事業有限公司,2017年,第439頁。
⑤ 方炫琛:《左傳人物名號研究》2087,花木蘭文化事業有限公司,2017年,第433頁。
⑥ 李學勤主編:《清華大學藏戰國竹簡（貳）》,中西書局,2011年,第148頁注1。

示蔡國及下蔡（簡107），跟《包山》的書寫習慣相同。"①李松儒指出，"鄵"應隸爲"鄵"。② 王輝指出："簡文加邑旁即《說文》邑部'鄵'字，蔡地之專字。"③

8.55　鄭厲公突（嚴公子。）

《人表考》(875)：鄭厲公，莊公之子。其母爲宋雍姞。名突。亦稱公子突。

《左傳人物名號研究》(438)：鄭伯突、子元、公子突、突、厲公、鄭伯、鄭厲公。

朿公【清華簡《繫年》12】
刺公【清華簡《鄭文公問太伯（甲）》9】
刾公【清華簡《鄭文公問太伯（乙）》8】

竹添光鴻指出："子元即厲公字……突，出貌。《詩》曰'突而弁兮'。元，首也。厲公名突，蓋取首出萬物之義，故字之曰子元。"④陳美蘭指出："傳世文獻所記鄭伯突之｛突｝，可能是倒子形的'㐭'字通假，即甲金文'毓'字所從之'㐬'，'毓'字古文字學者熟知，此象女子產子之形，子首先突出，故鄭厲公名｛突｝字子元，其｛突｝當取義於此。"⑤按：蒙程少軒面告，"元"當爲"兀"，"突""兀"意義相涵。水泉子簡《蒼頡篇》簡28"阮尳阤阮"之"阮"，恐當是"阢"。⑥ 傳世文獻中，從"兀"之字多寫作"元"。⑦《良臣》簡9—10中的"王子白惢"，《子產》簡21寫作"王子白惢"。

方炫琛指出，"突"爲名；"子元"爲字；"厲"爲諡。⑧

清華簡整理者："'刺'字訛作'刾'。"⑨王輝指出，其左旁與"殺"字所從相同。⑩

8.74　楚杜敖（文王子。）

《漢書》(909)顏師古注："即堵敖。"

---

① 蘇建洲、吳雯雯、賴怡璇：《清華二〈繫年〉集解》，萬卷樓圖書公司，2013年，第513頁。
② 李松儒：《清華簡〈繫年〉集釋（修訂本）》，中西書局，2022年，第111頁。
③ 王輝：《簡帛人物名號彙考》，中西書局，2021年，第256頁。
④ 竹添光鴻會箋：《左氏會箋》，巴蜀書社，2008年，第73—74頁。
⑤ 陳美蘭：《戰國竹簡東周人名用字現象研究》，藝文印書館，2014年，第228—229頁。
⑥ 程少軒：《水泉子簡〈蒼頡篇〉討論記錄》，復旦大學出土文獻與古文字研究中心網，2010年1月17日。
⑦ 張儒、劉毓慶：《漢字通用聲素研究》，山西古籍出版社，2002年，第920頁。
⑧ 方炫琛：《左傳人物名號研究》2118，花木蘭文化事業有限公司，2017年，第438頁。
⑨ 李學勤主編：《清華大學藏戰國竹簡（陸）》，中西書局，2016年，第126頁注8。
⑩ 王輝：《簡帛人物名號彙考》，中西書局，2021年，第227頁。

《人表考》(878)：杜敖，即堵敖。文王之子。其母爲息媯。名囏。堵與杜，聲相近。杜，或作壯、莊。

《左傳人物名號研究》(362)：堵敖。

𡎺囏【清華簡《楚居》9、《繫年》29】

方炫琛指出："疑《史記》或原作堵，音近而譌爲杜，以形近復譌爲壯，壯不辭，蓋後人疑當爲諡，如其父楚文王之有諡也，故改壯爲莊歟？"①

清華簡整理者："𡎺（堵）囏，即堵敖熊囏。……'𡎺'古書或作'堵''杜''壯''莊'等，古音皆近，當是所本不同。'𡎺'从土聲，疑爲'堵'字或體。"②"𡎺囏……即堵敖熊艱，典籍或作'壯敖''莊敖''杜敖'等。"③劉雲指出："《楚居》中用爲'莊'的字，可能是個从'土'，以'筐'的初文爲聲旁的一個字，讀爲'莊'。……'筐'的初文在古文字中屢見，不過多見於偏旁。以其爲偏旁的字或讀爲'莊'。"④蘇建洲指出，《楚居》簡 9 中的"𡎺"寫作"𡎺"，可隸爲"𡎺"，分析爲从"𠙹""土"聲，是一個"上形下聲"的結構，可與典籍中的"堵敖"之"堵"、"杜敖"之"杜"對讀；"𡎺"从"土"得聲，應該是代表"堵""杜"，後來因爲形體相近，"杜"訛變成爲"壯"，又音變爲"莊"。⑤ 網友 fox 指出："𡎺"从"土"得聲，可能是"堵"的或體；有學者認爲，此字上部所从是"筐"的"初文"，从"筐"得聲，讀爲"莊"；有學者懷疑，上博簡《從政（甲）》簡 17"𡎺敔"之"𡎺"是這個字的"異體"；如果"𡎺"確實是這個字的"異體"，或可讀爲"杜"，訓爲"排斥或堵塞"，其義與"敔"相近；信陽遣册簡 28 中有字作"𡎺"，可能與清華簡中的"𡎺"是同一個字；上博簡《三德》簡 17 中有字作"𡎺"，顧史考指出，當與上文"敔""矩"押魚韻，"土"字亦屬魚部，"𡎺"字當从"土"得聲，且字形上與"𡎺"相近。⑥ 華東師大讀書小組認爲："此字實从弁土聲，對照傳世文獻，可讀爲'堵'等字。"⑦單育辰指出，"𡎺"字"爲獨體字'甾'，但在其下加了'土'作飾符而已。那麼，'甾'的本字一定與'將''壯''莊'之音一致，是陽部韻。……所以'甾'就是象'筐'之初文，從字形也很明顯可以看出，'甾'就是象一編織

---

① 方炫琛：《左傳人物名號研究》1667，花木蘭文化事業有限公司，2017 年，第 362 頁。
② 李學勤主編：《清華大學藏戰國竹簡（壹）》，中西書局，2010 年，第 188 頁注 47。
③ 李學勤主編：《清華大學藏戰國竹簡（貳）》，中西書局，2011 年，第 149 頁注 11。
④ 《清華簡〈楚居〉研讀札記》學者評論第 1 樓，復旦大學出土文獻與古文字研究中心網，2011 年 1 月 6 日。
⑤ 蘇建洲：《〈楚居〉簡 9"𡎺"字及相關諸字考釋》，《楚簡楚文化與先秦歷史文化國際學術研討會論文集》，湖北教育出版社，2013 年，第 156、165—167 頁。
⑥ 《與清華簡"堵"相關的字》1 樓發帖，簡帛網，2011 年 12 月 22 日。
⑦ 華東師範大學中文系戰國簡讀書小組：《讀〈清華大學藏戰國竹簡（貳）·繫年〉書後（二）》，簡帛網，2011 年 12 月 30 日。

的竹筐形"。① 王輝認爲:"《清六·鄭甲》簡11'臯之俞珊'即堵俞彌,且楚簡'莊'多以'臧'字表示,因此仍以讀'堵'爲妥。"②我們認爲:"《楚居》中記載的應該是'莊敖',亦見於傳世文獻。'壯敖'之'壯',與'莊'諧聲通假。'杜敖'之'杜',可能由'壯'訛變產生,其原因是'丬''木'互作和'士''土'同形。'堵敖'之'堵',與'杜'音近可通。"③

吳雯雯認爲:"堵敖,指熊囏死後被葬於'堵'地。"④陳美蘭指出,傳世文獻中的"若""蚡""霄",可分別對應簡文中的"箬""焚""宵",是三位楚君遷徙的地名;但是,《楚居》記載"堵敖"卻並未提及與"臯(堵)"相關的地名;據《楚居》記載,"堵敖"列於"若敖""宵敖"之後,而《左傳》中的"郟敖""訾敖"又在"堵敖"之後;如果這四個"敖"的稱名,是來自徙居地或葬地,那麼,"堵敖"在稱名用法方面,與這四個"敖"相同的"機會應該是很大的"。⑤按:"敖",參"6.53 楚若敖"條。

8.81　晉獻公(武公子。)

《人表考》(880):晉獻公,武公之子。名佹諸。亦稱晉獻。或稱爲王。
《左傳人物名號研究》(305):晉侯佹諸、晉侯、獻公、晉獻公、獻。
晉獻公【清華簡《繫年》31】
獻公【清華簡《繫年》32】
先君獻公【清華簡《趙簡子》7】
方炫琛指出,"佹諸"爲名,或作"詭諸";"獻"爲諡。⑥
陳美蘭指出:"簡文'晉獻公',則稱其諡名。"⑦

8.91　晉懷公(惠公子。)

《人表考》(882):懷公,惠公之子。名圉。亦稱子圉。
《左傳人物名號研究》(79):大子圉、圉、孺子、子圉、懷公、懷。
襄公【清華簡《繫年》35】
方炫琛指出,"圉"爲名;"子圉"是"名上冠以子字";因其爲"惠公大

---

① 單育辰:《釋甲骨文"冄"字》,《清華簡〈繫年〉與古史新探》,中西書局,2016年,第502—503頁。
② 王輝:《簡帛人物名號彙考》,中西書局,2021年,第156頁。
③ 羅小華:《楚簡人物名異寫考辨二則》,《訛字研究論集》,中西書局,2019年,第174頁。
④ 蘇建洲、吳雯雯、賴怡璇:《清華二〈繫年〉集解》,萬卷樓圖書公司,2013年,第294頁。
⑤ 陳美蘭:《戰國竹簡東周人名用字現象研究》,藝文印書館,2014年,第154—155頁。
⑥ 方炫琛:《左傳人物名號研究》1336,花木蘭文化事業有限公司,2017年,第305頁。
⑦ 陳美蘭:《戰國竹簡東周人名用字現象研究》,藝文印書館,2014年,第80頁。

子",故"於名上冠以大子"而稱"大子圉";"懷"爲謚;因"其爲晉惠公之嗣子",故稱"孺子"。① 清華簡整理者:"晉大子圉即懷公。"②

8.92 衛成公(文公子。)

《人表考》(882):衛成公,文公子。名鄭。亦稱衛子。
《左傳人物名號研究》(450):衛侯鄭、衛子、衛侯、衛成公、成公、成。

成公【清華簡《繫年》21】

方炫琛指出,"鄭"爲名;"成"爲謚;因"其父衛侯燬卒未逾年,故稱衛子"。③ 吴雯雯指出"成公,名鄭,文公之子,在位三十五年"。④ 陳美蘭指出,"成"是謚號。⑤

8.109 晉厲公(景公子。)

《人表考》(885):晉厲公,景公之子。名州蒲,或作壽曼、州滿。亦稱晉厲。蒲,滿之譌。
《左傳人物名號研究》(78):大子州蒲、晉侯、晉厲公、州蒲。

敕公【上博簡《姑成家父》1】
柬公【清華簡《繫年》87】

方炫琛指出,或以"州滿"(或作"壽曼")爲名;"州滿",或作"州蒲","蒲"是"滿"的"誤字";"厲"爲謚。⑥

上博簡整理者認爲"敕公,即晉厲公"。⑦ 清華簡整理者:"據《左傳》,晉厲公名州蒲,《史記·晉世家》作'壽曼',孔穎達正義引應劭《風俗通義·舊君諱議》作'州滿'。劉知幾《史通·五行志雜駁》篇以'蒲'爲誤。"⑧

肖芸曉指出:"'剌'字作'厲',又見於上博簡《苦成家父》,'厲公'均作'敕公';以及曾侯乙鐘,音律之'厲'寫作'剌'。而傳世文獻之中'厲'與'賴'古音同爲來母月部,多有通假……又有古有賴國,或寫作厲國。"⑨

陳美蘭指出,傳世文獻中"周厲王"之"厲",在西周金文中寫作"剌(一

---

① 方炫琛:《左傳人物名號研究》0037,花木蘭文化事業有限公司,2017年,第79頁。
② 李學勤主編:《清華大學藏戰國竹簡(貳)》,中西書局,2011年,第152頁注9。
③ 方炫琛:《左傳人物名號研究》2193,花木蘭文化事業有限公司,2017年,第450頁。
④ 蘇建洲、吴雯雯、賴怡璇:《清華二〈繫年〉集解》,萬卷樓圖書公司,2013年,第257頁。
⑤ 陳美蘭:《戰國竹簡東周人名用字現象研究》,藝文印書館,2014年,第217頁。
⑥ 方炫琛:《左傳人物名號研究》0030,花木蘭文化事業有限公司,2017年,第78頁。
⑦ 馬承源主編:《上海博物館藏戰國楚竹書(五)》,上海古籍出版社,2005年,第241頁。
⑧ 李學勤主編:《清華大學藏戰國竹簡(貳)》,中西書局,2011年,第175頁注5。
⑨ 肖芸曉:《〈清華大學藏戰國竹簡(貳)·繫年〉之西周部分校釋及相關史事討論》,武漢大學本科畢業論文,2012年,第9頁。

般作"刺")";而金文中的"刺",大多讀爲"烈";"晉厲公"之"厲",在上博簡《姑成家父》(簡1、8)中,都寫作"敕",在清華簡《繫年》中,又寫作"朿";人名中的"厲",從"周厲王"至"晉厲公",時代上從西周至春秋,均從"敕(朿)"作,可以看出"這個詞彙的歷時性"。① 按:此處"人名",實爲謚號。

賴怡璇指出,"滿"與"蒲"在漢簡中的字形相近,在傳抄過程中"互爲異文是可能的"。②

8.126　晉昭公夷(平公子。)

《人表考》(889):晉昭公夷,平公之子。
《左傳人物名號研究》(304):晉侯夷、晉侯、晉昭公。
卲公【清華簡《繫年》99】
方炫琛指出,"夷"爲名;"昭"爲謚。③
陳美蘭指出,簡文"卲"用作國君之謚,對應傳世文獻中的"昭"。④

8.132　晉頃公(昭公子。)

《人表考》(890):晉頃公,昭公之子。名去疾,或作棄疾。
《左傳人物名號研究》(304):晉侯去疾、晉侯、晉頃公。
回公【清華簡《繫年》99】
方炫琛指出,"去疾"爲名;"頃"爲謚。⑤ 蘇建洲指出:"'晉頃公',名棄疾,《左傳》作去疾,古人常以'棄疾'和'去疾'爲人名,二者義同,均爲除疾去病。"⑥

8.154　吳王闔間

《人表考》(895):吳王闔廬,即公子光。廬,或作間。亦稱闔廬、闔、王子光、吳子光、吳光。
《左傳人物名號研究》(220):吳子光、公子光、闔廬、吳子、吳光、光。
先君蓋盧【上博簡《吳命》9】
盍虜【清華簡《楚居》12】

---

① 陳美蘭:《〈清華大學藏戰國竹簡(貳)·繫年〉用字現象考察》,《第二十五屆中國文字學國際學術研討會議論文集》,中國文化大學中國文學系,2014年,第397頁。
② 蘇建洲、吳雯雯、賴怡璇:《清華二〈繫年〉集解》,萬卷樓圖書公司,2013年,第648頁。
③ 方炫琛:《左傳人物名號研究》1334,花木蘭文化事業有限公司,2017年,第304頁。
④ 陳美蘭:《戰國竹簡東周人名用字現象研究》,藝文印書館,2014年,第114頁。
⑤ 方炫琛:《左傳人物名號研究》1333,花木蘭文化事業有限公司,2017年,第304頁。
⑥ 蘇建洲、吳雯雯、賴怡璇:《清華二〈繫年〉集解》,萬卷樓圖書公司,2013年,第710頁。

吳王盍虜【清華簡《繫年》84】

盍虜【清華簡《繫年》110】

吳王光【清華簡《良臣》7】

先王盍膚【清華簡《越公其事》11】

先王【清華簡《越公其事》12】

方炫琛指出，"光"爲名；"吳"爲氏；"闔廬"爲號。①

上博簡整理者："'廬'字據《國語·吳語》補。'我先君蓋廬'，指夫差之父吳王闔廬，《左傳》《國語》《史記·吳世家》作'闔廬'，'蓋''闔'乃同音通假。……'闔廬'，典籍或作'闔閭'，見《吳越春秋》。張家山漢簡'蓋廬'作'蓋廬'，與簡文同。"②

清華簡整理者："盍虜，張家山漢簡作'蓋廬'，即吳王闔廬。"③"盍膚，即吳王闔廬。"④

蘇建洲指出"《清華簡（壹）·楚居》12'盍（闔）虜（廬）'，'虜'作 [字形]，其'毌'旁訛爲'尹'形"。⑤

"闔廬"，我們懷疑讀爲"閤閒"：《方言》卷九：'首謂之閤閒。'郭璞注：'今江東呼船頭屋謂之飛閒是也。'錢繹箋疏：'《玉篇》云：五比爲閒。《說文》：艫，舳艫也。一曰船頭。李斐注《漢書·武帝紀》云：艫，船［前］頭刺櫂處也。字亦作廬。《釋名·［釋船］》曰：舟其上屋曰廬，象廬舍也。其上重屋曰飛廬，在上，故曰飛也。艫、廬，即閒一聲之轉也。'"⑥

金文中有"吳王光逗"，或作"吳王光逗"。李家浩指出："光"是字；"逗"是名，"逗"是"逗"的異體；並且，"從'亙'得聲之字與'光'字或從'光'得聲之字，義多相同"。⑦ 董楚平認爲："此王名光，字闔閒，逗可能是自取的別號。"⑧ 按：李說可從。"光"是字，"逗"是名，"闔閒"纔是號。

8.164　蔡昭侯（悼侯弟。）

《人表考》（897—898）：蔡昭侯，悼侯之弟。名申，或作甲。

---

① 方炫琛：《左傳人物名號研究》0837，花木蘭文化事業有限公司，2017年，第220頁。
② 馬承源主編：《上海博物館藏戰國楚竹書（七）》，上海古籍出版社，2008年，第325頁。按："張家山漢簡"之後第一個"蓋廬"應爲衍文。
③ 李學勤主編：《清華大學藏戰國竹簡（壹）》，中西書局，2010年，第190頁注61。
④ 李學勤主編：《清華大學藏戰國竹簡（貳）》，中西書局，2011年，第187頁注5。
⑤ 蘇建洲：《楚文字論集》，萬卷樓圖書公司，2011年，第405頁。
⑥ 羅小華：《闔閒解詁》，《長江文明》第三十六輯，四川美術出版社，2019年，第2頁。
⑦ 李家浩：《攻敔王光劍銘文考釋》，《文物》1990年第2期。
⑧ 董楚平：《吳越徐舒金文集釋》，浙江古籍出版社，1992年，第122頁。

《左傳人物名號研究》(432)：蔡侯申、蔡昭侯、蔡侯、蔡昭公。

郘卲侯繻【清華簡《繫年》106】

郘卲侯【清華簡《繫年》107】

方炫琛指出，"申"爲名；"昭"爲謚。①

清華簡整理者："蔡昭侯，名申，蔡悼侯之弟。蔡昭侯墓於1955年在安徽壽縣西門被發現。"②

裘錫圭、李家浩指出："'釦'字以象兩手持絲或繩索形的'叟'爲形旁，以與'申'音近的'田'爲聲旁，應該就是申束之'申'的本字。……《說文》訓'紳'爲'大帶'。我們懷疑'紳'就是'釦'的後起字，本義爲約束，大帶乃其引申義。"③李守奎指出："清華簡《繫年》中的 ■、■ 等字與蔡侯紳墓 ■、■ 等字是繁簡之別，其聲旁都是'豐（蚓）'字的省略和變形。……清華簡《繫年》■ 或 ■ 及其他異體的直接源頭應當是從'豐'省聲的'■'，隸定作'繻'是不準確的，應當隸定爲'繻'或'繻'。"④陳美蘭指出："簡文字作'繻'，保留形旁'幺（糸）'，右旁聲符與蔡侯器的寫法比較，明顯省略了。"⑤

8.165　晉定公(頃公子。)

《人表考》(898)：晉定公，頃公之子。名午。亦稱晉午。

《左傳人物名號研究》(304)：晉午、晉侯、晉定公。

柬公【清華簡《繫年》100】

晉柬公【清華簡《繫年》109】

方炫琛指出，"午"爲名；"定"爲謚。⑥

清華簡整理者："昭公三十一年爲晉定公元年，簡文則稱簡公，下第二十章同。""晉柬（簡）公，即晉定公，名午。"⑦蘇建洲指出："傳世文獻未見'晉簡公'的稱號，且謚號'簡''定'不能替換……《繫年》將'晉定公'寫作'晉簡公'，可能是傳聞有異，或是說有聲音的因素在其中。"⑧王輝指出："春秋、

---

① 方炫琛：《左傳人物名號研究》2080，花木蘭文化事業有限公司，2017年，第432頁。
② 李學勤主編：《清華大學藏戰國竹簡（貳）》，中西書局，2011年，第185頁注8。
③ 裘錫圭、李家浩：《談曾侯乙墓鐘磬銘文中的幾個字》，《曾侯乙編鐘研究》，湖北人民出版社，1991年；裘錫圭：《古文字論集》，中華書局，1992年，第424頁。按：本書據後者。
④ 李守奎：《清華簡〈繫年〉中的'繻'字與西申》，《歷史語言研究》第七輯，商務印書館，2014年，第172、174頁。
⑤ 陳美蘭：《戰國竹簡東周人名用字現象研究》，藝文印書館，2014年，第226頁。
⑥ 方炫琛：《左傳人物名號研究》1331，花木蘭文化事業有限公司，2017年，第304頁。
⑦ 李學勤主編：《清華大學藏戰國竹簡（貳）》，中西書局，2011年，第182頁注9、第187頁注5。
⑧ 蘇建洲、吳雯雯、賴怡璇：《清華二〈繫年〉集解》，萬卷樓圖書公司，2013年，第713頁。

戰國時,或用復謚……'晉簡定公'的謚號是有可能的,但是目前還無法證實。也有可能'晉柬(簡)公'之'簡'是'定'字之誤。"①陳美蘭指出,"定"和"柬""有兩種可能":一是"雙字謚","傳世文獻與簡文各記其一";一是"傳世文獻與《繫年》各自有不同的文本來源,但也無法確定誰是誰非,只能並存"。② 我們懷疑:"'簡'和'定'都是這位晉公的謚號。"③李松儒認爲:"晉簡公《繫年》兩見,應非訛誤,文獻作晉定公,或因曾有'簡''定'雙字謚,或因曾改謚所致。"④

7.149 許男　　8.168 許男⑤

《人表考》(898):許男,悼公之子。名斯。

《左傳人物名號研究》(348):許男斯、許男。

䣝公𧱏【清華簡《繫年》100】

方炫琛指出,"斯"爲名。⑥

黃錦前指出:"從時間上來看,許子佗盞盂的器主許子佗,與清華簡《繫年》的許公佗應係同人。……應即文獻記載的許男斯。從文字學的角度來看,從它得聲的'𧱏'字與'斯'似有相通的可能。當然,也不排除'𧱏'和'斯'是一名一字的可能。"⑦蘇建洲指出:"許公佗與許男斯的'佗'和'斯'都是名,不能是字。'佗'(透母歌部)與'斯'(心母支部)是聲韻相近的通假關係。"⑧

陳美蘭指出,"許子"可能是"國名配子字",此類用法"多見於小國"。⑨

8.203 威烈王(孝王子。)

《人表考》(905):威烈王,孝王之子。名午。亦稱周威王。

---

① 王輝:《一粟居讀簡記(七)》,《出土文獻與古文字研究》第六輯,上海古籍出版社,2015年,第231頁。按:"復謚"當爲"複謚"。
② 陳美蘭:《戰國竹簡東周人名用字現象研究》,藝文印書館,2014年,第115頁。
③ 羅小華:《試論清華簡〈繫年〉中的幾個多字謚》,《簡帛研究二〇一六(秋冬卷)》,廣西師範大學出版社,2017年,第16頁。
④ 李松儒:《清華簡〈繫年〉集釋(修訂本)》,中西書局,2022年,第259頁。
⑤ 按:《古今人表》"下上"有"許男","下中"有"許幼"。梁玉繩以"許男"爲悼公賈;依《繹史》以"許攸"爲許男斯。參梁玉繩:《人表考》,《史記漢書諸表訂補十種》,中華書局,1982年,第843、898頁。
⑥ 方炫琛:《左傳人物名號研究》1582,花木蘭文化事業有限公司,2017年,第348頁。
⑦ 黃錦前:《"許子佗"與"許公佗"》,簡帛網,2012年11月21日。
⑧ 蘇建洲、吳雯雯、賴怡璇:《清華二〈繫年〉集解》,萬卷樓圖書公司,2013年,第716頁。
⑨ 陳美蘭:《戰國竹簡東周人名用字現象研究》,藝文印書館,2014年,第255頁。

周王【清華簡《繫年》124】

蘇建洲認爲："此周王應爲周威烈王。"①

8.205 宋昭公(景公子。)

《人表考》(905)：宋昭公，名得，或作特。

宋公【清華簡《繫年》113】

蘇建洲指出，簡113中的"宋公"，其實是戰國時期的"宋昭公"，與簡57—58所記春秋時期的"宋昭公"不是同一個人。②

8.206 晉幽公(懿公子。)

《人表考》(906)：晉幽公，名柳。

晉幽公【清華簡《繫年》112】

清華簡整理者："晉幽公，名柳，敬公之子。"③

8.208 楚聲王(簡王子。)

《人表考》(906)：楚聲王，簡王之子。名當。

聖王【望山簡1.88，清華簡《繫年》127】

聖逗王【望山簡1.109】

聖趄王【新蔡簡甲三137】

王大子【清華簡《楚居》15】

楚聖趄王【清華簡《繫年》119】

望山簡整理者指出，"聖逗王"應該就是"聖王"的"全稱"；"聲"與"聖"二字古音可通；簡文中的"聖王"，就是《楚世家》中的"聲王"。④

清華簡整理者："此王太子是簡王之太子，即後來的楚聲王，望山簡10、88、110、111作'聖王'，新蔡簡甲三·137、267作'聖（聲）趄（桓）王'。"⑤ "楚聖趄王，即楚聲王。《史記·楚世家》：'二十四年，簡王卒，子聲王當立。'"⑥

包山簡中有"趄"，巫雪如認爲當讀"桓"，並指出："當即'桓'氏，乃楚聲

---

① 蘇建洲、吳雯雯、賴怡璇：《清華二〈繫年〉集解》，萬卷樓圖書公司，2013年，第867頁。
② 蘇建洲、吳雯雯、賴怡璇：《清華二〈繫年〉集解》，萬卷樓圖書公司，2013年，第787頁。
③ 李學勤主編：《清華大學藏戰國竹簡（貳）》，中西書局，2011年，第188頁注14。
④ 湖北省文物考古研究所、北京大學中文系編：《望山楚簡》，中華書局，1995年，第90—91頁注24。
⑤ 李學勤主編：《清華大學藏戰國竹簡（壹）》，中西書局，2010年，第191頁注75。
⑥ 李學勤主編：《清華大學藏戰國竹簡（貳）》，中西書局，2011年，第192頁注1。

桓王之後以諡爲氏者,爲楚公族之一支。"①

8.210 鄭繚公駘

《人表考》(906):鄭繻公駘,幽公之子。繻,或作繚,諡法皆無,疑爲繆之譌。

奠白纠【清華簡《繫年》124】

清華簡整理者:"奠白纠,即鄭繻公駘,《鄭世家》:'幽公元年,韓武子伐鄭,殺幽公。鄭人立幽公弟駘,是爲繻公。'"②

---

① 巫雪如:《包山楚簡姓氏研究》,臺灣大學碩士學位論文,1996年,第76頁。
② 李學勤主編:《清華大學藏戰國竹簡(貳)》,中西書局,2011年,第195頁注17。

第九章　見於《古今人表》下下的人物名號

9.11　辛（乙子，是爲紂。）

《人表考》(916—917)：紂，即辛，帝乙之子。紂，或作受，音相亂。自稱天王。亦稱殷辛、商辛、后辛、帝辛、王紂、商王受、商王紂、商紂、殷王紂、商王帝辛、辛紂、受辛、季紂、受德、暴辛、人蠘。

《左傳人物名號研究》(327)：商紂、紂。

受【上博簡《容成氏》42、《曹沫之陳》65、《鬼神之明 融師有成氏》2、《君人者何必安哉（甲）》9、《君人者何必安哉（乙）》8，清華簡《鄭文公問太伯（甲）》13、《鄭文公問太伯（乙）》12、《子犯子餘》12】

商王【清華簡《繫年》1】

殷受【清華簡《封許之命》3】

句辛【清華簡《管仲》18】

梁玉繩指出："紂有二名，曰辛者，殷以生日名子也；曰受者，別立嘉名也。猶天乙又名履，上甲又名微也。《史》不書名受，偶不及也。（《竹書》云名辛受。）而紂、受音近，故天下共稱之，蓋即以爲號矣。先儒謂'紂'爲謚，非。"①

方炫琛指出，紂爲"商代亡國之君"；或以"受""紂"爲"音相亂"。②

上博簡整理者："'受'即紂，古書或作'紂'，或作'受'，簡文作'受'。"③ "受，即商紂，古書或作'紂'，或作'受'。……紂，商代最後一個國君，廟號帝辛。"④ "'受'，讀爲'紂'。《尚書·牧誓》'今商王受'，《史記·周本紀》

---

① 梁玉繩：《史記志疑》，中華書局，1981年，第62頁。
② 方炫琛：《左傳人物名號研究》1456，花木蘭文化事業有限公司，2017年，第327頁。
③ 馬承源主編：《上海博物館藏戰國楚竹書（二）》，上海古籍出版社，2002年，第283頁。
④ 馬承源主編：《上海博物館藏戰國楚竹書（五）》，上海古籍出版社，2005年，第314頁。

作'今殷王紂'。"①

清華簡整理者:"殷受,《書·無逸》作'殷王受',即紂。"②

白顯鳳指出:"'受'即爲'紂',二者上古音一爲禪母幽部,一爲定紐幽部,同爲舌音幽部,可通。""殷、商爲其國號,后、帝、王爲其身份,辛爲其廟號,紂或爲其名,季爲其排行。"③

《繫年》中的"商王",華東師大讀書小組認爲是"商紂"。④

9.14 飛廉

《人表考》(918):飛廉,飛或作蜚、非。別號處父。其父爲中潏。中潏之父爲戎胥軒,乃中衍之曾孫。

飛曆【清華簡《繫年》14】

李學勤先指出"飛曆"是"嬴姓",後指出:"'飛曆'就是飛廉,'曆'字從'甘'聲,'廉'字從'兼'聲,古音相近通假。"⑤清華簡整理者:"飛曆,即飛廉,曆、廉同屬談部。飛廉,《史記·秦本紀》作'蜚廉',嬴姓,乃秦人之祖,父名中潏……"⑥

李守奎指出,郭沫若曾認爲西周金文中的"曆",應該分析爲從"厂""甘"聲,是"壓"字的古文;《繫年》與楚璽中的字形都可以證明,"曆"字確實從"甘"得聲;"曆"字從"厂""秝"聲,與"歷"無關;目前證據顯示,這個字與"廉"的讀音更爲接近,應該是《説文》訓爲"厲石"、讀若"鎌"的"礛"字。⑦王志平認爲,"曆"字原本可以分析爲從"厂"、從"埜"、從"甘","埜"和"甘"都是聲符,可能是《説文》"厭"或"壓"的"異體";後來又省作從"厂"、從"林"、從"甘","林"和"甘"都是聲符;所從之"林",後來又訛變成從"秝"。⑧陳劍認爲:"此形上所從應即'廉'或'廉'字省體,並以之爲聲符。"⑨

---

① 馬承源主編:《上海博物館藏戰國楚竹書(七)》,上海古籍出版社,2008年,第207頁。
② 李學勤主編:《清華大學藏戰國竹簡(伍)》中西書局,2014年,第120頁注16。
③ 白顯鳳.《戰國楚簡人名異寫研究》,吉林大學碩士學位論文,2012年,第113頁;白顯鳳:《出土楚文獻所見人名研究》,吉林大學博士學位論文,2017年,第137頁。
④ 華東師範大學中文系戰國簡讀書小組:《讀〈清華大學藏戰國竹簡(貳)·繫年〉書後(一)》,簡帛網,2011年12月29日。
⑤ 李學勤:《清華簡〈繫年〉及有關古史問題》,《文物》2011年第3期;李學勤:《清華簡關於秦人始源的重要發現》,《光明日報》2011年9月8日第11版。
⑥ 李學勤主編:《清華大學藏戰國竹簡(貳)》,中西書局,2011年,第142頁注8。
⑦ 李守奎:《系統釋字法與古文字考釋》,《吉林大學社會科學學報》2015年第4期。
⑧ 王志平:《"飛廉"的音讀及其他》,《清華簡〈繫年〉與古史新探》,中西書局,2016年,第390頁。
⑨ 陳劍:《簡談對金文"蔑懋"問題的一些新認識》,《出土文獻與古文字研究》第七輯,上海古籍出版社,2018年,第92頁。

9.17　祿父(紂子。)

《人表考》(918)：祿父，即武庚。紂之子。

彔子耿【清華簡《繫年》13】

李學勤指出："祿父爲紂子，《逸周書·作雒》稱'王子祿父'，《克殷》稱'王子武庚'，《史記·殷本紀》等稱'紂子武庚祿父'。'祿父'是他的名，'武庚'爲他的廟號，'彔(祿)子耴'可能是名、字聯稱。……大保簋的'彔子耴'，簡中作'彔子耿'。'耴'可通讀爲'聖'，古音書母耕部，'耿'則是見母耕部字，可相通轉，就像'聖'與'聲'通，而'聲'字从'殸'是溪母字一樣。"①

清華簡整理者："彔子耿即大保簋……所載'彔子耴'。'耿'字古音爲見母耕部，从'耴'之'聖'字爲書母耕部，而與'聖'同音的'聲'所從的'殸'爲溪母，故《說文》引杜林説以爲'耿'字'从火，聖省聲'。簋銘云：'王伐彔子耴，戜厥反，王降征命于大保(即召公)。'白川静《金文通釋》卷一上已指出彔子耴即紂子武庚祿父。"②

華東師大讀書小組指出："'祿子耿'，《太保簋》作'祿子聖'，古書作'祿父''紂子武庚'。"③

路懿菡指出，從稱名方式上看，"彔子聖"與傳世文獻中的殷商王室貴族微子、箕子等一致；"彔"既是族名又是地名，且"代表其在商王畿區内的家族屬地"，"子"表"族長身份"，"聖"是私名；"祿"原本作"彔"，周秦之際纔加意符"示"，"父"是"男子美稱"，"彔父"不是字，可能是彔族後人對"彔子聖"的尊稱，因而《逸周書·作雒》記作"王子祿父"；"武庚"不是生稱，而是廟號，與商人稱呼先王一致，因而《克殷》記作"王子武庚"；"彔子聖"，與文獻中的"王子祿父""武庚"是同一個人。④

王寧認爲，"彔子聖"在構成方式上應該是"字+名"，字"彔(祿)"，名"聖"；"彔父"是在其字後綴加了男子專稱"父"，屬於"生稱"；"子"本指"王子"，是身份稱謂；金文記作"王子耴"，其實是稱名；《逸周書·作雒》記作"王子祿父"，其實是稱字；《克殷》記作"王子武庚"，其實是"以死後的日名稱之"；將金文中的"耴"讀作"聖"，也可能並不準確。⑤

---

① 李學勤：《清華簡〈繫年〉及有關古史問題》，《文物》2011 年第 3 期。
② 李學勤主編：《清華大學藏戰國竹簡(貳)》，中西書局，2011 年，第 142 頁注 5。
③ 華東師範大學中文系戰國簡讀書小組：《讀〈清華大學藏戰國竹簡(貳)·繫年〉書後(一)》，簡帛網，2011 年 12 月 29 日。
④ 路懿菡：《"彔子聖"與"王子祿父"》，復旦大學出土文獻與古文字研究中心網，2012 年 5 月 25 日。
⑤ 王寧：《"彔子聖"之名臆解》，復旦大學出土文獻與古文字研究中心網，2014 年 6 月 4 日。

強晨認爲:"見於《繫年》第3章中的'彔子耿'與大保簋中的'彔子㘩'爲同一人,'彔子㘩'並非武庚禄父,也非商王後裔。'彔子㘩'應是偃姓六國的君主。通過考察相關金文,可以確定'彔子㘩'的稱名方式爲地名+爵稱+私名。"①

李松儒認爲:"李學勤指出彔子耿即彔子㘩無疑是正確的,二者及'禄父''武庚'皆爲一人異稱。"②

按:王寧之説可從。從"彔子耿"又可稱"禄父"來看,"禄"當爲字,字下可配"父"字。"子耿"當理解爲名上冠"子"字。③

9.18 管叔鮮(文王子。)

《人表考》(918—919):管叔,或作關叔。文王之子。名鮮。與蔡叔、霍叔合稱三叔。與蔡叔合稱二蔡,或稱管、蔡。

《左傳人物名號研究》(404):管叔、管。

官弔【清華簡《金縢》7】

方炫琛指出:"管,其封地名,因以爲國名,叔則爲其行次。"④

清華簡整理者:"《史記·管蔡世家》云:'武王同母兄弟十人……其長子曰伯邑考,次曰武王發,次曰管叔鮮,次曰周公旦,次曰蔡叔度……'"⑤

9.20 昭王瑕(康王子。)

《人表考》(919):昭王,康王之子。名瑕。亦稱昭后。

《左傳人物名號研究》(276):昭王。

卲王【清華簡《祭公之顧命》3】

卲考【清華簡《祭公之顧命》8】

方炫琛指出:"昭爲其生號。"⑥

清華簡整理者:"宝,即'主',《爾雅·釋詁》:'君也。'"⑦按:"卲宝",今本《逸周書·祭公》作"昭考",黄懷信等集注引孔晁云:"昭考,昭王,穆王之父也。"⑧何琳儀師曾指出,六國文字中的"主""丂"形近易混。⑨ 據此,我們懷

---

① 強晨:《清華簡與西周開國史研究》,河北師範大學碩士學位論文,2014年,第42頁。
② 李松儒:《清華簡〈繫年〉集釋(修訂本)》,中西書局,2022年,第80頁。
③ 參方炫琛:《左傳人物名號研究》,花木蘭文化事業有限公司,2017年,第27頁。
④ 方炫琛:《左傳人物名號研究》1922,花木蘭文化事業有限公司,2017年,第404頁。
⑤ 李學勤主編:《清華大學藏戰國竹簡(壹)》,中西書局,2010年,第160頁注17。
⑥ 方炫琛:《左傳人物名號研究》1161,花木蘭文化事業有限公司,2017年,第276頁。
⑦ 李學勤主編:《清華大學藏戰國竹簡(壹)》,中西書局,2010年,第176頁注19。
⑧ 黄懷信、張懋鎔、田旭東:《逸周書彙校集注》,上海古籍出版社,1995年,第993頁。
⑨ 何琳儀:《句吴王劍補釋》,《第二屆國際中國古文字學研討會論文集》,香港中文大學中國語言及文學系,1993年,第259—260頁。

疑，"卲宝"乃"卲亏"之讹。"昭"后一字原篆作"🔲"。陈逆簠"皇考"之"考"原篆作"🔲"。二者形体接近。前者是在后者的形体上加了"宀"旁，楚文字习见。

9.25　楚熊挚（渠子。）

《人表考》（920）：楚熊挚，挚或作鸷。

《左传人物名号研究》（402）：熊挚。

酓𨟻【清华简《楚居》5—6】

清华简整理者："酓𨟻，'𨟻'即'挚'字，熊渠之孙，熊毋康之子。《左传》僖公二十六年：'夔子不祀祝融与鬻熊，楚人让之，对曰：我先王熊挚有疾，鬼神弗赦，而自窜于夔。吾是以失楚，又何祀焉？'杜注：'熊挚，楚嫡子，有疾不得嗣位，故别封为夔子。'《楚世家》名之为熊挚红，以为熊渠之子，误。"①李守奎认为，《楚世家》中的"挚"与"红"原本是两个人，"挚"是"红"之子。②李家浩认为，《楚居》中的"酓执"，就是《楚世家》中的"执疵"。③

网友子居指出："熊渠封熊挚为鄂王，鄂在今湖北鄂州地区。"④陈民镇指出："酓𨟻，当周厉王时。"⑤

9.28　厉王胡（夷王子。）

《人表考》（921）：厉王，夷王之子。名胡。亦称厉、汾王、周厉。

《左传人物名号研究》（420）：厉王、厉。

䵍【上博简《鬼神之明 融师有成氏》2、《君人者何必安哉（甲）》9、《君人者何必安哉（乙）》8】

柬王【清华简《系年》2】

剌王【清华简《子犯子余》15】

上博简整理者："'䵍'，读为'厉'。……厉，周厉王，名胡，西周国王。"⑥"'䵍'，读为'厉'，䵍、厉同韵。《谥法》：'暴慢无礼曰厉，愎狠遂过曰厉。'"⑦

---

① 李学勤主编：《清华大学藏战国竹简（壹）》，中西书局，2010年，第186页注33。
② 李守奎：《根据〈楚居〉解读史书中熊渠至熊延世序之混乱》，《中国史研究》2011年第1期。
③ 李家浩：《清华战国竹简〈楚居〉中的酓胐、酓执和酓绖》，《出土文献》第三辑，中西书局，2012年，第12页。
④ 子居：《清华简〈楚居〉解析》，简帛研究网，2011年3月30日。
⑤ 陈民镇：《清华简〈楚居〉集释》，复旦大学出土文献与古文字研究中心网，2011年9月23日。
⑥ 马承源主编：《上海博物馆藏战国楚竹书（五）》，上海古籍出版社，2005年，第314页。
⑦ 马承源主编：《上海博物馆藏战国楚竹书（七）》，上海古籍出版社，2008年，第207页。

"厲",原篆作"█"。清華簡整理者:"厲王,金文作'剌王',見逨盤(《近出殷周金文集錄二編》939),'朿'即'剌'字所從。"①華東師大讀書小組:"'厲王','厲'簡文原字應讀爲'剌',傳世古籍中亦常有作'烈'者,於古皆以音近能互假。"②

9.30　楚熊嚴(勇子。)

《人表考》(921):熊嚴,亦稱荆子熊嚴、楚子嚴。

酓嚴【清華簡《楚居》6】

清華簡整理者:"酓嚴,即《楚世家》之……'熊嚴'。……《國語·鄭語》韋昭注:'熊嚴,楚子鬻熊之後十世也。'"③

9.34　幽王宫湦(宣王子。)

《人表考》(922):幽王,宣王之子。亦稱周幽、幽。其名或作湦、宫湦、宫涅、宫皇、官皇、宫渥。湦,或作生。

《左傳人物名號研究》(250):周幽、幽王。

孿【上博簡《鬼神之明 融師有成氏》2】
幽【上博簡《君人者何必安哉(甲)》9、《君人者何必安哉(乙)》8】
周幽王【清華簡《繫年》5】
幽王【清華簡《繫年》6、《子犯子餘》15】
孿王【清華簡《管仲》23】

上博簡整理者:"'孿',从子,幽聲,讀爲'幽'。……幽,周幽王,名宫湦,西周最後一個國王。"④"'幽',《謚法》:'壅遏不達曰幽。'"⑤

吴雯雯指出:"周幽王,名湦(一說作"涅""宫湦"),西周最後一任君王。"⑥

9.35　褒姒

《人表考》(922):褒姒,褒爲國名,姒爲姓。亦稱幽后、豓妻、褒豓。豓,或作㚲、閻。

---

① 李學勤主編:《清華大學藏戰國竹簡(貳)》,中西書局,2011年,第137頁注8。
② 華東師範大學中文系戰國簡讀書小組:《讀〈清華大學藏戰國竹簡(貳)·繫年〉書後(一)》,簡帛網,2011年12月29日。
③ 李學勤主編:《清華大學藏戰國竹簡(壹)》,中西書局,2010年,第186頁注35。
④ 馬承源主編:《上海博物館藏戰國楚竹書(五)》,上海古籍出版社,2005年,第314頁。
⑤ 馬承源主編:《上海博物館藏戰國楚竹書(七)》,上海古籍出版社,2008年,第207頁。
⑥ 蘇建洲、吴雯雯、賴怡璇:《清華二〈繫年〉集解》,萬卷樓圖書公司,2013年,第39頁。

《左傳人物名號研究》(458)：褒姒。

孚台【清華簡《繫年》5】

方炫琛指出："褒姒者，以母家國名配母家姓之稱也。"①

清華簡整理者："孚，《國語·晉語一》與《鄭語》《周本紀》等皆作'褒'。'孚''褒'音近相假。"②趙平安師指出："作爲國名的'孚'見於清華簡。……《史記》索隱：'褒，國名，夏同姓，姓姒氏。禮婦人稱國及姓。其女爲龍漦妖子，爲人所收，褒人納之于王，故曰褒姒。'"③吳雯雯指出："褒姒，以國爲氏，姒姓。"④白顯鳳指出："褒幫母幽部，孚並母幽部，二字同爲唇音，音近可通。"⑤

"台"，原篆作"㠯"。清華簡整理者隸定爲"㤅"。⑥ 陳嘉穎認爲："其下部當從'口'，而不是從'心'。"⑦網友海天提出《繫年》的內證，簡 36 中的"甚"字作"㠯"，其"口"旁的橫筆穿過。⑧

9.45 平王宜臼（幽王子。）

《人表考》(924—925)：平王，幽王之子。其母爲申侯之女。名宜臼。臼，或作咎。

《左傳人物名號研究》(181)：平王、平。

坪王【清華簡《繫年》5】

方炫琛指出，"平"爲諡。⑨

吳雯雯指出："周平王，名宜臼，執政第五十一年時崩殂，'平'爲其諡號。本爲幽王太子，母族爲申侯國，因其父幽王愛褒姒與褒姒子伯服，而奔往西申。"⑩

陳美蘭指出"顯然楚系使用'坪'字的一致性相當高，可作爲楚系文字

---

① 方炫琛：《左傳人物名號研究》2240，花木蘭文化事業有限公司，2017 年，第 458 頁。
② 李學勤主編：《清華大學藏戰國竹簡(貳)》，中西書局，2011 年，第 139 頁注 2。
③ 趙平安：《迄今所見最早的褒國青銅器》，《出土文獻》第二輯，中西書局，2011 年，第 148—150 頁。
④ 蘇建洲、吳雯雯、賴怡璇：《清華二〈繫年〉集解》，萬卷樓圖書公司，2013 年，第 52 頁。
⑤ 白顯鳳：《出土楚文獻所見人名研究》，吉林大學博士學位論文，2017 年，第 153 頁。
⑥ 李學勤主編：《清華大學藏戰國竹簡(貳)》，中西書局，2011 年，第 138 頁。
⑦ 《關於〈繫年〉簡中讀爲"姒"之字的隸定》樓主發帖，復旦大學出土文獻與古文字研究中心網，2012 年 1 月 6 日。
⑧ 《關於〈繫年〉簡中讀爲"姒"之字的隸定》4 樓跟帖，復旦大學出土文獻與古文字研究中心網，2012 年 1 月 8 日。
⑨ 方炫琛：《左傳人物名號研究》0617，花木蘭文化事業有限公司，2017 年，第 181 頁。
⑩ 蘇建洲、吳雯雯、賴怡璇：《清華二〈繫年〉集解》，萬卷樓圖書公司，2013 年，第 48 頁。

的使用特徵"。①

9.60　齊襄公兒(螯公子。)

《人表考》(928)：齊襄公，名諸兒。
《左傳人物名號研究》(452)：諸兒、齊侯、齊襄公。
襄【上博簡《競公瘧》12】
齊襄公【清華簡《繫年》11】

方炫琛指出，"諸兒"爲名；"襄"爲謚。②

上博簡《競公瘧》簡12中的"壤"，爲整理者所釋，讀爲"讓"。③郭永秉改讀爲"襄"，指"齊襄公"。④

陳美蘭指出，傳世文獻對於齊襄公的事蹟記載，並不符合謚號"襄"的含義，可能是"文獻不足徵"；並提出"襄"是"煬"的假借：齊襄公私通其妹，既符合"好内"，又符合"遠禮"或"去禮"。⑤按："襄"讀爲"煬"，不可從。如陳説所言，"東周時期不乏以'襄'爲名的王侯，如周襄王、秦襄公、晉襄公、魯襄公、衛襄公、宋襄公、鄭襄公等，同時出現在《繫年》簡的，除了齊襄公以外，還有周襄王(簡44)、晉襄公(簡47、50、51、53)，用字大抵相同，只是繁簡略有差別"。⑥既然有如此多的王侯謚"襄"，那麽爲何齊襄公的"襄"要通假爲"煬"？其實，齊襄公雖然荒淫，但也"連年征戰，擴疆拓土，顯示了一種憑藉武力，逞強於一方的威力"。⑦《春秋》莊公三年："春，王正月，溺會齊師伐衛。……秋，紀季以酅入于齊。"⑧《史記·齊太公世家》："襄公……八年，伐紀，紀遷去其邑。"⑨《春秋》莊公五年："冬，公會齊人、宋人、陳人、蔡人伐衛。"⑩《史記·衛康叔世家》："衛君黔牟立八年，齊襄公率諸侯奉王命共伐衛，納衛惠公，誅左右公子。衛君黔牟犇于周，惠公復立。"⑪《春秋》莊公八

---

① 陳美蘭：《戰國竹簡東周人名用字現象研究》，藝文印書館，2014年，第14頁。
② 方炫琛：《左傳人物名號研究》2200，花木蘭文化事業有限公司，2017年，第452頁。
③ 馬承源主編：《上海博物館藏戰國楚竹書(六)》，上海古籍出版社，2007年，第187頁。
④ 郭永秉：《説〈景公瘧〉的襄桓之言》，《古文字與古文獻論集》，上海古籍出版社，2011年，第187—188頁。
⑤ 陳美蘭：《戰國竹簡東周人名用字現象研究》，藝文印書館，2014年，第48頁。
⑥ 陳美蘭：《戰國竹簡東周人名用字現象研究》，藝文印書館，2014年，第48頁。
⑦ 參戰化軍、姜穎：《齊國人物志》，齊魯書社，2004年，第19頁。
⑧ 《十三經注疏》，中華書局，1980年，第1763頁。
⑨ 司馬遷：《史記》，中華書局，1959年，第1483頁。
⑩ 《十三經注疏》，中華書局，1980年，第1764頁。
⑪ 司馬遷：《史記》，中華書局，1959年，第1594頁。

年:"夏,師及齊師圍郕,郕降于齊師。"①可見,齊襄公在位期間,曾滅紀、伐衛、降郕。《逸周書·謚法》:"辟地有德曰襄。甲胄有勞曰襄。"②可見,齊襄公謚"襄",可以説是當之無愧。齊襄公先祖哀公曾被紀侯所譖,爲周所烹。《史記·齊太公世家》:"哀公時,紀侯譖之周,周烹哀公而立其弟静,是爲胡公。"裴駰集解:"徐廣曰周夷王。"③因此,齊襄公滅紀,曾爲《公羊傳》和漢武帝所稱道。《公羊傳》莊公四年:"紀侯大去其國。大去者何? 滅也。孰滅之? 齊滅之。曷爲不言齊滅之? 爲襄公諱也。《春秋》爲賢者諱,何賢乎襄公? 復讎也。何讎爾? 遠祖也。哀公亨乎周,紀侯譖之,以襄公之爲於此焉者,事祖禰之心盡矣。盡者何? 襄公將復讎乎紀,卜之曰:'師喪分焉。''寡人死之,不爲不吉也。'遠祖者,幾世乎? 九世矣。九世猶可以復讎乎? 雖百世可也。"④《史記·匈奴列傳》:"天子意欲遂困胡,乃下詔曰:'高皇帝遺朕平城之憂,高后時單于書絶悖逆。昔齊襄公復九世之讎,《春秋》大之。'是歲太初四年也。"⑤

9.62　晉驪姬

《人表考》(928):驪姬,其父爲驪戎國艾地守封疆人。姓姬。驪或作麗、孋、離。亦稱驪氏、麗之姬。

《左傳人物名號研究》(488):驪姬、姬、姬氏、麗姬。

驪姬【清華簡《繫年》31】

方炫琛指出,稱"驪姬"是因爲"姬爲其母家姓,驪爲其母家國名,以母家國名配母家姓";稱"姬氏"是"以其母家姓配氏字";"驪姬"或作"麗姬"。⑥

清華簡整理者:"驪姬,得於驪戎的女子。《國語·晉語一》:'獻公伐驪戎,克之,滅驪子,獲驪姬以歸,立以爲夫人,生奚齊。'簡文'驪'從麗形省。"⑦

"麗",原篆作"![]"。賴怡璇認爲:"'麗'字所從的'丽'其上橫筆與'馬'旁有共筆的現象。"⑧陳美蘭先分析説,所謂"省形"是指"馬旁右上象

---

① 《十三經注疏》,中華書局,1980 年,第 1765 頁。
② 朱右曾:《逸周書集訓校釋》,商務印書館,1971 年,第 94 頁。
③ 司馬遷:《史記》,中華書局,1959 年,第 1481—1482 頁。
④ 《十三經注疏》,中華書局,1980 年,第 2226 頁。
⑤ 司馬遷:《史記》,中華書局,1959 年,第 2917 頁。
⑥ 方炫琛《左傳人物名號研究》2427,花木蘭文化事業有限公司,2017 年,第 488 頁。
⑦ 李學勤主編:《清華大學藏戰國竹簡(貳)》,中西書局,2011 年,第 151 頁注 1。
⑧ 蘇建洲、吴雯雯、賴怡璇:《清華二〈繫年〉集解》,萬卷樓圖書公司,2013 年,第 319 頁。

徵鬣毛的三橫筆橫出貫串之故,鹿上角形的寫法似不見'丌/亓'類的上短橫,反而與 A 類(按:A 類即"[圖]"字所從)的角形相仿了";後又提出一種可能,即"'馬'字上方三道表示鬣毛的橫筆與'麗'字上端兩短橫共筆",並指出"《繫年》簡本的'驪'字應該算是比較早的寫法,驪姬來自驪戎……驪戎出自陝西,游牧民族善養馬,《說文》釋'驪'爲'馬深黑色',也許簡文與傳世文獻記以'驪戎''驪姬'是有意義的"。①

9.64 楚成王惲

《漢書》(912)顔師古注:"《左傳》作頵。"

《人表考》(929):楚成王,文王之子,杜敖之弟。其母爲息嬀。名惲,本作頵,或作髡。亦稱荆成。爲太子商臣逼迫自縊,謚靈不瞑,謚成乃瞑。

《左傳人物名號研究》(453):頵、成王、楚子、楚王、成。

坓王【上博簡《成王爲城濮之行(甲)》1】

君王【上博簡《成王爲城濮之行(甲)》4、《成王爲城濮之行(乙)》1】

成王【清華簡《楚居》9、《繫年》29】

楚成王【清華簡《繫年》41、《良臣》5】

楚王【清華簡《繫年》42】

方炫琛指出,"頵"爲名;或作"惲",爲"頵"之"假借字";或以"頵"作"髡"爲"聲之譌";"成"爲謚。②

上博簡整理者認爲,"'城王',即'楚成王',春秋時楚國國君,羋姓,名惲,《春秋》作'頵',《公羊》《穀梁》作'髡'"。③

清華簡整理者:"成王,文王之子成王頵,弒其兄堵敖爲王。《楚世家》作'熊惲'。"④

按:《說文》頁部:"頵,頭頵頵大也。"⑤《集韻·諄韻》:"頵,頭大皃。"⑥據此,我們懷疑,楚成王生而"頭大",故名"頵"。類似的例子還見於"宋公孫願繹字碩父"。經王引之考證,"願"和"碩",《說文》均訓爲"大頭"。⑦

---

① 陳美蘭:《〈清華簡(貳)·繫年〉晉文公相關事迹輯考》,《古文字學青年論壇會議用論文集》,"中研院"歷史語言研究所,2013 年,第 221 頁;陳美蘭:《戰國竹簡東周人名用字現象研究》,藝文印書館,2014 年,第 81—83 頁。
② 方炫琛:《左傳人物名號研究》2212,花木蘭文化事業有限公司,2017 年,第 453 頁。
③ 馬承源主編:《上海博物館藏戰國楚竹書(九)》,上海古籍出版社,2012 年,第 144 頁。
④ 李學勤主編:《清華大學藏戰國竹簡(壹)》,中西書局,2010 年,第 188 頁注 48。
⑤ 許慎:《説文解字》,中華書局,1963 年,第 182 頁。
⑥ 丁度等:《宋刻集韻》,中華書局,1989 年,第 36 頁。
⑦ 王引之:《經義述聞》,上海古籍出版社,2016 年,第 1295 頁。

9.66　楚繆王商臣（成王子。）

《人表考》(929)：穆王，成王之子。名商臣。
《左傳人物名號研究》(165)：世子商臣、大子商臣、商臣、穆王、楚子。
穆王【清華簡《楚居》10、《繫年》57】
楚穆王【清華簡《繫年》56】
方炫琛指出，"商臣"爲名；"穆"爲諡。①

清華簡整理者："穆王，成王之子商臣。"②"楚穆王，成王之子，名商臣。"③

白顯鳳指出，"穆氏應爲楚穆王之後，亦屬以先王諡爲氏"。④

9.68　晉靈公夷皋（襄公子。）

《人表考》(929)：靈公，襄公之子。其母爲穆嬴。名夷皋。
《左傳人物名號研究》(205)：夷皋、靈公、晉侯、晉靈公。
靈公高【清華簡《繫年》50】
靈公【清華簡《繫年》51】
方炫琛指出，"夷皋"爲名；"靈"爲諡。⑤

清華簡整理者："晉靈公，襄公之子，《春秋》宣公二年云名'夷皋'，《公羊傳》作'夷獳'，'高''皋''獳'相通假。"⑥

蘇建洲指出："'高'，見紐宵部；'皋'，見紐幽部。【高與皋】有通假例證，見《聲素》頁160。"⑦

陳美蘭指出，簡文以"高"來記錄"靈公"之名，與傳世文獻不同；目前還無法判定究竟哪一個字纔是"本字"，或者説都是"借字"；《左傳》宣公二年中記載了"晉靈公不君"一事，是後人最爲熟悉的"晉靈公形象"；文獻中，諡"靈"有幾種意義；"晉靈公"諡"靈"，可能與"亂"有關。⑧ 鄔可晶指出："人名'夷吾''夷眛''夷皋'之'夷'，疑爲語助詞，故《繫年》可省稱'高'。"⑨

---

① 方炫琛：《左傳人物名號研究》0519，花木蘭文化事業有限公司，2017年，第165頁。
② 李學勤主編：《清華大學藏戰國竹簡（壹）》，中西書局，2010年，第188頁注50。
③ 李學勤主編：《清華大學藏戰國竹簡（貳）》，中西書局，2011年，第160頁注1。
④ 白顯鳳：《出土楚文獻所見人名研究》，吉林大學博士學位論文，2017年，第65頁。
⑤ 方炫琛：《左傳人物名號研究》0757，花木蘭文化事業有限公司，2017年，第205頁。
⑥ 李學勤主編：《清華大學藏戰國竹簡（貳）》，中西書局，2011年，第157頁注2。
⑦ 蘇建洲、吳雯雯、賴怡璇：《清華二〈繫年〉集解》，萬卷樓圖書公司，2013年，第411頁。
⑧ 陳美蘭：《戰國竹簡東周人名用字現象研究》，藝文印書館，2014年，第95—96頁。
⑨ 鄔可晶：《銀雀山漢簡"陰陽時令、占候之類"叢札》，《出土文獻》第七輯，中西書局，2015年，第221頁注9。

按：我們懷疑，《公羊傳》中的"夷狢"，可能屬於"字+名"的結構；"狢"爲名，是"高"的通假字；"夷"爲字，是"繹"的通假字。《左傳》定公十三年："范皋夷無寵於范吉射。""范皋夷"，《史記·趙世家》作"范皋繹"。又哀公三年："趙鞅殺士皋夷。""皋夷"，《史記·趙世家》作"皋繹"。①"高""繹"皆可訓爲"長"。《玉篇》高部："高，長也。"②《方言》卷一、《廣雅·釋詁二》與《廣韻·昔韻》："繹，長也。"③

9.69　陳靈公（共公子。）

《人表考》(930)：陳靈公，共公之子。名平國。亦稱靈侯、陳靈。
《左傳人物名號研究》(181)：平國、陳侯、陳靈公、靈侯。
霝公【清華簡《繫年》75】
方炫琛指出，"平國"爲名；"靈"爲諡；稱"靈侯"乃"以氏配侯"。④

9.70　夏姬

《人表考》(930)：夏姬，鄭穆公之女，靈公之妹。其母爲穆公少妃姚子。
《左傳人物名號研究》(293)：夏姬、姬。
少𦉢【清華簡《繫年》74】
方炫琛指出，"夏"爲"夫家氏"；"姬"爲"母家姓"。⑤
清華簡整理者："少𦉢，即《左傳》《國語》等的夏姬。《左傳》宣公十一年稱夏徵舒爲'少西氏'，杜注：'少西，徵舒之祖子夏之名。''少𦉢'之'少'疑爲'少西氏'之省稱，而'𦉢'是夏姬之名。"⑥
程薇指出："'少𦉢'的'少'可能是'小'的意思。《左傳》中有'少衛姬''少姜'等名字，所表示的'少'也是指其在家族的兄弟姐妹中年齡較小，史載夏姬是'鄭穆少妃姚子之子，子貉之妹'，這可能與稱之爲'少'有關；𦉢應該是夏姬的名字……夏姬並非是御叔之妻，而是夏徵舒之妻。"⑦
劉建明指出，"少𦉢"可能與其母"少妃姚子"同爲"少"姓；楊希枚曾指出，先秦女子人多從母姓；據此可知，"少𦉢"的姓名，可能與其母"少妃姚

---

① 張儒、劉毓慶：《漢字通用聲素研究》，山西古籍出版社，2002年，第770頁。
② 顧野王：《大廣益會玉篇》，中華書局，1987年，第105頁。
③ 周祖謨校箋：《方言校箋》，中華書局，1993年，第6頁；王念孫：《廣雅疏證》，上海古籍出版社，2016年，第282頁；陳彭年等：《宋本廣韻》，江蘇教育出版社，2008年，第153頁。
④ 方炫琛：《左傳人物名號研究》0619，花木蘭文化事業有限公司，2017年，第181頁。
⑤ 方炫琛：《左傳人物名號研究》1267，花木蘭文化事業有限公司，2017年，第293頁。
⑥ 李學勤主編：《清華大學藏戰國竹簡（貳）》，中西書局，2011年，第171頁注3。
⑦ 程薇：《清華簡〈繫年〉與夏姬身份之謎》，《文史知識》2012年第7期。

子"有關。①

　　網友汗天山指出:"據安大簡《詩經》中的用字,可知清華簡《繫年》中夏姬之名當釋爲'少孟',非'少孔'也。"②按:從文字形體上看,《安徽大學藏戰國竹簡·廊·桑中》簡89—90中,"孟姜"之"孟"作"㿟",與清華簡中的"㿟"一致。安大簡整理者指出:"'乿','孟'之異體。"③西周晚期的伯家父簋中,"孟"字作"㿟",可隸爲"盇"。頗疑清華簡、安大簡中的"孟"字從此形而來,即少了左上角的小撇,可隸爲"盇"。"夏姬"可分析爲"夫氏+父姓"。我們懷疑,"少孟"可能屬於"夫家排行+父家排行"的結構,其完整結構應該是"少孟姬"。《左傳》昭公二年:"齊陳無宇送女,致少姜。少姜有寵於晉侯,晉侯謂之少齊。"杜預注:"爲立別號,所以寵異之。"④竹添光鴻會箋:"長少是其行,猶長衛姬、少衛姬耳。"⑤李學勤曾經指出:"有時由於兩個以上同姓女子共事一夫,或者類似的原因,女名要加以'大''小''長''少'等區別字。例如齊有'長衛姬''少衛姬',晉有'少姜'(因爲是齊女,又號爲'少齊'),金文有'孟大姬''大孟姬嬭',等等。"⑥"孟"爲夏姬在父家諸女中的排行。夏姬稱"少",可能是因爲,夏徵舒在娶夏姬之前,已經迎娶過一位姬姓女子了。

9.75　齊嚴公光(靈公子。)

　　《人表考》(931):齊莊公,靈公之子。名光。其母爲鬷聲姬。亦稱齊莊。
　　《左傳人物名號研究》(164):世子光、大子光、光、莊公、齊侯、齊莊公。
齊臧公光【清華簡《繫年》93】
齊臧公【清華簡《繫年》93—94】
臧公【清華簡《繫年》95】
　　方炫琛指出,"光"爲名;"莊"爲謚;因其爲"大子"故稱"大子光";"傳稱大子,經則多書世子",故稱"世子光"。⑦

---

① 劉建明:《清華簡〈繫年〉釋讀辨疑》,孔子2000網,2012年12月26日,轉引自李松儒著:《清華簡〈繫年〉集釋(修訂本)》,中西書局,2022年,第214頁。
② 《安大簡〈詩經〉初讀》45樓跟帖,簡帛網,2019年9月25日。
③ 黃德寬、徐在國主編:《安徽大學藏戰國竹簡(一)》,中西書局,2019年,第49—50頁、第132頁注4。
④ 《十三經注疏》,中華書局,1980年,第2029頁。
⑤ 竹添光鴻會箋:《左氏會箋》,巴蜀書社,2008年,第1650頁。
⑥ 李學勤:《先秦人名的幾個問題》,《歷史研究》1991年第5期。
⑦ 方炫琛:《左傳人物名號研究》0514,花木蘭文化事業有限公司,2017年,第164頁。

清華簡整理者:"齊臧(莊)公,名光,齊靈公之子。"①

9.76　楚夾敖(康王子。)

《人表考》(931):楚夾敖,康王之子。夾,本作郟。因葬於郟,故謂之郟敖。名麇,或作麐、卷、員。亦稱熊麇、熊郟敖。

《左傳人物名號研究》(387):楚子麇、郟敖、麇。

乳₌王【清華簡《楚居》11、《繫年》97】

方炫琛指出,"麇"爲名,或作"卷";"楚人於其君無謚或不以謚稱,有以葬地之名冠'敖'字爲稱者,敖蓋酋豪之義"。② 按:"敖",參"6.53 楚若敖"條。

"乳子"合文,原篆作"🔾"(《楚居》)、"🔾"(《繫年》)。清華簡整理者先隸爲"孚":"'孚'字下有合文符號,'孚'爲《説文》'嗣'字古文,此讀爲'嗣子'。嗣子王,康王之子郟敖,名員,《楚世家》索隱又作'麐',在位四年。嗣子王之稱當時針對非嗣子的嗣王而言。"③趙平安師將"孚"改釋爲"乳",並指出,"乳子王"是"孺子王",指的就是"康王之子郟敖";在楚王世系中,"郟敖"處於父王和幾位叔王之間,是這幾位楚王的子侄輩,因而被稱爲"孺子王"。④

清華簡整理者後來指出,原來在《楚居》之中釋爲"嗣"的字,應改從趙説釋爲"乳";《楚居》和《繫年》中,"乳子王"的"乳",都應該用作"孺";"孺子王",是楚康王之子,名"麇",或作"員"(《史記·楚世家》),又稱"郟敖"(《左傳》《楚世家》等)。⑤ 郭永秉指出:"此字所象當是成人以手攬子於懷哺乳之形,這個字應是爲哺乳、乳育等詞造的本字。"⑥蘇建洲指出"'孺子'没有負面的意思,'孺子'是指天子、諸侯、世卿的繼承人"。⑦ 陳美蘭指出:"以{孺子王}稱呼,不只表明郟敖幼年即王位,而且也呼應其在位年祚僅四年便死在公子圍(楚靈王)的手下,因此恐怕還是以釋{孺子王}比較文從

---

① 李學勤主編:《清華大學藏戰國竹簡(貳)》,中西書局,2011 年,第 178 頁注 7。
② 方炫琛:《左傳人物名號研究》1807,花木蘭文化事業有限公司,2017 年,第 387 頁。
③ 李學勤主編:《清華大學藏戰國竹簡(壹)》,中西書局,2010 年,第 189 頁注 55。
④ 趙平安:《釋戰國文字中的"乳"字》,《中國文字學報》第四輯,商務印書館,2012 年,第 51—55 頁。
⑤ 李學勤主編:《清華大學藏戰國竹簡(貳)》,中西書局,2011 年,第 181 頁注 2。
⑥ 郭永秉:《從戰國楚系"乳"字的辨釋談到戰國銘刻中的"乳(孺)子"》,《簡帛·經典·古史》,上海古籍出版社,2013 年,第 347 頁。
⑦ 蘇建洲、吳雯雯、賴怡璇:《清華二〈繫年〉集解》,萬卷樓圖書公司,2013 年,第 694 頁。

意順。"①

9.78　蔡靈侯

《人表考》(931)：蔡靈侯,景侯之子。名般。亦稱聖侯。
《左傳人物名號研究》(433)：蔡侯般、世子般、大子般、蔡侯、蔡靈侯、靈侯、蔡靈公。

郙霝侯【上博簡《靈王遂申》1,清華簡《繫年》99】
方炫琛指出,"般"爲名；"靈"爲謚。②
上博簡整理者："'蔡靈侯',春秋蔡國之君,景侯子,名般。……謚靈。"③按："靈"與"聖"疑爲雙字謚。

9.83　楚靈王圍(共王子。)

《人表考》(932—933)：楚靈王,共王之子。名圍,或作回。改名虔。亦稱熊虔、楚靈。
《左傳人物名號研究》(386)：楚子虔、公子圍、王子圍、令尹圍、令尹、圍、楚靈王、楚王、楚子、虔、靈王。

王子回【上博簡《莊王既成 申公臣靈王》5】
先君霝王【上博簡《君人者何必安哉(甲)》9、《君人者何必安哉(乙)》9】
霝王【上博簡《靈王遂申》1】
霝王【清華簡《楚居》11、《繫年》80】
命尹【清華簡《繫年》97】
楚霝王【清華簡《繫年》104】

方炫琛指出,"圍"爲名；因其爲"共王子"故稱"王子圍"；"以其爲令尹"故稱"令尹圍"；即位後改名爲"虔"；"靈"爲謚。④
上博簡整理者："'王子回',春秋時楚國國君,即'王子圍',楚共王次子,康王之弟,靈王圍。"⑤"'霝','霝'省,古文靈字。……《謚法》：'亂而不損曰靈,好祭鬼神曰靈,死而志成曰靈。''楚靈王'……熊氏,名圍,一作回,後改名虔。楚康王弟。史書或稱'公子圍、楚令尹、令尹圍、大夫圍、王子圍、楚公子圍、熊虔、楚子、其君虔、楚靈王、庶子圍、王子'(《春秋名

---

① 陳美蘭：《戰國竹簡東周人名用字現象研究》,藝文印書館,2014年,第174頁。
② 方炫琛：《左傳人物名號研究》2085,花木蘭文化事業有限公司,2017年,第433頁。
③ 馬承源主編：《上海博物館藏戰國楚竹書(九)》,上海古籍出版社,2012年,第159頁。
④ 方炫琛：《左傳人物名號研究》1804,花木蘭文化事業有限公司,2017年,第386頁。
⑤ 馬承源主編：《上海博物館藏戰國楚竹書(六)》,上海古籍出版社,2007年,第248頁。

號歸一圖》）。"①"'靈王',指'楚靈王',春秋時楚國國君。芈姓,名圍,即位後改名虔。"②

清華簡整理者："靈王,共王之子,康王之弟,郟敖之叔父公子圍,弑嗣子王而立。《左傳》昭公元年：'楚靈王即位。'杜注:'靈王,公子圍也,即位易名熊虔。'《楚世家》'康王寵弟公子圍',集解引徐廣曰：'《史記》多作回。'上博簡《申公臣靈王》作'王子回',楚文字'回'多讀爲'圍'。"③"圍即楚靈王,共王之子,康王之弟,孺子王之叔父,弑孺子王而立,即位後易名熊虔。"④

9.90 楚平王棄疾（靈王弟。）

《人表考》（934）：楚平王,靈王之弟。曾任蔡公。名棄疾。即位後改名熊居。亦稱居。

《左傳人物名號研究》（385）：楚子居、公子棄疾、棄疾、蔡公、君司馬、熊居、平王、楚子、楚王、楚平王。

競坪王【新蔡簡甲三 69,上博簡《平王問鄭壽》1、《平王與王子木》1,清華簡《楚居》12、《繫年》81】

王【上博簡《陳公治兵》1】

君王【上博簡《陳公治兵》6】

方炫琛指出,"棄疾"爲名；因其曾治蔡故稱"蔡公"；"平"爲諡；或以"居"爲"即位後易名"；或以"熊氏得自鬻熊之名"；或以"熊"爲始封地名。⑤

上博簡整理者："'競坪王'即史書上的'楚平王'……春秋時楚國國君,名'棄疾',爲楚共王第五子。及即位,改名'熊居'。"⑥"'王',指楚平王棄疾,春秋時楚國國君,即位後改名熊居,共王子,靈王弟。""'君王',指楚平王。"⑦

清華簡整理者："競（景）坪（平）王,即楚平王,楚靈王之弟公子棄疾,即位後改名爲熊居。楚平王,楚人皆稱爲競（景）平王,見新蔡卜筮簡及上博簡《平王問鄭壽》《平王與王子木》等,也見於 1973 年湖北當陽季家湖所出楚

---

① 馬承源主編：《上海博物館藏戰國楚竹書（七）》,上海古籍出版社,2008 年,第 207 頁。
② 馬承源主編：《上海博物館藏戰國楚竹書（九）》,上海古籍出版社,2012 年,第 158 頁。
③ 李學勤主編：《清華大學藏戰國竹簡（壹）》,中西書局,2010 年,第 189 頁注 56。
④ 李學勤主編：《清華大學藏戰國竹簡（貳）》,中西書局,2011 年,第 181 頁注 2。
⑤ 方炫琛：《左傳人物名號研究》1801,花木蘭文化事業有限公司,2017 年,第 385—386 頁。
⑥ 馬承源主編：《上海博物館藏戰國楚竹書（六）》,上海古籍出版社,2007 年,第 256 頁。
⑦ 馬承源主編：《上海博物館藏戰國楚竹書（九）》,上海古籍出版社,2012 年,第 169、174 頁。

編鐘(《殷周金文集成》38)銘文。楚之景氏,爲景平王之後。"①"平王即位後改名熊居。"②

劉信芳師指出,包山簡中的"競氏",應該就是傳世文獻所記載的"景氏";關於"景氏"之得"氏",《潛夫論·志氏姓》和《通志·氏族略四》都説是"楚公族",並且没有不同意見,雖可信,卻無據;"景氏"起源於哪一代楚王,因誰得氏,仍是個謎;可以初步推定,"景氏"應該是楚宣王之前的某代楚王所封,與"昭氏"得"氏"相去不遠,可能是楚昭王至楚宣王時期所封。③ 白顯鳳指出:"楚國之景氏,確爲楚平王後代以謚爲氏者。"④

9.91 費亡極

《人表考》(934):費無極,無極或作無忌。亦稱楚費。

《校正古今人表》(1022):費亡極,亡極或作亡忌。

《左傳人物名號研究》(379):費無極、無極。

少帀亡悬【上博簡《平王問鄭壽》3】

少帀亡期【清華簡《繫年》81】

楊伯峻指出:"費無極,《楚世家》《伍子胥傳》及《淮南子》俱作'費無忌',極、忌古音相近。"⑤方炫琛指出,"費"爲氏;"無極"(或作"無忌")爲名。⑥

上博簡整理者:"'少師',官名。……'無畀'即'費無忌',春秋時楚國大夫。"⑦

清華簡整理者:"無極,《楚世家》作'無忌'。"⑧

蘇建洲指出:"根據西周、春秋金文用字習慣來看,'期'應以讀爲'忌'爲首選。"⑨白顯鳳指出:"'費無忌''費無極'之'忌''極'互作,典籍常見。"⑩陳美蘭指出,簡文中,"少師"之"師"寫作"帀",《繫年》中,軍隊之"師"既用"𠂤"和"𠭯",也用"帀";職官之"師"則用"帀";"無忌"寫作"亡娶","亡"與"無"可以通用,"娶"從"其"得聲(見母之部),傳世文獻或作

---

① 李學勤主編:《清華大學藏戰國竹簡(壹)》,中西書局,2010年,第190頁注58。
② 李學勤主編:《清華大學藏戰國竹簡(貳)》,中西書局,2011年,第182頁注8。
③ 劉信芳:《〈包山楚簡〉中的幾支楚公族試析》,《江漢論壇》1995年第1期。
④ 白顯鳳:《戰國楚簡人名異寫研究》,吉林大學碩士學位論文,2012年,第48頁。
⑤ 楊伯峻編著:《春秋左傳注(修訂本)》,中華書局,1990年,第1369頁。
⑥ 方炫琛:《左傳人物名號研究》1764,花木蘭文化事業有限公司,2017年,第379頁。
⑦ 馬承源主編:《上海博物館藏戰國楚竹書(六)》,上海古籍出版社,2007年,第259頁。
⑧ 李學勤主編:《清華大學藏戰國竹簡(貳)》,中西書局,2011年,第172頁注17。
⑨ 蘇建洲、吳雯雯、賴怡璇:《清華二〈繫年〉集解》,萬卷樓圖書公司,2013年,第599—600頁。
⑩ 白顯鳳:《戰國楚簡人名異寫研究》,吉林大學碩士學位論文,2012年,第82頁。

"忌"（群母之部）、"極"（群母職部），音近可通。① 郭永秉指出，"畏忌"之"忌"，都寫作"朞（或婜）"，屬於"較早時代用字習慣的遺留"；古代以"無忌"爲名的人很多。② 王輝指出："'悬'從心從'期'之古文，或即'忌'之異體。"③按：王說可從。《小爾雅·廣言》："惎，忌也。……《說文》……言部'譆，忌也'，引《周書》曰'上不譆于凶德'，今《周書·多方》作'爾尚不忌于凶德'。"④"心""言"可以通用。⑤ "惎"與"譆"形音義均近。《廣韻·志韻》："惎，謀也。"《之韻》："譆，謀也。"⑥

9.95　吳夫槩

《人表考》（935）：夫槩，即夫槩王，闔廬之弟。槩，或作概、摡、溉、既。自立爲吳王，敗後奔楚，爲堂谿氏。

《左傳人物名號研究》（147）：夫槩王。

吳王子晨【清華簡《繫年》84】
王子晨【清華簡《繫年》87—88】

方炫琛指出，或以"夫槩"爲號。⑦

清華簡整理者："《左傳》定公四年：'闔廬之弟夫槩王晨請於闔廬。'據簡文'王子晨'，知'晨'爲夫槩王名。"⑧陳美蘭指出，"唇"與"晨"同。⑨

李家浩指出，吳王闔廬之弟"夫槩"，曾在吳國稱王，《左傳》等記作"夫槩王"；《繫年》簡110稱闔廬之子"夫差"爲"夫秦（差）王"；這可能是由於他們没有謚號，故於名字之後綴"王"作爲稱呼。⑩

9.119　吳王夫差

《人表考》（941）：吳王夫差，闔廬之子。亦稱差。

《左傳人物名號研究》（221）：吳王夫差、夫差、吳子、吳王、吳夫差。

---

① 陳美蘭：《戰國竹簡東周人名用字現象研究》，藝文印書館，2014年，第180頁。
② 郭永秉：《商周金文所見人名補釋五則》，復旦大學出土文獻與古文字研究中心網，2009年4月2日；後收入氏著《古文字與古文獻論集》，上海古籍出版社，2011年，第27頁。按：本書據後者。
③ 王輝：《簡帛人物名號彙考》，中西書局，2021年，第168頁。
④ 胡承珙：《小爾雅義證》，黄山書社，2011年，第54頁。
⑤ 高明：《中國古文字學通論》，北京大學出版社，1996年，第135—136頁。
⑥ 陳彭年等：《宋本廣韻》，江蘇教育出版社，2008年，第103、15頁。
⑦ 方炫琛：《左傳人物名號研究》0414，花木蘭文化事業有限公司，2017年，第147頁。
⑧ 李學勤主編：《清華大學藏戰國竹簡（貳）》，中西書局，2011年，第173頁注26。
⑨ 陳美蘭：《戰國竹簡東周人名用字現象研究》，藝文印書館，2014年，第247頁。
⑩ 李家浩：《甲骨文北方神名'勹'與戰國文字從'勹'之字》，《文史》2012年第3輯，第58頁。

夫秦王【清華簡《繫年》110】
吳王【清華簡《越公其事》9】

方炫琛指出，或以"大子終纍即夫差"；或以"終纍爲夫差之號"。①

清華簡整理者："夫秦王，吳王夫差。秦，從母真部；差，初母歌部，音近通假。"②董珊認爲："'差'與'秦'的元音相近，《説文》：'䡛，連車也。一曰：卻車抵堂爲䡛。从車、差省聲。讀若遲。''遲'是定母脂部字，是可見諧'差'聲之字有脂部一讀，'秦'是真部字，與脂部陰陽對轉。"③

按："夫秦""夫差"和"夫檿"的"夫"字，可能與"於越"之"於"、"句吳"之"句"類似。郭錫良指出："先秦的吳國、越國又稱作'於越''句吳'，'於'和'句'也可能是詞頭。"④

9.121　鄭相駟子陽

《人表考》(941)：鄭子陽，即鄭相駟子陽。
《校正古今人表》(1023)：鄭相駟子陽，疑即鄭相子陽，名駟。

奠子㿋【清華簡《繫年》132】

梁玉繩指出："子陽，鄭相，乃駟氏之後，《史記》稱駟子陽，非鄭君也。"⑤楊寬認爲："駟子陽當爲鄭相，且爲別封之君。"⑥

清華簡整理者："鄭子㿋用滅，《六國年表》：楚悼王四年'敗鄭師，圍鄭，鄭人殺子陽'。"⑦王輝指出："駟爲其氏，鄭穆公子騑字子駟，其後代以駟爲氏。"⑧

9.122　齊康公（爲田氏所滅。）

《人表考》(942)：齊康公，宣公之子。名貸。

齊侯貣【清華簡《繫年》120】
齊侯【清華簡《繫年》121】

清華簡整理者："齊侯貣，即齊康公貸。《齊世家》：'宣公五十一年卒，子康公貸立。'"⑨

蘇建洲指出："'齊康公貸'是姜姓齊國最後一任君王。"⑩

---

① 方炫琛：《左傳人物名號研究》0842，花木蘭文化事業有限公司，2017年，第222頁。
② 李學勤主編：《清華大學藏戰國竹簡(貳)》，中西書局，2011年，第187頁注6。
③ 董珊：《吳越題銘研究》，科學出版社，2014年，第37頁。
④ 郭錫良：《古代漢語語法講稿》，語文出版社，2007年，第131頁。
⑤ 轉引自許維遹：《呂氏春秋集釋》，中華書局，2009年，第325頁。
⑥ 楊寬：《戰國史料編年輯證》，上海人民出版社，2001年，第208頁。
⑦ 李學勤主編：《清華大學藏戰國竹簡(貳)》，中西書局，2011年，第199頁注17。
⑧ 王輝：《簡帛人物名號彙考》，中西書局，2021年，第238頁。
⑨ 李學勤主編：《清華大學藏戰國竹簡(貳)》，中西書局，2011年，第193頁注6。
⑩ 蘇建洲、吳雯雯、賴怡璇：《清華二〈繫年〉集解》，萬卷樓圖書公司，2013年，第851頁。

第十章　不見於《古今人表》的人物名號

畢桓

𢆶𩊠【清華簡《祭公之顧命》9】

清華簡整理者：“《穆傳》又有畢矩，不知是否與此畢𩊠有關。畢𩊠，今本作‘畢桓’，于邑《香草校書》已指出爲‘人氏名，疑畢公高之後’。”① 陳逢衡曾指出“畢矩，畢公高之後”。② 蔡哲茂指出，“‘畢矩’應是‘畢桓’的訛誤”。③

井利、毛班

丼利【清華簡《祭公之顧命》9】
毛班【清華簡《祭公之顧命》9】

清華簡整理者：“井利、毛班，見《穆天子傳》。”④

“井利”之“井”，目前有“邢”“郱”兩種理解。⑤ 陳逢衡引《廣韻·静韻》：“井氏，姜子牙之後，周有井利、井伯。”⑥ 于省吾指出，“井利”在《竹書紀年》寫作“井公利”；“井利”就是“邢利”；《金文》中，邢國之“邢”均作“井”。⑦ 唐蘭指出，“《穆天子傳》裏，井公與邢侯不同，邢侯是邢國的諸侯而井公是在鄭地的”。⑧ 王貽樑認爲：“《穆傳》井利與邢侯有别甚明，與金

---

① 李學勤主編：《清華大學藏戰國竹簡（壹）》，中西書局，2010年，第177頁注23。
② 王貽樑、陳建敏校釋：《穆天子傳匯校集釋》，中華書局，2019年，第184頁。
③ 蔡哲茂：《讀清華簡〈祭公之顧命〉札記第三則》，簡帛網，2011年5月4日。
④ 李學勤主編：《清華大學藏戰國竹簡（壹）》，中西書局，2010年，第177頁注23。
⑤ 參郭倪：《〈穆天子傳〉文本整理及相關問題研究》，吉林大學博士學位論文，2018年，第335—336頁。
⑥ 王貽樑、陳建敏校釋：《穆天子傳匯校集釋》，中華書局，2019年，第34頁。
⑦ 于省吾：《穆天子傳新證》，《考古》第六期，考古學社，1937年，第277頁。
⑧ 唐蘭：《西周銅器斷代中的“康宮”問題》，《考古學報》1962年第1期。

文、典籍完全相合。此'井'即《説文》之'邢',云'鄭地(即《穆傳》之南鄭、金文之奠)邢亭'。《廣韻》作'丼',與金文字形完全一致。……西周金文井氏多見於中期,且其前往往冠一'奠(鄭)'字,其出現也多在奠(鄭)地。此奠(鄭),《穆傳》作'南鄭',爲井氏家族住地。"① 按:從《穆天子傳》的記載來看,"井利"與"邢侯"確非一人。因此,"井利"之"井",可能是鄭地之"井"。

白顯鳳指出:"'丼'爲在'井'字上添加義符'水'。"②

劉洪濤指出:"'般''班'音近古通,'民''毛'字形相近,'民般'當即'毛班'。"③

仳倠

比隹【清華簡《楚居》1】

清華簡整理者:"比,讀爲'祖妣'之'妣',與下文'妣隹'同例。"④

宋華强指出,"比隹"應該是"生稱";"比",不當讀爲"妣";"比隹"可能是"兩個女子的名";上古時期,姐妹二人同嫁一夫,也是很常見的。⑤ 網友子居指出:"楚先人的居地,往往有荆山、隹水之名,如湖北之荆山與濉水、山東之荆山與濰水、安徽之荆山與淮水,此鄰於荆山的諸水之名,即源於妣隹之隹。"⑥ 趙平安師亦持"生稱"説,在參照衆家之説的基礎上提出"鳥和隹無論字源還是語源都是相同的"的結論,並認爲:"妣隹實際上就是妣鳥。鳥是楚人對商部落的代稱。妣隹等於説來自商部落的妣。……季連娶妣隹,反映了楚文化與商文化的融合。"⑦ 我們懷疑,"比隹"可能讀爲"仳倠";根據傳世文獻記載,"仳倠"是一名醜女;季連迎娶"比隹",除了"想與商文化拉近關係"之外,或許還看中"比隹"的賢德。⑧ 按:"比隹"一名該如何解釋,目前還無法定論。但是,"比隹"與"妣隹"在稱名方式上的區别卻是顯而易見的。從《楚居》簡1—2的記載來看,"比隹"似乎並非"季連"之妻:"女曰

---

① 王貽樑、陳建敏校釋:《穆天子傳匯校集釋》,中華書局,2019年,第34頁。
② 白顯鳳:《出土楚文獻所見人名研究》,吉林大學博士學位論文,2017年,第151頁。
③ 《清華簡〈祭公之顧命〉研讀札記》學者評論第15樓,復旦大學出土文獻與古文字研究中心網,2011年1月6日。
④ 李學勤主編:《清華大學藏戰國竹簡(貳)》,中西書局,2011年,第183頁注8。
⑤ 宋華强:《清華簡〈楚居〉"比隹"小議》,簡帛網,2011年1月20日;宋華强:《清華簡〈楚居〉1—2號與楚人早期歷史傳説》,《文史》2012年第2輯。
⑥ 子居:《清華簡〈楚居〉解析》,簡帛研究網,2011年3月30日。
⑦ 趙平安:《清華簡〈楚居〉妣隹、妣䴗考》,《中國文化研究》2012年第1期。
⑧ 羅小華:《試論清華簡〈良臣〉中的"比隹"》,《簡帛研究二〇一五(秋冬卷)》,廣西師範大學出版社,2015年,第54—56頁。

比佳……季連聞其有聘,從,及之泮,爰生經伯、遠仲。"①這段話中,既無"娶"字亦無"妻"字。而《楚居》對於"妣㜈"的記載就大不一樣了:"穴酓遲徙於京宗,爰得妣㜈……乃妻之,生侸叔、麗季。"②據此可見,"妣㜈"是"穴酓"的正妻。無論是楚國得名於"妣㜈賓于天,巫戎該其脅以楚",還是"妣㜈"稱"妣",可能都是這一情況的體現。至於"比佳",對楚國的發展肯定起到過重要作用,但不如"妣㜈"。

酓朔

酓朔【清華簡《楚居》5】

清華簡整理者:"酓朔,'朔'是雙音符字,楚簡中或讀爲'㮳'。酓朔當即《楚世家》熊渠長子康,又稱毋康。《史記》所言熊渠、毋康(康)、摯紅(紅)、熊延之間的關係混亂,歷來紛紜莫辨。索隱:'熊渠卒,子熊翔立,卒,長子摯有疾,少子熊延立。'熊翔即熊康,亦即簡文之酓朔。翔、康、朔古音並近。翔、康皆陽部字,朔爲月部字,陽、月通轉……熊康並非早死不得立。譙周説是。"③

復旦讀書會認爲,"酓朔"對應《史記·楚世家》中的"熊艾";《史記》中的"熊艾",與《楚居》中的"酓只"無法"密合";《楚居》中還多出"酓朔"一人;"酓朔"應讀爲"熊艾";《史記·楚世家》應該是誤將"熊艾"和"熊只"兩位楚先王當成一人,在原本應該只有"熊只"的位置上寫了"熊艾",又將"熊渠"之後的"熊艾"遺漏了;"艾""只"古文字形體相近可能也是"致誤原因之一"。④

李守奎認爲,"酓朔"(《楚居》)在傳世文獻中,存在陽部和東部兩種異寫系列:陽部有"康"(《楚世家》)、"毋康"(《楚世家》)、"無康"(《帝繫》)、"翔"(譙周説)等;東部有"庸"(《世本》)、"紅"(《帝繫》《楚世家》)等;《大戴禮記》中的"婁鯀"也應該是"酓朔"的異寫。⑤

李家浩將"朔"改釋爲"𦩻",並認爲:"'酓𦩻'當讀爲'熊埶(蓺)',也就是《楚世家》所説的'熊摯(執〔埶〕)紅'和司馬貞索隱所見本的'蓺紅'。"⑥徐在國將"朔"改釋爲"朔",並認爲:"《楚居》中的'熊朔'與《楚世家》對應

---

① 李學勤主編:《清華大學藏戰國竹簡(壹)》,中西書局,2010年,第181頁。
② 李學勤主編:《清華大學藏戰國竹簡(壹)》,中西書局,2010年,第181頁。
③ 李學勤主編:《清華大學藏戰國竹簡(壹)》,中西書局,2010年,第186頁注33。
④ 復旦大學出土文獻與古文字研究中心研究生讀書會:《清華簡〈楚居〉研讀札記》,復旦大學出土文獻與古文字研究中心網,2011年1月5日。
⑤ 李守奎:《根據〈楚居〉解讀史書中熊渠至熊延世序之混亂》,《中國史研究》2011年第1期。
⑥ 李家浩:《清華戰國竹簡〈楚居〉中的酓𦩻、酓執和酓綎》,《出土文獻》第三輯,中西書局,2012年,第1、11頁。

的是'熊康',即司馬貞《索隱》所引的'熊翔'。'朔'和'翔'的關係,一種可能是由於隸書形近訛寫,原本作'朔',後世形近訛寫作'翔',另一種可能是讀爲'翔'。"①

酓雪

酓䨮【清華簡《楚居》6】

清華簡整理者指出,"酓䨮"就是《楚世家》中的"熊雪";"毳"與"雪"都是齒音月部字;"䨮",从"雨","毳"聲,應該就是楚文字中的"雪"。②

上博簡整理者指出,"酓䨮"可讀爲"飲毳";但不見於史籍。③

白顯鳳指出,包山簡中的"熊雪适""爲楚先公熊雪的後代,以先君名爲氏"。④

中謝

𠁩䛐【清華簡《楚居》16】

清華簡整理者指出,"𠁩䛐",包山簡或作"𠁩䘩"(簡145),或作"中酴"(簡18),上博簡《柬大王泊旱》或作"中余"(簡9、10);陳偉讀爲"中謝";"中謝"是楚官名,爲"侍御之官"。⑤

伯盤

《左傳人物名號研究》(218):伯服。

白盤【清華簡《繫年》5】

方炫琛指出,"服"或作"犕";或以"犕"爲"古服字"。⑥

清華簡整理者指出,"伯盤",傳世文獻或作"伯服"(《晉語一》《鄭語》《周本紀》),或作"伯盤"(《左傳》昭公二十六年正義、《太平御覽》卷八五引《紀年》);前人已經辨明,"服"爲誤字。⑦ 華東師大讀書小組:"'盤',傳世典籍作'服',不知孰對孰錯?然所知者,'服'字之偏旁(指"月"),與'盤'字之偏旁(指"舟"),以形近而訛變也。"⑧吴雯雯指出:"伯盤,《史記》作'伯

① 徐在國:《談清華簡楚居中的"酓朔"》,《中國文字學報》第七輯,商務印書館,2017年,第117頁。
② 李學勤主編:《清華大學藏戰國竹簡(壹)》,中西書局,2010年,第186頁注35。
③ 馬承源主編:《上海博物館藏戰國楚竹書(九)》,上海古籍出版社,2012年,第172頁。
④ 白顯鳳:《出土楚文獻所見人名研究》,吉林大學博士學位論文,2017年,第45頁。
⑤ 李學勤主編:《清華大學藏戰國竹簡(壹)》,中西書局,2010年,第192頁注78。
⑥ 方炫琛:《左傳人物名號研究》0819,花木蘭文化事業有限公司,2017年,第218頁。
⑦ 李學勤主編:《清華大學藏戰國竹簡(貳)》,中西書局,2011年,第139頁注3。
⑧ 華東師範大學中文系戰國簡讀書小組:《讀〈清華大學藏戰國竹簡(貳)·繫年〉書後(一)》,簡帛網,2011年12月29日。

服'。方詩銘、王修齡云:'案《紀年》原文應作般,般即古文盤字。……般、服形近,《國語》等書因誤般爲服,和(嶠)、荀(勗)舊誤以釋《紀年》,束皙正之,是。'今由《繫年》字作'![字]',可知方氏、王氏之説可從。"①

攜惠王余臣

《左傳人物名號研究》(476):攜王。

舍臣【清華簡《繫年》7】
攜惠王【清華簡《繫年》7】
惠王【清華簡《繫年》8】

清華簡整理者:"余臣爲幽王弟,前所未見。""雷學淇《竹書紀年義證》卷二七云:'攜,地名,未詳所在。《新唐書》所載《大衍曆議》謂豐、岐、驪、攜皆鶉首之分,雍州之地,是攜即西京地名矣。'"②

陳偉師認爲:"虢是大地名,攜應是虢國之内的小地名。在這種情形下,既與《春秋左傳正義》所引《紀年》吻合,又和《繫年》後文只稱'惠王'相一。"③

劉國忠指出,根據清華簡記載,虢公翰等人在"位於河南三門峽一帶的西虢"擁立"余臣";地名"攜"並不存在;這個字可能是因後來的"攜王"之稱而致誤的;謚"惠",應該是"余臣"支持者的行爲;"攜"的含義是"貳",是後人出於正統觀念對"余臣"的稱呼,是"一種貶稱":"攜王"之稱的原義,與《左傳正義》中"以本非適,故稱攜王"的記載相符。④

華東師大讀書小組認爲,簡文中的"惠",可能是"羑衍";《左傳》《竹書紀年》等傳世文獻都記作"攜王";簡文中的"惠"與"虢",都應該是"攜"字的"誤摹";可能由於"攜王"被立於攜,弑於攜,因而得名;周代在釐(僖)王與襄王之間,還有一位"在位二十五年"的"惠王"。⑤ 李松儒指出,將"惠""虢"視爲"攜"字之誤是不對的。⑥

王輝指出:"'攜'是地名,那麽'惠'應是謚號,謚號命名爲'惠'應非惡謚,而爲善謚:《逸周書·謚法》言'柔質受諫曰惠',而《史記正義·謚法

---

① 蘇建洲、吴雯雯、賴怡璇:《清華二〈繫年〉集解》,萬卷樓圖書公司,2013年,第54頁。
② 李學勤主編:《清華大學藏戰國竹簡(貳)》,中西書局,2011年,第139頁注6、7。
③ 陳偉:《讀清華〈繫年〉札記(一)》,簡帛網,2011年12月20日。
④ 劉國忠:《從清華簡〈繫年〉看周平王東遷的相關史實》,《簡帛·經典·古史》,上海古籍出版社,2013年,第176頁。
⑤ 華東師範大學中文系戰國簡讀書小組:《讀〈清華大學藏戰國竹簡(貳)·繫年〉書後(一)》,簡帛網,2011年12月29日。
⑥ 李松儒:《清華簡〈繫年〉集釋(修訂本)》,中西書局,2022年,第51頁。

解》則作'柔質慈民曰惠,愛民好與曰惠',這似説明當時群臣百姓認爲攜王是一個性格溫柔、慈愛民衆的君王。"①

魏棟指出,在來源不同的《紀年》中,"攜王"的名字有"余臣"和"余"兩種説法;"余臣"是"攜王"的名字,與"余臣"相比,"余"可能脱一"臣"字;但是,並不能完全排除"余"也是"攜王"名字的可能性;"攜王"之謚爲"惠",而非"攜";"攜"是地名,應該在虢公翰的"虢國境内",具體地望不詳;"攜王"立於"攜"地并有可能常駐"攜"地,平王企圖貶抑"攜王",都是將"余臣"稱爲"攜王"的原因。② 按:或許,"余臣"在構成方式上屬於"字+名"。

吴雯雯指出,以前根據《汲冢竹書紀年》的記載,只能知道"攜王"就是王子余臣,卻不清楚他與幽王之間的關係,現在根據簡文,可以明確地知道,他是幽王的弟弟;只有"攜"的地望無法考證,目前仍以地名之説爲是。③

衛幽侯

《左傳人物名號研究》(452):衛懿公、衛侯。

幽侯【清華簡《繫年》19】

方炫琛指出,"懿"爲謚。④

清華簡整理者:"被狄攻滅的衛侯,《左傳》稱'衛懿公',《論語・儒增》稱'衛哀公',簡文則作'幽侯',謚法互異。"⑤華東師大讀書小組認爲:"'幽'蓋誤字,涉上文'周幽王'而誤。"⑥

蘇建洲指出,"幽"(影紐幽部,三等開口)與"懿"(影紐脂部,三等開口)、"哀"(影紐微部,一等開口)音近可通;"公""侯"之爵可以互稱;朱曉海所謂"懿"也有可能是後來的"改謚",也可備一説。⑦ 我們曾懷疑,"'幽''懿''哀'等三字都是謚號,即三字謚"。⑧

---

① 王暉:《春秋早期周王室王位世系變局考異》,《出土文獻與中國古代文明》,中西書局,2016年,第235頁。
② 魏棟:《清華簡〈繫年〉與攜王之謎》,《文史知識》2013年第6期。
③ 蘇建洲、吴雯雯、賴怡璇:《清華二〈繫年〉集解》,萬卷樓圖書公司,2013年,第66、73—75頁。
④ 方炫琛:《左傳人物名號研究》2199,花木蘭文化事業有限公司,2017年,第452頁。
⑤ 李學勤主編:《清華大學藏戰國竹簡(貳)》,中西書局,2011年,第145頁注10。
⑥ 華東師範大學中文系戰國簡讀書小組:《讀〈清華大學藏戰國竹簡(貳)・繫年〉書後(二)》,簡帛網,2011年12月30日。
⑦ 蘇建洲、吴雯雯、賴怡璇:《清華二〈繫年〉集解》,萬卷樓圖書公司,2013年,第237—239頁。
⑧ 羅小華:《試論清華簡〈繫年〉中的幾個多字謚》,《簡帛研究二〇一六(秋冬卷)》,廣西師範大學出版社,2017年,第17頁。

申公子儀

《左傳人物名號研究》(484)：鬭克、子儀、申公子儀。

繡公子義【清華簡《繫年》40】
繡公義【清華簡《繫年》48】
楚子義【清華簡《子儀》3】
子義【清華簡《子儀》5】
義父【清華簡《子儀》3】

王引之認爲："'克'與'刻'通。……'儀'讀如'娑'。儀之言疏刻也。"①俞樾認爲："《爾雅·釋言》曰：'克，能也。'《釋詁》曰：'儀，善也。'善與能同義……又《廣雅·釋言》曰：'賢，猶能也。'賢與能亦同義……名克字儀，義正相應。且其義甚美，故往往以爲名字矣。"②于省吾認爲："克核古通……核爲實，正與儀表之儀内外相對也。《離騷》'羌無實而容長'，核實也，儀容也，故名核字儀矣。"③

方炫琛指出，因"其爲申縣之縣大夫"故稱"申公"；"克"爲名；"儀"爲字；"子儀"爲"以男子美稱子字冠字上而成之通行名號"；"儀父"之"父"，爲"字下所殿男子美稱之詞"；"子儀父"是"以字配二美詞"。④

清華簡整理者："鬭克即申公子儀。"⑤王輝指出："鬭氏名克。"⑥

陳美蘭指出："楚文字習以'繡'字記録國名、氏名之{申}，'繡'或省作'繡'，簡文{申公子儀}則作'繡'，繁簡略異而已。"⑦

襄夫人

《左傳人物名號研究》(445)：穆嬴。

襄天人【清華簡《繫年》51】

方炫琛指出，"嬴"爲母家之姓；"穆"爲謚。⑧

清華簡整理者將"夫"字隸爲"而"，認爲是"夫"的訛字，並指出："襄夫

---

① 王引之：《經義述聞》，上海古籍出版社，2016年，第1359頁。
② 俞樾：《春秋名字解詁補義》，《弟一樓叢書》，鳳凰出版社，2021年，第190頁。
③ 于省吾：《春秋名字解詁商誼》，《考古》第五期，考古學社，1936年，第272頁。
④ 方炫琛：《左傳人物名號研究》2404，花木蘭文化事業有限公司，2017年，第484頁。
⑤ 李學勤主編：《清華大學藏戰國竹簡(貳)》，中西書局，2011年，第156頁注5。
⑥ 王輝：《簡帛人物名號彙考》，中西書局，2021年，第253頁。
⑦ 陳美蘭：《戰國竹簡東周人名用字現象研究》，藝文印書館，2014年，第152頁。
⑧ 方炫琛：《左傳人物名號研究》2170，花木蘭文化事業有限公司，2017年，第446頁。

人,《左傳》稱'穆嬴'。①華東師大讀書小組認爲:"從簡文的字形看,當隸定爲'襄天人','天'是'夫'之訛。襄夫人,《左傳》稱'穆嬴',《史記》稱'辰嬴''繆嬴'。"②蘇建洲認爲:"簡文該是'夫'誤寫爲'天'字。"③

左行蔑

《左傳人物名號研究》(199):先蔑、士伯。

右行瘍【清華簡《繫年》51】

方炫琛指出,"先"爲氏;"蔑"(或作"昧")爲名;或以"士伯"即"先蔑"。④

清華簡整理者:"左行蔑,即先蔑。《左傳》僖公二十八年:'晉侯(文公)作三行以禦狄,荀林父將中行,屠擊將右行,先蔑將左行。'《公羊傳》文公七年作'先昧'。"⑤

"瘍",原篆作 ▨。蘇建洲認爲,該字形不從"蔑"而從"茢";"茢"之形體,是將"苪"之"人"形改造成"勿";陳斯鵬認爲,這屬於"變形音化"的現象;"蔑"與"勿",聲紐均爲明母,韻部爲月、物旁轉;"左行蔑"的構成方式是"以官名冠名上",因先蔑曾率領晉國的"左行"。⑥ 陳美蘭指出,"左行"是官名,"左行蔑""可視爲以官爲氏之例"。⑦ 按:將"左行蔑"理解爲"以官名冠名上"較穩妥。

宋右師華孫元

《左傳人物名號研究》(374):華元、元。

宋右帀芋孫兀【清華簡《繫年》56】
芋孫兀【清華簡《繫年》60】

方炫琛指出,"華"即以"華父督之字"爲氏;"元"爲名;"華孫"即"於氏下繫'孫'者";"宗子纔能稱'孫'","以氏配孫"是敬稱,"孫"指的是"本國某先君之孫",而不是"公子之孫"。⑧

---

① 李學勤主編:《清華大學藏戰國竹簡(貳)》,中西書局,2011年,第157頁、第158頁注8。
② 華東師範大學中文系戰國簡讀書小組:《讀〈清華大學藏戰國竹簡(貳)·繫年〉書後(三)》,簡帛網,2012年1月1日。
③ 蘇建洲、吳雯雯、賴怡璇:《清華二〈繫年〉集解》,萬卷樓圖書公司,2013年,第421頁。
④ 方炫琛:《左傳人物名號研究》0718,花木蘭文化事業有限公司,2017年,第199頁。
⑤ 李學勤主編:《清華大學藏戰國竹簡(貳)》,中西書局,2011年,第158頁注7。
⑥ 蘇建洲、吳雯雯、賴怡璇:《清華二〈繫年〉集解》,萬卷樓圖書公司,2013年,第415—417頁。
⑦ 陳美蘭:《戰國竹簡東周人名用字現象研究》,藝文印書館,2014年,第97頁。
⑧ 方炫琛:《左傳人物名號研究》1733、1745,花木蘭文化事業有限公司,2017年,第374、376、11—12頁。

清華簡整理者："華孫元,即華元,出於宋戴公之後華氏。其父華御事,《左傳》文公十六年疏引《世本》稱華孫御事。……對勘《左傳》文公十年'宋華御事……逆楚子,勞且聽命',簡文華元應爲華御事之譌。"①蘇建洲認爲："'華孫元'即'華元',氏華名元,之所以稱'華孫'者,蓋是敬稱。"②

李鋭認爲："鄙意與其説此處官職、人名皆有訛誤,不如説華御事與華元既爲父子,很可能父子二人意見相近,簡文據華元後來之官職稱'宋右師華孫元',《左傳》稱'宋華御事',各據所聞記事,可能並無訛誤。"③

陳美蘭指出,楚簡中記録花草或相關義的"華"(今作"花"),大多都用"芋"字;把"芋""華"看作通假關係,是最爲常見的解讀方式;結合其他古文字材料,把"芋"看成是"華"的省體,也是可以成立的。④

趙旃

《左傳人物名號研究》(412):趙旃、趙傁。
邵嘼【清華簡《繫年》64】

方炫琛指出,"趙"爲氏;"旃"爲名;或以"傁"爲"長老之稱"。⑤

清華簡整理者："嘼,即'單'字,禪母元部,與章母元部之'旃'通假。趙旃,趙穿之子,見《左傳》宣公十二年杜注。"⑥

"嘼",原篆作"𩰲",亦見於郭店簡《成之聞之》簡22、《六德》簡14。裘錫圭指出："'嘼'在古文字中即'單'字繁文,《説文》説此字不可信。"⑦陳劍指出："從文字學的角度説,'嘼'即'單'字的繁體無可懷疑。"⑧

高之固

《左傳人物名號研究》(322):高固、高宣子、高子。
高之固【清華簡《繫年》66】

方炫琛指出,"高"爲氏;"固"爲名;"宣"爲謚;"高子"爲"氏下配子字"。⑨

---

① 李學勤主編.《清華大學藏戰國竹簡(貳)》,中西書局,2011年,第161頁注4。
② 蘇建洲、吳雯雯、賴怡璇:《清華二〈繫年〉集解》,萬卷樓圖書公司,2013年,第450頁。
③ 李鋭:《清華簡〈繫年〉與葛陵簡楚史問題考》,《楚文化與長江中游早期開發國際學術研討會論文集》,武漢大學出版社,2021年,第280頁。
④ 陳美蘭:《戰國竹簡東周人名用字現象研究》,藝文印書館,2014年,第211頁。
⑤ 方炫琛:《左傳人物名號研究》1958,花木蘭文化事業有限公司,2017年,第412頁。
⑥ 李學勤主編:《清華大學藏戰國竹簡(貳)》,中西書局,2011年,第166頁注6。
⑦ 荊門市博物館編:《郭店楚墓竹簡》,文物出版社,1998年,第169頁注22。
⑧ 陳劍:《據郭店簡釋讀西周金文一例》,《北京大學中國古文獻研究中心集刊》第二輯,北京燕山出版社,2001年,第387頁。
⑨ 方炫琛:《左傳人物名號研究》1433,花木蘭文化事業有限公司,2017年,第322頁。

清華簡整理者：" 高之固，即齊卿高固、高宣子。"①陳美蘭總結說，"之"是"氏與名字之間"的"助詞"；這種"稱名方式似乎是東周纔大量出現"的，與國別之間的關係尚不明確，其由來待考。②

南郭子

《左傳人物名號研究》(273)：南郭偃。

南䯮子【清華簡《繫年》69】

方炫琛指出，"南郭偃"是以南郭爲氏的齊人。③

蘇建洲認爲："'南郭子'即《左》宣十七的'南郭偃'。'南郭子'的稱名方式是以氏配子，子爲美稱。"④陳美蘭指出，"南䯮子"就是齊國大夫"南郭偃"，"南郭"爲氏，"子"是春秋時期卿大夫的通稱，"偃"爲名或字。⑤

蔡子

《左傳人物名號研究》(434)：蔡朝。

鄒子【清華簡《繫年》69】

方炫琛指出，"蔡朝"當爲齊人。⑥

清華簡整理者："鄒，从戔聲，元部字，與月部'蔡'字對轉。"⑦網友海天指出："'鄒'，僅見於簡69、70'鄒子'，對應《左傳》宣公十七年的'蔡朝'，所以'鄒'可讀爲'蔡'。'鄒'讀爲'蔡'也符合楚簡的用字習慣，或因爲'蔡朝'是齊國人，所以寫爲'鄒'以與'鄀'有所區隔。當然一種可能是《包山》的'鄀'是指上蔡……則可能暗示'蔡朝'的族氏來源。"⑧蘇建洲指出："'蔡子'即《左》宣十七的'蔡朝'。'蔡子'的稱名方式亦是以氏配子，子爲美稱。"⑨陳美蘭先指出，《繫年》中，齊國"蔡朝"之"蔡"，沒有用"鄒"字；"蔡朝"之"蔡"，與"蔡國"之"蔡"，在形與義上都不是一回事；《繫年》中的"鄒（鄒）"，不是指姬姓之"蔡"，而可能只是"齊國大夫因地封氏"，後來纔寫作

---

① 李學勤主編：《清華大學藏戰國竹簡（貳）》，中西書局，2011年，第168頁注3。
② 陳美蘭：《戰國竹簡東周人名用字現象研究》，藝文印書館，2014年，第63—64頁。
③ 方炫琛：《左傳人物名號研究》1143，花木蘭文化事業有限公司，2017年，第273頁。
④ 蘇建洲、吳雯雯、賴怡璇：《清華二〈繫年〉集解》，萬卷樓圖書公司，2013年，第513頁。
⑤ 陳美蘭：《戰國竹簡東周人名用字現象研究》，藝文印書館，2014年，第65頁。
⑥ 方炫琛：《左傳人物名號研究》2090，花木蘭文化事業有限公司，2017年，第434頁。
⑦ 李學勤主編：《清華大學藏戰國竹簡（貳）》，中西書局，2011年，第168頁注10。
⑧ 《〈繫年〉的"蔡"字》樓主發帖，復旦大學出土文獻與古文字研究中心網，2011年12月25日。
⑨ 蘇建洲、吳雯雯、賴怡璇：《清華二〈繫年〉集解》，萬卷樓圖書公司，2013年，第513頁。

"蔡";後又進一步指出,"䣙子"是齊國大夫;《繫年》所記載的姬姓之"蔡",與齊國"蔡"氏來源不同;自西周金文以下,姬蔡之"蔡"寫作"䣙";"㦰"的寫法表明,其來源與"䣙"不同;"蔡"(清母月部)與"䣙"(從母元部)聲韻相近,可以通假;"䣙"字沒有流傳下來,在傳世文獻中寫作"蔡"。① 李守奎曾就包山簡中的姓氏"蔡"指出:"'㦰(或䣙)君'之'㦰(或䣙)'當是指上蔡,有意與下蔡之'䣙'加以區別。'㦰君'的封地是上蔡,'䣙公'是下蔡的縣公。作爲姓氏,'㦰'與'䣙'都是以蔡國爲氏,可以通用。"②

陳公子徵舒

《左傳人物名號研究》(294):夏徵舒、徵舒、夏南。

墜公子諯䣀【清華簡《繫年》74】
墜公子諯余【清華簡《繫年》75】
㞷余【清華簡《繫年》76】

王引之指出:"'徵',古'懲'字。《魯頌·閟宮》篇'荆舒是懲'。……懲舒、追舒蓋以時事名之也。……今廬江南有舒城。舒城西南有龍舒。"③ 張澍指出:"荆舒,南邦也。徵即懲字……陳屢受楚患,故以此爲名,猶後世之名破胡矣。"④

方炫琛指出,"夏"即"以王父字"爲氏;"徵舒"爲名;"南"爲字;"夏南"爲"以氏配字"。⑤

清華簡整理者:"諯䣀,即夏徵舒。《國語·楚語上》'昔陳公子夏爲御叔娶於鄭穆公,生子南',韋注:'公子夏,陳宣公之子,御叔之父也,爲御叔娶鄭穆公少妃姚子之女夏姬也。……子南,夏徵舒之字。'《左傳》與之相合。簡文則云公子徵舒娶鄭穆公女,與《左傳》《國語》不同。"⑥

吳雯雯指出:"夏徵舒,陳國大夫。又稱少西氏、夏南。"⑦ 陳美蘭指出"夏徵舒命名或與舒國有關"。⑧

按:《儀禮·喪服》:"諸侯之子稱公子,公子不得禰先君。公子之子稱公

---

① 陳美蘭:《〈清華大學藏戰國竹簡(貳)·繫年〉用字現象考察》,《第二十五屆中國文字學國際學術研討會會議論文集》,中國文化大學中國文學系,2014年,第402頁;陳美蘭:《戰國竹簡東周人名用字現象研究》,藝文印書館,2014年,第65—66頁。
② 李守奎:《包山楚簡姓氏用字考釋》,《簡帛》第六輯,上海古籍出版社,2011年,第222頁。
③ 王引之:《經義述聞》,上海古籍出版社,2016年,第1411頁。
④ 張澍:《春秋時人名字釋》,《續修四庫全書》第一五〇七册,上海古籍出版社,2002年,第107頁。
⑤ 方炫琛:《左傳人物名號研究》1272,花木蘭文化事業有限公司,2017年,第294頁。
⑥ 李學勤主編:《清華大學藏戰國竹簡(貳)》,中西書局,2011年,第171頁注2。
⑦ 蘇建洲、吳雯雯、賴怡璇:《清華二〈繫年〉集解》,萬卷樓圖書公司,2013年,第534頁。
⑧ 陳美蘭:《戰國竹簡東周人名用字現象研究》,藝文印書館,2014年,第224頁。

孫,公孫不得祖諸侯。"①夏徵舒之父爲御叔。御叔之父爲公子夏。公子夏之父爲陳宣公。夏徵舒當爲陳宣公之曾孫,簡文卻記作"公子",未知所據。

連尹襄老

《左傳人物名號研究》(350):連尹襄老、襄老。
連尹襄老【清華簡《繫年》76】
連尹【清華簡《繫年》76】
方炫琛指出,"連尹"爲"楚官名";"襄老"爲名。②

黑要也

《左傳人物名號研究》(382):黑要。
墨要也【清華簡《繫年》77】
清華簡整理者:"要字原作'覍',下從夷,同篆文'要'字近似,正與《説文》解釋該字'象人要(腰)自臼之形'相合。黑要,見《左傳》成公二年。"③ 陳美蘭指出,"黑要"是名是字,還無法判定;《左傳》中"繫'黑'爲名者",都是用"黑"來"形容身體各部位的顏色";此類稱呼多數是"名","黑要"或"墨要"也應該如此。④ 白顯鳳指出:"'黑''墨'二字爲同源詞,古音、義皆相近,《廣雅·釋器》:'墨,黑也。'"⑤

蘇建洲認爲"'黑要也'的'也'如字讀,理解爲助詞即可,如同第九章簡51'雍也'"。⑥ 按:"也",參"5.133 公子雍"條。

五之雞

《左傳人物名號研究》(368):椒鳴。
五之雞【清華簡《繫年》81】
五雞【清華簡《繫年》81】
雞父【清華簡《繫年》82】
鯷父【清華簡《越公其事》12】
方炫琛指出"椒"乃"以椒邑爲氏","蓋椒鳴繼承伍舉之椒邑";"鳴"

---

① 《十三經注疏》,中華書局,1980年,第1115頁。
② 方炫琛:《左傳人物名號研究》1599,花木蘭文化事業有限公司,2017年,第350頁。
③ 李學勤主編:《清華大學藏戰國竹簡(貳)》,中西書局,2011年,第172頁注10。
④ 陳美蘭:《戰國竹簡東周人名用字現象研究》,藝文印書館,2014年,第167頁。
⑤ 白顯鳳:《出土楚文獻所見人名研究》,吉林大學博士學位論文,2017年,第101頁。
⑥ 蘇建洲、吳雯雯、賴怡璇:《清華二〈繫年〉集解》,萬卷樓圖書公司,2013年,第557頁。

爲名。①

　　清華簡整理者："伍奢二子，伍之雞應屬伍氏另一支。""雞父，今河南固始東南。"②"伍之雞又稱五雞、雞父。伍之雞在闔閭入郢中發揮過重要作用，其事迹傳世文獻失載。"③

　　李均明指出，根據簡文記載，奔吳者並非只有伍員一人，還有"其弟伍子雞"；"伍子雞"不見於史書記載；楚平王的殺戮對象，不僅僅只有伍奢及伍尚、伍員，還應該包括伍氏家族的其他成員，從而導致該家族成員大量逃亡；伍子雞是這些人中的"傑出人物"；簡文"五雞將吳人以圍州來，爲長壑而湮洍之，以敗楚師，是雞父之洍"的記載，"重現了伍子雞對吳國的重大貢獻"。④ 蘇建洲認爲："簡文的'伍之雞'（即"伍雞"）不知是否與'椒鳴'（即"伍鳴"）有關？蓋雞以善鳴著稱，故甲骨文的'鳴'本從'雞'作，如![字形]（《合》22037）。……也就是説《繫年》作者將'伍鳴'改爲'伍雞'，其後又誤將'伍雞'搞錯世系爲伍奢的兒子。"⑤陳美蘭指出，蘇建洲認爲"五之雞"就是"椒鳴"的説法很有"啟發"；"雞"與"鳴"形義相關；根據傳世文獻記載，"椒鳴"是伍奢的兄弟；根據簡文記載，"伍雞"是伍奢之子；兩種記載，是非難定，亦或是有不同來源。⑥ 李守奎指出，"伍之雞"，亦稱"伍雞""雞父"，爲"伍員之弟"；"伍之雞"受到吳王僚的重用，作戰獲勝，削弱楚國，爲吳軍入郢奠定了基礎；此人在闔閭時期仍然在世。⑦ 我們贊同蘇説，清華簡中的"伍之雞"，就是傳世文獻中的"椒鳴"；並認爲，簡文"其子伍員與伍之雞逃歸吳"中的"其子"，應該只是"伍員"的"限定語"，不包括"伍之雞"；"雞"與"鳴"是名與字的關係，類似的例子還有"晉韓籍字叔禽"和"楚項籍字羽"。⑧

令尹子重

　　《左傳人物名號研究》（125）：公子嬰齊、左尹子重、子重、令尹子重、嬰齊。

---

① 方炫琛：《左傳人物名號研究》1704，花木蘭文化事業有限公司，2017年，第368頁。
② 李學勤主編：《清華大學藏戰國竹簡（貳）》，中西書局，2011年，第172頁注18、第173頁注21。
③ 李學勤主編：《清華大學藏戰國竹簡（柒）》，中西書局，2017年，第120頁注10。
④ 李均明：《伍員與柏舉之戰》，《楚簡楚文化與先秦歷史文化國際學術研討會論文集》，湖北教育出版社，2013年，第82頁。
⑤ 蘇建洲、吳雯雯、賴怡璇：《清華二〈繫年〉集解》，萬卷樓圖書公司，2013年，第602頁。
⑥ 陳美蘭：《戰國竹簡東周人名用字現象研究》，藝文印書館，2014年，第183頁。
⑦ 李守奎：《清華簡中的伍之雞與歷史上的雞父之戰》，《中國高校社會科學》2017年第2期。
⑧ 羅小華："伍之雞"補説，《石泉先生百年誕辰紀念文集》，武漢大學出版社，2023年，第156—157頁。

命尹子禚【清華簡《繫年》85】

錢大昕認爲："齊威王嬰齊,或作因齊,'重'與'因'義相近,或楚子重亦名因齊乎？"① 張澍認爲："齊,整齊也。重,慎重也,言有威重也。"② 陶方琦認爲："重者,言嬰兒齠齔之後,齒必重生,故嬰齊字重。"③ 胡元玉認爲："齊,古臍字。……嬰齊,蓋謂嬰兒方震適當腹齊也。重者,孕也。……懷孕者,身中復有一身,故有重名矣。"④ 于省吾認爲："齊次古音近字通……周人恒以嬰齊爲名。《文選·東京賦》'因秦宫室',薛注:'因仍也。'……因仍比次,與重疊參差義均相應。"⑤

方炫琛指出,"嬰齊"爲名;因其曾任左尹故稱"左尹子重";曾任令尹故稱"令尹子重";"子重"爲字。⑥

清華簡整理者："令尹子重即公子嬰齊,青銅器中作'王子嬰次',楚莊王弟。"⑦

羅之茷

《左傳人物名號研究》(477):羅茷。

翟之伐【清華簡《繫年》87】

清華簡整理者指出,《左傳》成公十年記有"羅茷"。⑧ 陳美蘭指出,"羅"與"翟"、"茷"與"伐""聲符並可通"。⑨

楚王子罷

《左傳人物名號研究》(124):公子罷。

楚王子跛【清華簡《繫年》88】

清華簡整理者:"王子跛,《左傳》作'公子罷'。"⑩ 蘇建洲指出:"《楚國

---

① 錢大昕:《潛研堂集》,上海古籍出版社,2009 年,第 87 頁。
② 張澍:《春秋時人名字釋》,《續修四庫全書》第一五〇七册,上海古籍出版社,2002 年,第 103 頁。
③ 陶方琦:《春秋名字解詁補誼》,《續修四庫全書》第一五六七册,上海古籍出版社,2002 年,第 493 頁。
④ 胡元玉:《駁春秋名字解詁》,《續修四庫全書》第一二八册,上海古籍出版社,2002 年,第 453 頁。
⑤ 于省吾:《春秋名字解詁商誼》,《考古》第五期,考古學社,1936 年,第 273 頁。
⑥ 方炫琛:《左傳人物名號研究》0297,花木蘭文化事業有限公司,2017 年,第 125 頁。
⑦ 李學勤主編:《清華大學藏戰國竹簡(貳)》,中西書局,2011 年,第 175 頁注 1。
⑧ 李學勤主編:《清華大學藏戰國竹簡(貳)》,中西書局,2011 年,第 175 頁注 5。
⑨ 陳美蘭:《戰國竹簡東周人名用字現象研究》,藝文印書館,2014 年,第 104 頁。
⑩ 李學勤主編:《清華大學藏戰國竹簡(貳)》,中西書局,2011 年,第 175 頁注 7。

歷史文化辭典》云:'《左傳》稱周王之子爲王子,楚王之子多稱公子,有時亦稱王子,楚國銅器銘文皆自稱王子某。'可見《左》成十二的'公子罷'就是簡文的'王子波',【罷與皮】有大量通假例證……"①

高厚

《左傳人物名號研究》(323):高厚、高子。
高厚【清華簡《繫年》91】
方炫琛指出,"高"爲氏;"氏下配子字"稱"高子";"厚"爲名。②
清華簡整理者:"高厚,齊國大臣高固之子。"③
"厚",原篆作"𠃬"。蘇建洲指出,此字與上博簡《彭祖》"𠃬"(簡7)的寫法相同,應當分析爲"上从石,下从𦤃(墉)省的會意兼形聲字"。④

欒盈

《左傳人物名號研究》(480):欒盈、盈、欒懷子、懷子、欒孺子。
鄉䙷【清華簡《繫年》93】
𢍰䙷【清華簡《繫年》94】
方炫琛指出,"欒"爲氏;"盈"爲名;"懷"爲諡;"以其父死繼立不久"故稱"孺子"。⑤
清華簡整理者:"欒盈,又稱欒懷子,《晉世家》等作'欒逞'。"⑥
陳美蘭指出,上博簡《姑成家父》中,"欒書"之"欒"寫作"𢍰",與《繫年》簡文"鄉"不同,屬於"氏無定形的現象"。⑦
按:"䙷",參本書第十一章"䙷伯、遠仲、佢叔"條。

令尹子木

《左傳人物名號研究》(258):屈建、令尹子木、子木、建。
屈木【上博簡《競公瘧》4】
𢍰子木【上博簡《平王與王子木》1】
命尹子木【清華簡《繫年》96】

---

① 蘇建洲、吳雯雯、賴怡璇:《清華二〈繫年〉集解》,萬卷樓圖書公司,2013年,第652頁。
② 方炫琛:《左傳人物名號研究》1434,花木蘭文化事業有限公司,2017年,第323頁。
③ 李學勤主編:《清華大學藏戰國竹簡(貳)》,中西書局,2011年,第178頁注4。
④ 蘇建洲、吳雯雯、賴怡璇:《清華二〈繫年〉集解》,萬卷樓圖書公司,2013年,第668頁。
⑤ 方炫琛:《左傳人物名號研究》2381,花木蘭文化事業有限公司,2017年,第480頁。
⑥ 李學勤主編:《清華大學藏戰國竹簡(貳)》,中西書局,2011年,第178頁注6。
⑦ 陳美蘭:《戰國竹簡東周人名用字現象研究》,藝文印書館,2014年,第111—112頁。

王引之認爲，"建"讀爲"楗"，指"關牡"；"門牡以木爲之，故字子木"。①
張澍指出："《山海經》：'建木，其枝九橺。'"②陳美蘭指出："建與木的名字相應關係，猶段與石。……建字本象人持木樹立之形，則與木字形義相合，亦可成立。"③

方炫琛指出，"屈"爲氏；"建"爲名；"子木"爲字。④

上博簡整理者："'屈木'，又稱'子木''屈建''建'，曾任楚莫敖、令尹。"⑤

蘇建洲指出"'令尹子木'即'屈建'，又名'屈木'"。⑥

徐公

郐公【清華簡《繫年》98】

清華簡整理者："《左傳》昭公四年：'……徐子，吳出也，以爲貳焉，故執諸申。'"⑦按：何琳儀師曾指出："《左傳》昭公四年：'徐子，吳出也。'恰好說明徐子之母是吳王之女。"⑧

李守奎曾就包山簡中的姓氏"徐"指出："徐國銅器自銘作'郐'，《周書·費誓》之'徐戎'，《釋文》：'劉本作郐戎。'簡文中的'郐'……當讀爲'徐'。徐國是一個古國，西周時曾一度強盛，昭公三十年爲吳所滅，徐子奔楚，楚城夷以處之，後爲楚所滅。"⑨

子甫

《左傳人物名號研究》(96)：子蒲。

子甫【清華簡《繫年》105】

陳美蘭指出："簡文作'浦'，傳世文獻作'蒲'，同從'甫'聲，可通。據簡文與《左傳》，子蒲與子虎一樣是秦軍將領……"⑩白顯鳳指出，文獻中有將

---

① 王引之：《經義述聞》，上海古籍出版社，2016年，第1376頁。
② 張澍：《春秋時人名字釋》，《續修四庫全書》第一五〇七册，上海古籍出版社，2002年，第104頁。
③ 陳美蘭：《先秦人名解詁補議三則》，《第八屆中國訓詁學全國學術研討會論文集》，玄奘大學中國語文學系、中國訓詁學會，2007年，第51—52頁。
④ 方炫琛：《左傳人物名號研究》1057，花木蘭文化事業有限公司，2017年，第259頁。
⑤ 馬承源主編：《上海博物館藏戰國楚竹書（六）》，上海古籍出版社，2007年，第171頁。
⑥ 蘇建洲、吳雯雯、賴怡璇：《清華二〈繫年〉集解》，萬卷樓圖書公司，2013年，第686頁。
⑦ 李學勤主編：《清華大學藏戰國竹簡（貳）》，中西書局，2011年，第181頁注5。
⑧ 何琳儀：《程橋三號墓盤匜銘文新考》，《東南文化》2001年第3期。
⑨ 李守奎：《包山楚簡姓氏用字考釋》，《簡帛》第六輯，上海古籍出版社，2011年，第232頁。
⑩ 陳美蘭：《戰國竹簡東周人名用字現象研究》，藝文印書館，2014年，第133頁。

"子蒲"誤作"子滿"者。① 按:"蒲"作"滿",亦見於晉厲公"州滿",參"8.109 晉厲公"條。

子虎

《左傳人物名號研究》(92):子虎。
子虎【清華簡《繫年》105】
陳美蘭指出,"據簡文與《左傳》,子虎爲秦軍將領"。② 白顯鳳指出,文獻中有"子虎"誤作"鍼虎"者。③

洩庸

《左傳人物名號研究》(277):洩庸。
縵用【清華簡《繫年》106】
方炫琛指出,"洩庸"爲吳人;或以"越之舌庸爲洩庸"。④
清華簡整理者:"縵用,《左傳》作'洩庸'。洩,喻母月部;縵,明母元部,韻部對轉。"⑤

越公朱句

戉公株句【清華簡《繫年》112—113】
戉公【清華簡《繫年》113】
清華簡整理者:"株句,越國國君。《史記·越世家》索隱引《紀年》云:'不壽立十年見殺,是爲盲姑,次朱句立。'又:'於粵子朱句三十四年滅滕,三十五年滅郯,三十七年朱句卒。'存世越王州句劍多見,見《集成》11622至11632。株句、朱句、州句等,並爲同一人名的異寫。"⑥蘇建洲指出"'戉公'當是'朱句'"。⑦ 董珊指出:"《竹書紀年》稱'朱句',清華簡《繫年》第二十一章稱'戉公株句',越國銅器銘文與之對應的字寫作'州句'或'州𫝀'。從讀音來看,'朱句'或'州句'是先秦時代較常見的人名,在文獻中或以音近寫作'州仇'(《左傳》定公十年、哀公__年"叔孫州仇")、'州鳩'(《左傳》昭

---

① 白顯鳳:《出土楚文獻所見人名研究》,吉林大學博士學位論文,2017年,第223頁。
② 陳美蘭:《戰國竹簡東周人名用字現象研究》,藝文印書館,2014年,第133頁。
③ 白顯鳳:《出土楚文獻所見人名研究》,吉林大學博士學位論文,2017年,第223頁。
④ 方炫琛:《左傳人物名號研究》1168,花木蘭文化事業有限公司,2017年,第277頁。
⑤ 李學勤主編:《清華大學藏戰國竹簡(貳)》,中西書局,2011年,第185頁注9。
⑥ 李學勤主編:《清華大學藏戰國竹簡(貳)》,中西書局,2011年,第188頁注15。
⑦ 蘇建洲、吳雯雯、賴怡璇:《清華二〈繫年〉集解》,萬卷樓圖書公司,2013年,第787頁。

公十二年"劉州鳩"、昭公二十一年"泠州鳩")。"①

韓啟章

䡍啟章【清華簡《繫年》115】

清華簡整理者:"䡍啟章,韓武子啟章。《韓世家》'康子卒,子武子代',索隱:'名啟章。'《魏世家》索隱引《世本》同。"②

越公翳

戉公殹【清華簡《繫年》120】
戉公【清華簡《繫年》120】

清華簡整理者:"戉公殹,即越王翳。《越王句踐世家》:'句踐卒,子王鼫與立。王鼫與卒,子王不壽立。王不壽卒,子王翁立。王翁卒,子王翳立。王翳卒,子王之侯立。'索隱引《紀年》云:'翳三十三年遷于吳,三十六年七月,太子諸咎殺其君翳。'"③

曹錦炎曾就越王嗣旨不光劍銘指出:"'旨不光',疑爲'者旨不光'之省。'者旨'讀爲'諸稽',是越王的氏,'不光'是名……正因爲目有翳,所以不見光明。而劍銘作'不光',與'翳'乃一字一名,其取名正符合古人名、字相應的原則。另外,翳也可指雲翳,天上有雲翳,自然會遮蔽陽光而不見了。陸賈《新語·慎微》:'罷雲霽翳,令歸山海,然後乃得覩其光明。'正可解'翳'與'光明'之間的關係。"④董珊指出"翳,《越絕書》作'不揚',銘文作'不光'"。⑤ 周亞指出:"翳和不光不可能是同一人。"⑥陳民鎮指出:"清華簡《繫年》第 21 章見及'越公殹',正是越王翳,其爵位當爲伯爵。在金文中,能確定係越王翳的,有者旨不光、旨不光、不光、旨殹、旨医等稱名。'翳'與'不光'或是一華夏語人名、一古越語人名的關係。"⑦張志鵬認爲:"由傳世和出土文獻可知,越王翳,字不揚或不光。無論我們將'不'字作爲附加語音詞看待還是作爲否定副詞看待,都不違背古人所謂'傍其名而爲之字'的

---

① 董珊:《吳越題銘研究》,科學出版社,2014 年,第 53 頁。
② 李學勤主編:《清華大學藏戰國竹簡(貳)》,中西書局,2011 年,第 190 頁注 7。
③ 李學勤主編:《清華大學藏戰國竹簡(貳)》,中西書局,2011 年,第 193 頁注 4。
④ 曹錦炎:《越王嗣旨不光劍銘文考》,《文物》1995 年第 8 期。
⑤ 董珊:《越者汈鐘銘新論》,復旦大學出土文獻與古文字研究中心網,2008 年 3 月 1 日。
⑥ 周亞:《越王劍銘與越王世系》,《古文字與古代史》第二輯,"中研院"歷史語言研究所,2009 年,第 252 頁。
⑦ 陳民鎮:《"越公殹"考略》,復旦大學出土文獻與古文字研究中心網,2011 年 4 月 5 日。

取字原則。"①陳美蘭指出："如果考量古文字的'不'多讀爲'丕','翳'之蔽日與'不(丕)光'之大明,取相反之義,也不妨備一説。"②

陳塵子牛

陞塵子牛【清華簡《繫年》122】

清華簡整理者："陳塵子牛即《墨子·魯問》之項子牛,孫詒讓《墨子閒詁》：'項子牛,蓋田和將。'《淮南子·人間》有牛子,當係一人。"③馬衛東、王政冬認爲："《繫年》稱項子牛爲'陳塵子牛',陳與田二字古音同,可知項子牛應是田氏的同族。"④

網友戰國時代指出："項子牛應爲頃子牛之誤,頃、經聲近可通。陳經字子牛。"⑤網友環保地球指出："'頃子牛'的組成成分是'名+字',這種稱名方式恐有問題。一方面未見'氏',二方面先秦時代通常是先字後名……可見子牛應是名,經是字纔對。"⑥蘇建洲認爲,"塵"當從董珊之説讀爲"經";《説文》"經,牛膝下骨也";據此,則"牛""經"屬於"名字相應","頃(經)"是字,"子牛"是名;"陳塵"的構成方式是"以氏配字"。⑦ 陳美蘭指出,蘇説將"陳經子牛"分析爲"氏+字+子+名"是符合"先字後名"規律的,多了美稱"子";如果"陳經子牛"或"田經子牛",就是傳世文獻中的"項子牛",那麽,"項子牛"可能是"頃子牛"之誤,"頃子牛"就是簡文中的"經子牛";"經子牛"的構成方式當如蘇説分析爲"字(經)+子+名(牛)"。⑧ 按：據此,則"子牛"當理解爲名上冠"子"字。

田淏

陞淏【清華簡《繫年》123】

清華簡整理者："陳淏,齊國人名。"⑨

---

① 張志鵬：《吳越史新探》,河南大學博士學位論文,2012 年,第 158 頁。
② 陳美蘭：《戰國竹簡東周人名用字現象研究》,藝文印書館,2014 年,第 251 頁。
③ 李學勤主編：《清華大學藏戰國竹簡(貳)》,中西書局,2011 年,第 194 頁注 10。
④ 馬衛東、王政冬：《清華簡〈繫年〉三晉伐齊考》,復旦大學出土文獻與古文字研究中心網,2012 年 10 月 18 日；馬衛東：《清華簡〈繫年〉三晉伐齊考》,《晉陽學刊》2014 年第 1 期。按：本文據後者。
⑤ 《清華簡〈繫年〉三晉伐齊考》學者評論第 1 樓,復旦大學出土文獻與古文字研究中心網,2012 年 10 月 18 日。
⑥ 《清華簡〈繫年〉三晉伐齊考》學者評論第 3 樓,復旦大學出土文獻與古文字研究中心網,2012 年 10 月 20 日。
⑦ 蘇建洲、吳雯雯、賴怡璇：《清華二〈繫年〉集解》,萬卷樓圖書公司,2013 年,第 861 頁。
⑧ 陳美蘭：《戰國竹簡東周人名用字現象研究》,藝文印書館,2014 年,第 77 頁。
⑨ 李學勤主編：《清華大學藏戰國竹簡(貳)》,中西書局,2011 年,第 194 頁注 13。

董珊認爲:"陳淏,疑爲田侯剡。淏(昊),匣母幽部;剡,禪母談部;炎,匣母談部,幽、談兩部可以對轉,所以'淏'可以讀爲'剡'。田侯剡,《史記·田敬仲完世家》失載,僅見於索隱引《古本竹書紀年》:'(齊康公)二十二年,田侯剡立。'"①

馬衛東指出,《吕氏春秋·順民》中有被稱爲"鴟子"的人,高誘注爲"齊相";在田莊子晚年,"鴟子"是政界要人,距離田和即位不遠;"鴟"與"淏"音近可通;《繫年》中的"陳淏",可能就是"鴟子"。② 熊賢品從古音、名號構成方式、活動年代、政治地位等四個方面入手,論證《繫年》中的"陳淏",與《吕氏春秋·順民》中的"鴟子"是同一個人:1."昊""鴟"都是匣紐宵部字,故"淏""鴟"音近可通;2.文獻中常有名字之後加"子"的情況,《繫年》中的"陳淏",極有可能就是《吕氏春秋·順民》中的"鴟子";3.《繫年》中的"陳淏"主要活動於公元前404年至公元前397年之間,《吕氏春秋》中的"鴟子"主要活動在公元前411年左右,二者比較接近;4.據《吕氏春秋·順民》記載,"鴟子"與"和子"均爲"齊莊子的重要屬員",曾一起就"是否應該征伐越國"的問題向"齊莊子提供意見",據清華簡《繫年》記載,"陳淏"與"田和"一起,與伐齊的三晉大夫會盟、締結合約,且兼有"受理别國軍事求援的職責"。③

衛侯虔

衛侯虔【清華簡《繫年》124】

清華簡整理者:"衛侯虔,據《衛世家》和《六國年表》,此時爲衛慎公穨。《衛世家》記慎公之父是公子適,索隱云:'《系(世)本》適作虔。'可見《世家》衛世系有混亂處。簡文'虔'字所从文旁兩側有裝飾筆畫,類似寫法見於姑虔昏同之子句鑃(《集成》424)。"④

蘇建洲認爲:"'虔'作 ,在'文'旁加了飾筆。……'公子適'是衛敬公的兒子,衛昭公的弟弟,衛慎公的父親。'公子適',根據《史記索隱》云:'《系(世)》本適作虔。'則《繫年》的'衛侯虔'應該是指'公子適',也就是説'公子適'曾即位,與《衛康叔世家》所述不同。"⑤ 陳美蘭指出:

---

① 董珊:《讀清華簡〈繫年〉》,復旦大學出土文獻與古文字研究中心網,2011年12月26日;《清華簡〈繫年〉與屬羌鐘對讀》,《簡帛文獻考釋論叢》,上海古籍出版社,2014年,第100頁。按:本書據後者。
② 馬衛東:《清華簡〈繫年〉三晉伐齊考》,《晉陽學刊》2014年第1期。
③ 熊賢品:《清華簡〈繫年〉"陳淏"即〈吕氏春秋〉"鴟子"補論》,《中原文物》2015年第1期。
④ 李學勤主編:《清華大學藏戰國竹簡(貳)》,中西書局,2011年,第195頁注17。
⑤ 蘇建洲、吳雯雯、賴怡璇:《清華二〈繫年〉集解》,萬卷樓圖書公司,2013年,第868—869頁。

"《繫年》簡 119 有韓烈侯'訊(韓)虔','虔'字作'👁'。衛侯虔之名可與《史記》索隱的異文'虔'對讀,故原注釋將簡文下方'文'旁兩側筆畫視爲飾筆是正確的。"①白顯鳳指出:"'虔'字寫法特殊,所從的'文'當爲'彣'的異體。"②

王子定

王子定【清華簡《繫年》129】
王子【清華簡《繫年》129】

劉全志認爲"王子定是楚聲王之子、楚悼王的兄弟,名'定',正與'救秦戎'的'定'同名"。③

鄭太宰欣

奠大宰俽【清華簡《繫年》131】

清華簡整理者:"奠(鄭)太宰俽,即太宰欣。《韓非子·説難》:'若夫齊田恒、宋子罕、魯季孫意如、晉僑如、衛子南勁、鄭太宰欣、楚白公、周單荼、燕子之,此九人者之爲其臣也,皆朋黨比周以事其君,隱正道而行私曲,上逼君,下亂治,援外撓内,親下以謀上,不難爲也。如此臣者,唯聖王智主能禁之,若夫昏亂之君,能見之乎?'"④蘇建洲認爲:"太宰欣可能是子陽之黨的領袖。……所謂'太宰欣取鄭',太宰欣亦是罕氏後裔,或即'鄭子陽',或爲子陽之黨。"⑤馬衛東認爲:"太宰欣則應爲罕氏之後。"⑥

常先

鄣人【清華簡《良臣》1】

我們懷疑:"'鄣人'可能就是傳世文獻中的'常先'。……從'章'得聲之字可與從'尚'得聲之字相通。'鄣'可讀爲'常'。'常先',可能本爲三字——'常之人'。'先',是'之人'二字合爲之誤。"⑦

---

① 陳美蘭:《戰國竹簡東周人名用字現象研究》,藝文印書館,2014 年,第 221 頁。
② 白顯鳳:《出土楚文獻所見人名研究》,吉林大學博士學位論文,2017 年,第 184 頁。
③ 劉全志:《清華簡〈繫年〉"王子定"及相關史事》,《文史知識》2013 年第 6 期。
④ 李學勤主編:《清華大學藏戰國竹簡(貳)》,中西書局,2011 年,第 199 頁注 16。
⑤ 蘇建洲、吴雯雯、賴怡璇:《清華二〈繫年〉集解》,萬卷樓圖書公司,2013 年,第 905 頁。
⑥ 馬衛東:《清華簡〈繫年〉與鄭子陽之難新探》,《古代文明》2014 年第 2 期。
⑦ 羅小華:《試論清華簡〈良臣〉中的"鄣人"》,《出土文獻》第八輯,中西書局,2016 年,第 121 頁。

女媧

女和【清華簡《良臣》1】

楊蒙生懷疑："他有可能是'羲和'異稱。"①我們懷疑："'女和'，可能就是《世本·作篇》中的'女媧'。"②

伯夷

白尼【上博簡《成王既邦》4，清華簡《良臣》1】

上博簡整理者："'白尼'，即'伯夷'。白、伯古通。……'尼'，疑'尼'之衍筆……《春秋少陽篇》：'伯夷姓墨，名允，字公信。伯，長也。夷，諡。'"③

清華簡整理者："伯夷，見《書·堯典》。《國語·鄭語》：'伯夷，能禮於神以佐堯者也。'"④王輝指出，商末孤竹君有子名伯夷；堯、舜、禹三個時期均有伯夷。⑤

白顯鳳指出："'尼'字多出的一橫是否爲衍筆，值得思考。此字原形作'尼'，也許爲書寫者有意爲之，多出的一橫具有裝飾性的作用。"⑥按："尼"，原篆作"尼"，見《説文》人部："尼，古文仁，或从尸。"⑦《玉篇》尸部："尼，古文夷字。"⑧何琳儀師分析爲"尼，从尸，=爲裝飾部件（或分化符號）"。⑨"夷"，脂部喻四；"尼"，脂部透紐。喻四歸定，定、透均爲舌音。

富之更

《左傳人物名號研究》(363)：富子。

宙之㡭【清華簡《良臣》10】
佰之金【清華簡《子產》22】

方炫琛指出，"富"爲氏。⑩

---

① 楊蒙生：《清華簡〈叁〉〈良臣〉篇管見》，《深圳大學學報（人文社會科學版）》2014年第2期。
② 羅小華：《清華簡〈良臣〉中的"女和"》，《考古與文物》2018年第2期。
③ 馬承源主編：《上海博物館藏戰國楚竹書（八）》，上海古籍出版社，2011年，第175頁。
④ 李學勤主編：《清華大學藏戰國竹簡（叁）》，中西書局，2012年，第158頁注3。
⑤ 王輝：《簡帛人物名號彙考》，中西書局，2021年，第46頁。
⑥ 白顯鳳：《出土楚文獻所見人名研究》，吉林大學博士學位論文，2017年，第137頁。
⑦ 許慎：《説文解字》，中華書局，1963年，第161頁。
⑧ 顧野王：《大廣益會玉篇》，中華書局，1987年，第56頁。
⑨ 何琳儀：《戰國古文字典》，中華書局，1998年，第1228頁。
⑩ 方炫琛：《左傳人物名號研究》1669，花木蘭文化事業有限公司，2017年，第363頁。

清華簡整理者:"'富'字所從的'畐'譌作'酉'形,富之厓當即《左傳》昭公十六年諫子產的富子。"① "'庋'字隸寫據《子產》改正。"② "庋",原篆作"![字]"。網友苦行僧認爲:"其實該字爲從'厂','鞭'聲之字,不從'更'。此處的'鞭'字爲古文'鞭',從'攴',以'冕'的初文爲聲。"③清華簡整理者後來根據《子產》中的"攴"字形體,將其改隸爲"庋"。④ 王寧認爲,"厓(攴)"既可能是名,也可能是字。⑤ 我們認爲:"'![字]'字應該隸定爲'夋';'![字]'字則是在'夋'上又加了'厂'旁,可隸定爲'庋'。"⑥

"佲",我們認爲:"當徑釋爲'倍'。……'倍'從'咅'得聲,'咅'從'否'得聲,'否'又從'不'得聲。'畐',滂紐職部;'不',幫紐之部。幫、滂均屬重唇音。之、職爲陰入對轉。從'畐'得聲之字,常與從'不'得聲之字相通假。"⑦

伯州犁

《左傳人物名號研究》(83):大宰伯州犁、伯州犁、大宰。
邵州利【清華簡《良臣》11】
方炫琛指出,"州犁"爲名;"伯"爲氏;"大宰"爲官名。⑧

清華簡整理者:"伯州犁,見《左傳》成公十五年、《國語·晉語五》等,晉伯宗之子,伯宗被三郤所殺,奔楚後爲大宰,見《左傳》成公十六年、昭公元年。《元和姓纂》引《世本》:'伯宗氏,晉孫伯起生伯宗,因氏焉。'張澍《世本粹集補注》引鄧名世云:'此謂伯氏所自起也,林寶以爲伯宗複姓,誤矣。'簡文'伯'作'邵',應即其氏本字。"⑨程浩認爲:"伯州犁與叔向一樣都與子產關係密切,很可能也是因此被附於'子產之師''子產之輔'之後。"⑩白顯鳳指出:"文獻中又稱其爲'州黎',可見'伯'確爲其氏。"⑪按:"邵",可能是以

---

① 李學勤主編:《清華大學藏戰國竹簡(叁)》,中西書局,2012年,第162頁注55。
② 李學勤主編:《清華大學藏戰國竹簡(陸)》,中西書局,2016年,第145頁。
③ 《清華簡三〈良臣〉劄記》5樓跟帖,簡帛網,2013年1月9日。
④ 李學勤主編:《清華大學藏戰國竹簡(陸)》,中西書局,2016年,第145頁。
⑤ 王寧:《清華簡〈良臣〉〈子產〉中子產師、輔人名雜識》,復旦大學出土文獻與古文字研究中心網,2016年6月27日。
⑥ 羅小華:《試論清華簡中的幾個人名》,簡帛網,2016年4月8日;《出土文獻》第十二輯,中西書局,2018年,第121頁。按:本書據後者。
⑦ 羅小華:《試論清華簡中的幾個人名》,《出土文獻》第十二輯,中西書局,2018年,第120頁。
⑧ 方炫琛:《左傳人物名號研究》0060,花木蘭文化事業有限公司,2017年,第83頁。
⑨ 李學勤主編:《清華大學藏戰國竹簡(叁)》,中西書局,2012年,第162頁注57。
⑩ 程浩:《清華簡零識二則》,《出土文獻與中國古代文明》,中西書局,2016年,第374頁。
⑪ 白顯鳳:《出土楚文獻所見人名研究》,吉林大學博士學位論文,2017年,第102頁。

地名爲氏。

吕丁

吕丁【清華簡《封許之命》2】
丁【清華簡《封許之命》7】

清華簡整理者指出,"吕丁"姓姜,氏吕,名丁,與封於齊國的太公望吕尚(《耆夜》作"吕上父")應該有一定關係;《說文·叙》稱其爲"吕叔";據簡文記載,"吕丁"是許國的始封之君;《說文·叙》"鄦(許)"字下有"炎帝太嶽之胤,甫侯所封,在潁川"的記載,"甫"就是吕國;《左傳》隱公十一年正義引杜預云:"許,姜姓,與齊同祖,堯四嶽伯夷之後也。周武王封其苗裔文叔于許。"其中的"文叔",或作"大叔"(《漢書·地理志》潁川郡許縣本注),就是簡文中的"吕丁";但是,根據簡文記載,其受封的時間,要晚於武王。① 王輝指出:"吕爲封國,丁爲其日名。許非姬周族,故在周代初期仍依殷商人習慣用日名……大與文字形近易訛,'大叔''文叔'必有一訛。"②

武夫人

《左傳人物名號研究》(263):武姜、姜氏、姜。
武夫人【清華簡《鄭武夫人規孺子》1】
方炫琛指出,"武"爲夫謚;"姜"爲母家姓。③
清華簡整理者:"武夫人,武姜,生有二子。《史記·鄭世家》:'武公十年,娶申侯女爲夫人,曰武姜。生太子寤生,生之難,及生,夫人弗愛。後生少子叔段,段生易,夫人愛之。'"④

子人成子

《左傳人物名號研究》(408):語、子人。
子人成子【清華簡《鄭文公問太伯(甲)》1、《鄭文公問太伯(乙)》1⑤】
王引之指出:"《大雅·公劉篇》'于時言言,于時語語',毛傳曰:'直言曰言,論難曰語。'正義曰:'直言曰言,謂一人自言;答難曰語,謂二人相

---

① 李學勤主編:《清華大學藏戰國竹簡(伍)》,中西書局,2015年,第117頁、第119頁注7。
② 王輝:《一粟居讀簡記(九)》,《陝西歷史博物館館刊》第二十三輯,三秦出版社,2016年,第148頁。
③ 方炫琛:《左傳人物名號研究》1083,花木蘭文化事業有限公司,2017年,第263頁。
④ 李學勤主編:《清華大學藏戰國竹簡(陸)》,中西書局,2016年,第105頁注3。
⑤ 按:《鄭文公問太伯(乙)》1"人成子"前可補"子"字。

對。'《雜記》'言而不語,對而不問',鄭注曰:'言,言己事也,爲人説爲語。'《孟子·梁惠王篇》曰:'孟子見梁惠王,出語人。'"①張澍認爲:"語,與人語也。"②龍宇純認爲:"名禦字人,當取强禦與相人偶之義相對。(《禮記·中庸》:"仁者,人也。"鄭注:"人讀相人偶之人。")語禦音同通用。"③

方炫琛指出,"語"爲名;"人"爲字;其後人以"子人"爲氏。④

李學勤指出:"簡文……一人名語(《穀梁》作禦),字子人,後裔爲子人氏。這裏的'子人成子'應爲後人追稱語的謚法,他是厲公的弟弟,文公的叔叔。"⑤馬楠認爲:"其人爲鄭厲公母弟,文公叔父,名語,字子人,係子人氏之祖,疑殁後謚'成',即簡文之'子人成子'。"⑥清華簡整理者:"子人成子,子人爲氏,成爲謚。《春秋》桓公十四年(鄭厲公三年):'夏五,鄭伯使其弟語來盟。'《左傳》:'夏,鄭子人來尋盟,且脩曹之會。'其人爲鄭厲公母弟,名語,字子人,係子人氏之祖。子人語爲鄭文公叔父,疑即簡文之'子人成子'。"⑦白顯鳳指出:"如按以上説'子人成子'爲子人氏之祖,則鄭厲公母弟語是否可以子人爲氏值得商榷,如解簡文'子人成子'之'子人'爲氏,則應爲後人追稱,子人在世時'子人'爲其氏不大可能。"⑧我們認爲:"'子人成子'一名的構成十分有趣:'子人'爲字,'成'爲謚,後又加'子',可概括爲'字+謚+子'。這種構成方式的人名十分罕見。李、馬二位先生都已指出,'子人'後來用作氏。據此,我們懷疑,書寫者也有可能是將'子人'作爲氏看待。如果是這樣,那麽'子人成子'可以概括爲'氏+謚+子'。這在文獻中就比較常見了。"⑨按:"子人"爲字前加"子"。鄭國的子人氏雖在後世爲氏,在當時還只能是字。

孔叔

《左傳人物名號研究》(148):孔叔。

---

① 王引之:《經義述聞》,上海古籍出版社,2016年,第1330頁。
② 張澍:《春秋時人名字釋》,《續修四庫全書》第一五〇七册,上海古籍出版社,2002年,第105頁。
③ 按:龍宇純之説,未知出處,僅見於周法高撰輯:《周秦名字解詁彙釋補編》,中華叢書編審委員會,1964年,第31頁。
④ 方炫琛:《左傳人物名號研究》1945,花木蘭文化事業有限公司,2017年,第408頁。
⑤ 李學勤:《有關春秋史事的清華簡五種綜述》,《文物》2016年第3期。
⑥ 馬楠:《清華簡〈鄭文公問太伯〉與鄭國早期史事》,《文物》2016年第3期。
⑦ 李學勤主編:《清華大學藏戰國竹簡(陸)》,中西書局,2016年,第120頁注1。
⑧ 白顯鳳:《出土楚文獻所見人名研究》,吉林大學博士學位論文,2017年,第186頁。
⑨ 羅小華:《試論清華簡中的幾個人名》,《出土文獻》第十二輯,中西書局,2018年,第122頁。

孔弔【清華簡《鄭文公問太伯(甲)》11、《鄭文公問太伯(乙)》10】

方炫琛指出,"孔"爲氏;"叔"爲行次。①

清華簡整理者:"《左傳》僖公三年:'楚人伐鄭,鄭伯欲成。孔叔不可,曰:齊方勤我,棄德,不祥。'事在鄭文公十六年。"②

---

① 方炫琛:《左傳人物名號研究》0419,花木蘭文化事業有限公司,2017年,第148頁。
② 李學勤主編:《清華大學藏戰國竹簡(陸)》,中西書局,2016年,第123頁注31。

第十一章　待考人物名號

祝忻、巫率、宗丁

祝忻【清華簡《程寤》2】
巫率【清華簡《程寤》2】
宗丁【清華簡《程寤》2】

清華簡整理者指出，"祝忻""巫率""宗丁"，後一字都是人名；"巫"，就是《周禮》中的"女巫"；"宗"，就是《左傳》成公十七年中的"祝宗"。① 按：從構成方式來看，"祝忻"和"巫率"都屬於"職官+名"。據此，則"宗丁"和"祝宗"也應該屬於"職官+名"。"宗丁"之"宗"是職官，而"祝宗"之宗是人名。"宗丁"與"祝宗"並非同一個人。

河、有易

河【清華簡《保訓》8】
又易【清華簡《保訓》8】

清華簡整理者："上甲微、河與有易之間的史事，見《山海經·大荒東經》……《楚辭·天問》'昏微遵迹，有狄不寧'，王國維《卜辭所見先公先王考》以爲……有狄即有易。……河，河伯。殷墟卜辭中商王所祀的河，有的常與王亥、上甲（微）合祭，而且常用辛日，顯然是一個歷史人物。"② 按：上甲微與河、有易三者之間的史事，參"4.6 微"條。

盤庚之子

盤庚之子【清華簡《楚居》1】

清華簡整理者："盤庚，疑即商王盤庚。"③ 守彬認爲："此盤庚，不會是商

---

① 李學勤主編：《清華大學藏戰國竹簡（壹）》，中西書局，2010年，第137頁注6。
② 李學勤主編：《清華大學藏戰國竹簡（壹）》，中西書局，2010年，第147頁注25。
③ 李學勤主編：《清華大學藏戰國竹簡（壹）》，中西書局，2010年，第183頁注6。

王盤庚,疑爲以'盤'爲氏之族人。"①

李學勤指出:"盤庚即遷都於殷的商王;'盤庚之子'與《帝繫》'滕奔氏之子''竭水氏之子'等同例,也有可能是女性,而妣隹是盤庚的孫輩。按商王世系,'盤庚之子'和武丁同輩,則妣隹同祖庚、祖甲同輩。"②

按:"子"確實可以指女性,但"盤庚之子"是否就是"妣隹",尚難斷言。

緹伯、遠仲、佢叔

緹白【清華簡《楚居》2】
遠中【清華簡《楚居》2】
佢咠【清華簡《楚居》3】

清華簡整理者:"緹,《説文》'縊'字或體。"③

趙平安師先指出:"緹伯、遠仲、佢叔、麗季是堂兄弟關係。……由於緹遠和附沮形音上的這種關係,在轉寫流傳的過程中,就把緹遠寫成附沮了。"④後又指出:"緹通程,遠通蔿,緹伯、遠仲分別是程氏和蔿氏的祖先。程氏,傳説爲顓頊重黎之後,《元和姓纂·清韻》載,周有程伯休父。遠通蔿,春秋楚有蔿啟疆。《左傳》昭公十一年:'僖子使助薳氏之簉。'《釋文》:'本又作蔿。'程伯、蔿仲的結構是氏名加排行,而這些氏名又往往來源於地名。"⑤宋華强推測:"'附沮'或'付祖'大概是名,'緹伯''遠仲'大概是字。……'附''沮'也許是兩個人的名,分别和'緹伯''遠仲'之一對應。"⑥網友子居認爲:"緹伯,疑即熊盈,《逸周書·作雒篇》……遠仲之'遠'即'薳',又作'蔿',爲楚人常見之氏稱。"⑦來國龍指出:"第 2 號簡中的'緹伯',其實就是指春秋時期楚國四大公族中的成氏。"⑧陳美蘭在討論"樂盈"時指出,楚文字"緹"與傳世文獻"盈"字存在"某種對照關係"。⑨ 田成方指出:"'楚叔'可能是清華簡《楚居》簡 2 所載季連次子、緹白(伯)之弟遠仲(中)。遠仲既是緹伯之弟,當然就是楚君之叔。"⑩趙思木認爲:"以'遠中'爲'薳氏'之先祖'楚叔',固然可

---

① 守彬:《讀清華簡〈楚居〉季連故事》,簡帛網,2011 年 1 月 10 日。
② 李學勤:《論清華簡〈楚居〉中的古史傳説》,《中國史研究》2011 年第 1 期。
③ 李學勤主編:《清華大學藏戰國竹簡(壹)》,中西書局,2010 年,第 183 頁注 13。
④ 趙平安:《"三楚先"何以不包括季連》,《邯鄲學院學報》2011 年第 4 期。
⑤ 趙平安:《試説〈楚居〉妣隹羊》,《文物》2012 年第 1 期。
⑥ 宋華强:《清華簡〈楚居〉1—2 號釋讀》,簡帛網,2011 年 1 月 15 日。
⑦ 子居:《清華簡〈楚居〉解析》,簡帛研究網,2011 年 3 月 30 日。
⑧ 來國龍:《清華簡〈楚居〉所見楚國的公族與世系》,《簡帛·經典·古史》,上海古籍出版社,2013 年,第 160 頁。
⑨ 陳美蘭:《戰國竹簡東周人名用字現象研究》,藝文印書館,2014 年,第 111 頁。
⑩ 田成方:《東周時期楚國宗族研究》,科學出版社,2016 年,第 17 頁。

以解釋'遠'這一氏名的來由,但'叔'是兄弟排行之字,被稱爲'叔'者不是因爲後嗣君主稱之爲'叔父',故遠中恐怕難以被稱爲'楚叔'。"①按:或許,《楚居》的記載所反映的,並不僅僅是個人關係,更是四個氏族之間的關係。"經""遠"兩族源於"季連""比隹"一脈。"徂"和以"麗季"爲代表的楚族,源於"穴熊""妣隹"一脈。在更早的時候,還存在一些與以上四個氏族有親緣關係的氏族。只不過,到了《楚居》形成的時期,只剩下以上四個氏族的記載了。當然,也不排除《楚居》是以上四個氏族後人的追述的可能性。

妣厲

妣隹【清華簡《楚居》3】

清華簡整理者:"隹字在上博簡《容成氏》16號簡中讀爲'瘽'。"②復旦讀書會:"懷疑'隹'讀爲'厲','妣隹'爲古厲國女子。……簡文所述穴酓(穴熊)遷徙到宗京之地並娶妣隹,或許反映的就是楚先民與古厲人通婚的情況。"③

我們認爲:"妣隹可以概括爲'妣+父國名'。"④趙思木認爲:"'妣厲'應是後世楚人對此女之稱呼,這種命名方式是'身份+氏族名'。"⑤按:"妣"爲"親稱"。商代的"妣",指的是"祖的配偶"。⑥"妣隹"之"妣",可能源於甲骨文中的"妣"("妣"+日名)。根據傳世文獻記載,"鬻熊子"(也就是"穴熊")生活在商周之際。《史記·楚世家》:"鬻熊子事文王,蚤卒。"⑦"穴熊"之妻稱"妣隹",與其所生活的時代相吻合,參《緒論》。從《楚居》的記載來看,"妣隹"在楚國發展史中具有極其重要的地位,甚至可以説要高於"比隹"。

巫

㫳【清華簡《楚居》3】

清華簡整理者釋爲"㫳(巫)戕(并)"。⑧ 復旦讀書會:"'㫳戕'當讀爲

---

① 趙思木:《〈清華大學藏戰國竹簡(壹)〉集釋及專題研究》,華東師範大學博士學位論文,2017年,第397頁。
② 李學勤主編:《清華大學藏戰國竹簡(壹)》,中西書局,2010年,第184頁注17。
③ 復旦大學出土文獻與古文字研究中心研究生讀書會:《清華簡〈楚居〉研讀札記》,復旦出土文獻與古文字研究網,2011年1月5日。
④ 羅小華:《戰國簡册中的女性人名稱謂研究》,《長江文明》第十九輯,重慶大學出版社,2015年,第9頁。
⑤ 趙思木:《〈清華大學藏戰國竹簡(壹)〉集釋及專題研究》,華東師範大學博士學位論文,2017年,第404頁。
⑥ 參李學勤:《論殷代親族制度》,《文史哲》1957年第11期。
⑦ 司馬遷:《史記》,中華書局,1959年,第1691頁。
⑧ 李學勤主編:《清華大學藏戰國竹簡(壹)》,中西書局,2010年,第181頁。

'巫咸'。𠨘小篆作𠨘,《説文》:'𠨘……古文讀若咸。'整理者以'𠨘該'爲動詞,恐有不妥。文獻中'巫某'常見……而少有徑稱'巫'者。'巫咸'見於楚地文獻。《楚辭·離騷》'巫咸將夕降兮',洪興祖《補注》:'巫咸,古神巫也。當殷中宗之世。'"①趙思木指出:"《楚居》中的'巫咸'應也不是《君奭》所述的那位商代中期的巫咸,而可能是其後代,與之同屬'咸'氏族,該氏族蓋世代爲巫。"②按:"𠨘"字原篆作"𢍏"。"并",《容成氏》簡 3 作"𢎨",簡 26 作"并"。從形體上看,"𢍏"字右旁當从"并"。"𢍏",疑讀爲"縫"。"𢍏"从"并"得聲。"并",幫紐耕部。"縫"从"逢"得聲。"逢",奉紐東部。《書·金縢》:"乃并是吉。""并",《論衡·卜筮篇》引作"逢"。③《説文》糸部:"縫,以鍼紩衣也。"④《詩·魏風·葛屨》:"摻摻女手,可以縫裳。"⑤簡文中的"𢍏"與"該",可能都是指包扎傷口。

屈紃

屈紃【清華簡《楚居》4】

清華簡整理者:"屈紃,人名,'紃'字見《集韻·諄韻》,同'紃'。或説字从玄从勻,是雙音符字。此人與楚武王後裔屈氏無關。"⑥李學勤認爲:"屈紃從簡文看,是和熊繹並列的楚人首領,於史無考。楚國後來的屈氏,據《楚辭·離騷》王逸注,源於楚武王子屈瑕,食采於屈,因以爲氏,時代要晚得多。"⑦陳偉師指出:"屈紃並非楚君,不當與'熊繹'並列。"⑧網友子居認爲:"今由《楚居》篇看來,楚之屈氏,出自屈紃似更爲可能。"⑨陳民鎮認爲:"此處屈紃與熊繹並列,或同爲熊狂之後。"⑩趙思木指出:"不論'屈紃'與後來的屈氏是否無關,其所由得氏之'屈'可能仍當爲地名,或許與屈氏之'屈'同地。"⑪

---

① 復旦大學出土文獻與古文字研究中心研究生讀書會:《清華簡〈楚居〉研讀札記》,復旦大學出土文獻與古文字研究中心網,2011 年 1 月 5 日。
② 趙思木:《〈清華大學藏戰國竹簡(壹)〉集釋及專題研究》,華東師範大學博士學位論文,2017 年,第 408 頁。
③ 張儒、劉毓慶:《漢字通用聲素研究》,山西古籍出版社,2002 年,第 541 頁。
④ 許慎:《説文解字》,中華書局,1963 年,第 275 頁。
⑤ 《十三經注疏》,中華書局,1980 年,第 357 頁。
⑥ 李學勤主編:《清華大學藏戰國竹簡(壹)》,中西書局,2010 年,第 184 頁注 25。
⑦ 李學勤:《論清華簡〈楚居〉中的古史傳説》,《中國史研究》2011 年第 1 期。
⑧ 陳偉:《清華簡〈楚居〉"楩室"故事小考》,簡帛網,2011 年 2 月 3 日。
⑨ 子居:《清華簡〈楚居〉解析》,簡帛研究網,2011 年 3 月 30 日。
⑩ 陳民鎮:《清華簡〈楚居〉集釋》,復旦大學出土文獻與古文字研究中心網,2011 年 9 月 23 日。
⑪ 趙思木:《〈清華大學藏戰國竹簡(壹)〉集釋及專題研究》,華東師範大學博士學位論文,2017 年,第 411 頁。

若嗌

郘嗌【清華簡《楚居》4】

清華簡整理者："䣒，'嗌'之籀文。若嗌，郘人先祖。"①趙思木指出，此字上部的兩筆可能是"口"形的變體，可以嚴式隸定爲"䣒"；"郘益"與"商䎽""屈紃"等的構成方式均爲"氏族名+私名"。②

赤狄王留吁

赤翟王峕虘【清華簡《繫年》19】

"峕虘"，華東師大讀書小組指出，當讀爲"留吁"，可分析爲"从中从古文'酉'"和"从虎从口"；《春秋》宣公十六年中，有被晉人所滅的赤狄"留吁"，杜預注指出是"赤狄別種"；《春秋》中的"留吁"，就是簡文中"以'留吁'爲王之赤狄"；結合簡文和《春秋》來看，"留吁"既可以是"狄人首領之名"，也可以是赤狄"別種之名"；簡文中的"赤狄王留吁"，可能只是"承襲'留吁'稱號"的赤狄王，並不一定就是第一位稱作"留吁"的赤狄王；稱作"留吁"的"赤狄別種"，應該是歷代"留吁"所統治的部族，並且自稱"留吁"；至於"留吁"的含義，尚不明確，甚至於這個詞是不是漢語，都很難說；或許，"留吁"是赤狄部落的人對他們君長的"美稱"。③ 蘇建洲指出，《紂衣》簡 21 中的"🔣"、《王居》簡 4 中的"🔣"、《史蒥問於夫子》簡 6 中的"🔣"，均从"峕"聲，故簡文"峕虘"可讀爲"留吁"。④

越令尹宋

戉命尹宋【清華簡《繫年》111】

清華簡整理者："戉命尹宋，即越國的令尹，名宋。令尹是楚官，越亦有令尹。"⑤

趙狗

𠁁狗【清華簡《繫年》112】

清華簡整理者："趙狗，晉趙氏人名。"⑥陳美蘭指出，"趙狗"是"晉幽公

---

① 李學勤主編：《清華大學藏戰國竹簡（壹）》，中西書局，2010 年，第 185 頁注 26。
② 趙思木：《〈清華大學藏戰國竹簡（壹）〉集釋及專題研究》，華東師範大學博士學位論文，2017 年，第 410、412 頁。
③ 華東師範大學中文系戰國簡讀書小組：《讀〈清華大學藏戰國竹簡（貳）·繫年〉書後（二）》，簡帛網，2011 年 12 月 30 日。
④ 蘇建洲、吳雯雯、賴怡璇：《清華二〈繫年〉集解》，萬卷樓圖書公司，2013 年，第 235 頁。
⑤ 李學勤主編：《清華大學藏戰國竹簡（貳）》，中西書局，2011 年，第 188 頁注 12。
⑥ 李學勤主編：《清華大學藏戰國竹簡（貳）》，中西書局，2011 年，第 188 頁注 15。

時的臣屬"。①

宋司城皮

宋司城䀉【清華簡《繫年》114】

清華簡整理者指出，"宋司城䀉"，"司城"就是"司空"，"䀉"是人名。②陶金認爲，"司城䀉"就是"皇喜，司城子罕"。③王輝指出："'䀉'或即'坡'之異體，司城之名。"④按：《元和姓纂》有關於"子革氏"的記載："《世本》，宋司城子革之後。又曰，季平子支孫爲子革氏。"⑤簡文中的"宋司城䀉"，或許就是《世本》所記的"宋司城子革"，姓戴氏，爲皇喜的先祖。

莫敖昜爲

大莫爼旟喙【曾侯乙墓簡1】
大 莫囂旟爲【新蔡簡甲三36】⑥
命尹子春【上博簡《命》1、《王居》5】
子春【上博簡《命》1】
昜爲【上博簡《命》7】
命尹【上博簡《命》6、《王居》2】
莫囂昜爲【清華簡《繫年》114】

曾侯乙墓簡整理者："'旟喙'當爲'大莫敖'之名。'喙'字所從'象'原文省去下部，與簡文'爲'字所從'象'旁同。同墓出土的鐘銘中的'爲'字也有寫作'喙'的。"⑦李學勤認爲："'陽爲'是人名。'陽'字簡文原作'旟'或'昜'。楚有陽氏，出於穆王，《左傳》昭公十七年'陽匄爲令尹'，杜預注：'陽匄，穆王曾孫令尹子瑕。'孔穎達疏：'依《世本》：穆王生王子揚，揚生尹，尹生令尹匄。'陽爲即出於這一家族。"⑧

上博簡整理者："'令尹'，周代楚國官名，爲上卿而執政者。'子春'，春秋時魯國人，官任樂正，是樂官之長，掌國子之教。到了楚國後，受楚王重

---

① 陳美蘭：《戰國竹簡東周人名用字現象研究》，藝文印書館，2014年，第116頁。
② 李學勤主編：《清華大學藏戰國竹簡（貳）》，中西書局，2011年，第189—190頁注2。
③ 陶金：《由清華簡〈繫年〉談洹子孟姜壺相關問題》，復旦大學出土文獻與古文字研究中心網，2012年2月14日。
④ 王輝：《簡帛人物名號彙考》，中西書局，2021年，第252頁。
⑤ 林寶：《元和姓纂》，中華書局，1994年，第835頁。
⑥ 按：甲三296"莫嚻昜爲"前可補"大"字。
⑦ 湖北省博物館編：《曾侯乙墓》，文物出版社，1989年，第501頁注3。
⑧ 李學勤：《論葛陵楚簡的年代》，《文物》2004年第7期。

用,任令尹,爲令尹子春。"①"此令尹是指令尹子春。""'令尹子春','子春',曾子弟子,即樂正子春,春秋時魯國人。"②

田成方指出,此人先後擔任楚國的大莫敖和令尹,應該出自世襲莫敖之職的屈氏家族,名"春",字"易爲";"陽爲"指陽日的農事活動,正好顯示"春天農忙的場景";曾侯乙墓簡記作"大莫嚻䣛嗥","莫敖"可能是"雙字名",由於屈氏家族世襲此職,故而有意省略族氏。③

復旦吉大讀書會指出:"'易(陽)'是令尹子春自稱其名。春、陽,一字一名。"④袁金平指出:"頗疑'陽爲'爲令尹子春自稱,'大莫敖陽爲'是楚國歷史上重要人物,曾見於曾侯乙簡、新蔡簡以及清華簡《繫年》等。若此説成立,當是重要的發現。"⑤郭永秉認爲:"有學者懷疑,《命》篇的'陽爲'就是楚簡所見大莫敖'陽爲',這種可能性從時間而言的確是存在的(他任令尹當在簡王9年之後了)。"⑥

清華簡整理者:"莫嚻易爲,見曾侯乙墓1號竹簡'大莫嚻䣛嗥',新蔡簡甲三36作'大莫嚻䣛爲'。"⑦

黄浩波指出:"鄁公子春出身高貴,具備條件出任令尹;而且其所處時代亦與令尹子春所處時代吻合;由包山楚簡與葛陵楚簡還得知平夜成君與鄁公子春是爲兄弟,且平夜成君有兄弟出任令尹。由此可論定上博簡所見令尹子春即包山簡所見鄁公子春。"⑧李守奎認爲,此人自稱"易爲",字"子春",楚昭王之孫,平夜君之子,官至"令尹",加官"大莫嚻"或"莫嚻",其爵爲"公",受封"鄁"地,所生活的時代與"葉公子高之子"相同,大約在楚惠王後期和楚簡王前期,是"戰國初期楚國非常重要的歷史人物"。⑨蘇建洲先指出,"陽爲"有可能是"令尹子春之名";後指出"'莫敖易爲'與'令尹子春'應爲一人,但是與'鄁公子春'可能無關"。⑩王輝指出,"命尹子昔"(上

---

① 馬承源主編:《上海博物館藏戰國楚竹書(八)》,上海古籍出版社,2011年,第192頁。
② 馬承源主編:《上海博物館藏戰國楚竹書(八)》,上海古籍出版社,2011年,第208、210頁。
③ 田成方:《東周時期楚國宗族研究》,科學出版社,2016年,第50頁。
④ 復旦古文字專業研究生聯合讀書會:《上博八〈命〉校讀》,復旦大學出土文獻與古文字研究中心網,2011年7月17日。
⑤ 《上博八〈命〉校讀》學者評論第19樓,復旦大學出土文獻與古文字研究中心網,2011年7月17日。
⑥ 《上博八〈命〉校讀》學者評論第43樓,復旦大學出土文獻與古文字研究中心網,2011年7月19日。
⑦ 李學勤主編:《清華大學藏戰國竹簡(貳)》,中西書局,2011年,第190頁注3。
⑧ 黄浩波:《試説令尹子春即鄁公子春》,簡帛網,2011年10月27日。
⑨ 李守奎:《清華簡〈繫年〉"莫嚻易爲"考論》,《中原文化研究》2014年第2期。
⑩ 蘇建洲、吳雯雯、賴怡璇:《清華二〈繫年〉集解》,萬卷樓圖書公司,2013年,第797頁;蘇建洲:《也論清華簡〈繫年〉"莫嚻易爲"》,《中原文化研究》2014年第5期。

博簡《命》1、《王居》5)與"大莫嚻鳩嗉"(曾侯乙墓簡1)、"⃞大⃞莫嚻鳩爲"(新蔡簡甲三36)、"莫嚻昜爲"(清華簡《繫年》114)爲同一個人,氏"屈",名"陽爲",字"子春","陽"和"春"意義相關;與"大莫嚻屈昜爲"(包山簡7)不是一個人。①

按:從目前的材料看,"令尹子春"與"邵公子春"應該視爲兩個不同的人。至於"令尹子春"與"大莫嚻鳩嗉"(曾侯乙墓簡)、"⃞大⃞莫嚻鳩爲"(新蔡簡)、"莫嚻昜爲"(《繫年》)之間的關係,王輝已有詳細梳理。"大莫嚻鳩嗉"(曾侯乙墓簡)與"大莫嚻屈昜爲"(包山簡),應該是同氏同名之人任同一官職。田説對於"春"和"昜爲"的分析有一定道理。《戰國策·東周》:"東周欲爲稻,西周不下水,東周患之。"鮑彪注:"爲,謂種之。"②然而,從古人稱謂習慣看,自稱一般稱名,字則多加"子",因此,"昜爲"是名,"子春"是字。"昜爲"與"子春"也可以有另一種解釋。"爲"有"動"之義。《易·繫辭下》"是故變化云爲",焦循章句:"爲即動也。"③"昜爲",疑即文獻中的"陽氣動"。《説文》子部:"子,十一月陽氣動,萬物滋。"④或作"陽氣始上",可與"春"相聯繫。《管子·形勢解》:"春者陽氣始上,故萬物生。"⑤"昜爲"在楚國,可能還是一個比較常見的名字。

陽城宣定君

鳩城洹悉君【清華簡《繫年》127】
昜城洹悉君【清華簡《繫年》135】

清華簡整理者:"鳩城洹悉君,鳩城君又見於曾侯乙墓簡163、193號簡。陽城是封君的封地。……'洹悉'當是此封君的謚,讀爲'桓定'。"⑥陳穎飛指出,"陽城君"見於曾侯乙簡、清華簡《繫年》和《吕氏春秋·離俗覽》,應該是三代;《吕氏春秋·離俗覽》中的"陽城君"是最後一代;《繫年》中的"陽城桓定君",是第二代;曾侯乙簡中的"陽城君"爲第一代;"陽城君"應該出自王族,尤其是第一代"陽城君",或爲王子或爲王孫。⑦鄭威認爲:"曾侯乙簡文中有關於楚'陽城君'的記載,見於簡119、簡163、簡166、簡193。此'陽

---

① 王輝:《簡帛人物名號彙考》,中西書局,2021年,第174—175頁。
② 諸祖耿:《戰國策集注彙考》,江蘇古籍出版社,1985年,第18頁。
③ 焦循:《雕菰樓易學五種》上册,鳳凰出版社,2012年,第196頁。
④ 許慎:《説文解字》,中華書局,1963年,第309頁。
⑤ 黎翔鳳:《管子校注》,中華書局,2004年,第1168頁。
⑥ 李學勤主編:《清華大學藏戰國竹簡(貳)》,中西書局,2011年,第198頁注6。
⑦ 陳穎飛:《楚國封君制的形成與初期面貌新探》,《出土文獻》第三輯,中西書局,2013年,第223—224頁。

城君'應是惠王晚期楚國封君。……簡文所見之陽城君與《呂氏春秋》所記載的陽城君關係尚不明確,可能如《考釋》所言,二者所指爲同一人,也可能是前後承襲的關係。"①

蘇建洲指出:"'旙(陽)城洹(桓)悉(定)君'的稱名方式如同'壚(盛)武君'(《新蔡》乙一 13)、平夜文君、魯陽文君,都是'封地+諡號+君'。"②陳美蘭指出,《繫年》中,"齊桓公"(簡 20)、"趙桓子"(簡 111)、"楚聲桓王"(簡 119),"桓"字一律寫作"趄",而"簡 3 出現兩次的{宣王}都寫作'洹王'",結合"《繫年》的用字習慣","旙城洹悉君"亦可讀爲"陽城宣定君"。③

景之賈

競之賈【清華簡《繫年》128】

清華簡整理者:"競之賈,楚公族,楚平王諡競平,競之賈爲平王之後,亦即楚之景氏。"④陳美蘭指出"至於原注釋謂{景之賈}爲景平之後,此乃因以王諡而得族氏名的傳統"。⑤

舒子共

齬子共【清華簡《繫年》128】

清華簡整理者:"齬子共,舒子共,舒滅於楚,其後人以舒爲氏,見秦嘉謨《世本輯補》。"⑥蘇建洲指出:"《繫年》的'舒'作 則是在'夅'旁加上'𠯑'。"⑦李守奎曾就包山簡中的姓氏"舒"指出"舒字在'余'的側面或下方另有'巫'或'予'等音符"。⑧

賵余

賵余【清華簡《繫年》129】

"賵",原篆作 。清華簡整理者隸爲"賵",並指出:"賵余,人名。

---

① 鄭威:《楚國封君研究》,湖北教育出版社,2012 年,第 122—123 頁。
② 蘇建洲、吳雯雯、賴怡璇:《清華二〈繫年〉集解》,萬卷樓圖書公司,2013 年,第 885 頁。
③ 陳美蘭:《〈清華大學藏戰國竹簡(貳)·繫年〉用字現象考察》,《第二十五屆中國文字學國際學術研討會議論文集》,中國文化大學中國文學系,2014 年,第 399—400 頁。
④ 李學勤主編:《清華大學藏戰國竹簡(貳)》,中西書局,2011 年,第 198 頁注 8。
⑤ 陳美蘭:《戰國竹簡東周人名用字現象研究》,藝文印書館,2014 年,第 205 頁。
⑥ 李學勤主編:《清華大學藏戰國竹簡(貳)》,中西書局,2011 年,第 198 頁注 8。
⑦ 蘇建洲、吳雯雯、賴怡璇:《清華二〈繫年〉集解》,萬卷樓圖書公司,2013 年,第 890 頁。
⑧ 李守奎:《包山楚簡姓氏用字考釋》,《簡帛》第六輯,上海古籍出版社,2011 年,第 232 頁。

腫字右側偏旁上部不很清晰。"①蘇建洲認爲,"▨"字當隸定爲"賵"。② 陳美蘭認爲:"蘇先生將此字右上析爲从父是可行的,不過'父'形下部的寫法又與典型的'甫'字不同,除了文中所引字形之外,《包山》一號牘有'鄜'字作'▨',勉強是比較接近《繫年》寫法的例子。由於此處作爲專名,又無傳世文獻可對照,將右旁析爲从'甫'比从'重'佳,故暫從蘇先生隸定作'賵'。至於其人,目前僅能從簡文'晉賵余'判斷其爲晉人。"③李松儒認爲:"此字右旁既非'重'也非'甫',暫隸爲'陳'。"④按:陳說可從。從形體上看,"▨"字右旁上部確實與"父"形接近。而其右旁下部,又與"▨"(新蔡簡甲三27"陳"字)的右旁中部接近。像"東"字中下部的"果",疑爲"甫"字中像"用"的部分訛變而致。此字暫從隸爲"賵"。

魯陽公

遱公【曾侯乙墓簡119】
魯旅公【曾侯乙墓簡162】
遱旅公【曾侯乙墓簡195】
魯昜公【包山簡2】
遱昜公【包山簡4,清華簡《繫年》129】

曾侯乙墓簡整理者認爲:"'旅公'即'旅陽公'之省。"《國語·楚語下》'惠王以梁與魯陽文子',韋昭注:'文子,平王孫,司馬子期子魯陽公也。'《淮南子·覽冥》'魯陽公與韓搆難,戰酣日暮,援戈而撝之,日爲之反三舍',高誘注:'魯陽,楚之縣公,楚平王之孫,司馬子期之子,《國語》所稱魯陽文子也。楚僭號稱王,其守縣大夫皆稱公,故曰魯陽公。今南陽魯陽是也。'據楚王酓章鎛銘文,曾侯乙與楚惠王同時,簡文'魯陽公'可能就是魯陽文子。""'旅'與'魯'古音相近可通。……疑'旅陽公'即162號簡'魯陽公'的異文。"⑤

包山簡整理者:"魯昜公,昜通作陽。"⑥

何浩指出,"魯陽文子"(《國語·楚語下》)與"魯陽文君"(《墨子·魯問》),都是楚惠王時期的封君"魯陽君公孫寬";曾侯乙墓簡中的"魯陽公"

---

① 李學勤主編:《清華大學藏戰國竹簡(貳)》,中西書局,2011年,第198頁注9。
② 蘇建洲、吳雯雯、賴怡璇:《清華二〈繫年〉集解》,萬卷樓圖書公司,2013年,第892頁。
③ 陳美蘭:《戰國竹簡東周人名用字現象研究》,藝文印書館,2014年,第116頁。
④ 李松儒:《清華簡〈繫年〉集釋(修訂本)》,中西書局,2022年,第323頁。
⑤ 湖北省博物館編:《曾侯乙墓》,文物出版社,1989年,第521頁注177、第527頁注230、第529頁注261。
⑥ 湖北省荊沙鐵路考古隊:《包山楚簡》,文物出版社,1991年,第39頁注2。

與《魯問》中的"魯陽文君"都"曾出現在惠王時期";《淮南子·覽冥訓》中的"魯陽公"是楚悼王時期人。① 李學勤指出:"魯陽公或魯陽文子,應當是公孫寬的子輩,在惠王晚年受封,到悼王時也約有40年了。《墨子·耕柱》《魯問》兩篇有魯陽文君,稱謚與新蔡葛陵楚簡的'平夜(輿)文君'相似,自然就是魯陽文子或魯陽公。"②徐少華認爲:"《淮南子·覽冥訓》之'魯陽公'應即'魯陽文君'之誤稱。"③蘇建洲認爲,《墨子》所記的"魯陽文君",就是《淮南子·覽冥訓》《繫年》中的"魯文公";根據《繫年》的記載,《覽冥訓》中的"魯陽公"並沒有錯,並且,"魯陽公"確爲楚國封君,可見封君亦可稱"公"。④

清華簡整理者指出,"遱昜公",曾侯乙墓簡或作"遱𨝴公"(簡195),或作"魯陽公"(簡162);亦見於包山簡;魯陽在今河南魯山,楚肅王時曾被魏國占領。⑤

鄭威認爲:"魯陽文君爲楚平王之孫,司馬子期之子,名寬,因受封於魯陽而得名。史籍中又稱其魯陽文子、公孫寬。"⑥蘇建洲指出,曾侯乙墓簡屬於楚惠王時期;"魯陽公"(簡162),亦作"旅公"(簡119)、"旅陽公"(簡195),其實是"公孫寬";《淮南子·覽冥》中的"魯陽公"不是"公孫寬",而應該像李學勤所說的那樣,是"公孫寬的子輩";將傳世文獻和《繫年》結合起來,可以看出有兩代的"魯陽公"。⑦ 王輝指出,包山簡中的"魯陽公"、清華簡中的"魯陽公",與《淮南子·覽冥》中的"魯陽公",因"年代接近",可能是同一個人;至於曾侯乙墓簡中的"魯陽公"是否爲同一人,尚難定論。⑧

陳美蘭先指出,《繫年》中的"魯"有兩種寫法,分別見於國名和人名;魯國、魯侯之"魯",均寫作"魯";只有"魯陽文子",因受封楚縣魯陽而稱"魯陽公","魯"寫作"遱";戰國時期,楚國"魯陽"之"魯",當時人都寫作"遱",與魯國之"魯"不同,只不過到了後來,又都寫作"魯"。後又認爲:"也許'遱'纔是魯陽之{魯}的本字,只是後來寫定爲'魯'了。"⑨

---

① 何浩:《魯陽君、魯陽公及魯陽設縣的問題》,《中原文物》1994年第4期。
② 李學勤:《論包山楚簡魯陽公城鄭》,《清華大學學報(哲學社會科學版)》2004年第3期。
③ 徐少華:《關於春秋楚縣的幾個問題》,《荆楚歷史地理與考古探研》,商務印書館,2010年,第157頁。
④ 蘇建洲、吳雯雯、賴怡璇:《清華二〈繫年〉集解》,萬卷樓圖書公司,2013年,第896頁。
⑤ 李學勤主編:《清華大學藏戰國竹簡(貳)》,中西書局,2011年,第198頁注10。
⑥ 鄭威:《墨子遊楚魯陽年代考》,《江漢考古》2012年第3期。
⑦ 蘇建洲、吳雯雯、賴怡璇:《清華二〈繫年〉集解》,萬卷樓圖書公司,2013年,第895頁。
⑧ 王輝:《簡帛人物名號彙考》,中西書局,2021年,第181頁。
⑨ 陳美蘭:《〈清華大學藏戰國竹簡(貳)·繫年〉用字現象考察》,《第二十五屆中國文字學國際學術研討會議論文集》,中國文化大學中國文學系,2014年,第403頁;陳美蘭:《戰國竹簡東周人名用字現象研究》,藝文印書館,2014年,第206頁。

郎莊平君

郎臧坪君【清華簡《繫年》130】

清華簡整理者:"郎臧(莊)坪(平)君,楚之封君,莊平是其諡,郎爲其封地。"①董珊指出,"郎"疑讀爲"梁",指《左傳》哀公四年"爲一昔(夕)之期,襲梁及霍"中的"梁",先是"蠻子之邑",後又屬楚;"郎莊平君"就是該地的封君;這個"梁",又稱"上梁";戰國時期曾屬韓,稱爲"南梁";《穰侯列傳》中又稱"三梁";此地在《漢書·地理志》中仍稱"梁",屬河南郡;根據《括地志》"故城在汝州西南"的記載,當在"今河南臨汝縣西南四十五里"。②

皇子

皇子【清華簡《繫年》130】

清華簡整理者:"鄭皇子,鄭有皇氏,如《左傳》僖公二十四年的皇武子、宣公十二年的皇戌、成公十八年的皇辰等。"③蘇建洲認爲:"'皇子'當理解爲'以氏配子',此春秋、戰國時卿大夫稱謂之通例。"④

子馬、子沱、子封子

子馬【清華簡《繫年》130】
子沱【清華簡《繫年》130】
子坿子【清華簡《繫年》130】

董珊認爲:"鄭帥'子馬'見於《集成》01798 子馬氏鼎,是知該鼎屬戰國早期鄭器。"⑤蘇建洲認爲,"子坿(封)子"可以看作是"以氏配子";子馬氏鼎(《集成》01798)出土於安徽省壽縣,與《繫年》簡130中的"子馬"不一定有關;"子馬"與"子池",可能都是"美稱+名/字";結合"子坿子"的情況來看,"子馬"與"子池"也有可能是漏抄"子"字,或許"子馬"與"子池"都是"氏"。⑥

---

① 李學勤主編:《清華大學藏戰國竹簡(貳)》,中西書局,2011年,第199頁注11。
② 董珊:《讀清華簡〈繫年〉》,復旦大學出土文獻與古文字研究中心網,2011年12月26日;後收入氏著《簡帛文獻考釋論叢》,上海古籍出版社,2014年,第108—109頁。按:本書據後者。
③ 李學勤主編:《清華大學藏戰國竹簡(貳)》,中西書局,2011年,第199頁注12。
④ 蘇建洲、吳雯雯、賴怡璇:《清華二〈繫年〉集解》,萬卷樓圖書公司,2013年,第898頁。
⑤ 董珊:《讀清華簡〈繫年〉》,《簡帛文獻考釋論叢》,上海古籍出版社,2014年,第109頁。
⑥ 蘇建洲、吳雯雯、賴怡璇:《清華二〈繫年〉集解》,萬卷樓圖書公司,2013年,第898—899頁。

平夜悼武君

坪亦悼武君【清華簡《繫年》133】
坪亦恖武君【清華簡《繫年》135】

清華簡整理者:"坪亦悼武君,'坪亦'即'平夜'。平夜君見於曾侯乙墓簡、新蔡簡和包山簡。平夜,封君的封地,在今河南平輿。悼武君可能是第三代平夜君,爲新蔡葛陵墓主平夜君成之子。"① 陳穎飛指出,"《繫年》簡的'平夜悼武君'應該就是新蔡楚墓墓主坪夜君成"。② 蘇建洲先指出,"平夜悼武君是平夜文君子良的後代,子良是昭王之子,惠王之弟,可見悼武君的出身與楚悼王無關,交叉比對可知《繫年》的底本確實沒有把'恖'當作謚法'悼'來使用";後又從謚號、祭祀對象、時間等三個方面進行論證,認爲:與"平夜文君"相比,"平夜悼武君"的"悼武"應該是"雙字謚","平夜悼武君"應該像整理者所說的那樣,是第三代平夜君。③ 陳美蘭指出,"同篇出現同一人兩種寫法:'恖''悼',前者楚簡習見,後者較少"。④

滕公涉綢

郕公涉綢【清華簡《繫年》133】

清華簡整理者:"郕公,疑即滕公。滕在郕東,相距不遠。涉澗,滕公之名,'澗'字左旁不很清晰,又見於天星觀遣册簡。楚地有郕,包山162號簡有'郕少司馬䣄西'。楚國也有郕公,現藏上海博物館的大市量開頭的紀年是'郕公卲之果迈秦之歲'……楚國的郕公與簡文的郕公大概沒有關係。"⑤ 黃傑認爲:"'涉澗'可能不是人名……'涉'更像是說一種行動,而非人名,澗可能是水名,'涉澗以歸',即渡過澗水而歸。"⑥

"澗",原篆作" "。網友海天認爲:"字形左旁似乎從'糸',應該是'綢'。"⑦ 蘇建洲認爲,該字左旁可能從"糸",應該是"綢"字;從文意上看,

---

① 李學勤主編:《清華大學藏戰國竹簡(貳)》,中西書局,2011年,第199頁注20。
② 陳穎飛:《楚國封君制的形成與初期面貌新探》,《出土文獻》第三輯,中西書局,2013年,第223頁。
③ 蘇建洲、吳雯雯、賴怡璇:《清華二〈繫年〉集解》,萬卷樓圖書公司,2013年,第883、908—909頁。
④ 陳美蘭:《戰國竹簡東周人名用字現象研究》,藝文印書館,2014年,第206頁。
⑤ 李學勤主編:《清華大學藏戰國竹簡(貳)》,中西書局,2011年,第200頁注22。
⑥ 《初讀〈清華大學藏戰國竹簡(貳)〉筆記》樓主發帖,復旦大學出土文獻與古文字研究中心網,2011年12月21日。
⑦ 《〈繫年〉106的"縵"字》樓主發帖,復旦大學出土文獻與古文字研究中心網,2012年1月6日。

暫從整理者"人名"之説。① 陳美蘭認爲："左旁殘留筆勢比較接近'糸'而非'水',故筆者贊成蘇先生的訂正,故隸定改作'綱',或可作'繝'。"②

關於此人身份,陳美蘭指出："簡文未明言,此人物又不可考,楚師此役是爲了報復先前長陵之戰失利於晉人,必然是有所收穫纔好説是'以復長陵之師',從簡文看來,此人屬晉的可能性是存在的,故暫列於晉國底下。"③王輝認爲,此人"似是鄭人"。④

右尹昭之竢

右尹卲之妃【清華簡《繫年》135】

清華簡整理者："右尹,楚官。卲(昭)之妃,昭王之後。妃,即《説文》'竢'之古文。"⑤陳美蘭指出,構成方式是"官名+氏+之+名或字";"之"是"語助詞";"昭之竢"之名,遵循了"以王謚爲族氏名的傳統"。⑥

陳疾目

墜疾目【清華簡《繫年》137】

清華簡整理者："陳疾目,齊國將帥。齊陶文有'疾目'人名,見《陶文圖録》2.463以下。"⑦李守奎指出："陳疾目也見於齊陶文,但二者之間不一定有關係。"⑧陳美蘭指出："若載籍於傳世文獻,則'陳疾目'可能會傳寫爲'田疾目'。'疾目'若是稱名,當是取此人的外貌特徵,可能源自眼疾。"⑨

失仲

逵申【清華簡《説命上》1】
申【清華簡《説命上》6】

清華簡整理者："此言傅説爲失仲庸役之人。"⑩網友子居認爲："其人蓋

---

① 蘇建洲、吴雯雯、賴怡璇:《清華二〈繫年〉集解》,萬卷樓圖書公司,2013年,第912頁。
② 陳美蘭:《戰國竹簡東周人名用字現象研究》,藝文印書館,2014年,第117頁。
③ 陳美蘭:《戰國竹簡東周人名用字現象研究》,藝文印書館,2014年,第117—118頁。
④ 王輝:《簡帛人物名號彙考》,中西書局,2021年,第238頁。
⑤ 李學勤主編:《清華大學藏戰國竹簡(貳)》,中西書局,2011年,第200頁注26。
⑥ 陳美蘭:《戰國竹簡東周人名用字現象研究》,藝文印書館,2014年,第207頁。
⑦ 李學勤主編:《清華大學藏戰國竹簡(貳)》,中西書局,2011年,第200頁注30。
⑧ 李守奎:《清華簡〈繫年〉的"坴"字與陳氏》,《中國文字研究》第十八輯,上海書店出版社,2013年,第25頁。
⑨ 陳美蘭:《戰國竹簡東周人名用字現象研究》,藝文印書館,2014年,第78頁。
⑩ 李學勤主編:《清華大學藏戰國竹簡(叁)》,中西書局,2012年,第122頁注2。

爲'佚'地的諸侯,如《逸周書·世俘》所稱'佚侯'者。"①網友 ee 認爲:"此篇失仲氏似即典籍之豕韋氏。"②王輝指出:"結合簡文,'逵申'即豕韋之父。"③

按:"失",原篆作"䢌",亦見於楚帛書、包山簡、郭店簡等戰國文字。趙平安師指出,"夲"當分析爲"从止从夲",且"止"在"夲"外,其本義應爲"逃逸";"夲"先增累成爲"逵",再簡省成爲"達",都不見於傳世文獻,可能是"逸"的本字;"逵"被"逸"取代之後,就消亡了;"逸"和"失"聲近韻同,常相通假;"夲"與"逵"都是"逸"的"古字",都可讀爲"失"。④

保侗

保侗【清華簡《良臣》1】

清華簡整理者:"保侗,馬王堆帛書《經法》有'果童',爲黄帝臣。'保'字右旁與'果'字形近,'侗'與'童'音同,疑或爲一人。"⑤

余朝婷指出:"簡文'保'字作䀠,右上部寫實,呈一大墨點狀,與通常寫法的'保'有別。"⑥

按:簡文中的"保侗",爲"黄帝之師"。

史皇

史皇【清華簡《良臣》1】

清華簡整理者:"史皇,見《世本·作篇》:'史皇作圖。'宋衷注:'黄帝臣也,圖謂畫物象也。'《淮南子·脩務》'史皇産而能書',高誘注:'史皇,倉頡。'《古今人表》倉頡在'上下',注爲'黄帝史',與此不同。"⑦余朝婷指出:"《史記疏證》:'史皇與倉頡乃一君一臣。'"⑧王輝認爲:"史皇、倉頡是否一人,難以考定。"⑨按:簡文中的"史皇",爲舜臣。

---

① 子居:《清華簡〈説命〉上篇解析》,孔子2000網,2013年1月6日。
② 《清華簡三〈説命〉初讀》33樓跟帖,簡帛網,2013年1月15日。
③ 王輝:《簡帛人物名號彙考》,中西書局,2021年,第62頁。
④ 趙平安:《戰國文字的'逵'與甲骨文'夲'爲一字説》,《古文字研究》第二十二輯,中華書局,2000年,第276頁。
⑤ 李學勤主編:《清華大學藏戰國竹簡(叁)》,中西書局,2012年,第158頁注2。
⑥ 余朝婷:《清華簡〈芮良夫毖〉、〈良臣〉、〈祝辭〉、〈赤鵠之集湯之屋〉集釋》,武漢大學碩士學位論文,2013年,第51頁。
⑦ 李學勤主編:《清華大學藏戰國竹簡(叁)》,中西書局,2012年,第158頁注5。
⑧ 余朝婷:《清華簡〈芮良夫毖〉、〈良臣〉、〈祝辭〉、〈赤鵠之集湯之屋〉集釋》,武漢大學碩士學位論文,2013年,第51頁。
⑨ 王輝:《簡帛人物名號彙考》,中西書局,2021年,第46頁。

保衡

保臭【清華簡《良臣》2】

清華簡整理者:"《君奭》'在太甲,時則有若保衡',以保衡爲太甲時人。《詩·商頌·長發》'實爲阿衡,實左右商王',毛傳:'阿衡,伊尹也。'前人多以爲伊尹即保衡,與簡文不同。"①李學勤指出,簡文"認爲保衡和傅説一樣,是高宗武丁時人,和傳統説法全然不同"。② 余朝婷認爲:"從簡文來看,伊尹爲湯臣,保衡爲武丁時臣。《史記·殷本紀》'伊尹名阿衡',索隱按:'阿,倚也,衡,平也。言依倚而取平。《書》曰:惟嗣王弗惠于阿衡,亦曰保衡,皆伊尹之官號,非名也。'或者阿衡或保衡只是伊尹的官號。而簡文此處'保衡'爲人名,與'伊尹'並非一人。"③

南宮夭

南宮㝬【清華簡《良臣》3】

清華簡整理者:"南宮夭,不見於傳世文獻。"④馬楠認爲:"南宮忽或即南宮夭。"⑤程浩認爲,曾侯諫夫人墓出土的斗子鼎銘文中,曾侯諫自稱爲"夭","很可能就是清華簡《良臣》中的'南宮夭'"。⑥

3.66 君陳

《人表考》(582):君陳,即周平公,周公子伯禽之弟。周公之元子伯禽,封魯。次子君陳,世守采地。

君迪【郭店簡《緇衣》19,上博簡《紂衣》20】
君綑【上博簡《紂衣》10】
君陣【清華簡《良臣》4】

上博簡整理者指出:"君綑,《尚書》篇名。綑,从糸、从止、从申。《説文》所無。……郭店簡作'迪',今本作'陳'。"⑦"君迪,'迪'从辵、申聲。

---

① 李學勤主編:《清華大學藏戰國竹簡(叁)》,中西書局,2012 年,第 159 頁注 10。
② 李學勤:《新整理清華簡六種概述》,《文物》2012 年第 8 期。
③ 余朝婷:《清華簡〈芮良夫毖〉、〈良臣〉、〈祝辭〉、〈赤鵠之集湯之屋〉集釋》,武漢大學碩士學位論文,2013 年,第 52—53 頁。
④ 李學勤主編:《清華大學藏戰國竹簡(叁)》,中西書局,2012 年,第 159 頁注 15。
⑤ 馬楠:《清華簡〈良臣〉所見三晉〈書〉學》,《中國高校社會科學》2013 年第 6 期。
⑥ 程浩:《由清華簡〈良臣〉論初代曾侯"南宮夭"》,《管子學刊》2016 年第 1 期。
⑦ 馬承源主編:《上海博物館藏戰國楚竹書(一)》,上海古籍出版社,2001 年,第 185 頁。

《説文》所無,字見於石鼓文,即'陳'之古文。'君迪'即《君陳》,《尚書》篇名。"①

清華簡整理者:"君䢼,即君陳。《書序》:'周公既没,命君陳分正東郊成周,作《君陳》。'佚文見《禮記·坊記》《緇衣》引。《禮記·檀弓上》疏引鄭玄《詩譜》云君陳爲周公子、伯禽弟。《古今人表》列在'上下'。簡文列之於武王時,居周公、召公之前,與《書序》等均不合。"②李學勤指出,《坊記》鄭玄注和《檀弓》疏引鄭玄《詩譜》説,"君陳"是周公之子、伯禽之弟,與"成王是一樣輩分";而《良臣》卻將其"列於武王之世",可能"另有所本"。③ 程浩猜測,簡文中的"君陳"可能是"曹叔振鐸",文王之子、武王之弟,在武王克商之後受封於曹;根據《周本紀》和《逸周書》的記載,"曹叔振鐸"亦稱"叔振";"陳"字所從之"申"(書母真部),與"振"(章母文部)音近可通;"君+名"的形式,可能是"當時同輩貴族"之間常用的"尊稱"。④

按:"陳",原篆作"㲉",從"申"得聲。《説文》阜部:"陳……从阜从木申聲。㲉,古文陳。"⑤

4.62 君牙

《漢書》(897)顔師古注:"穆王司徒也。"

《人表考》(629):君牙,或作君雅。

君㠯【郭店簡《緇衣》9,上博簡《紂衣》6,清華簡《良臣》4】

郭店簡整理者:"牙,簡文下从㠯,與《説文》'牙'字古文合,但其上部變得與簡文'刁(勾)'旁相混。《君牙》,《尚書》篇名。"⑥

上博簡整理者:"君㠯,即《君牙》,《尚書》篇名。"⑦

清華簡整理者:"君牙,《書序》:'穆王命君牙爲周大司徒,作《君牙》。'《禮記·緇衣》引有佚文。《古今人表》君牙在'中上'。簡文則列之於武王時。"⑧李學勤指出,"君牙"見於《書序》"穆王命君牙爲周人司徒,作《君牙》",與武王時期相距更遠;《良臣》卻將其"列於武王之世",可能"另有所

---

① 馬承源主編:《上海博物館藏戰國楚竹書(一)》,上海古籍出版社,2001年,第195頁。
② 李學勤主編:《清華大學藏戰國竹簡(叁)》,中西書局,2012年,第160頁注21。
③ 李學勤:《新整理清華簡六種概述》,《文物》2012年第8期。
④ 程浩:《君陳、君牙臆解》,《深圳大學學報(人文社會科學版)》2013年第1期。
⑤ 許慎:《説文解字》,中華書局,1963年,第306頁。
⑥ 荆門市博物館編:《郭店楚墓竹簡》,文物出版社,1998年,第133頁注30。
⑦ 馬承源主編:《上海博物館藏戰國楚竹書(一)》,上海古籍出版社,2001年,第180頁。
⑧ 李學勤主編:《清華大學藏戰國竹簡(叁)》,中西書局,2012年,第160頁注22。

本"。① 程浩認爲,齊國始封之君"太公望",亦稱"吕尚""師尚父""吕牙",有可能被稱爲"君牙"。② 網友云間指出:"這個吕牙,大概和太保奭一樣,均爲尊稱,而不是説吕望名牙。"③

按:"酉",原篆或作"⿰⿱""⿰⿱""⿰⿱"。《説文》牙部:"⿰, 古文牙。"④《説文》"臼"之小篆形體作"⿰",可茲參照。⑤

宧仲

宧中【清華簡《良臣》8】

清華簡整理者:"宧仲,文獻未見。"⑥周飛認爲:"宧仲即爲文獻中的南仲。南仲見於傳世文獻和出土文獻,是周宣王的重臣。……從《詩經》及金文内容來看,南仲在宣王時地位崇高,常率師征伐,功績赫赫,符合簡文'周之遺老'描述。宣王二十二年之後,很可能派他到新分封的鄭國,輔佐鄭桓公。"⑦程浩指出,上海博物館現藏有一件西周晚期的"仲宧父鼎";器主爲"仲宧父",可能與簡文的"宧仲"相關。⑧ 按:簡文中"宧仲"與"虢叔"在同一枚竹簡上相繼出現,二者可能相關。程浩曾指出,"虢叔"可能是"虢叔恃勢,鄶仲恃險"中的"虢叔"。⑨ 如果此説成立,那麽"宧仲"則有可能是"鄶仲"。"宧",元部匣紐。"會",月部匣紐。二字音近,應當可通。從"宧"得聲之字,可與從"官"得聲之字相通。《禮記·雜記下》:"宧於大夫者之爲之服也。""宧",《孔子家語·曲禮》作"官"。《國語·越語下》:"納官其子。""官",宋庠本作"宧"。《史記·萬石張叔列傳》:"自初官至丞相。""官",《漢書·衛綰傳》作"宧"。從"官"得聲之字,可與從"冠"得聲之字相通。《説文》:"瑁,諸侯執圭朝天子,天子執玉以冒之,似黎冠。"段玉裁注:"黎冠,《爾雅》注作黎錧,謂耜也。"從"冠"得聲之字,可與從"會"得聲之字相通。《詩·衛風·淇奥》:"會弁如星。""會",《吕氏春秋·上農》引作"冠"。⑩《國語·鄭語》:"是其子男之國,虢、鄶爲大……是皆有驕侈怠慢

---

① 李學勤:《新整理清華簡六種概述》,《文物》2012年第8期。
② 程浩:《君陳、君牙臆解》,《深圳大學學報(人文社會科學版)》2013年第1期。
③ 《清華簡三〈良臣〉劄記》16樓跟帖,簡帛網,2013年3月26日。
④ 許慎:《説文解字》,中華書局,1963年,第45頁。
⑤ 許慎:《説文解字》,中華書局,1963年,第148頁。
⑥ 李學勤主編:《清華大學藏戰國竹簡(叁)》,中西書局,2012年,第161頁注44。
⑦ 周飛:《清華簡〈良臣〉篇劄記》,清華大學出土文獻研究與保護中心網,2013年1月8日。
⑧ 程浩:《清華簡新見鄭國人物考略》,《文獻》2020年第1期。
⑨ 程浩:《清華簡新見鄭國人物考略》,《文獻》2020年第1期。
⑩ 張儒、劉毓慶:《漢字通用聲素研究》,山西古籍出版社,2002年,第721、723頁。

之心,而加之以貪冒。"韋昭注:"虢,東虢也,虢仲之後,姬姓也。鄶,妘姓也。"①《史記·鄭世家》:"虢、鄶之君貪而好利,百姓不附。"②《左傳》僖公三十三年:"文夫人斂而葬之鄶城之下。"杜預注:"鄶城,故鄶國,在滎陽、密縣東北。"③

虢叔

《左傳人物名號研究》(435):虢叔。

虡弔【清華簡《良臣》8】

方炫琛指出,"虢叔"是東虢始封之君的後代;"叔"是行次。④

清華簡整理者:"文獻及金文中虢君常稱虢仲、虢叔、虢季等,此處虢叔疑爲《國語·周語上》宣王卿士虢文公,韋昭注云:'虢叔(文王之弟)之後。'《古今人表》列在'中上'。"⑤程浩認爲:"實際上,鄭桓公東遷立鄭的過程中曾滅虢、鄶,在史伯的謀劃裏,還提到了'虢叔恃勢,鄶仲恃險'。《左傳》隱公元年載鄭莊公語:'制,巖邑也,虢叔死焉。'綜合來看,史伯與莊公口中的這位虢叔與鄭國的關係更爲密切,《良臣》裏的'虢叔'更可能是他而非虢文公。"⑥

杜伯

土白【清華簡《良臣》9】

清華簡整理者:"杜伯,周宣王時臣,《周語上》'杜伯射王于鄗',韋昭注:'杜國,伯爵,陶唐氏之後也。《周春秋》曰:宣王殺杜伯而不辜,後三年,宣王會諸侯,田於圃,日中,杜伯起於道左,衣朱衣,冠朱冠,操朱弓朱矢,射宣王,中心折脊而死也。'《古今人表》'中中'有杜伯,則係此杜伯先祖。"⑦

程浩認爲:"與周王室的惡劣關係或許便是杜氏隨桓公逃離宗周的原因。"⑧

---

① 徐元誥:《國語集解》,中華書局,2002年,第463頁。
② 司馬遷:《史記》,中華書局,1959年,第1757頁。
③ 《十三經注疏》,中華書局,1980年,第1834頁。
④ 方炫琛:《左傳人物名號研究》2096,花木蘭文化事業有限公司,2017年,第435頁。
⑤ 李學勤主編:《清華大學藏戰國竹簡(叁)》,中西書局,2012年,第161頁注45。
⑥ 程浩:《清華簡新見鄭國人物考略》,《文獻》2020年第1期。
⑦ 李學勤主編:《清華大學藏戰國竹簡(叁)》,中西書局,2012年,第161頁注46。
⑧ 程浩:《清華簡新見鄭國人物考略》,《文獻》2020年第1期。

王子伯願

王子白忑【清華簡《良臣》9—10】
王子白忑【清華簡《子產》21】

清華簡整理者："鄭有王子氏，如《左傳》宣公六年'王子伯廖'，襄公八年、十一年'王子伯駢'。王子伯願等人文獻均未見。"①王寧指出，"'伯願'顯然是字"。② 王輝懷疑，"王子伯願"就是"王子伯駢"。③ 程浩認爲："'駢'在真部，'願'在元部，也存在通假的可能。"④

肥仲

肥中【清華簡《良臣》10、《子產》21】

陳美蘭指出："簡文'肥中'之'肥'從'巳'聲，或可讀'范'，不過筆者查詢程發軔先生《春秋人譜》，鄭國人名未見范氏者，只能存疑。"⑤王輝指出："疑'肥仲'即苗賁皇。苗賁皇本楚人，後爲晉臣，'苗'爲其封地，'賁'爲姓，'皇'爲名，'仲'殆排行。'肥'與'賁'聲字通用。"⑥程浩認爲："至於'肥仲'，《左傳》成公七年載有鄭大夫共仲，活動時代略早於子產，有成爲子產之師的可能。'共'蓋其族氏，'肥'或爲他的封邑，都可以作爲稱號的一部分冠在排行之前。"⑦按：應該説，是"肥"字所從之"阝"，形體上與"巳"接近，而非"'肥'从'巳'聲"。

杜逝

土畜【清華簡《良臣》10】
邔豵【清華簡《子產》21】

清華簡整理者將"土畜""邔豵"括注爲"杜逝"。⑧ 王寧指出："'土'或'杜'可能是氏，但更有可能是字，即'土'或'杜'均'吐'之假借字，古書有

---

① 李學勤主編：《清華大學藏戰國竹簡（叁）》，中西書局，2012 年，第 162 頁注 51。
② 王寧：《清華簡〈良臣〉〈子產〉中子產師、輔人名雜識》，復旦大學出土文獻與古文字研究中心網，2016 年 6 月 27 日。
③ 王輝：《一粟居讀簡記（八）》，《古文字研究》第三十一輯，中華書局，2016 年，第 361 頁。
④ 程浩：《清華簡新見鄭國人物考略》，《文獻》2020 年第 1 期。
⑤ 陳美蘭：《戰國竹簡東周人名用字現象研究》，藝文印書館，2014 年，第 236 頁。
⑥ 王輝：《一粟居讀簡記（八）》，《古文字研究》第三十一輯，中華書局，2016 年，第 356—357 頁。
⑦ 程浩：《清華簡新見鄭國人物考略》，《文獻》2020 年第 1 期。
⑧ 李學勤主編：《清華大學藏戰國竹簡（叁）》，中西書局，2012 年，第 158 頁；李學勤主編：《清華大學藏戰國竹簡（陸）》，中西書局，2016 年，第 138 頁。

'土''吐'通假之例。……'噬''茹'均爲吃進,'吐'爲吐出,二者義相反,用爲人名字,則名噬,字吐,連稱之則曰'吐噬'。"①王輝指出:"'杜嚭'疑爲杜洩。……杜洩事見《左傳》昭四年、五年。杜洩爲魯叔孫穆子(豹)之家臣(宰),忠於其君,知禮。"②程浩認爲:"簡文的'嚭'可讀爲同屬月部的'洩'。'杜洩'見於《左傳》昭公四年、五年,乃魯叔孫氏宰,後爲季孫氏所惡而去魯,子產或曾在其出奔後問學於他。"③

子蟜

子刺【清華簡《良臣》10、《子產》21】

清華簡整理者:"子刺,文獻未見。"④陳美蘭指出"'刺'字在古文字可讀'厲'或'烈'"。⑤ 我們曾指出:"可能讀爲'子蟜',指的是公孫蟜,字子蟜。'子刺(蟜)'在結構上屬於'名上冠子字'。"⑥王寧認爲:"'子刺'不見古書,疑當作'子列','刺''列'通用,蓋即鄭國的列氏之祖,戰國時代鄭國的列禦寇當其後人。"⑦王輝懷疑:"'子刺'之'刺'應讀爲'礪',其人即見於《左傳》襄公二十七年、二十九年、三十一年,以及昭公元年、三十年的鄭臣印段,字子石。"⑧程浩指出,1988 年,湖北襄樊團山 M1 中出土四件春秋晚期有銘青銅器,其中有銘文爲"余刺之疚子";"疚子",胡長春讀爲"門子",指"族之宗子";"刺",讀爲"厲",一般認爲是器主之父的"名字或諡",或可"理解爲氏",讀爲"列";"余刺之疚子",指的是器主爲"刺氏(列氏)的宗子";春秋戰國之際,鄭國列禦寇,時代上比器主稍晚,也是"以'列'爲氏";刺氏(列氏)可能"就是子產之輔'子刺'的後人以祖字爲氏";如果子刺確實是"銘文中刺氏的先祖",那麼,他就"應該與器主一樣,也是鄭莊公的後裔"。⑨

---

① 王寧:《清華簡〈良臣〉〈子產〉中子產師、輔人名雜識》,復旦大學出土文獻與古文字研究中心網,2016 年 6 月 27 日。
② 王輝:《一粟居讀簡記(八)》,《古文字研究》第三十一輯,中華書局,2016 年,第 358 頁。
③ 程浩:《清華簡新見鄭國人物考略》,《文獻》2020 年第 1 期。
④ 李學勤主編:《清華大學藏戰國竹簡(叁)》,中西書局,2012 年,第 162 頁注 53。
⑤ 陳美蘭:《戰國竹簡東周人名用字現象研究》,藝文印書館,2014 年,第 238 頁。
⑥ 羅小華:《試論清華簡〈良臣〉中的"子刺"》,《出土文獻》第六輯,中西書局,2015 年,第 200 頁。
⑦ 王寧:《清華簡〈良臣〉〈子產〉中子產師、輔人名雜識》,復旦大學出土文獻與古文字研究中心網,2016 年 6 月 27 日。
⑧ 王輝:《一粟居讀簡記(八)》,《古文字研究》第三十一輯,中華書局,2016 年,第 359 頁。
⑨ 程浩:《清華簡新見鄭國人物考略》,《文獻》2020 年第 1 期。

渾罕

馹厈【清華簡《良臣》10】

周飛認爲：" 厈字作⼲，从宀干聲，疑爲罕字異體。馹厈疑爲子展的稱呼。《左傳》襄公八年'子展欲待秦'，杜注：'子展，子罕子。'子罕即鄭穆公之子公子喜，字子罕。其後人以罕爲氏，乃鄭國七穆之一。……子展與子產均爲鄭穆公之孫，兩人關係密切……子展早於子產當國，可以爲子產師。"①

清華簡"馹"，原篆作"馹"。袁金平指出："周認爲此人名第二字疑爲'罕'可從，但拋開第一字，僅據'罕'而進行推論恐有不妥。如果第一字分析爲從'斤'得聲，則此人很有可能就是與鄭子產同時的'渾罕'。渾罕，見於《左傳》，爲鄭國大夫，又名游速、子寬。"②王寧認爲："'馹厈'很可能就是桑丘仲文，只是《良臣》《子產》稱謂格式不同而已，即《良臣》中用的是字+名的格式，《子產》中用的是氏+字的格式，那麼《良臣》的'馹'字即相當於《子產》中的'文(玟)'，或者説'馹'字是個與'文(玟)'音同或音近的字，爲唇音文部字。"③

我們曾指出："從聲韻上看，'軍''斤'二字均爲見紐文部字。從時代上看，'渾罕'與'子產'同時代。因此，'馹厈'讀爲'渾罕'，可備一説。正如李先生所言，《良臣》'無桑丘仲文而有馹厈'。'桑丘仲文'與'馹厈'應該不是同一人。"④

王子百

王子全【清華簡《良臣》10】
王子百【清華簡《子產》22】

清華簡整理者："王子百也應是王子氏，未見於傳世文獻。"⑤王寧認爲："'百'可能是名，也可能是字。"⑥王輝認爲，"白"可讀爲"伯"，"王子伯"是"王子伯願"的"省稱"；"王子伯願"就是比子產年長的"王子伯駢"。⑦ 程浩指出："'王子百'史書未載，與作爲子產之師的'王子伯願'同爲王子氏，或

---

① 周飛：《清華簡〈良臣〉篇剳記》，清華大學出土文獻研究與保護中心網，2013年1月8日。
② 《清華簡三〈良臣〉剳記》3樓跟帖，簡帛網，2013年1月9日。
③ 王寧：《清華簡〈良臣〉〈子產〉中子產師、輔人名雜識》，復旦大學出土文獻與古文字研究中心網，2016年6月27日。
④ 羅小華：《試論清華簡中的幾個人名》，《出土文獻》第十二輯，中西書局，2018年，第122頁。
⑤ 李學勤主編：《清華大學藏戰國竹簡（叁）》，中西書局，2012年，第162頁注56。
⑥ 王寧：《清華簡〈良臣〉〈子產〉中子產師、輔人名雜識》，復旦大學出土文獻與古文字研究中心網，2016年6月27日。
⑦ 王輝：《一粟居讀簡記（八）》，《古文字研究》第三十一輯，中華書局，2016年，第361頁。

許有密切的親緣關係。"①

紝㐱

紝㐱【清華簡《赤鵠之集湯之屋》2】

清華簡整理者:"紝㐱,《呂氏春秋·本味》:'湯聞伊尹,使人請之有侁氏,有侁氏不可。伊尹亦欲歸湯,湯於是請取婦爲婚,有侁氏喜,以伊尹爲媵,送女。'紝㐱應即有侁氏(或作有莘氏)之女,爲湯之妻。紝㐱爲其名,古書中未見。"②王寧認爲,"㐱"當讀爲"娥皇"之"皇";"皇"之意,相當於卜辭中的"女(母)",與後來的"王后"略同;"紝"應該是有莘氏女的私名。③ 我們認爲:"從簡文'湯后妻紝㐱'的記載來看,紝㐱確實是湯的妻子,但是,湯是否只娶了一位妻子,紝㐱是否就是有侁氏之女,目前還無法確定。"④

厚父

厚父【清華簡《厚父》1】

清華簡整理者:"厚父,人名,從後文看,當爲夏之後裔。"⑤程浩推測,厚父是"夏朝的遺民"。⑥ 網友雲間指出:"從厚父的文辭來看,厚父應該是夏后末世之人。"⑦郭永秉認爲"厚父是夏代三后輔佐大臣的後代"。⑧ 張利軍認爲:"厚父不但爲夏的後裔而且可能爲夏王室貴族。"⑨劉國忠認爲:"厚父是夏人的後裔,且很可能與周代杞國的始封君東樓公有關。"⑩

高且

高且【清華簡《厚父》8】

張利軍認爲,"厚父的高祖應爲簡文夏之先哲王"。⑪

---

① 程浩:《清華簡新見鄭國人物考略》,《文獻》2020年第1期。
② 李學勤主編:《清華大學藏戰國竹簡(叁)》,中西書局,2012年,第168—169頁注8。
③ 王寧:《讀清華簡三〈赤鵠之集湯之屋〉散札》,簡帛網,2013年1月16日。
④ 羅小華:《戰國簡册中的女性人名構謂研究》,《長江文明》第十九輯,重慶大學出版社,2015年,第9頁。
⑤ 李學勤主編:《清華大學藏戰國竹簡(伍)》,中西書局,2015年,第111頁注3。
⑥ 程浩:《清華簡〈厚父〉"周書"説》,《出土文獻》第五輯,中西書局,2014年,第147頁。
⑦ 《清華五〈厚父〉初讀》70樓跟帖,簡帛網,2015年4月30日。
⑧ 郭永秉:《論清華簡〈厚父〉應爲〈夏書〉之一篇》,《出土文獻》第七輯,中西書局,2015年,第122頁。
⑨ 張利軍:《清華簡〈厚父〉的性質與時代》,《管子學刊》2016年第3期。
⑩ 劉國忠:《也談清華簡〈厚父〉的撰作時代和性質》,《揚州大學學報(人文社會科學版)》2017年第6期。
⑪ 張利軍:《清華簡〈厚父〉的性質與時代》,《管子學刊》2016年第3期。

方惟

方惟【清華簡《湯處於湯丘》4】

清華簡整理者："方惟,湯臣名,即《墨子·貴義》之彭氏之子。'方'在幫母陽部,與並母陽部之'彭'字通假。"①

少壽、中壽

少壽【清華簡《殷高宗問於三壽》1】
中壽【清華簡《殷高宗問於三壽》4】

清華簡整理者："壽,高齡老人。《書·召誥》:'則無遺壽耇。'據下文,'三壽'指少壽、中壽、彭祖三位不同年齡段的老人。《莊子·盜跖》:'人上壽百歲,中壽八十,下壽六十。'"②王輝認為,"少壽"和"中壽"都是"虛構人名"。③

邊父

邊父【清華簡《鄭武夫人規孺子》12】

陳偉師指出："竹書中的'邊父',很可能就是在鄭國執政六十多年的祭仲。"④網友子居認為："邊父,似當是以'邊'地得稱,或是來自邊地,或是邊地大夫,其人當是鄭武公老臣中資歷較高者。"⑤程浩指出,"公子呂",一字"子封",鄭桓公之子,武公之弟,莊公之叔父;"封"有邊界、疆域之意;"邊"之本意就是邊疆;"邊父"有可能同"子封"一樣,是"公子呂"的字;將"邊父"看作"公子呂",於其身份也是比較合適的;簡文中的"太伯",就是公孫關的長子,也就是後來堵氏的宗主,他臨終之前向文公舉薦了自己的兒子堵之俞彌;文公稱之為"伯父"合乎情理。⑥

太伯

太白【清華簡《鄭文公問太伯(甲)》1、《鄭文公問太伯(乙)》1】
白父【清華簡《鄭文公問太伯(甲)》1、《鄭文公問太伯(乙)》1】

清華簡整理者："太伯繼子人成子執政。"⑦

---

① 李學勤主編:《清華大學藏戰國竹簡(伍)》,中西書局,2015年,第137頁注11。
② 李學勤主編:《清華大學藏戰國竹簡(伍)》,中西書局,2015年,第152頁注2。
③ 王輝:《簡帛人物名號彙考》,中西書局,2021年,第59頁。
④ 陳偉:《鄭伯克段"前傳"的歷史敘事》,《中國社會科學報》2016年5月30日第4版。
⑤ 子居:《清華簡〈鄭武夫人規孺子〉解析》,中國先秦史網,2016年6月7日。
⑥ 程浩:《清華簡新見鄭國人物考略》,《文獻》2020年第1期。
⑦ 李學勤主編:《清華大學藏戰國竹簡(陸)》,中西書局,2016年,第120頁注2。

王寧指出:"《鄭文公問太伯》的'太伯'當讀作'洩伯',即洩駕,他在鄭文公時曾主持鄭國國政,并死於文公時期。"①

程浩認爲,"太伯"是"與潁考叔爭車的'公孫閼'";據《左傳》記載,魯隱公十一年有一位隨莊公入許的"公孫閼",而莊公十六年還有一位"公子閼",杜預注云"隱十一年,鄭有公孫閼,距此三十五年,不容復有公子閼。若非閼字誤,則'子'當爲'孫'";如果"公子閼"與"公孫閼"是同一個人,那麽,這個人在鄭國政壇上活躍的時間比較長;《左傳》還記載,"公孫閼"字"子都","閼"有"堵塞"之意,與可以讀爲"堵"的"都",就屬於"同義互訓的關係";另外還有一種可能,就是"子都"是"子堵"之訛,如果此說成立,那麽,公孫閼可與簡文呼應。②

佚之夷

《左傳人物名號研究》(219):佚之狐。

逸之尼【清華簡《鄭文公問太伯(甲)》11、《鄭文公問太伯(乙)》10】

馬楠指出:"魯僖公三十年,佚之狐薦燭之武,以退秦師,而簡文所述在文公早年,'佚之夷'與佚之狐可能並非一人。"③清華簡整理者:"《左傳》僖公三十年佚之狐薦燭之武,以退秦師,事在鄭文公四十三年,與簡文之'佚之夷'不知是否一人。"④白顯鳳認爲:"'佚之夷''佚之狐'很可能是一個人,古人將中原之外的四方人稱爲南蠻、北狄、西戎、東夷,認爲其野蠻未開化,'狐'爲動物,正與'夷'之未開化相關。傳世文獻記載鄭穆公子鄭靈公名夷,字子貉或子蠻,其中的'夷''貉'與'夷''狐'名字相仿。"⑤按:馬王堆一號漢墓遣策簡163中有"戻無一器"。⑥我們懷疑,"戻"應該讀爲"尾"。⑦據此,"尼",也有可能讀爲"尾"。夷"與"遲"常相通假。⑧《説文》:"遲,从辵,犀聲。……𨒈,遲或从尼。""犀,从牛尾聲。"⑨故"夷"可讀爲"尾"。"狐"與"尾",可能是一名一字的關係。

---

① 王寧:《清華簡六〈鄭文公問太伯〉之"太伯"爲"洩伯"説》,簡帛網,2016年5月8日。
② 程浩:《清華簡新見鄭國人物考略》,《文獻》2020年第1期。
③ 馬楠:《清華簡〈鄭文公問太伯〉與鄭國早期史事》,《文物》2016年第3期。
④ 李學勤主編:《清華大學藏戰國竹簡(陸)》,中西書局,2016年,第124頁注31。
⑤ 白顯鳳:《出土楚文獻所見人名研究》,吉林大學博士學位論文,2017年,第191頁。
⑥ 湖南省博物館、中國科學院考古研究所編:《長沙馬王堆一號漢墓(上集)》,文物出版社,1973年,第143頁。
⑦ 按:"尾"下所从之"毛"寫作"矢",當屬聲化。"尾",明紐微部。"矢",書紐脂部。
⑧ 參張儒、劉毓慶:《漢字通用聲素研究》,山西古籍出版社,2002年,第870頁。
⑨ 許慎:《説文解字》,中華書局,1963年,第40、30頁。

師之佢鹿、堵之俞彌

帀之佢鹿【清華簡《鄭文公問太伯（甲）》11、《鄭文公問太伯（乙）》10】
臱之俞珮【清華簡《鄭文公問太伯（甲）》11、《鄭文公問太伯（乙）》10】

馬楠指出，"'堵之俞彌'即《左傳》之'堵叔''堵俞彌'"。①

清華簡整理者指出，"帀之佢鹿""臱之俞珮"疑與《左傳》僖公七年中的鄭國"師叔""堵叔"有關。②

窑韋

窑韋【清華簡《子儀》5】

按：從簡5"公命窑韋陞（昇）盍（琴）奏甬（鏞）"的記載看，"窑韋"可能是秦國的樂師。

桑丘仲文

喪坓中䫲【清華簡《子產》21】

王寧認爲，"仲文"是字，"仲"既可能是排行，也可能是字。③

我們曾認爲，"桑丘"原本是地名，後來用作複姓；簡文中的"桑丘"應該是複姓；"桑丘仲文"，有可能是少昊的後裔，其人待考。④ 程浩懷疑，所謂"桑丘"其實是《左傳》中常見的魯地"乘丘"；文獻中，"桑丘"與"乘丘"經常混訛；"桑丘仲文"應爲魯人。⑤

辛道、斂語

辛道【清華簡《子產》22】
斂語【清華簡《子產》22】

按：據簡文記載，"辛道"與"斂語"，生活在子產時代的鄭國，都是"虛言無實"的人。⑥

---

① 馬楠：《清華簡〈鄭文公問太伯〉與鄭國早期史事》，《文物》2016年第3期。
② 李學勤主編：《清華大學藏戰國竹簡（陸）》，中西書局，2016年，第124頁注31。
③ 王寧：《清華簡〈良臣〉〈子產〉中子產師、輔人名雜識》，復旦大學出土文獻與古文字研究中心網，2016年6月27日。
④ 羅小華：《試論清華簡中的幾個人名》，《出土文獻》第十二輯，中西書局，2018年，第119頁。
⑤ 程浩：《清華簡新見鄭國人物考略》，《文獻》2020年第1期。
⑥ 李學勤主編：《清華大學藏戰國竹簡（陸）》，中西書局，2016年，第138頁。

管單、相冒、韓樂

卷單【清華簡《子產》22】
相冒【清華簡《子產》22】
訊樂【清華簡《子產》22】

按：據簡文記載，"卷（管）單""相冒""訊（韓）樂"生活在子產時代的鄭國，都是"飾美宮室衣裘，好飲食醬釀"的人。①

耆老

利老【清華簡《晉文公入於晉》1】

清華簡整理者："利，讀爲'耆'。"②按：《禮記·王制》"養耆老以致孝……耆老皆朝于庠"，鄭玄注："耆老，致仕及鄉中老賢者。"③

吳人昆奴

吳人昆奴【清華簡《越公其事》68】

清華簡整理者："吳人昆奴，吳人淪爲昆奴者。昆奴，未詳，疑是奴之一種。或以爲'昆奴'爲人名。"④

士逵

士逵【清華簡《攝命》32】

清華簡整理者："右者爲'士逵'。《堯典》皋陶作士，士爲理官，掌刑獄，簡文攝之執掌亦與刑獄相關。又或禮書多載儀節制度諸侯變於天子，卿大夫變於國君，但士卑不嫌與君匹敵，如《禮記·喪大記》'君沐粱，大夫沐稷，士沐粱'。"⑤王輝認爲："'逵'或爲其名。"⑥

作册任

作册任【清華簡《攝命》32】

清華簡整理者："作册任，任爲私名。或讀爲'壬'，日名。《盤庚》有'遲

---

① 李學勤主編：《清華大學藏戰國竹簡（陸）》，中西書局，2016年，第138頁。
② 李學勤主編：《清華大學藏戰國竹簡（柒）》，中西書局，2017年，第101頁注3。
③ 《十三經注疏》，中華書局，1980年，第1342頁。
④ 李學勤主編：《清華大學藏戰國竹簡（柒）》，中西書局，2017年，第148頁注26。
⑤ 李學勤主編：《清華大學藏戰國竹簡（捌）》，中西書局，2018年，第120頁注53。
⑥ 王輝：《簡帛人物名號彙考》，中西書局，2021年，第87頁。

任',于省吾以爲'任本應作壬,殷人多以十干爲名也'。"①

公

公【清華簡《邦家之政》11】

---

① 李學勤主編:《清華大學藏戰國竹簡(捌)》,中西書局,2018年,第120頁注54。

第十二章 神 祇

2.44 后土

《人表考》(526)：后土，土正曰后土。后，君也。土爲群物主，故稱后。共工氏之子句龍爲之。其爲后土不知何代。

侯土【包山簡 213，望山簡 1.54】

句土【望山簡 1.55A，清華簡《八氣五味五祀五行之屬》6】

包山簡整理者："厌土，即后土。《周禮·春官·大宗伯》'王大封則先告后土'，注：'后土，土神也。'"①

望山簡整理者："應即'后土'，疑'土'上一字是没有寫全的'侯'字。'侯''后'古音相近，'侯土'可讀爲'后土'。"②

清華簡整理者："后土，土神。"③

2.45 蓐收

《人表考》(526)：蓐收，金正曰蓐收，少皡氏之叔該爲之。蓐，或作辱、鄏。

司兵之子【清華簡《八氣五味五祀五行之屬》5】

清華簡整理者："司兵之子，簡文中爲金神，文獻中金神皆作'蓐收'。《左傳》昭公二十九年：'金正曰蓐收。'《國語·晉語二》史嚚言蓐收乃'天之刑神也'。刑神掌刑殺，司兵掌兵器，二者職掌相關，司兵之子疑爲蓐收之別名。"④按："刑神"和"司兵"不僅僅是"職掌相關"，根本就是一回事。顧頡

---

① 湖北省荆沙鐵路考古隊：《包山楚簡》，文物出版社，1991年，第56頁注414。
② 湖北省文物考古研究所、北京大學中文系編：《望山楚簡》，中華書局，1995年，第97頁注57。
③ 李學勤主編：《清華大學藏戰國竹簡(捌)》，中西書局，2018年，第159頁注17。
④ 李學勤主編：《清華大學藏戰國竹簡(捌)》，中西書局，2018年，第159頁注16。

剛曾列舉一系列證據,以證"古代兵、刑無別"。① 此外,據文獻記載,"蓐收"與"蚩尤"非常相似。楊寬指出,"蚩尤之傳說與蓐收之神話實最相類"。② 我們懷疑,簡文將"蓐收"記作"司兵之子",是爲了避免誤解而對其職掌特徵進行強調。

2.46 玄冥

《人表考》(526):玄冥,水正曰玄冥,少皞氏之叔脩及熙爲之。

旬冥【清華簡《八氣五味五祀五行之屬》5】

清華簡整理者:"玄冥,水神。《左傳》昭公十八年'禳火于玄冥、回禄',杜注:'玄冥,水神。'"③

2.61 祝融④

《人表考》(530):祝融,顓頊氏之子黎爲高辛火正,命曰祝融。祝,或作柷。融,或作庸。亦稱融。

《校正古今人表》(984):漢畫像題字中有祝誦氏,且在伏羲與神農之間,大概祝誦就是祝融。

龘【上博簡《鬼神之明 融師有成氏》5】

祝龘【包山簡217,新蔡簡甲三188+197,清華簡《八氣五味五祀五行之屬》5】

祝䖒【望山簡1.123】⑤

祝䖒【新蔡簡乙一22】

楚帛書甲篇中有"祝䖒",李零認爲:"炎帝在戰國時代的四方帝系統中是代表南方的帝,祝融在這個體系中被安排爲炎帝的帝佐,與帛書所見二者的身份關係相符。有些古書説重、黎二氏中的黎一度當過'祝融','祝融'據説也是一種世襲的神官,也就是火正。帛書所記祝融受炎帝之命使下界不得上通于天,而古書卻説是重、黎'絶地天通',可見二者有密切關係。"⑥

---

① 顧頡剛:《史林雜識初編》,中華書局,1963年,第82—84頁。
② 楊寬:《蚩尤與蓐收》,見氏著《中國上古史導論》,上海人民出版社,2016年,第120頁。
③ 李學勤主編:《清華大學藏戰國竹簡(捌)》,中西書局,2018年,第159頁注13。
④ 按:戰國簡冊中的"祝融"包括神祇和楚先祖。由於清華簡中的"祝融"爲神祇,故而收入此章,並且,相關辭例及諸家之説的排列,也是先神祇後楚先祖。
⑤ 按:"祝"字爲整理者所補。參湖北省文物考古研究所、北京大學中文系編:《望山楚簡》,中華書局,1995年,第102—103頁。此外,簡120"先老䙴"之後有"祝"字,也應該是"祝融"。
⑥ 李零:《長沙子彈庫戰國楚帛書研究》,中華書局,1985年,第32頁。

上博簡整理者指出,"龗"就是"融",從"古文墉",從"蟲";簡文中的"融",是"祝融"的省稱;"祝融"是古史傳說人物;根據《史記·楚世家》和包山楚簡的記載,"祝融"是楚人的先祖。①

清華簡整理者:"祝融,火神。相傳爲帝嚳時的火官,後尊爲火神。《國語·鄭語》:'夫黎爲高辛氏火正,以淳燿敦大,天明地德,光照四海,故命之曰祝融,其功大矣。'"②

包山簡整理者:"祝融,楚人先祖之一。《史記·楚世家》:'重黎爲帝嚳高辛居火正,甚有功,能光融天下,帝嚳命曰祝融。'"③

望山簡整理者指出,"龗"從"臺"(城墉之"墉")得聲,當讀爲"墉";"墉"與"融"音近可通;祝融之"融",《路史·後記》寫作"庸";簡文中的"祝龗",就是《山海經》等傳世文獻中的"祝融";長沙楚帛書中,祝融之"融",也寫作"龗"。④

白顯鳳"傾向於'龗(龗)'所從爲'毓'字省母(或女)的簡體,'龗'爲雙音符字,'臺''蟲'均爲聲符,'蟲'爲'𠫑'之變形音化"。⑤

黃德寬指出:"根據安大簡第一組楚史類文獻材料初步整理的結果,楚早期世系爲帝顓頊生老童,是爲楚先。老童生重及黎、吳及韋(回)。黎氏即祝融,有子六人,其六子曰季連,是爲荆人。"⑥

2.68 句望(敬康子,生蟜牛。)

《人表考》(533):敬康生句望。句望生蟜牛。望,本作芒。

句余亡【清華簡《八氣五味五祀五行之屬》5】

清華簡整理者:"句余芒,即句芒,傳說中的主木之官,又爲木神。《禮記·月令》'(孟春之月)其帝大皥,其神句芒',鄭注:'句芒,少皥氏之子曰重,爲木官。'"⑦

上帝

上帝【郭店簡《緇衣》7、《五行》48,上博簡《紂衣》4、《三德》2、《鄭子家

---

① 馬承源主編:《上海博物館藏戰國楚竹書(五)》,上海古籍出版社,2005年,第322頁。
② 李學勤主編:《清華大學藏戰國竹簡(捌)》,中西書局,2018年,第159頁注14。
③ 湖北省荆沙鐵路考古隊:《包山楚簡》,文物出版社,1991年,第56頁注423。
④ 湖北省文物考古研究所、北京大學中文系編:《望山楚簡》,中華書局,1995年,第102頁注101。
⑤ 白顯鳳:《出土楚文獻所見人名研究》,吉林大學博士學位論文,2017年,第24頁。
⑥ 黃德寬:《安徽大學藏戰國竹簡概述》,《文物》2017年第9期。
⑦ 李學勤主編:《清華大學藏戰國竹簡(捌)》,中西書局,2018年,第159頁注15。

喪（甲）》2、《鄭子家喪（乙）》2，清華簡《祭公之顧命》4、《越公其事》2、《成人》6】

帝=【上博簡《柬大王泊旱》6，清華簡《繫年》1】

帝【上博簡《子羔》12、《柬大王泊旱》11、《三德》22，清華簡《金縢》4、《繫年》4、《説命上》3、《説命中》1、《周公之琴舞》12、《赤鵠之集湯之屋》7、《厚父》2、《八氣五味五祀五行之屬》5】

上博簡《柬大王泊旱》簡 6 中的"帝"，整理者隸定爲"帝"："'上帝'兩字合文。"①

清華簡《繫年》簡 1 中的"帝"，整理者隸定爲"帝="，括注爲"上帝"，並指出："'上帝'合文，原有合文號。"②蘇建洲指出："未見'上'旁，是否一定讀爲'上帝'待考。"③陳偉武認爲是"央帝"合文，指黄帝。④郭永秉懷疑讀爲"禘帝"。⑤王輝指出，文獻中未見"央帝"的記載。⑥

清華簡《繫年》簡 1 中的"帝"，整理者隸定爲"帝="，括注爲"上帝"。⑦郭永秉認爲："實際上是'土帝'合文，'土帝'與'天神'相對，似指五方帝的中央黄帝。"⑧王輝指出，文獻中未見"土帝"的記載。⑨按：比較上博簡和清華簡中的兩個合文形體，或許《繫年》中的字還是"上帝"，只不過"上"字寫得潦草一些而已。

后稷

后禝【清華簡《治政之道》43】
后禩是【清華簡《禱辭》7】

清華簡整理者指出："后稷，當指自然神。"⑩"是，通'氏'。后稷氏應爲與'社''祊'並稱的稷神，而非周人的先祖棄。楚簡中有將'稷'與'社'一

---

① 馬承源主編：《上海博物館藏戰國楚竹書（四）》，上海古籍出版社，2004 年，第 200 頁。
② 李學勤主編：《清華大學藏戰國竹簡（貳）》，中西書局，2011 年，第 136 頁、第 136 頁注 1。
③ 蘇建洲、吳雯雯、賴怡璇：《清華二〈繫年〉集解》附錄一，萬卷樓圖書公司，2013 年，第 6 頁。
④ 陳偉武：《清華〈繫年〉首章"央帝"臆釋》，《清華簡〈繫年〉與古史新探》，中西書局，2016 年，第 83 頁。
⑤ 郭永秉：《近年出土戰國文獻給古史傳説研究帶來的若干新知與反思》，《出土文獻與古文字研究》第七輯，上海古籍出版社，2018 年，第 228 頁。
⑥ 王輝：《簡帛人物名號彙考》，中西書局，2021 年，第 19 頁。
⑦ 李學勤主編：《清華大學藏戰國竹簡（貳）》，中西書局，2011 年，第 136 頁。
⑧ 郭永秉：《近年出土戰國文獻給古史傳説研究帶來的若干新知與反思》，《出土文獻與古文字研究》第七輯，上海古籍出版社，2018 年，第 228 頁。
⑨ 王輝：《簡帛人物名號彙考》，中西書局，2021 年，第 19 頁。
⑩ 黄德寬主編：《清華大學藏戰國竹簡（玖）》，中西書局，2019 年，第 144 頁注 155。

同祭禱的記載,本輯《治政之道》亦云'□□□非山川、丘社、后稷'。"①

河伯、北海

河白、北畕【清華簡《禱辭》10】

清華簡整理者指出:"河伯爲黄河水神,《楚辭·九歌》的《河伯》篇'魚鱗屋兮龍堂,紫貝闕兮朱宫',或許就是在描繪'河伯之富'。本篇以河伯與北海爲喻,二者亦同見於《莊子·秋水》。"②王輝認爲,此處"河白"與清華簡《保訓》簡8中的"河",都是河伯。③

---

① 黄德寬主編:《清華大學藏戰國竹簡(玖)》,中西書局,2019年,第186頁注22。
② 黄德寬主編:《清華大學藏戰國竹簡(玖)》,中西書局,2019年,第186頁注26。
③ 王輝:《簡帛人物名號彙考》,中西書局,2021年,第51頁。

結　語

饒宗頤在《中國人名研究》一書的序言中曾指出："人是歷史舞台上的角色，人名是他們的標志，離開了人名，一部二十四史，真是無從説起！因此，人名的形容亦是治史的一把鑰匙……"①一語道破了研究人名對於治史的重要性。在《緒論》中，我們曾提到，清華簡的陸續公布，爲人物名號及其相關制度研究提供了新的契機。經統計，《清華大學藏戰國竹簡》（壹—玖）中，共記載人物名號351個，神祇名9個。其中，見於《漢書·古今人表》者223人，見於其他傳世文獻者49人，待考者70人。與其他戰國簡册相比，清華簡中所記載的人物名號，不僅總數量較多，而且有近八成的人物名號，是見於傳世文獻記載的。也就是説，清華簡所記載的人物，並非普通平民，而是在歷史發展中起過一定作用的貴族。清華簡所記載的人物姓、氏、名、字、爵、謚、職官和親稱，不僅能爲今人了解古代人物名號的各個方面提供資料，還能爲學界梳理國君世系、氏姓源流、謚法制度等提供重要依據，甚至能爲一些歷史事件、歷史人物關係的研究提供關鍵證據。

就内容而言，《清華大學藏戰國竹簡》（壹—玖）所公布的四十九篇文獻中，只有《祝辭》《筮法》《别卦》《算表》《皇門》《命訓》《邦家處位》《心是謂中》《天下之道》《廼命一》《廼命二》等三個類别共計十一篇，没有提及人物名號，其餘的三十八篇之中，又以《楚居》《繫年》和《良臣》等三篇記載人物名號尤爲豐富。早在2013年，陳偉師就指出，《楚居》《繫年》和《良臣》等三篇都是清華簡中"富有特色的歷史書"。②這三篇文獻不僅在歷史記載方面具有特色，在人物名號研究方面也頗具價值，可以視爲清華簡的典型代表。而且，清華簡諸篇之中，以《繫年》（180人）、《良臣》（83人）和《楚居》（49人）等三篇所記人物名號爲最多，因此，我們先就《楚居》《繫年》《良臣》等三篇中的人物名號進行討論。

---

① 饒宗頤：《〈中國人名研究〉序言》，新世界出版社，2007年，第2頁。
② 陳偉：《〈清華大學藏戰國竹簡·良臣〉初讀》，簡帛網，2013年1月4日。

一、《楚居》所見人物名號

整理者指出："本篇内容主要叙述自季連開始到楚悼王共 23 位楚公、楚王的居處與遷徙……《楚居》所記楚人之源起和世系都是楚人自記,可信程度很高,可以證明《楚世家》所記絕大部分正確無誤,但也有多處與《楚居》不合,結合其他文獻記載,可據以勘正。"①綜合這些不合之處,我們認爲,《楚居》的記載,在楚先公先王世系和楚國大族屈氏溯源兩個方面,都提供了比較新的綫索。

（一）楚先世系。據傳世文獻記載,"穴熊"爲"季連"之孫。《史記·楚世家》："季連生附沮,附沮生穴熊。"②根據清華簡記載,"穴熊"與"季連"是兄弟關係。《楚居》簡 1—3："女曰比（妣）隹（惟）……季繧（連）餇（聞）亓（其）又（有）哼（聘）,從,及之盤（泮）,爰生絸白（伯）、遠中（仲）。……穴酓（熊）遟（遲）遟（徙）於京宗,爰叟（得）妣㿟（厲）……乃妻之,生侸甼（叔）、麗季。"③趙平安師指出："季連娶盤庚後人妣隹爲妻,生絸伯和遠仲,鬻熊娶妣㿟爲妻,生侸叔、麗季。季連和鬻熊的子輩,取名猶熊嚴四子伯霜、仲雪、叔堪、季徇,排行一貫而下,值得引起重視。大家知道,在中國傳統文化裏,貴族男子的名字前面往往加伯（或孟）仲叔季。不僅親兄弟之間如此,堂兄弟之間也往往如此。因此我們很容易聯想到絸伯、遠仲、侸叔、麗季是堂兄弟關係。這樣,季連和鬻熊便不是像傳世文獻記載的那樣,而應是兄弟關係。"④這就爲"季連"與"穴酓"的關係提供了一種新的解釋。2015 年初,安徽大學入藏一批戰國竹簡。黄德寬指出,據《安徽大學藏戰國竹簡》"楚史類"文獻記載,"祝融生季連,季連就是穴熊"。⑤ 蘇建洲指出："現在根據安大簡,可知在《楚居》的叙述中,'季連'與'穴酓'實爲一人,故所生的孩子纔會分别以伯、仲、叔、季命名。而'麗季'即'熊麗',確實是'季連''穴酓'所生,兩處簡文記載是相合的。"⑥可見,關於"穴熊"與"季連"之間的關係,目前有祖孫、兄弟和同一個人三種觀點。至於二人到底是什麼關係,有待進一

---

① 李學勤主編：《清華大學藏戰國竹簡（壹）》,中西書局,2010 年,第 180 頁。
② 司馬遷：《史記》,中華書局,1959 年,第 1690 頁。
③ 李學勤主編：《清華大學藏戰國竹簡（壹）》,中西書局,2010 年,第 181 頁。
④ 趙平安：《"三楚先"何以不包括季連》,《邯鄲學院學報》2011 年第 4 期。
⑤ 參黃德寬：《安徽大學藏戰國竹簡概述》,《文物》2017 年第 9 期。
⑥ 蘇建洲：《讀安大簡"楚史類"竹簡的幾點啟示》,簡帛網,2017 年 10 月 13 日。

步研究。並且,《楚居》關於"季連"與"比隹"、"穴酓"與"妣㜏"的記載,則反映出楚文化曾先後與"商文化"和"古厲國"文化進行融合,可補傳世文獻之缺。①

"酓䎽"與"酓摯""酓繑"三者之間的關係歷來混亂。根據《楚世家》的記載,"康""紅""執疵"都是"熊渠"之子。② 而據《大戴禮記·帝繫》所載,"九世至于渠婁鯀出";"自熊渠有子三人",即"無康""紅"和"疵"。③《楚居》簡5—6記作:"至酓䎽、酓摯(摯)居發漸。……至酓繑(延)自旁屽遷(徙)居喬多。"整理者認爲,"酓䢒"之子爲"酓䎽","酓䎽"又有"酓摯"和"酓繑"兩個兒子。④ 李守奎認爲,"婁鯀"相當於"酓䎽";"疵"就是"酓延"。⑤ 李家浩認爲,"毋(無)康""熊脾(翔[蓺]、蓺紅、摯[執]紅)"和"熊執(摯、執疵)",均爲"熊渠"之子;"熊延"是"熊脾"之子。⑥ 儘管以上三人之間的關係目前仍未定論,但三人屬兩代的意見已經爲學界所接受。《楚居》的出現,引起學界對於《帝繫》的重視。

《史記·楚世家》:"熊徇卒,子熊咢立。熊咢九年,卒,子熊儀立,是爲若敖。"⑦《楚居》簡6:"酓咢及若嚻(敖)酓義(儀),皆居喬多。"整理者指出:"據《楚居》文例可知熊咢與熊儀是兄弟關係。"⑧"熊咢"與"熊儀"到底是父子還是兄弟,還有待證明。

(二)屈氏族源。關於楚國大族屈氏的族源,過去大多認爲出自武王熊通。《史記·屈原賈生列傳》:"屈原者,名平,楚之同姓也。"張守節正義引王逸云:"楚王始都是,生子瑕,受屈爲卿,因以爲氏。"⑨《楚辭·離騷》"帝高陽之苗裔兮",王逸章句:"其孫武王求尊爵於周,周不與,遂僭號稱王。始都於郢,是時生子瑕,受屈爲客卿,因以爲氏。"⑩《楚居》簡4中有"屈紃":"至酓繹與屈紃(紃),思(使)若(鄀)嗇(嗌)卜遷(徙)於夷屯。"整理者認

---

① 參趙平安:《清華簡〈楚居〉妣隹、妣㜏考》,《中國文化研究》2012年第1期;復旦大學出土文獻與古文字研究中心研究生讀書會:《清華簡〈楚居〉研讀札記》,復旦大學出土文獻與古文字研究中心網,2011年1月5日。
② 參司馬遷:《史記》,中華書局,1959年,第1692頁。
③ 參方向東:《大戴禮記彙校集解》,中華書局,2008年,第737—738頁。
④ 李學勤主編:《清華大學藏戰國竹簡(壹)》,中西書局,2010年,第181、193頁。
⑤ 李守奎:《根據〈楚居〉解讀史書中熊渠至熊延世序之混亂》,《中國史研究》2011年第1期。
⑥ 李家浩:《清華戰國竹簡〈楚居〉中的酓脾、酓執和酓縱》,《出土文獻》第三輯,中西書局,2012年,第13頁。
⑦ 司馬遷:《史記》,中華書局,1959年,第1694頁。
⑧ 李學勤主編:《清華大學藏戰國竹簡(壹)》,中西書局,2010年,第186頁注35。
⑨ 司馬遷:《史記》,中華書局,1959年,第2481頁。
⑩ 洪興祖:《楚辭補注》,中華書局,1983年,第3頁。

爲："此人與楚武王後裔屈氏無關。"①網友子居指出："今由《楚居》篇看來，楚之屈氏，出自屈紃似更爲可能。"②田成方有類似觀點："楚屈氏的族源，可能與《楚居》所載參與熊繹'卜徙於夷屯'的屈紃有關。"③然而，簡文並未明確指出，"屈紃"與屈氏之間是否相關，可供參考。

二、《繫年》所見人物名號

《繫年》記載自周初至楚悼王期間各國史事，涉及了大量的人物名號，所記載的人和事時段相對集中，且距離清華簡下葬的時間不遠，因而可靠性應該比較高。其中，大部分人物名號與傳世文獻所載基本相同，也有一部分人物名號不見於其他文獻，可以分爲以下三個方面：

（一）謚號有異。根據《繫年》的記載，有五位君王的謚號，不見於傳世文獻，有不少學者認爲是多字謚。除了《緒論》所提到的"晉莊平公"和"秦異公"，還有"晉簡公"（簡109），傳世文獻作"晉定公"；"晉敬公"（簡111），傳世文獻作"哀公""懿公"；"衛幽侯"（簡19），傳世文獻作"衛懿公"和"衛哀公"。

（二）名號補缺。《繫年》對於一些人物名字稱謂的記載，與傳世文獻不同，可以看作是對傳世文獻的補充。比如《緒論》所提到的"子眉壽"，我們傾向於將"眉壽"理解爲"字+名"的結構。簡74中的"少孟"，整理者釋爲"少盃"："少盃，即《左傳》《國語》等的夏姬。《左傳》宣公十一年稱夏徵舒爲'少西氏'，杜注：'少西，徵舒之祖子夏之名。''少盃'之'少'疑爲'少西氏'之省稱，而'盃'是夏姬之名。"④網友汗天山根據"安大簡用字"，指出"清華簡《繫年》中夏姬之名當釋爲'少孟'"。⑤ "夏姬"可分析爲"夫氏+父姓"。我們懷疑，"少孟"可能屬於"夫家排行+父家排行"的結構。⑥

（三）新見人物。《繫年》記載了大量未能與傳世文獻對應的人物名號。經過學者們的不懈努力，其中的一部分得到了比較好的解決，如我們在《緒論》中所提到的"五之雞"。實際上，對於"伍之雞"的考證，不僅是對單個歷

---

① 李學勤主編：《清華大學藏戰國竹簡（壹）》，中西書局，2010年，第181頁、第184頁注25。
② 子居：《清華簡〈楚居〉解析》，簡帛研究網，2011年3月30日。
③ 田成方：《東周時期楚國宗族研究》，科學出版社，2016年，第42頁。
④ 李學勤主編：《清華大學藏戰國竹簡（貳）》，中西書局，2011年，第171頁注3。
⑤ 《安大簡〈詩經〉初讀》45樓跟帖，簡帛網，2019年9月25日。
⑥ 按：參"9.70夏姬"條。

史人物的考察，還是對歷史事件和歷史地理的重新思考。簡81："亓（其）子五（伍）員與五（伍）之雞逃歸（歸）吳。"①據簡文所載，逃奔吳國的不僅僅是伍子胥一人，還有在"雞父之戰"中起到重要作用的、不見於傳世文獻的"伍之雞"。馬楠指出："《左傳》言雞父之戰，吳王僚親帥師，王子光作謀敗楚師，自是楚畏吳城郢。與《繫年》言'五雞將吳人以圍州來，爲長壑而堙之，以敗楚師，是雞父之堙'不同。"②如果清華簡的記載屬實，那麼吳國之所以能在雞父之戰中大敗楚師，是因爲"伍雞"（也就是"椒鳴"）的指揮起了至關重要的作用。再回過頭來看"雞父"這一地名，整理者指出："雞父，今河南固始東南。吳敗頓、胡、沈、蔡、陳、許之師於雞父，使楚師敗奔，見《春秋》昭公二十三年經傳。《穀梁傳》作'雞甫'。"③李守奎指出："這場戰爭雞父是關鍵人物，雞父之汜起了關鍵作用，所以稱作'雞父之戰'。'雞父'，後來其所在地演化爲地名，雖然不能確知雞父的確切位置，但可以確知在州來至鍾離一綫。"④可見，地名"雞父"是由人名演變而來的。

三、《良臣》所見人物名號

《良臣》的内容和形式都非常簡單。整理者認爲："其内容記述黄帝以至春秋著名君主的良臣……《墨子·尚賢》所稱堯舉舜，禹舉益，湯舉伊尹，文王舉閎夭、泰顛等，均與《良臣》相合。《漢書·古今人表》將許多賢臣列於高等，也是同樣寓意。"⑤陳偉師認爲："本篇主要是記列一批明君賢臣的名字，有關事蹟的記述少之又少。這有些像《韓非子》内儲説、外儲説各篇的經，是提綱性的文字。可以用'説'來作大的發揮。這一篇的性質，似乎與後代史書中的人物列傳，特別是像《史記·刺客列傳》《循吏列傳》這種專題性的人物合傳相關，是繼《繫年》《楚居》之後，我們在清華簡中看到的又一種富有特色的歷史書。"⑥韓宇嬌認爲，"作者只是列表式地呈現從黄帝至春秋末期的賢君良臣……《良臣》應該就是這種'談話技巧'性質的材料彙編，是一種提綱挈領式的文字"。⑦楊蒙生認爲："它很可能是一篇與湖北江陵張

---

① 李學勤主編：《清華大學藏戰國竹簡（貳）》，中西書局，2011年，第170頁。
② 馬楠：《清華簡〈繫年〉輯證》，中西書局，2015年，第241頁。
③ 李學勤主編：《清華大學藏戰國竹簡（貳）》，中西書局，2011年，第173頁注21。
④ 李守奎：《清華簡中的伍之雞與歷史上的雞父之戰》，《中國高校社會科學》2017年第2期。
⑤ 李學勤主編：《清華大學藏戰國竹簡（叁）》，中西書局，2012年，第156頁。
⑥ 陳偉：《〈清華大學藏戰國竹簡·良臣〉初讀》，簡帛網，2013年1月4日。
⑦ 韓宇嬌：《清華簡〈良臣〉的性質與時代辨析》，《中國高校社會科學》2013年第6期。

家山二四七號漢墓所出《史律》篇有著密切關係的史學文獻。進一步講,它在現實中很可能是一種實用性較強的史家文本:使用者既可乘其文字短少之便而教授史學童,又可置於案頭、以備自身平日翻檢之用。"①實際上,《良臣》中自"康(唐)"至"保奐(衡)"的記載,與《書·君奭》更爲接近:"公曰:'君奭,我聞在昔成湯,既受命,時則有若伊尹,格于皇天。在太甲,時則有若保衡。在太戊,時則有若伊陟、臣扈,格于上帝,巫咸乂王家。在祖乙,時則有若巫賢。在武丁,時則有若甘盤。率惟茲有陳,保乂有殷,故殷禮陟配天,多歷年所。'"②此外,整理者還指出:"簡上文字有的屬於三晉一系的寫法,如'百'字作'全'。考慮到篇中特別突出子產,詳記'子產之師''子產之輔',作者可能與鄭有密切關係。"③此説後來得到劉剛的進一步證實。④ 據此,我們懷疑,《良臣》可能是《君奭》的摘抄,在抄寫的時候出現了脱文、錯簡和異文;這部分內容很可能纔是原本的核心,然而,在流傳的過程中又不斷地增加內容,以傳説時代和鄭、楚兩國比較明顯,於是就成了我們現在所看到的樣子。

《良臣》中於《君奭》摘抄部分之外所增加的內容,大致又可分爲兩個部分:第一部分,是自"文王"至"孔㞢(丘)",包括"楚恭(共)王"一條,都是仿寫《君奭》摘抄部分。⑤ 第二部分,包括下文中要討論的四處"類聚之稱",以及"堯之相""奠(鄭)定公之相"兩條,既仿寫《君奭》摘抄部分,又增加了"類聚之稱"。⑥ 也就是説,《良臣》可分爲三個部分:一是《君奭》的摘抄部分,二是仿寫《君奭》摘抄部分,三是仿寫《君奭》摘抄並加"類聚之稱"部分。

關於《良臣》中的人名,還有以下幾個方面值得注意:

---

① 楊蒙生:《清華簡(叁)〈良臣〉篇管見》,《深圳大學學報(人文社會科學版)》2014年第2期。按:"使用者",原文作"用户",當爲繁簡轉化時出現的系統差錯。
② 《十三經注疏》,中華書局,1980年,第223—224頁。
③ 李學勤主編:《清華大學藏戰國竹簡(叁)》,中西書局,2012年,第156頁。
④ 劉剛:《清華叁〈良臣〉爲具有晉系文字風格的抄本補證》,復旦大學出土文獻與古文字研究中心網,2013年1月17日;《中國文字學報》第五輯,商務印書館,2014年,第99—107頁。
⑤ 按:在這一部分的記載中,"文王"和"武王"之前沒有"周"字。這與《祭公之顧命》篇的記載正好相反(參《緒論》),很可能是周人所記,或許可以視爲《良臣》摘抄《君奭》之旁證。此外,簡文中的"以爲太宰"(簡11)和"述(遂)差(佐)成王"(簡4),可能屬於仿寫之外的補記。
⑥ 按:簡文中"堯之相……咎䌛(繇)"(簡1—2)與"奠(鄭)定公……子大弔(叔)"(簡9)兩處記載,可以結合起來考慮。後者"之相"二字,相較《君奭》摘抄部分,應該是在仿寫基礎之上後加的。前者"之相"二字,也應如此。前者記載"舜"及其臣屬的部分,與《君奭》摘抄部分在格式上是完全一致的。考慮到前者記載了"堯""舜"兩位君主及其臣屬,我們懷疑,在"舜"與"又禹"之間,不排除存在記載其他"堯"臣的可能性,或許是簡本抄手抄寫時遺漏了。

（一）類聚之稱。王子今指出，"類聚之稱"指的是"群體式組合式稱謂"。① 據此，我們認爲，《良臣》中的"黃帝之師""周之遺老""奠（鄭）定公之相""子産之師"和"子産之輔"等，都屬於"類聚之稱"。② 傳世文獻中，"四岳""八元""八愷""四凶"等，被認爲是"氏族、部族或部族聯盟的代號"。③ 而《良臣》篇中的幾處"類聚之稱"，是我們目前所見到的，可以確定的，時代比較早的，"指代個人"的"稱謂代號"。④ 每一處"類聚之稱"所包含的人物，都具有很強的共同性，即"同時同事，甚至有同樣的等級地位，同樣的政治表現，同樣的文化影響"。⑤ 這幾處"類聚之稱"應該是後人補記的。並且，簡文"類聚之稱"所包含的人物中，有一些還沒有找到其在傳世文獻中的對應者，如"保侗""宦仲""王子伯願""王子百"等。而"子産之師"和"子産之輔"，清華簡《子産》分別記作"先生之俊"和"六輔"。然而，"子産之師"中的"駰圻"，暫時還不能與"先生之俊"中的"喪呈中髳"對應，除此之外的9人，兩處記載完全吻合。

（二）同稱異時。《良臣》中有幾個名號，在時代上與傳世文獻存在牴牾。"史皇"，簡文以爲堯之臣，傳世文獻以爲黃帝臣。"伊陟"，簡文以爲湯之臣，傳世文獻以爲太戊臣。"保衡"，簡文以爲武丁臣，傳世文獻以爲太甲臣。這種現象也見於傳世文獻。"君陳"，傳世文獻認爲是周公之子、伯禽之弟，簡文認爲是武王臣，位列周公、召公之前。"君牙"，簡文以爲武王臣，傳世文獻以爲穆王臣。"臣扈"，《君奭》以爲太戊臣，孔安國傳以爲湯之臣，簡文以爲湯之臣。爲什麽會出現這麽多的不同之處？通過將其與《君奭》進行比對，我們發現：1. 二者關於"湯有伊尹"的記載是一致的；2.《君奭》中"太甲"和"太戊"，《良臣》未記；3.《君奭》中，太甲時期的"保衡"，《良臣》置於"傅説"之後；4.《君奭》中，太戊時期的"伊陟"和"臣扈"，《良臣》直接記於"伊尹"之後；5.《君奭》中，武丁時期的"甘盤"，《良臣》記作"傅説"。據此，我們懷疑，《良臣》很可能是有目的地摘抄《君奭》中君臣，並出現了脱文（自"臣扈"至"巫賢"）、錯簡（"保衡"）和異文（"甘盤"）。就"甘盤"和"傅説"而言，不排除當時所看到的《君奭》與今本存在不同。

（三）同稱異人。有幾個稱謂，傳世文獻認爲是同一個人的不同稱謂，

---

① 王子今：《秦漢稱謂研究》，中國社會科學出版社，2014年，第741頁。
② 按：《子産》中的"先生之俊"和"六輔"也應該屬於"類聚之稱"。《良臣》中的"堯之相"，如有漏抄，理當屬於"類聚之稱"。
③ 參王子今：《秦漢稱謂研究》，中國社會科學出版社，2014年，第746—747頁。
④ 參王子今：《秦漢稱謂研究》，中國社會科學出版社，2014年，第747頁。
⑤ 參王子今：《秦漢稱謂研究》，中國社會科學出版社，2014年，第748頁。

《良臣》卻認爲不是同一個人。"保衡",傳世文獻認爲就是"伊尹";《君奭》認爲"伊尹"是湯之臣,"保衡"是太甲之臣;簡文認爲"伊尹"是湯之臣,"保衡"是武丁之臣。"召公"與"君奭",傳世文獻認爲是同一個人;簡文認爲是同爲武王臣的兩個人。《良臣》中,晉文公臣有"子犯"和"咎犯"。整理者表示:"狐偃又稱咎犯、臼犯、舅犯,簡文誤分爲二人。"①我們認爲:"'咎犯'實際上指的就是傳世文獻中的'臼季',《漢書·古今人表》列於'中上'。"②據此,我們懷疑,《君奭》將"保衡"與"伊尹"、《良臣》將"召公"與"君奭"分爲兩人,可能還是有根據的。

四、其他篇章所見人物名號

餘下的三十五篇中,仍有幾篇承載了一定程度的信息量,大致可以分爲以下幾類:

(一)《八氣五味五祀五行之屬》和《禱辭》中則僅記載"帝""玄冥""祝融""句余""司兵之子""后土""后稷氏""河伯"和"北海"等幾位神祇之名。其中,"司兵之子"當對應傳世文獻中的"蓐收"。這是前所未見的。

(二)《虞夏殷周之治》雖記有"有虞氏""夏后""殷人"和"周人"等,卻是四個時代中居統治地位的部族的泛稱,而非具體的人物名號。

(三)《治政之道》與《治邦之道》,整理者指出,兩者"編痕一致,文意貫通,應是首尾完整的一篇"。③ 前者記有"帝"和"后稷"兩位神祇,"夏后"和"殷人"兩種泛稱,以及人物名號"黃帝"。後者未見人物名號。

(四)《成人》雖然記有"王"和"成人",卻無法對應具體的歷史人物。《邦家之政》爲"假託孔子與某公對話"。④

其餘二十八篇,基本可以按所記人物活動的時代進行劃分:

(五)夏朝一篇。《厚父》中,"厚父"和"王"的身份都無法確定。"厚父"在對話中列舉了自己的先祖"禹""啟""孔甲"和臣屬"皋陶"。

(六)商朝九篇。《尹至》《尹誥》《赤鵠之集湯之屋》《湯處於湯丘》和《湯在啻門》等五篇中,出現得最頻繁者爲"湯"與"伊尹",另有"湯"之妻

---

① 李學勤主編:《清華大學藏戰國竹簡(叄)》,中西書局,2012年,第160頁注27。
② 羅小華:《試論清華簡〈良臣〉中的"咎犯"》,《古文字研究》第三十一輯,中華書局,2016年,第365頁。
③ 參黃德寬主編:《清華大學藏戰國竹簡(玖)》,中西書局,2019年,第125頁。
④ 參李學勤主編:《清華大學藏戰國竹簡(捌)》,中西書局,2018年,第121頁。

"有莘之女""紝巟","湯"之臣"方惟","夏后"（或作"夏王"）"桀"等。"紝巟"是否爲"有莘之女"，目前仍難斷言。《説命》上、中、下三篇爲殷高宗"武丁"與"傅説"之間的對話。二人對話中提及殷人先祖"大戊"和"傅説"之主"失仲"。《殷高宗問於三壽》爲"武丁"與"彭祖""中壽""少壽"之間的對話。

（七）西周九篇。《程寤》與《保訓》記載的是周文王時期事，主要人物有"文王""武王"和"大姒"。前者所記"祝忻""巫率"和"宗丁"，均不見於傳世文獻。後者提及了"堯""舜""微"和"湯"的相關"史事傳説"。① 《耆夜》和《金縢》記載的是周武王時期事，主要人物分別是"武王"和"周公"。前者還記有"畢公高""召公保奭""辛公諫甲""作策逸""吕尚父"等著名歷史人物。"甲"前之字寫作"🈳"。整理者懷疑，此字與"甲"是"名和字的關係"。② 根據古人"先字後名"的習慣，"諫"應該是字而"甲"應該是名。辛公之字幸賴《耆夜》得以保留。《周公之琴舞》記載了"成王"和"周公"。《封許之命》記載了"文王""武王""吕丁"和"殷受"。《祭公之顧命》是"祭公謀父"臨終前對"穆王"，以及"畢𩧢""井利"和"毛班"等"三公"的告誡。"祭公"對"文""武""成""康""昭"等先王的功業進行了總結，也提及了先祖"后稷"。"三公"名號的發現，"不僅澄清了今本的訛誤，對西周制度的研究也具有很重要的意義"。③《攝命》的"主體部分"是周孝王册命"伯攝"的"命辭"。④ "攝"字作"𢾿"，解決了傳世文獻中《冏命》和"伯冏"的訛誤。⑤ 該篇所記載的"士疌"和"作册任"亦不見於傳世文獻。《芮良夫毖》爲"芮良夫針對時弊所做的訓誡之辭"。⑥

（八）春秋九篇，共涉及鄭、晉、齊、楚、秦、吴、越等國。

1. 鄭國三篇。《鄭武夫人規孺子》講述的是鄭武公去世後，"武夫人"對"孺子"莊公的"規誡"，以及"莊公的表態"。⑦ 簡文所記"䎽父"不知爲何人。《鄭文公問太伯》（甲、乙）"記載了太伯臨終時告誡鄭文公的言辭"。"大伯"歷數"桓公""武公""莊公""昭公""厲公"等先君的史事。⑧ 該篇所記載的"佚之夷（尾）"可能與《左傳》中的佚之狐有關，"師之佱廘""堵之俞

---

① 參李學勤主編：《清華大學藏戰國竹簡（壹）》，中西書局，2010年，第142頁。
② 李學勤主編：《清華大學藏戰國竹簡（壹）》，中西書局，2010年，第152頁注6。
③ 參李學勤主編：《清華大學藏戰國竹簡（壹）》，中西書局，2010年，第173頁。
④ 參李學勤主編：《清華大學藏戰國竹簡（捌）》，中西書局，2018年，第109頁。
⑤ 參李學勤主編：《清華大學藏戰國竹簡（捌）》，中西書局，2018年，第112頁注1。
⑥ 參李學勤主編：《清華大學藏戰國竹簡（叁）》，中西書局，2012年，第144頁。
⑦ 參李學勤主編：《清華大學藏戰國竹簡（陸）》，中西書局，2016年，第103頁。
⑧ 參李學勤主編：《清華大學藏戰國竹簡（陸）》，中西書局，2016年，第118頁。

彌"和"詹父"等三人，可能與《左傳》所記"鄭有叔詹、堵叔、師叔三良爲政"有關。①《子產》中記載了大量的鄭國人物名號。其中有不少可與《良臣》進行對應。"六輔"可以完全對應"子產之輔"，包括"子羽""子剌""卑登""厲明"（《良臣》作"蒥明"）、"佋之支"（《良臣》作"酋之戻"）、"王子百"（《良臣》作"王子全"）。"先生之俊"與"子產之師"可對應者有"肥中""王子白悉"和"邔䰙"（《良臣》作"土䓊"）等三人。"喪至中髶"與"斲斤"無法對應，並非同一個人。或許，"先生之俊"與"子產之師"在標準上存在異同。"六輔"中有四人見於傳世文獻記載。關於"子剌"，學界意見不一。"先生之俊""子產之師"，以及"王子百""烾單""相冒""馼樂"等，都是前所未知的，其中有不少人均未找到可以對應的歷史人物。

2. 晉國三篇。《子犯子餘》講述的是"公子重耳"流亡秦國期間，"子犯""子餘"同"秦穆公""蹇叔"之間的問答，問答中提及了"成湯""大甲""盤庚""文王""武王"等賢王，以及"桀""受""厲王""幽王"等昏君。該篇文獻證實了《良臣》中的"子犯"當爲狐偃，"咎犯"當爲胥臣。《晉文公入於晉》中僅提到"晉文公"和"利老"。《趙簡子》中記載了"趙簡子"和"范獻子""成剸"之間的對話，提及"田氏代齊"，以及晉國先君"獻公""襄公"和"平公"。

3. 齊國一篇。《管仲》爲"齊桓公"與"管仲"之間的問答，談話期間有以"湯"與"后辛"、"周武王"與"幽王"相對舉。

4. 楚國一篇。《子儀》記載的是秦穆公"送歸楚子儀"時的"對話"。②另有一人"竀韋"，疑爲秦樂師。

5. 越國一篇。《越公其事》所記"是以句踐滅吳爲主題的歷史故事"。③故事大多記載吳、越兩國的君臣。越國有"越王句踐"（亦稱"越公句踐"）與"大夫種""范蠡""太甬"。吳國有"先王闔閭""夫差"與"申胥""雞父"。其中，"太甬"就是《良臣》中的"大同"，當對應傳世文獻中的"舌庸"；"雞父"就是《繫年》中的"伍之雞"，當對應傳世文獻中的"椒鳴"。文末"入越師"的"昆奴"，未知是身份還是人名。

據此可見，清華簡所見人物名號，大部分都能在傳世文獻中找到相對應的歷史人物。因此，這些人物名號，不僅僅包含了人名異稱異寫等信息，也透露出先秦時期姓氏、名字、宗族、婚姻、職官、爵位、謚法等一系列制度。考

---

① 參李學勤主編：《清華大學藏戰國竹簡（陸）》，中西書局，2016年，第124頁注31。
② 參李學勤主編：《清華大學藏戰國竹簡（陸）》，中西書局，2016年，第127頁。
③ 參李學勤主編：《清華大學藏戰國竹簡（柒）》，中西書局，2017年，第112頁。

慮到人並非孤立的存在,而是構成社會的基本單位,研究人物名號,不僅僅是考察歷史人物的姓、氏、名、字、爵、謚、職官和親稱,更是對先秦時期各種制度的一種思考。從這個角度來説,清華簡對於學界研究先秦時期的人物名號、歷史、地理,以及各種制度,都提供了重要資料。

參考文獻

一、出土資料

H

河南省文物考古研究所編著:《新蔡葛陵楚墓》,大象出版社,2003年。
黄德寬、徐在國主編:《安徽大學藏戰國竹簡(一)》,中西書局,2019年。
黄德寬主編:《清華大學藏戰國竹簡(玖)》,中西書局,2019年。
湖北省博物館編:《曾侯乙墓》,文物出版社,1989年。
湖北省荆沙鐵路考古隊:《包山楚簡》,文物出版社,1991年。
湖北省文物考古研究所、北京大學中文系編:《望山楚簡》,中華書局,1995年。
湖北省文物考古研究所、北京大學中文系編:《九店楚簡》,中華書局,2000年。

J

荆門市博物館編:《郭店楚墓竹簡》,文物出版社,1998年。

L

李學勤主編:《清華大學藏戰國竹簡(壹)》,中西書局,2010年。
李學勤主編:《清華大學藏戰國竹簡(貳)》,中西書局,2011年。
李學勤主編:《清華大學藏戰國竹簡(叁)》,中西書局,2012年。
李學勤主編:《清華大學藏戰國竹簡(伍)》,中西書局,2015年。
李學勤主編:《清華大學藏戰國竹簡(陸)》,中西書局,2016年。
李學勤主編:《清華大學藏戰國竹簡(柒)》,中西書局,2017年。
李學勤主編:《清華大學藏戰國竹簡(捌)》,中西書局,2018年。

M

馬承源主編:《上海博物館藏戰國楚竹書(一)》,上海古籍出版社,2001年。

馬承源主編：《上海博物館藏戰國楚竹書（二）》，上海古籍出版社，2002年。
馬承源主編：《上海博物館藏戰國楚竹書（三）》，上海古籍出版社，2003年。
馬承源主編：《上海博物館藏戰國楚竹書（四）》，上海古籍出版社，2004年。
馬承源主編：《上海博物館藏戰國楚竹書（五）》，上海古籍出版社，2005年。
馬承源主編：《上海博物館藏戰國楚竹書（六）》，上海古籍出版社，2007年。
馬承源主編：《上海博物館藏戰國楚竹書（七）》，上海古籍出版社，2008年。
馬承源主編：《上海博物館藏戰國楚竹書（八）》，上海古籍出版社，2011年。
馬承源主編：《上海博物館藏戰國楚竹書（九）》，上海古籍出版社，2012年。

W

吳式芬：《攗古錄金文》，《金文文獻集成》第十一冊，綫裝書局，2005年。

二、主要文獻典籍

B

班固：《漢書》，中華書局，1962年。
班固撰，王先謙補注：《漢書補注》，上海古籍出版社，2008年。

C

常茂徠增訂：《增訂春秋世族源流圖考》，《續修四庫全書》第一四八冊，上海古籍出版社，2002年。
常茂徠：《春秋女譜》，《續修四庫全書》第一四八冊，上海古籍出版社，2002年。
陳厚耀：《春秋世族譜》，《文淵閣四庫全書》第一七八冊，臺灣商務印書館，1986年。
陳立：《白虎通疏證》，中華書局，1994年。
陳鵬：《春秋國都爵姓考（正補）》，《叢書集成初編》，中華書局，1991年。
陳彭年等：《宋本廣韻》，江蘇教育出版社，2008年。
程公説：《春秋分記》，《文淵閣四庫全書》第一五四冊，臺灣商務印書館，1986年。
程廷祚：《春秋識小錄》，《文淵閣四庫全書》第一八一冊，臺灣商務印書館，1986年。
崔述撰著，顧頡剛編訂：《崔東壁遺書》，上海古籍出版社，1983年。

D

鄧名世：《古今姓氏書辯證》，江西人民出版社，2006年。

丁度等：《宋刻集韻》，中華書局，1989年。
杜預：《春秋釋例》，《文淵閣四庫全書》第一四六册，臺灣商務印書館，1986年。

F

范照藜：《春秋左傳釋人》，《續修四庫全書》第一二四册，上海古籍出版社，2002年。
方向東：《大戴禮記匯校集解》，中華書局，2008年。
馮繼先：《春秋名號歸一圖》，《文淵閣四庫全書》第一四六册，臺灣商務印書館，1986年。

G

高明：《帛書老子校注》，中華書局，1996年。
高士奇輯注：《春秋左傳姓名同異考》，《續修四庫全書》第一二一册，上海古籍出版社，2002年。
顧棟高：《春秋大事表》，中華書局，1993年。
顧炎武：《顧亭林詩文集》，中華書局，1959年。
顧炎武撰，黄汝成集釋：《日知録集釋》，上海古籍出版社，2006年。
顧野王：《大廣益會玉篇》，中華書局，1987年。
郭璞注，王貽樑、陳建敏校釋：《穆天子傳匯校集釋》，中華書局，2019年。

H

洪興祖：《楚辭補注》，中華書局，1983年。
胡承珙：《小爾雅義證》，黄山書社，2011年。
胡元玉：《駁春秋名字解詁》，《續修四庫全書》第一二八册，上海古籍出版社，2002年。
黄懷信、張懋鎔、田旭東：《逸周書彙校集注》，上海古籍出版社，1995年。

J

焦循：《雕菰樓易學五種》，鳳凰出版社，2012年。

L

黎翔鳳：《管子校注》，中華書局，2004年。
李富孫：《春秋三傳異文釋》，《續修四庫全書》第一四四册，上海古籍出版社，2002年。

梁履繩:《左傳補釋》,《續修四庫全書》第一二三册,上海古籍出版社,2002年。
梁玉繩:《史記志疑》,中華書局,1981年。
梁玉繩等:《史記漢書諸表訂補十種》,中華書局,1982年。
林寶:《元和姓纂》,中華書局,1994年。
劉寶楠:《論語正義》,中華書局,1990年。
劉熙撰,畢沅疏證,王先謙補:《釋名疏證補》,中華書局,2008年。

Q

錢大昕:《潛研堂集》,上海古籍出版社,2009年。
錢繹:《方言箋疏》,中華書局,2013年。

S

司馬遷:《史記》,中華書局,1959年。
宋衷注,秦嘉謨等輯:《世本八種》,中華書局,2008年。
《十三經注疏》,中華書局,1980年。

T

陶方琦:《春秋名字解詁補誼》,《續修四庫全書》第一五六七册,上海古籍出版社,2002年。

W

王符撰,汪繼培箋,彭鐸校正:《潛夫論箋校正》,中華書局,1985年。
王國維:《觀堂集林(外二種)》,河北教育出版社,2001年。
王利器、王貞珉:《漢書古今人表疏證》,齊魯書社,1988年。
王念孫:《廣雅疏證》,上海古籍出版社,2016年。
王先慎:《韓非子集解》,中華書局,1998年。
王萱齡:《周秦名字解詁附錄》,《叢書集成新編》第九九册,新文豐出版公司,2008年。
王引之:《經傳釋詞》,上海古籍出版社,2014年。
王引之:《經義述聞》,上海古籍出版社,2016年。

X

蕭綱撰,肖占鵬、董志廣校注:《梁簡文帝集校注(一)》,南開大學出版社,2015年。
謝維揚、房鑫亮主編:《王國維全集》第五卷,浙江教育出版社,2010年。

徐鍇：《說文解字繫傳》，中華書局，1987年。

徐元誥：《國語集解》，中華書局，2002年。

許慎：《說文解字》，中華書局，1963年。

許慎撰，段玉裁注：《說文解字注》，上海古籍出版社，1988年。

許維遹：《呂氏春秋集釋》，中華書局，2009年。

Y

楊伯峻編著：《春秋左傳注（修訂本）》，中華書局，1990年。

應劭撰，王利器校注：《風俗通義校注》，中華書局，1981年。

于鬯：《香草校書》，中華書局，1984年。

俞樾：《春秋名字解詁補義》，《弟一樓叢書》，鳳凰出版社，2021年。

俞樾：《〈楚辭〉人名考》，《俞樓雜纂》，鳳凰出版社，2021年。

俞樾：《群經平議》，鳳凰出版社，2021年。

Z

張澍：《姓氏尋源》，岳麓書社，1992年。

張澍：《春秋時人名字釋》，《續修四庫全書》第一五〇七册，上海古籍出版社，2002年。

鄭樵：《通志二十略》，中華書局，1995年。

周祖謨校箋：《方言校箋》，中華書局，1993年。

朱彬：《經傳考證》，《四庫未收書輯刊》第肆輯第玖册，北京出版社，2000年。

朱駿聲：《說文通訓定聲》，中華書局，1984年。

朱右曾：《逸周書集訓校釋》，臺灣商務印書館，1971年。

竹添光鴻會箋：《左氏會箋》，巴蜀書社，2008年。

諸祖耿：《戰國策集注彙考》，江蘇古籍出版社，1985年。

三、學人論著

（一）著作

C

陳槃：《春秋大事表列國爵姓及存滅表譔異》，上海古籍出版社，2009年。

陳槃：《不見於春秋大事表之春秋方國稿》，上海古籍出版社，2009年。

陳美蘭：《戰國竹簡東周人名用字現象研究》，藝文印書館，2014年。

陳絜：《商周姓氏制度研究》，商務印書館，2007年。
陳夢家：《殷虛卜辭綜述》，中華書局，1988年。
陳偉等：《楚地出土戰國簡冊(十四種)》，經濟科學出版社，2009年。
陳偉：《楚簡冊概論》，湖北教育出版社，2012年。

D

丁山：《甲骨文所見氏族及其制度》，中華書局，1988年。
董楚平：《吳越徐舒金文集釋》，浙江古籍出版社，1992年。
董珊：《吳越題銘研究》，科學出版社，2014年。
董珊：《簡帛文獻考釋論叢》，上海古籍出版社，2014年。

F

方炫琛：《左傳人物名號研究》，花木蘭文化事業有限公司，2017年。

G

高明：《中國古文字學通論》，北京大學出版社，1996年。
顧頡剛：《史林雜識初編》，中華書局，1963年。
郭沫若：《金文叢考》，人民出版社，1954年。
郭永秉：《古文字與古文獻論集》，上海古籍出版社，2011年。

H

何光嶽：《楚源流史》，江西教育出版社，2005年。
何琳儀：《戰國古文字典》，中華書局，1998年。
洪治綱主編：《黃侃經典文存》，上海大學出版社，2008年。

J

季旭昇：《說文新證》，福建人民出版社，2010年。
季旭昇主編：《〈清華大學藏戰國竹簡(壹)〉讀本》，藝文印書館，2013年。

L

李零：《長沙子彈庫戰國楚帛書研究》，中華書局，1985年。
李松儒：《清華簡〈繫年〉集釋(修訂本)》，中西書局，2022年。
李天虹：《楚國銅器與竹簡文字研究》，湖北教育出版社，2012年。
李學勤：《古文字學初階》，中華書局，1985年。

李學勤：《初識清華簡》，中西書局，2013年。
劉彬徽：《早期文明與楚文化研究》，岳麓書社，2001年。
劉光勝：《〈清華大學藏戰國竹簡（壹）〉整理研究》，上海古籍出版社，
    2016年。
劉釗：《郭店楚簡校釋》，福建人民出版社，2005年。
羅運環：《楚國八百年》，武漢大學出版社，1992年。

M

馬楠：《清華簡〈繫年〉輯證》，中西書局，2015年。

Q

裘錫圭：《古文字論集》，中華書局，1992年。
裘錫圭：《裘錫圭學術文化隨筆》，中國青年出版社，1999年。
裘錫圭：《裘錫圭學術文集·甲骨文卷》，復旦大學出版社，2012年。

R

饒宗頤：《長沙出土戰國繒書新釋》，香港大學中文系，1958年。
饒宗頤、曾憲通編著：《楚帛書》，中華書局香港分局，1985年。

S

單育辰：《楚地戰國簡帛與傳世文獻對讀之研究》，中華書局，2014年。
蘇建洲：《楚文字論集》，萬卷樓圖書股份有限公司，2011年。
蘇建洲、吳雯雯、賴怡璇：《清華二〈繫年〉集解》，萬卷樓圖書股份有限公司，
    2013年。

T

田成方：《東周時期楚國宗族研究》，科學出版社，2016年。
童書業：《春秋左傳研究（校訂本）》，中華書局，2006年。

W

汪受寬：《諡法研究》，上海古籍出版社，1995年。
王輝：《簡帛人物名號彙考》，中西書局，2021年。
王子今：《秦漢稱謂研究》，中國社會科學出版社，2014年。
吳鎮烽編：《金文人名彙編》，中華書局，1987年。

X

蕭遙天:《中國人名研究》,新世界出版社,2007年。
謝維揚:《周代家庭形態》,中國社會科學出版社,1990年。
徐中舒:《徐中舒歷史論文選輯》,中華書局,1998年。
徐在國編著:《楚帛書詁林》,安徽大學出版社,2010年。

Y

雁俠:《中國早期姓氏制度研究》,天津古籍出版社,1996年。
楊寬:《戰國史料編年輯證》,上海人民出版社,2001年。
楊寬:《中國上古史導論》,上海人民出版社,2016年。
楊樹達:《積微居小學述林》,中國科學院,1954年。
楊樹達:《積微居金文説(增訂本)》,科學出版社,1959年。
袁業裕:《中國古代氏姓制度研究》,商務印書館,1936年。

Z

趙伯雄:《周代國家形態研究》,湖南教育出版社,1990年。
張淑一:《先秦姓氏制度考索》,福建人民出版社,2008年。
鄭威:《楚國封君研究》,湖北教育出版社,2012年。
周波:《戰國時代各系文字間的用字差異現象研究》,綫裝書局,2013年。
周法高撰輯:《周秦名字解詁彙釋補編》,中華叢書編審委員會,1964年。
朱鳳瀚:《商周家族形態研究》,天津古籍出版社,1990年。

(二) 論文

C

陳劍:《據郭店簡釋讀西周金文一例》,《北京大學中國古文獻研究中心集刊》第二輯,北京燕山出版社,2001年。
陳劍:《甲骨金文舊釋"尤"之字及相關諸字新釋》,《北京大學中國古文獻研究中心集刊》第四輯,北京大學出版社,2004年;後收入氏著《甲骨金文考釋論集》,綫裝書局,2007年。
陳偉:《〈語叢〉一、三中有關"禮"的幾條簡文》,《郭店楚簡國際學術研討會論文集》,湖北人民出版社,2000年。
陳偉:《鄭伯克段"前傳"的歷史叙事》,《中國社會科學報》2016年5月30

日第 4 版。

陳穎飛:《楚國封君制的形成與初期面貌新探》,《出土文獻》第三輯,中西書局,2013 年。

程浩:《由清華簡〈良臣〉論初代曾侯"南宮夨"》,《管子學刊》2016 年第 1 期。

程浩:《清華簡零識二則》,《出土文獻與中國古代文明——李學勤先生八十壽誕紀念論文集》,中西書局,2016 年。

程浩:《清華簡新見鄭國人物考略》,《文獻》2020 年第 1 期。

程薇:《清華簡〈繫年〉與夏姬身份之謎》,《文史知識》2012 年第 7 期。

D

董蓮池:《釋戰國楚系文字中从 的幾組字》,《古文字研究》第二十五輯,中華書局,2004 年。

董珊:《出土文獻所見"以謚爲族"的楚王族——附說〈左傳〉"諸侯以字爲謚因以爲族"的讀法》,《出土文獻與古文字研究》第二輯,復旦大學出版社,2008 年。

董珊:《清華簡〈繫年〉所見的"衛叔封"》,《楚簡楚文化與先秦歷史文化國際學術研討會論文集》,湖北教育出版社,2013 年。

董珊:《清華簡〈繫年〉與驫羌鐘對讀》,《簡帛文獻考釋論叢》,上海古籍出版社,2014 年。

F

傅斯年:《論所謂五等爵》,《歷史語言研究所集刊》第二本第一分册,1930 年;中華書局,1987 年。

G

廣瀨薰雄:《釋清華大學藏楚簡(三)〈良臣〉的"大同"——兼論姑馮句鑃所見的"昏同"》,《古文字研究》第三十輯,中華書局,2014 年。

郭永秉:《說〈景公瘧〉的襄桓之言》,《古文字與古文獻論集》,上海古籍出版社,2011 年。

郭永秉:《近年出土戰國文獻給古史傳說研究帶來的若干新知與反思》,《出土文獻與古文字研究》第七輯,上海古籍出版社,2018 年。

H

韓宇嬌:《清華簡〈良臣〉的性質與時代辨析》,《中國高校社會科學》2013 年第 6 期。

何浩:《文坪夜君的身份與昭氏的世系》,《江漢考古》1992 年第 3 期。

何浩:《魯陽君、魯陽公及魯陽設縣的問題》,《中原文物》1994 年第 4 期。

何琳儀:《楚王熊麗考》,《中國史研究》2000 年第 4 期。

何琳儀:《第二批滬簡選釋》,《學術界》2003 年第 1 期。

何琳儀:《新蔡竹簡選釋》,《安徽大學學報(哲學社會科學版)》2004 年第 3 期。

胡敕瑞:《"太甬""大同"究竟是誰?》,《民俗典籍文字研究》第二十二輯,商務印書館,2018 年。

黃德寬:《安徽大學藏戰國竹簡概述》,《文物》2017 年第 9 期。

黃侃:《春秋名字解詁補誼》,《國粹學報》,1908 年。

J

賈連翔:《"攝命"即〈書序〉"冏命""囧命"說》,《清華大學學報(哲學社會科學版)》2018 年第 5 期。

季旭昇:《讀郭店、上博簡五題:舜、河澨、紳而易、墻有茨、宛丘》,《中國文字》新 27 期,藝文印書館,2001 年。

L

來國龍:《清華簡〈楚居〉所見楚國的公族與世系——兼論〈楚居〉文本的性質》,《簡帛·經典·古史》,上海古籍出版社,2013 年。

李家浩:《包山竹簡所見楚先祖名及其相關問題》,《文史》第四十二輯,中華書局,1997 年。

李家浩:《楚簡所記楚人祖先"妣(鬻)熊"與"穴熊"爲一人說——兼說上古音幽部與微、文二部音轉》,《文史》2010 年第 3 輯。

李家浩:《談清華戰國竹簡〈楚居〉的"夷屯"及其他——兼談包山楚簡的"垷人"等》,《出土文獻》第二輯,中西書局,2011 年。

李家浩:《清華戰國竹簡〈楚居〉中的酓胖、酓𦫵和酓綖》,《出土文獻》第三輯,中西書局,2012 年。

李均明:《伍員與柏舉之戰》,《楚簡楚文化與先秦歷史文化國際學術研討會論文集》,湖北教育出版社,2013 年。

李零:《楚國族源、世系的文字學證明》,《文物》1991 年第 2 期。

李零:《楚景平王與古多字謚——重讀"秦王卑命"鐘銘文》,《傳統文化與現代化》1996 年第 6 期。

李鋭:《清華簡〈繫年〉與葛陵簡楚史問題考》,《楚文化與長江中游早期開發國際學術研討會論文集》,武漢大學出版社,2021年。

李守奎:《出土楚文獻姓氏用字異寫現象初探》,中國文字博物館第二屆文字發展論壇會議論文,2010年。

李守奎:《〈楚居〉中的樊字及出土楚文獻中與樊相關文例的釋讀》,《文物》2011年第3期。

李守奎:《根據〈楚居〉解讀史書中熊渠至熊延世序之混亂》,《中國史研究》2011年第1期。

李守奎:《論〈楚居〉中季連與鬻熊事迹的傳說特徵》,《清華大學學報(哲學社會科學版)》2011年第4期。

李守奎:《清華簡〈繫年〉與吳人入郢新探》,《中國社會科學報》2011年11月24日第7版。

李守奎:《包山楚簡姓氏用字考釋》,《簡帛》第六輯,上海古籍出版社,2011年。

李守奎、張峰:《說楚文字中的"桀"與"傑"》,《簡帛》第七輯,上海古籍出版社,2012年。

李守奎:《清華簡〈繫年〉的"𡌴"字與陳氏》,《中國文字研究》第十八輯,上海書店出版社,2013年。

李守奎:《清華簡〈繫年〉"莫囂易爲"考論》,《中原文化研究》2014年第2期。

李天虹:《釋楚簡文字"廈"》,《華學》第四輯,紫禁城出版社,2000年。

李天虹:《上海簡書文字三題》,《上博館藏戰國楚竹書研究》,上海書店出版社,2002年。

李曦:《周代伯仲排行稱謂的宗法意義》,《陝西師大學報(哲學社會科學版)》1986年第1期。

李學勤:《論殷代親族制度》,《文史哲》1957年第11期。

李學勤:《考古發現與古代姓氏制度》,《考古》1987年第3期。

李學勤:《論包山簡中一楚先祖名》,《文物》1988年第8期。

李學勤:《先秦人名的幾個問題》,《歷史研究》1991年第5期。

李學勤:《釋郭店簡祭公之顧命》,《文物》1998年第7期。

李學勤:《試解郭店簡讀"文"之字》,《孔子·儒學研究文叢(一)》,齊魯書社,2001年。

李學勤:《清華簡〈繫年〉及有關古史問題》,《文物》2011年第3期。

李學勤:《論清華簡〈楚居〉中的古史傳說》,《中國史研究》2011年第1期。

李學勤：《清華簡關於秦人始源的重要發現》，《光明日報》2011年9月8日第11版。

李學勤：《清華簡〈繫年〉解答封衛疑謎》，《文史知識》2012年第3期。

李學勤：《有關春秋史事的清華簡五種綜述》，《文物》2016年第3期。

廖名春：《清華簡〈繫年〉管窺》，《深圳大學學報（人文社會科學版）》2012年第3期。

劉剛：《清華叁〈良臣〉爲具有晉系文字風格的抄本補證》，《中國文字學報》第五輯，商務印書館，2014年。

劉國忠：《從清華簡〈繫年〉看周平王東遷的相關史實》，《簡帛·經典·古史》，上海古籍出版社，2013年。

劉國忠：《也談清華簡〈厚父〉的撰作時代和性質》，《揚州大學學報（人文社會科學版）》2017年第6期。

劉國忠：《清華簡的文獻特色與墓主身份蠡測》，《光明日報》2021年10月30日第11版。

劉樂賢：《讀楚簡札記（三則）——楚簡的"譏"與秦簡的"蠱"》，《中國古代文明研究與學術史——李學勤教授伉儷七十壽慶紀念文集》，河北大學出版社，2006年。

劉全志：《清華簡〈繫年〉"王子定"及相關史事》，《文史知識》2013年第6期。

劉信芳：《〈包山楚簡〉中的幾支楚公族試析》，《江漢論壇》1995年第1期。

劉信芳：《孔子所述呂望氏名身世辨析》，《孔子研究》2005年第3期。

劉釗：《古文字中的人名資料》，《吉林大學學報（哲學社會科學版）》1999年第1期。

劉釗：《讀郭店楚簡字詞札記》，《郭店楚簡國際學術研討會論文集》，湖北人民出版社，2000年。

羅福頤：《三代金文中的女姓釋例》，《藝文志（新京）》1940年第3期。

羅運環：《楚國謚法研究》，《紀念徐中舒先生誕辰110周年國際學術研討會論文集》，巴蜀書社，2010年。

羅運環：《關於季連糾葛問題的探討》，《清華簡研究》第一輯，中西書局，2012年。

M

馬楠：《清華簡〈良臣〉所見三晉〈書〉學》，《中國高校社會科學》2013年第6期。

馬楠：《清華簡〈鄭文公問太伯〉與鄭國早期史事》，《文物》2016年第3期。

馬衛東：《文獻校釋中的周代多字謚省稱問題》，《古代文明》2013 年第 3 期。

馬衛東：《清華簡〈繫年〉與鄭子陽之難新探》，《古代文明》2014 年第 2 期。

馬雍：《中國姓氏制度的沿革》，《中國文化研究集刊》第二輯，復旦大學出版社，1985 年。

孟蓬生：《〈楚居〉所見楚王名考釋二則》，《清華簡研究》第一輯，中西書局，2012 年。

孟蓬生：《釋"㪅"——歌支通轉例說之一》，《清華簡〈繫年〉與古史新探》，中西書局，2016 年。

P

彭裕商：《謚法探源》，《中國史研究》1999 年第 1 期。

Q

裘錫圭：《簡帛古籍的用字方法是校讀傳世先秦秦漢古籍的重要根據》，《兩岸古籍整理學術研討會論文集》，江蘇古籍出版社，1998 年。

S

單育辰：《釋甲骨文"甶"字》，《清華簡〈繫年〉與古史新探》，中西書局，2016 年。

盛冬鈴：《西周銅器銘文中的人名及其對斷代的意義》，《文史》第十七輯，中華書局，1983 年。

宋華強：《清華簡〈楚居〉1—2 號與楚人早期歷史傳說》，《文史》2012 年第 2 輯。

蘇建洲：《〈楚居〉簡 9"亯"字及相關諸字考釋》，《楚簡楚文化與先秦歷史文化國際學術研討會論文集》，湖北教育出版社，2013 年。

蘇建洲：《也論清華簡〈繫年〉"莫囂昜爲"》，《中原文化研究》2014 年第 5 期。

T

唐嘉弘：《略論夏商周帝王的稱號及國家政體》，《歷史研究》1985 年第 4 期。

唐嘉弘：《論楚王的繼承制度——兼論先秦君位傳襲的演變》，《中州學刊》1990 年第 1 期。

田成方：《從新出文字材料論楚沈尹氏之族屬源流》,《江漢考古》2008 年第 2 期。

田成方：《葉公子高考》,《石泉先生百年誕辰紀念文集》,武漢大學出版社, 2023 年。

W

王輝：《春秋早期周王室王位世系變局考異——兼說清華簡〈繫年〉"周無王九年"》,《出土文獻與中國古代文明——李學勤先生八十壽誕紀念論文集》,中西書局,2016 年。

王輝：《傅說之名再考辨——兼論"鳶"字及其他》,《文史哲》2016 年第 4 期。

王世民：《西周春秋金文中的諸侯爵稱》,《歷史研究》1983 年第 3 期。

王志平：《"飛廉"的音讀及其他》,《清華簡〈繫年〉與古史新探》,中西書局, 2016 年。

魏棟：《清華簡〈繫年〉與攜王之謎》,《文史知識》2013 年第 6 期。

魏宜輝：《試析楚簡文字中的"疑"與"舜"字》,《新出土文獻與古代文明研究》,上海大學出版社,2004 年。

吳郁芳：《包山二號墓墓主昭佗家譜考》,《江漢論壇》1992 年第 11 期。

吳鎮烽：《金文人名研究》,《周秦文化研究》,陝西人民出版社,1998 年。

X

謝明文：《釋"顛"字》,《古文字研究》第三十輯,中華書局,2014 年。

熊賢品：《清華簡〈繫年〉"陳淏"即〈吕氏春秋〉"鴞子"補論》,《中原文物》 2015 年第 1 期。

徐少華：《從〈楚居〉析楚先族南遷的時間與路綫》,《楚文化研究論集》第十一集,上海古籍出版社,2015 年。

徐中舒：《井田制度探原》,《中國文化研究彙刊》第四卷上,1944 年；《徐中舒歷史論文選輯》,中華書局,1998 年。

徐在國：《談清華簡楚居中的"畲朔"》,《中國文字學報》第七輯,商務印書館,2017 年。

許慜慧：《戰國時期楚國的"莫敖"考》,《理論界》2012 年第 5 期。

Y

顏世鉉：《楚簡"流""譣"字補釋》,《新出土文獻與古代文明研究》,上海大學出版社,2004 年。

楊啟乾：《常德市德山夕陽坡二號楚墓竹簡初探》，《楚史與楚文化研究》，《求索》雜志社，1987年。

尹弘兵：《〈楚居〉中楚先祖的年代問題》，《楚簡楚文化與先秦歷史文化國際學術研討會論文集》，湖北教育出版社，2013年。

于省吾：《春秋名字解詁商誼》，《考古》第五期，考古學社，1936年。

于省吾：《穆天子傳新證》，《考古》第六期，考古學社，1937年。

袁金平：《由清華簡〈繫年〉"子鸄壽"談先秦人名冠"子"之例》，《清華簡〈繫年〉與古史新探》，中西書局，2016年。

Z

曾憲通：《再說"蚩"符》，《古文字研究》第二十五輯，中華書局，2004年。

趙平安：《"三楚先"何以不包括季連》，《邯鄲學院學報》2011年第4期。

趙平安：《清華簡〈楚居〉妣隹、妣䊭考》，《中國文化研究》2012年第1期。

鄭威：《墨子遊楚魯陽年代考——兼談出土材料所見楚國縣大夫與封君之稱謂》，《江漢考古》2012年第3期。

周波：《中山器銘文補釋》，《出土文獻與古文字研究》第三輯，復旦大學出版社，2010年。

周書燦：《姜太公稱謂及清華簡〈耆夜〉"呂尚父"問題》，《寶雞文理學院學報（社會科學版）》2020年第2期。

（三）學位論文

1. 本科畢業論文

肖芸曉：《〈清華大學藏戰國竹簡（貳）·繫年〉之西周部分校釋及相關史事討論》，武漢大學本科畢業論文，2012年。

2. 碩士學位論文

巫雪如：《包山楚簡姓氏研究》，臺灣大學碩士學位論文，1996年。

何淑媛：《戰國楚簡中的楚國人名研究》，臺灣師範大學碩士學位論文，2010年。

白顯鳳：《戰國楚簡人名異寫研究》，吉林大學碩士學位論文，2012年。

余朝婷：《清華簡〈芮良夫毖〉、〈良臣〉、〈祝辭〉、〈赤鵠之集湯之屋〉集釋》，武漢大學碩士學位論文，2013年。

強晨：《清華簡與西周開國史研究》，河北師範大學碩士學位論文，2014年。

3. 博士學位論文

白顯鳳：《出土楚文獻所見人名研究》，吉林大學博士學位論文，2017年。

曹方向：《上博簡所見楚國故事類文獻校釋與研究》，武漢大學博士學位論文，2013 年。

劉傑：《戰國文字所見姓氏整理及疏證》，中山大學博士學位論文，2009 年。

單育辰：《楚地戰國簡帛與傳世文獻對讀之研究》，吉林大學博士學位論文，2010 年。

田成方：《東周時期楚國宗族研究》，武漢大學博士學位論文，2011 年。

王志平：《〈左傳〉人名與金文人名比較研究》，中國社會科學院博士學位論文，1997 年。

張志鵬：《吳越史新探》，河南大學博士學位論文，2012 年。

趙思木：《〈清華大學藏戰國竹簡（壹）〉集釋及專題研究》，華東師範大學博士學位論文，2017 年。

4. 博士後研究報告

羅小華：《清華簡（壹—叁）所見人物名號相關問題研究》，清華大學博士後研究報告，2015 年。

（四）新聞報導

海冰、張君：《荊州龍會河北岸墓地出土戰國楚簡 324 枚》，《湖北日報》2019 年 5 月 7 日第 8 版。

後　　記

　　轉眼已是2024年！從2015年4月出站,到現在已近9年。小書是在我博士後研究報告的基礎上修改形成的。

　　2013年4月,我接到録取通知書的那一刻,有一種莫名的欣喜！終於又有機會回學校讀書了！我能夠順利進入清華大學出土文獻研究與保護中心從事在職博士後工作,得益於博士導師陳偉先生的鼓勵,博士後合作導師趙平安先生的接收,以及重慶中國三峽博物館黎小龍、張榮祥、彭學斌三位領導的理解。

　　進站之前,我很少接觸清華簡,相關論著也看得不多。因此,在進站之後的大半年時間裏,了無心得,心中難免有些惴惴,擔心無法完成研究任務。2014年,我勉强憋出十來篇習作,在大部分意見得到趙師的肯定之後,纔敢動手編寫研究報告。

　　研究報告的題目是《清華簡(壹—叁)所見人物名號相關問題研究》,一共兩章,第一章是"清華簡(壹—叁)人物表",第二章是"清華簡人名謚號選釋"。第二章其實就是那十來篇習作。第一章是對清華簡中的人物名號做一個匯總和分類。在動手之前,我認真思考了人物名號的編排方式。當時,學界已經開始關注出土文獻尤其是戰國簡冊中的人物名號研究,並且出現了兩種編排方式,一是按照國别編排,如陳美蘭老師的《戰國竹簡東周人名用字現象研究》(藝文印書館,2014年);一是按照音序編排,如白顯鳳的碩士學位論文《戰國楚簡人名異寫研究》(吉林大學,2012年)。爲了與以上兩種方式相區别,我決定採用一種"取巧"的方式,即照搬《漢書·古今人表》的編排。

　　2015年4月13日上午,我與劉光勝、張德良兩位師兄一同參加博士後期滿出站科研工作評審。評審組的組長是李學勤先生,組員有李均明、劉國忠、李守奎和沈建華四位老師。各位老師的評審意見,由師弟賈連翔負責記録。

　　在站期間,趙師對我循循教導,在科研、工作乃至生活等方面,都給予我很大的幫助。趙師學術上嚴謹、生活中溫和,都是值得我學習的。

　　李均明和趙桂芳兩位老師分別在東漢簡研究和簡牘保存方面,對我多有指導。中心沈建華、劉國忠、程薇、陳穎飛等老師，人文學院金海蘭、李侁、周永東等老師，以及中心馬楠、賈連翔、韓宇嬌、劉麗、程浩、楊蒙生、許可、劉力耘等同學，給我提供了許多幫助。這都是我要表達謝意的！

2020年，爲申報國家社會科學基金後期資助，我對研究報告做了大幅度修改：一、第二章中的各節均已陸續公開發表，只保留最後的結論，納入第一章相關人物條目之下，全部論證過程一律删去；二、將第一章變爲正文的主體，將節變爲章，並匯集各家之説以擴充篇幅。立項之後，我按照五位評審專家所提出的修改意見，從制度上對清華簡所見人物名號進行分類、總結，納入"前言"之中，並將"前言"改爲"緒論"；以篇爲單位，對清華簡各篇所見人物名號的情況進行總結，納入"結語"之中。結項之後，又按照三位評審專家的意見進行修改。到目前爲止，《清華大學藏戰國竹簡》第拾叁卷已經出版。考慮到小書的名稱，應與立項通知書中的項目名稱保持一致，没有將第拾至拾叁卷中的人物名號收入其中，特此説明！感謝八位專家所提出的寶貴意見！

研究報告能夠成功申報國家社會科學基金後期資助並順利結項、出版，離不開趙師的鞭策，離不開長沙市文物考古研究所何旭紅、黄樸華、何佳、師磊等領導的支持，離不開上海古籍出版社的大力推薦，以及毛承慈、秦嫺編輯的辛勤付出！

2022年7月，進入結項階段，我嘗試各種途徑，都找不到可以爲結項報告查重的機構，幸得湖南省社會科學規劃辦公室方艷老師伸以援手。特此致謝！

感謝李均明老師於百忙之中爲小書作序！

小書幾經修改，曾向季旭昇、李守奎、陳美蘭、雷海龍等師友求取資料，一並致謝！

感謝我的家人，一直以來都在默默地支持我！

書稿交付出版社之前，正好遇到新冠放開，陽轉陰之後，頭腦混沌，體力不支，無法繼續修改，幸得本科同學陳廣濤開中藥方調理，纔能按時交稿！

所有關心我、幫助我的師長、朋友們，無論是提及的還是未提及的，我要對你們説聲"謝謝"！

羅小華
甲辰仲春於長沙石嶺塘

圖書在版編目(CIP)數據

《清華大學藏戰國竹簡》(壹—玖)所見人物名號研究 / 羅小華著. -- 上海：上海古籍出版社，2024.7.
ISBN 978-7-5732-1256-6

Ⅰ. K877.5

中國國家版本館 CIP 數據核字第 2024EA9813 號

《清華大學藏戰國竹簡》(壹—玖)所見人物名號研究
羅小華 著

上海古籍出版社出版發行
(上海市閔行區號景路 159 弄 1-5 號 A 座 5F 郵政編碼 201101)
(1) 網址：www.guji.com.cn
(2) E mail．guji1@guji.com.cn
(3) 易文網網址：www.ewen.co
商務印書館上海印刷有限公司印刷
開本 787×1092 1/16 印張 18.25 插頁 2 字數 318,000
2024 年 7 月第 1 版 2024 年 7 月第 1 次印刷
印數：1—1,100
ISBN 978-7-5732-1256-6
K·3656 定價：108.00 元
如有質量問題，請與承印公司聯繫